북경 인가, 베이징 인가?

— 「한글전용」과
중국의 지명·인명에 대한 「원음주의」 표기 비판

김병기 지음

어문학사

※ 일러두기

1. 이 책에서는 이 책의 저술 목적에 위배되지 않도록 중국과 일본의 지명과 인명을 현지 원음으로 표기하지 않고 한국 한자음으로 표기하였다. 즉 '이토오 히로부미'나 '오사까'로 표기하지 않고 '이등박문'과 '대판'으로 표기했으며 '마오저뚱'이나 '베이징'으로 표기하지 않고 '모택동', '북경'으로 표기했다.
2. 인용한 논문이나 저서의 장(章), 절(節)은 〈 〉를 사용하여 표기하였고 단행본 저서는 《 》로 표기하였다.
3. 어문 관련 정책이나 법안 등은 「 」을 사용하여 표기했고 단순한 강조는 ' '를 사용하였으나 모든 곳에 다 그런 표시를 한 것은 아니다.
4. 필요한 경우, ( )를 이용하여 한글과 한자를 병기하였는데 일반적으로는 '한글(한자)'의 형식을 취했으나 한자를 우선시해야 할 경우에는 '한자(한글)'의 형식을 취하기도 하였다.
5. 인용문의 경우에는 원저자의 뜻을 존중하고 또 당시의 어투나 표현 습관 등을 그대로 전하기 위해 이 책이 취한 한글과 한자의 병기 형식을 따르지 않고 원저자가 쓴 대로 옮겨 적었으며 맞춤법도 현행 맞춤법에 맞춰 교정하지 않았다.
6. 이 책의 주장을 보다 더 명료하게 드러내기 위해 현행 맞춤법상의 띄어쓰기 원칙을 지키지 않은 경우도 있다.

* 이 저서는 2013년도 전북대학교 저술장려경비 지원에 의하여 연구되었음.

머리말

　나는 초등학교(당시의 국민학교) 다닐 때에 공부를 퍽 잘했다. 한 학년에 두개 반 130여명 정도밖에 안 되는 (당시에는 1개 반에 65명 정도가 정원이었다) 조그마한 시골학교에서 공부를 좀 잘 한 게 뭐가 그리 대수냐고 할지 모르나 내가 이 이야기를 꺼내는 이유는 내가 공부를 잘 하는 아이가 된 이유를 설명하기 위해서이다. 나는 초등학교에 들어가기 1년 전 일곱 살 때부터 아버지로부터 《천자문(千字文)》을 배웠다. 하루에 여덟 글자도 배우고 열두 자도 배우고 때로는 네 글자도 배워서 입학하던 해까지 1년 동안에 《천자문》 한 권을 다 쓸 수 있도록 떼었다. 이렇게 천자문을 떼고 학교에 들어갔더니 정말 공부를 할 게 없었다. 1,2학년 때는 물론이고 3,4학년이 되면서부터는 한자를 알고 있다는 것이 공부에 얼마나 도움이 되는지를 더욱 실감하게 되었다. 당시에 국어공부는 대부분 어휘공부였다. 낱말 뜻풀이, 비슷한말 반대말 찾기, 준말 본디말 찾기 등이 국어공부 내용의 대부분이었는데 한자만 알면 이런 문제들이 저절로 해결되었다. 그래서 나는 누구보다도 어휘력이 풍부한 학생이 되었고 선생님들이 사용하는 다소 어려운 한자 어휘도 거의 다 알아들을 수 있었다. 3학년 때로 기억한다. 하교 길에 한복 두루마기를 차려입은 노인 한 분을 만났는데 우리 동네 사는 어떤 노인의 이름을 대며 그 집이 어디냐고 물었다. 그래서 나는 "그분은 작년에 이미 작고하셨고 그의 자제 분은 한 달 전부터 출타 중이어서 그 댁에 가시더라도 아마 아무도 못 만나실 거예요."라고 하면서 그 집을 가리켰다. 그랬더니 그 노인은 눈을 동그랗게 뜨시고 "너 참 말을 잘하는 구나"라고 하시며 그런 말을 어디에서 배웠냐고 물으시는 바람에 내가 잠시 우쭐했던 기억이 지금도 생생하다. 이런 식의 말을 더러 한 탓인지 초등학교 때 나의 별명은 '영감'이었다. 별명은 영감이었지만 친구들은 나를 좋아했다. 내가 들려주는 한문 고사성어에 얽힌 이야기를 귀기울여 들어 주었고 나를 6년 내내 반장으로 추대해 주었다. 어휘력에 자신이 있다 보니 글쓰기가 재미있었다. 그래서 학내는 물론 군(郡)이나 도(道) 단위 글짓기 대회에 나가면 으레 입상하였다. 그뿐만 아니라 한자를 익히면서 서예를 곁들여 연습했기 때문에 나는 전교에서 글씨를 제일 잘 쓰는 아이로 소문이 나 있었다. 4학년 이후로는 거의 모든 서예대회에서 매번 1등을 차지하다시피 했다. 이런 나는 학교에서 모범생의 대명사였고 매일 즐겁고 활기차게 학교생활을 했다. 그리고 초등학교에 다니는 내내 집에 와서는 한문공부를 계속했다. 《추구집(抽句集)》과 《사자소학(四字小學)》을 외우고 5학년 때부터는 《명심보감(明心寶鑑)》도 배웠다. 가난한 가정 형편 때문에 방과 후면 산에 가서 땔나무를 하는 것이 일과이다시피 했지만 아버지께서는 어느 틈을 내서라도 한문을 가르쳐 주시려고 노력하셨고 내가 싫증을 내지 않도록 윽박지르시는 일은 전혀 없었다. 싫은 눈치를 보이면 놀게 했고 잘 하는 날은 진도를 조금 더 많이 나가기도 했다. 어느 날 아버지께 여쭈었다. "다른 사람들은 한문은 머지않아 사라질 것이니 앞으로는 영어 공부를 해야 한다면서 한문을 배우지 않던데 저는 왜 매일 한문공부를 해야 해요?" 그때 아버지께서는 이런 말씀을 해 주셨다. "'인기아취(人棄我取)'라는 말이 있다. '남들이 버릴 때 나는 주워서 취한다'는 뜻이다. 지금 남들은 한자가 쓸모없는 글자라고 안 배우며 다 버리고 있을 때 너는 그것을 잘 주워서 공부해 두면 장차 크게 쓰일 때가 있을 것이다. 아버지가 가르쳐줄 때 한 글자라도 열심히 배우도록 하여라." 나는 아버지의 말씀을 들으면서 '정말 그럴 날이 있을까?' 하는 생각을 하면서도 아버님 말씀을 따라 착실히 한문공부를 하였다. 그리고 지금 나는 그때 아버지께서 예견하셨던 대로 한문과 중국어를 전공한 교수가 되어 날마다 공부하고 가르치며 보람찬 생활을 하고 있다.

나는 어렸을 적에 아버지께서 가르쳐주신 한문과 '인기아취'라는 말을 영원히 잊지 못할 것이다. 어렸을 적에 외운 《추구집》이나 《명심보감》 등은 물론, 유명한 한시 구절들을 지금도 거의 다 기억하고 있다. 그뿐만 아니라, 지금 내가 하는 대부분의 사유(思惟)활동은 한자와 한문을 통해서 이루어지고 있다. 인문학을 공부하는 사람으로서 글을 쓰면서 반드시 해야 할 논리의 전개나 이야기의 구성은 물론, 세상을 살아가는 지혜도 한문을 통해서 얻는다. 한자와 한문은 나를 보다 더 성숙하게 하였고, 보다 더 원만하게 살아갈 수 있는 지혜를 주었다.

내가 교직에 발을 들여놓은 후, 학생들이 공부하는 모습을 지켜볼 때마다 안타까운 적이 한두 번이 아니었다. 학생들로 하여금 무슨 뜻인지도 모르는 채 무턱대고 외우는 식의 공부를 하게 하는 오늘날의 교육정책과 교육과정을 보면서 때로는 화가 치밀기도 했다. 한자를 모르는 탓에 어휘의 근본적인 뜻을 제대로 이해하지 못하다 보니 말을 하거나 문장을 쓸 때 딱히 들어맞는 적절한 단어를 찾지 못하는 경우가 많은 것을 보았다. 단어의 뜻을 정확히 파악하지 못하다보니 논리의 구성이 엉성한 점도 많이 발견하였다. 이런 학생들을 만날 때마다 나는 한자와 한문의 필요성을 역설하며 공부를 잘하기 위해 미리 한자와 한문을 공부할 필요가 있다는 점을 말하고, 한자와 한문을 활용하면 얼마나 이해를 빨리 할 수 있고 자신의 의사를 정확하게 표현할 수 있는지를 예를 들어가며 설명하곤 하였다. 그럴 때마다 학생들은 한자의 필요성에 대해 크게 공감하며, "왜 이렇게 유용한 한자를 우리의 학교교육에서는 제대로 가르치지 않는지 모르겠다."고 하면서 아쉬워하기도 하고 심지어는 분개하기도 하였다. 고등학교에 다니는 대입 수험생들이 공부하는 모습을 보면서는 나도 더러 분개하는 일이 있었다. 학생들이 어휘의 뜻도 제대로 모르는 채 무조건 수없이 밑줄을 그어가며 반복해서 외우고 있는 모습을 보면서 왜 그런 식으로 비생산적인 공부를 하게 하는지 심히 안타까웠다. 그리고 그런 식의 공부를 할 수밖에 없게 하는 우리나라의 교육현실이 원망스러웠다. 예를 들자면, 학생이 국사책에 나오는 "정권에서 소외된 많은 양반들은 경제적으로도 몰락하여 잔반이 되었다. 납속책의 확대로 웬만큼 재산이 있는 상민은 쉽게 신분을 높일 수 있었다."라는 구절을 공부하면서 '잔반'이라는 단어와 '납속책'이라는 단어에 수도 없이 밑줄을 긋고 형광펜을 칠해가면서 '잔반'과 '납속책'을 외웠다. 나는 '잔반'이 무슨 뜻이냐고 물어 보았다. 학생은 "몰락한 양반이요."라는 답을 했다. "왜 그것이 몰락한 양반을 뜻하는 말이냐."고 다시 물었다. 학생은 모른다는 답을 했다. '납속책'이라는 말이 무슨 뜻이냐고 물었다. 학생은 퉁명스럽게 답했다. "나라에다 돈을 내는 것이요." 다시 물었다. "왜 그게 그런 뜻이냐"고. 학생은 역시 모르겠다고 답했다. 나는 차분히 설명하기 시작했다. '잔반'의 '잔(殘)'은 '나머지 잔' 혹은 '부스러기 잔'이라고 훈독하는 글자이고 '반(班)'은 '문반(文班)과 무반(武班)'으로 나눠 과거 시험을 치른 후 벼슬길에 오른 두 그룹의 사대부 즉 양반을 지칭하는 말이다. 그렇다면 '잔반'은 무슨 뜻일까? 직역하자면 '나머지 양반', '부스러기 양반'이라는 뜻이다. 본래의 신분은 양반이었으나 벼슬길이 끊겨 몰락함으로 인하여 양반행세를 할 수 없게 된 양반 아닌 양반을 이르는 말이다. 조선 후기 임진왜란과 병자호란, 두 차례의 난을 겪으면서 몰락한 양반들은 권세도 없고 부도 누리지 못하면서 어렵게 살았다. 그런데, 이런 잔반들이 돈을 모아 나라에서 정해주는 일정량의 곡식을 관청에 바치면 다시 양반의 지위를 회복해 주었다. 이 제도가 바로 '납속책'이다. '납속'의 '납'은 '들일 납(納)'자이고 '속'은 '곡식 속(粟)'자이다. '책'은 '정책', '대책'을 의미하는 '책략 책(策)'자이다. 따라서 '납속책'은 직역하자면 '일정량의 곡식을 들여놓게 하는 정책'이라는 뜻이다. 앞서 말했듯이 몰락한 양반이 일정량의 곡식을 들여놓으면 양반의 지위를 회복해주는 제도였던 것이다. 이렇게 설명하고 나면 학생들은 눈이 휘둥그레지며 "진작 이렇게 좀 설명해 주셨으면 얼마나 쉽게 이해할 수 있었을까?"라고 하면서 현행 교육이 그렇게 이루어지지 못하고 있음에 대해서 무척 안타까워했다.

　이런 현상을 보면서 나는 한국에서 제대로 된 교육, 특히 인문학에 관한 교육은 한자를 떠나서는 제대로 시행할 수 없다는 확신을 갖게 되었다. 그리고 한자를 많이 알면 알수록 교육의 효과를 높일 수 있다는 생각을 하게 되었다. 그리하여 오늘날 한국 교육의 수준을 보다 더 향상시키기 위해서는 한자에 대한 인식부터 바꾸어야겠다는 생각을 하였다. 이러한 생각 아래 2002년에 출간한 책이 《아직도 '한글 전용'을 고집해야 하는가》(도서출판 다운샘)이다. 이 책을 통해 나는 한국에서 한자교육을 강화해야 할 이유를 다양한 각도에서 설명하였다. 내 주변에서 이 책을 읽은 사람들은 대부분 나의 주장에 대해 공감하였다.

2007년 3월, 나는 교환교수 신분으로 1년 기간을 정하여 중국 소주대학에 가게 되었다. 이때 나는 당시 초등학교 4학년의 늦둥이 막내딸을 데리고 갔다. 당시 딸아이는 중국어를 한마디도 못하는 상태였다. 다만 어렸을 적부터 내가 나의 아버지로부터 한문을 배웠듯이 나 또한 나의 아버지가 나를 가르쳤던 방법을 활용하여 딸아이에게 한문을 가르쳤었다. 중국에 도착하여 현지의 중국 초등학교 5학년에 편입시켰다. 단 한마디의 중국어도 할 줄 모르고 단 한 줄의 교과서도 읽을 줄 모르는 아이한테 5학년 과정의 책을 쥐어주며 중국학생들만 다니는 학교, 완전히 중국선생님이 중국어로만 수업하는 학교에 다니게 한 것이다. 일주일 정도는 그냥 다니는 듯 했다. 다음 일주일이 시작되는 월요일 아침, 딸아이는 학교에 가지 않겠다며 울기 시작했다. 친구들과 대화도 할 수 없고 수업내용도 한 마디도 알아들을 수 없어서 혼자 우두커니 앉아 있기만 해야 하는 학교를 왜 가야하느냐며 울먹였다. 나는 딸아이에게 물었다. 그렇다면 오늘 저녁부터 아버지가 하자는 대로 중국어 공부를 하겠느냐고. 아이는 다급한 나머지 중국말을 알아들을 수 있게만 된다면 뭐든지 하겠다고 답했다. 나는 그날 저녁부터 중국의 5학년 국어(중국어)교과서를 내가 어렸을 적 나의 아버지가 나에게 한문을 가르치시던 그 방법대로 가르치기 시작했다. 마음속으로는 아버지로부터 한문을 배우던 어느 날 소위 '문리(文理: 한문의 문법적 원리를 문법적 설명이 없이 강독을 통해 스스로 깨닫는 것)라는 것을 어렴풋이나마 깨닫던 그 당시를 그리면서 내가 배웠던 그 방식대로 딸아이를 가르치기 시작한 것이다. 새벽까지 이어지는 공부를 계속하기를 20일 정도. 아이는 비록 중국어 발음으로 소리 내어 읽을 줄은 몰랐지만 한자를 통해 교과서의 내용을 이해하기 시작했다. 기초적인 한문의 문리를 어느 정도 깨우친 것이다. 나는 다음날부터 중국인 학생 한 사람을 특별히 불러서 일부러 실지 교과서 크기의 두 배 정도의 크기로 확대, 복사한 교과서의 행간에 중국어의 독음인 병음자모를 일일이 다 표시해 달아달라고 부탁했다. 그리고 이미 딸아이가 뜻을 파악하고 있는 문장을 중국어 발음으로 반복해서 몇 번이고 읽어 완전히 외우게 했다. 이렇게 하기를 다시 보름 정도. 모두 한 달 반 정도의 시간이 흐른 후 아이는 학교 수업을 알아듣기 시작했다. 설령 충분히 알아듣지 못하더라도 미리 예습해간 교과서를 펴놓고 선생님의 설명을 듣다보면 최소한 무슨 이야기를 하고 있는지는 짐작하게 되었다.

이렇게 부녀가 함께 노력한 결과 그 학기가 끝날 무렵 딸아이의 국어(중국어)를 비롯한 모든 교과목을 평균한 점수대로 매긴 학급 석차는 (중국의 초등학교에서는 지금도 이 석차를 반드시 산출하여 가정에 통신한다.) 32명 중 17등이었다. 능히 알아듣고 스스로 공부할 수 있는 기초를 다지게 된 것이다. 학기를 마치고 방학을 하던 날, 교장선생님으로부터 전화를 받았다. 교장선생님은 내게 물었다. "어떻게 그렇게 짧은 시간 안에 학생의 중국어 실력을 향상시킬 수 있었느냐?"고. 나는 답했다. "어렸을 적 나의 아버지가 나에게 한문을 가르치던 방식으로 중국어를 가르쳤다."고. "왜냐하면 중국어가 곧 한문이고 한문이 곧 중국어이기 때문"이라는 설명을 덧붙이면서. 그해 겨울 방학동안 스스로 중국어 공부를 더 열심히 한 딸아이는 다음 학기가 시작되었을 때에는 오히려 중국학생들보다도 나은 성적으로 선생님들의 사랑을 받으며 매우 활기찬 학교생활을 할 수 있었다.

우리에게 있어서 한문교육은 이처럼 중요한 것이다. 현재 한국에는 많은 중국어 학원이 있다. 그런데 학원마다 중국어와 한국한문을 별개의 것으로 인식한 가운데 교육을 행하고 있다. 왜냐하면 한국에서 한자를 사용하지 않고 한글전용이란 이름 아래 한자를 오히려 외국 문자로 취급하고 있기 때문에 학원에서는 중국어를 한국한문과 완전히 별개인 외국어로만 가르치고 있는 것이다. 아직 우리 사회에 남아있는 한문에 대한 인식을 되살려 한문을 먼저 배운 다음에 한문이 곧 중국어라는 생각으로 중국어를 배우고 교육한다면 지금보다 훨씬 큰 효과를 거둘 수 있을 것이다. 우리에게 있어서 한문은 폐기해야 할 구시대의 문자가 아니라 앞으로 최대한 활용해야할 21세기 한국어의 한 축이자 국제문자인 것이다.

나는 한자와 한문 교육이 교육과 학습 전반에 미치는 효과는 매우 긍정적이라고 확신한다. 그러나 나의 이러한 확신이 지나치게 주관적인 것은 아닐까하는 염려가 들 때도 있다. 그래서 나는 나의 확신을 객관적으로 검증할 필요를 느꼈다. 어렸을 적에 아버지와 함께 했던 공부 방식대로 현재 대학에서 하고 있는 모든 강의에서 학생들에게 한자를 활용하여 핵심 단어의 의미부터 정확하게 파악하도록 했다. 처음에는 불편해하는 눈치였다. 그러나 강의가 시작되고 2~3주만 지나면 학생들은 금세 적응하면서 오히려 강의를 재미있게 들었다. 그리고 이구동성으로 이해하기 쉽다고 했다. 나는 내가 초등학교 시절에 낱말뜻, 비슷한말 반대말 찾기 등 한자를 이용하여 했던 어휘공부의 방법을 학생들에게 적용한 것이다. 이렇게 한다고 해서 학습 진도를 못나가는 것도 아니다. 단어의 깊은 의미를 설명하는 것 그 자체가 한 시대의 문학사 혹은 한편의 문장을 제대로 이해하게 하는 관건일 때가 많았으므로 그렇게 하는 것이 오히려 학습 진도를 나가는 데에도 도움이 되었다. 한자와 한문에 대한 나의 이러한 생각을 적극 반영하여 강의를 한 결과 나는 어느 해엔가 학생들의 강의평가 중심으로 뽑은 '우수강의상'에서 2등으로 뽑히기도 했다. 물론 나보다 훨씬 잘 가르치시는 교수님이 많을 것이다. 그러나 나는 내가 받은 '우수강의상'에 적지 않은 의미를 두고 싶다. 내가 잘 가르쳤다는 자랑을 하고 싶어서가 아니라, 한자와 한문을 이용하여 원론적인 개념부터 분명히 파악하게 한 다음 진행하는 나의 강의 방식이 어떤 강의보다도 효과를 내고 있다는 것을 증명하고 싶기 때문이다.

이러한 경험을 통하여 나는 '한자를 살려야 나라가 산다.'는 신념이 생기게 되었다. 나는 신념이라고 생각하지만 남이 들으면 고집이라고 생각할까봐 학생들과 내 딸 아이를 대상으로 다시 많은 실험을 해봤다. 그 결과, 내가 가진 것은 신념이지 결코 고집이 아니라는 점을 재삼 확인하게 되었다. 이 책은 바로 그러한 신념을 바탕으로 썼다.

한자는 21세기에 가장 유용한 국제 문자이며 우리의 입장에서는 필수로 익혀야 할 문자라는 점에 대해서는 앞서 제시한 나의 저서 《아직도 '한글전용'을 고집해야 하는가?》라는 책을 참고해 주시길 바란다. 이 책에서는 한자를 도외시한 결과 어휘의 깊은 뜻은 전혀 헤아리지 못한 채 습관적, 현시적, 평판적으로 사용하는 단어 하나가 야기할 수 있는 엄청난 문제들을 '독립', '해방', '광복', '조선족' 등의 구체적인 예를 들어가며 짚어보았고, 한글전용이라는 어문정책을 수립하게 된 역사적 배경을 '일본의 한자 폐기', '북한의 한자 폐기', '중국의 한자 폐기와 라틴화병음자모 채택, 간체자 제정' 등의 과정을 통해 분석하고, 그것을 다시 우리나라에서 미 군정시대 '한글전용'정책이 채택되는 과정과 상호 비교해가며 면밀하게 분석하였다. 이러한 분석을 통하여 '한글전용'이라는 어문정책이 태생적으로 많은 문제를 안고 있음을 증명하였다. 그럼에도 불구하고 '한글전용'이 모태가 되어 다시 파생한 또 하나의 악법인 외국의 지명과 인명에 대한 원음주의 표기 원칙이 안고 있는 엄청나게 많은 문제점들을 일일이 열거하며 분석, 비판하였다.

한자는 이미 국제문자이자, 동아시아 공통의 문자이다. 유럽에서 공용하는 로마자 알파벳과 같은 것이다. 중국어 원음과 한국 한자음 사이의 관계는 알파벳의 '에이비시디'와 '아베체데'와 같은 관계라고 할 수 있다. '아베체데'라고 읽는 사람들이 '에이비시디'라고 읽으려 하지 않듯이 우리도 중국어에 대해서 한국한자음을 버리고 중국어 원음으로 읽어야 할 이유가 없다. 오히려 한국 한자음을 보존해야할 필요가 절실하다. 관광객을 의미하는 단어인 '遊客(유객)'을 중국인들이 '요우커'라고 부른다고 해서 우리도 덩달아 '유객' 혹은 '관광객'이라는 말을 버리고 '요우커', '유커'라고 해야 할 이유가 없다. 중국 사람들이 '인간관계'라는 의미로 흔히 사용하는 '꽌시(關係)'를 우리가 그대로 채용하여 덩달아 '꽌시'라는 말을 사용할 필요가 없다. 그런데, 우리는 최근 중국을 좀 안다고 하는 사람들이 서슴없이 '꽌시'라는 말을 사용하는 것을 종종 보곤 한다. 마찬가지로 중국의 지명과 인명에 대한 표기도 당연히 한국 한자음으로 해야 한다. 중국의 지명과 인명에 대한 중국어 원음주의 표기는 사대주의적인 표기라고 밖에 달리 표현할 말이 없다.

　이제 우리는 21세기에 국제문자로 부상하고 있는 한자를 과거 2000년 동안 우리가 사용해 온 우리의 문자로 인식하는 가운데 주체적으로 사용해야 하고 또 그렇게 사용해야 할 권리가 우리에게 있음을 알아야 한다. 한자는 외국 문자가 아니라, 바로 우리가 사용해 왔고 또 사용해야 할 우리의 문자인 것이다. 이 책이 한국에서 한자 문제를 근본적으로 다시 돌아볼 수 있는 계기를 마련하고 대중국 관계 설정에 하나의 작은 지침 역할이라도 할 수 있기를 바란다.

　끝으로 이 책을 저술할 수 있도록 지원해주신 전북대학교와 어려운 여건 속에서도 흔쾌히 출간을 맡아 주신 어문학사 윤석전 사장님께 감사드린다.

2015년 11월

전북대학교 연구실 持敬攬古室에서 저자 識

| 차례 |

제1장

서론

– 무엇이 문제인가?

2015년 8월 23일 오후 2시 경, 운전 중에 인기 연예인 두 사람이 진행하는 재미있는 라디오 프로그램을 들었다. 진행자가 손님으로 나온 다른 연예인을 다음과 같이 지적하고 나무라며 서로 깔깔대는 내용이었다.

"그러니까, 북경이 베이징이고 베이징이 북경인 줄을 몰랐단 말야? 창피해라. 북경이나 베이징이나 같은 곳이야."

이 방송을 들으며 적잖이 씁쓸함을 느꼈다. 원래는 북경이 우리에게 훨씬 더 익숙한 말이었는데 이제는 베이징도 귀에 익어 사람들이 많이 사용하긴 하지만 그것이 '北京(북경)'의 중국어 독음을 한글로 표기한 것인 줄을 모르고 사용하는 것 같아 쓸쓸한 아쉬움을 느낀 것이다. 중국의 수도를 우리말과 글로 담을 때 과연 어떻게 표현하고 표기해야 할까? 북경이라고 해야 할까? 베이징이라고 해야 할까? 아니면 북경이든 베이징이든 무질서하게 아무렇게나 불러도 되는 것일까? 북경이라고 부르는 것이나 베이징이라고 부르는 것이나 알아듣기만 하면 될 일이지 그게 무슨 대수냐는 반문이 있을 수도 있다. 그런데 그게 그렇게 간단한 문제가 아니다. 북경이라고 부를 때와 베이징이라고 부를 때, 이 양자 사이에는 엄청난 차이가 있다.

2006년 4월 14일 03시 동아닷컴(http://news.donga.com)에 올라온 글의 일부분을 옮겨 보면 다음과 같다.

중국 베이징(北京) 택시운전사 리젠궈(李建國·39) 씨는 평소 신문은커녕 TV도 보지 않는다. 사회가 어떻게 돌아가는지 알 리 없다. 그렇지만 그는 후진타오(胡錦濤) 국가주석이 주창한 사회주의 영욕관(榮辱觀), '바룽바츠(八榮八恥:8가지 영광과 8가지 수치)'는 잘 안다. 중국 사회는 '바룽바츠 학습' 열기로 달아오르고 있다. "바룽바츠를 모르면 라오투(老土·촌뜨기라는 뜻으로 '간첩'과 같은 말)"라는 우스개가 나돌 정도다. 중고교는 매주 월요일 아침 조례 시간을 바룽바츠 학습시간으로 활용한다. 산둥(山東)성 칭다오(靑島) 개발구의 모든 초중학교는 바룽바츠를 동요로 만들어 가르친다. 두 명이 손뼉을 마주치며 하는 놀이의 가사를 바룽바츠로 바꿨다. 베이징TV에서는 지난달 26일부터 인기가수 류빈(劉斌)과 인슈메이(殷秀梅)가 취입한 바룽바츠 노래도 보급하고 있다.[1]

이러한 기사를 쓴 기자는 말미에 '바룽바츠'에 대하여 다음과 같은 설명을 덧붙여 놓았다.

바룽바츠(八榮八恥): 후진타오 주석이 지난달(3월) 4일 정치자문기구인 인민정치협상회의(정협·政協)의 한 대표단 회의에서 처음 주창한 사회주의 영욕관. 8가지의 영광과 8가지의 수치란 뜻으로 조국사랑 인민봉사 과학숭상 근면노동 상부상조 성실신뢰 법규준수 각고분투를 영광으로, 이와 상반된 행위를 수치로 여기라는 내용이다.[2]

우리는 중국 사람들이 '바룽바츠'라고 한다고 해서 우리도 덩달아 '바룽바츠'라는 말로 신문기사를 써야 할까? 물론 뉴스이니 만큼 현장감이 드러나게 쓰기 위해 현지의 말을 그대로 사용했을 것이라는 짐작을 안 하는 바가 아니다. 그러나 우리가 익히 써 오던 한자를 사용하여 '八榮八恥'라고 썼고 거기에 대해 "8가지 영광과 8가지 수치"라는 설명도 붙였으면서 그것을 우리의 한자 발음인 '팔영팔치'라고 읽지 않고 '바룽바츠'라고 읽은 것은 왠지 어색하다. 이에 대해 대부분의 독자들은 '「八榮八恥」를 중국어 발음으로는 「바룽바츠」라고 읽는구나.'라는 짐작을 했겠지만 낯선 그 네 글자가 무엇을 의미하는지를 몰라 당황한 경우도 없지는 않았을 것이다. 그런데 폴리뷰(http://poliview.co.kr)의 토론방에는 〈박근혜 대통령 착각하면 안 돼〉라는 제목 아래 다음과 같은 글이 올라와 있다.

중국고전, 중국철학사를 두루 꿰고 있다는 중국통 대통령이라면 중국공산당이 발표한 사회주의 영욕관(榮辱觀)도 잘 알 것이다. 사회주의 영욕관은 중국의 공직자와 국민, 특히 청소년으로 하여금 바른 국가관, 바른 사회관을 세우기 위한 것이다. 이 영욕관 빠롱빠츠(八榮八恥), 즉 여덟 가지 영광과 여덟 가지 수치 중에, 즉 조국사랑을 영광으로 여기고, 조국을 위태롭게 하는 것을 수치로 여긴다. 규율과 법의 준수를 영광으로 여기고, 법을 어기고 기강을 어지럽히는 것을 수치로 여긴다는 말이 있다.(以熱愛祖國爲榮 以危害祖國爲恥, 以遵紀守法爲榮 以違法亂紀爲恥) ……중략…… 우리도 이런 것을 국가차원에서 제정하여 국민행동 지표로 삼으면 어떨까? 중국공산당 롱루꽌(榮辱觀) 벤치마킹할 만하지 않은가?[3]

이 글에서는 '바룽바츠'뿐 아니라, '영광과 욕됨에 대한 관점'이라는 뜻의 '영욕관(榮辱觀)'이라는 매우 일반적인 우리말마저도 중국어 발음으로 읽어서 '롱루꽌'이라고 적고 있다. 이러다가는 '인생관', '정치관', '내세관'이라는 말도 다 '런성꽌', '정즈꽌', '라이스꽌'이라고 읽는 날이 오는 게 아닌가 모르겠다.

우리는 왜 '八榮八恥'라고 쓰여 있는 4자구를 '팔영팔치'라는 우리 음으로 읽지 못하고 '바룽바츠' 혹은 '빠롱빠츠'라는 중국어 발음으로 읽어야 하는가? 그리고 우리말인 '영욕'이라는 말마저도 '롱루'로 읽어야 하는가? 내내 익숙하게 읽어오던 중국의 지명 북경(北京), 남경(南京), 상해(上海), 심양(瀋陽), 서안(西安), 장춘(長春), 연변(延邊) 등을 1997년경부터 갑자기 베이징, 난징, 상하이, 선양, 창춘, 옌볜 등으로 부르고, 익히 불러오던 '모택동(毛澤東)', '주은래(周恩來)', '등소평(鄧小平)' 등을 언론이 나서서 「외래어 표기법」이라는 것을 근거로 '마오저뚱', '저우언라이', '덩샤오핑'으로 쓰기 시작하더니 이제는 학계마저도 '그게 습관이 되어 부르기 편하니 이제 반드시 그렇게 읽고 쓰자.'는 논조로 일종의 '굳히기'를 해 가는 분위기이다. 과연 그게 옳은 일일까? 그게 학문적인 참(眞)일까? 그렇게 중국의 인명과 지명을 중국어 원음으로 읽어주는 것이 가져올 폐해는 없을까? 이는 단순하게 "외국의 지명과 인명은 외국어의 원음대로 적으면 된다."는 「원음주의」라는 졸속한 편리주의로 해결될 문제가 아니다. 문제는 우리에게 있어서 한자는 단순하게 중국문자 즉 외국 문자로 등치시킬 수 없는 이유가 있고 우리 조상이 남긴 한국 한문을 중국어로 등치할 수 없는 이유가 있기 때문이다. 부연 설명하자면, 우리의 역사책인 《삼국사기》나 《삼국유사》, 《고려사》나 《조선왕조실록》, 이순신 장군의 《난중일기》나 정약용 선생의 《목민심서》가 한자로 기록된 글들이라는 이유로 그저 단순하게 '중국어'로 쓴 책이라고 할 수 없는 이유가 있기 때문이다. 우리가 2,000년 이상 우리의 문자로 사용해 오던 한자는 이미 우리의 문자이지 중국만의 문자가 아니므로 우리가 그동안 줄곧 한자로 써오던 중국의 지명과 인명을 하루아침에 중국어 발음으로 표기하는 것은 과거 2,000년의 역사와 문화를 부정하고 한자를 완전히 외국 문자로 취급하자는 주장과 다름없기 때문에 그러한 주장이 가져올 폐해가 결코 적지 않은 것이다.

이런 내용을 깊게 따져 보지 않으면, '북경이든 베이징이든 알아서 읽고 서로 통하기만 하면 될 일이지 그게 무슨 대수냐?'는 생각을 할 수 있다. 그러나 조금만 깊이 따져 보면 이 한 마디 지명을 어떻게 읽느냐에 따라 우리의 역사와 문화에 대한 평가가 달라지고 우리의 국제적 위상이 달라질 수 있다는 점을 인식하게 될 것이다. 그리고 민족 자존심에 치명적인 상처를 입힐 수도 있다는 점을 알게 될 것이다.

이에, 이 책에서는 중국의 지명과 인명을 현재의 중국어 원음으로 표기할 경우에 야기될 수 있는 여러 문제점을 지적함으로써 중국의 지명이나 인명을 한국 한자음으로 읽고 표기해야 할 이유의 타당성을 증명해 보이고자 한다. 아울러 이러한 과정을 통하여 우리에게 있어서 한자와 한문이 어떤 의미를 갖는지를 확인하고자 한다.

이 책은 막연한 보수적 입장 혹은 옛날에 대한 향수를 들먹이는 차원에서 한자 사용을 권장한다거나 한문 읽기를 권하고자 하는 의도로 쓴 책이 아니다. 21세기 디지털 시대에 한자가 인류에게 얼마나 절실한 의미로 다가오고 있는지를 과학적·객관적으로 설명하고, 21세기 문화산업 시대에 한자로 기록된 우리의 전통문화를 활용하기 위해서 어떻게 해야 하는지를 살펴보고자 한다. 세계적으로 우수한 문자인 우리의 한글은 한자와 함께 사용할 때 더욱 빛난다는 사실을 증명하고, 한글의 세계화를 위해서도 한글과 함께 한자를 병용해야 한다는 점을 설명하고자 한다. 세계의 글자는 크게 두 종류로 나눌 수 있다. 소리글자(표음문자)와 뜻글자(표의문자)가 바로 그것이다. 소리글자는 소리글자대로 많은 장점이 있고 뜻글자 또한 뜻글자대로 많은 장점이 있다. 그런데 한글은 세계에서 가장 우수한 소리글자이고 한자는 세계에서 가장 발달된 뜻글자이다. 한글과 한자를 적절하게 병용함으로써 소리글자의 장점과 뜻글자의 장점을 동시에 살려 쓸 수 있는 나라는 세계에서 우리나라가 유일하다.[4] 각각의 장점을 취하여 뜻글자와 소리글자를 함께 사용할 수 있다는 것은 엄청난 축복이다. 그런데 우리는 스스로 그 축복의 한 축을 팽개치고 있다. 인위적으로 한자의 사용을 사실상 금지하고 있는 것이 바로 축복의 한 축을 팽개치고 있는 처사인 것이다. 이러한 관점에서 이 책은 현행 '한글전용'이라는 어문정책이 안고 있는 심각한 폐해를 새로운 각도에서 지적할 것이다.

필자는 2002년에 중·고등학생과 교사, 그리고 대학생을 상대로 한자에 대한 의식 조사를 한 적이 있다. 조금 오래 전의 조사이기는 하지만 한자에 관한 한 지금 상황이나 당시의 상황이나 달라진 게 없어서 당시의 조사 결과는 여전히 유효하리라고 본다. 중·고등학생과 교사에게 다음과 같은 질문을 하였다.

"오늘날 한국의 학교교육에서 한자교육을 어떠한 형태로든 현재보다는 다소 많이 시켜야 한다."는 주장을 하는 사람이 있다면 그 주장에 대한 귀하의 견해는 어떻습니까?

① 우리는 한글세대다. 국내의 언어생활이나 교육은 한글만으로도 충분하다. 그리고 국제 언어로 영어를 잘하면 된다. 어려운 한자교육을 강화할 필요가 없다.
② 우리나라는 좋든 싫든 간에 한자와 관련이 깊은 나라이다. 그러므로 한자를 알면 여러 가지로 유리하다. 따라서 한자교육을 강화하는 것이 옳은 일이라고 생각하지만, 공부의 부담이 늘어날까봐 겁이 난다.
③ 비록 공부의 부담이 늘어난다고 하더라도 영어 못지않게 한자교육도 강화해야 할 필요가 있다.

이 조사에 대한 결과는 다음과 같이 나타났다.[5]

	중학생			고등학생			교사		
조사자 수	138			125			88		
응답자 수	①	②	③	①	②	③	①	②	③
	47	70	21	29	61	35	10	43	35
비율(%)	34	51	15	23	49	28	11	49	40

중학생, 고등학생, 교사를 막론하고 한자교육을 강화해야 한다는 생각에 동의한 비율이 그렇지 않은 쪽에 비해 훨씬 높음을 알 수 있다. 대학생에게는 다음과 같은 질문을 하였다.

"질 높은 교육을 하기 위해서는 한자교육을 강화해야 한다."는 주장에 대한 귀하의 견해는 어떠하십니까?

① 현실적으로 필요를 느낀다고 하더라도 우리의 글인 한글을 빛내기 위해 장기적인 안목으로 보아 한글전용정책은 지속되어야 한다.
② 현실적으로 필요하다면 일정 수준 한자교육이 강화되어야 한다. 한자와 아울러 사용할 때 한글도 더욱 빛날 수 있을 것이다.

이에 대한 응답 결과는 다음과 같다.[6]

문항	①	②	계
응답자수	77	171	248
비율(%)	31	69	100

대학생을 상대로 다음과 같은 질문을 하기도 하였다.

"한자의 사용과 교육을 지금보다 강화해야 한다."는 주장에 대한 귀하의 견해는 어떻습니까?"

① 강화할 필요가 있다.
② 강화할 필요가 없다.

이 질문에 대한 응답 결과는 다음과 같다.[7]

문항	강화할 필요가 있다	강화할 필요가 없다	계
응답자 수	181	72	253
비율(%)	71.5	28.5	100

위와 같은 조사 결과를 통해서 한자교육의 필요성에 대한 우리 사회의 공감대는 상당히 깊고 넓게 형성되었음을 알 수 있다. 오늘날 우

리 사회가 느끼는 한자교육의 필요성은 아마도 조사 당시보다 훨씬 높으리라고 생각한다. 특히 젊은 학생들의 한자교육 필요성에 대한 공감도는 갈수록 높아지고 있다. 그런데 이에 비해 사회지도층이나 정책입안자는 오히려 한자교육에 대해서 소극적인 태도를 보이고 있다. 왜 그렇게 소극적일까? 한자교육의 필요성을 구체적으로 모르고 있기 때문이다. 게다가, 현재 한국에서 한자교육을 강조하는 사람들이나 일부 단체들이 벌이고 있는 한자교육 강화 운동이 워낙 낡은 시각에 바탕을 두고 있다는 점도 지도층의 한자교육에 대한 인식개선을 저해하는 요소로 작용하고 있다. 21세기, 문화 창달과 개혁의 새로운 아젠다로서 한자교육의 강화를 주장하고 있는 것이 아니라, 매우 편향된 시각으로 구태의연하게 주관적인 '옛 것에 대한 향수' 차원에서 한자교육을 강조하고 있기 때문이다. 이러한 시각으로 한자교육 추진을 주장하면 국민들 특히 젊은 층의 호응을 얻을 수 없다. 호응을 얻기는커녕 한자교육의 필요성을 나이 많은 노인들의 향수어린 주장이나 보수주의자들이 습관적으로 하는 주장으로 여기게 하여 오히려 한자교육에 대한 거부감을 갖게 할 우려마저 있다. 21세기 디지털 시대에 왜 한자가 국제문자로 부상하고 있는지를 학문적으로 입증함은 물론, 한자를 폐기해서는 안 되는 이유를 현실적이고 구체적인 예를 들어 설명할 때 우리 사회에 자연발생적으로 형성된 한자교육 필요성에 동의하는 분위기를 이끌어 갈 수 있을 것이다. 만약 지나치게 편향된 이념과 디지털 시대를 읽지 못하는 낡은 시각으로 "그때가 좋았었다."는 식의 과거 지향적 정서로 한자 보급 운동을 벌인다면 오히려 한자를 필요로 하는 국민적 요망에 찬물을 끼얹게 될 것이다. 따라서 불필요하게 너무나 많은 한자를 사용할 필요는 없다. 그런데 일부 한자 병기를 주장하는 사람들의 글을 보면 대부분의 단어를 한자로 표기하고 토씨만 한글로 쓰는 수준인 경우도 있다. 예를 들면 다음과 같다.

우리는 深刻한 經濟危機를 거쳐 왔지만, 全 國民이 合心團結하여 그 危機를 克服할 수 있었다. 그러나 '文化危機'는 한 번 불씨가 꺼지면 그 回復이 절대 不可能하다는 것을 알아야 한다. 이웃 滿洲族을 보라. 그 强大했던 淸나라를 세웠던 滿洲族이 오늘날 왜 이 지구상에서 사라졌는가? 그들의 語言文字를 스스로 喪失했기 때문이다.

우리의 유구한 歷史와 傳統文化가 거의 모두 그 바탕이 漢字로 되어 있는데, 漢字를 버리자고 주장하는 것은 굼벵이만도 못한 바보들이 우리도 滿洲族의 前轍을 밟자고 주장하는 것과 똑같은 것이다.[8]

이 글은 '한자교육 추진'의 수준을 넘어 아예 한자시대로 돌아가자는 의지를 담아 쓴 글이라는 생각을 들게 한다. 한글의 값진 우수성을 무시한 채 이런 식으로 한자의 사용과 교육을 강화할 생각을 한다면 국민들로부터 결코 호응을 얻을 수 없다. 한국의 어문정책은 「가능한 한, 한글로 표기하고 한글만 사용하도록 노력하되, 한글만 사용할 경우에 불편하다거나 한자를 사용하면 훨씬 편리할 경우까지도 일부러 한글만을 사용하자고 고집할 필요는 없다. 한자는 한글과 함께 사용할 때 더욱 빛난다.」[9]는 방향으로 진행되어야 하고, 한자교육 또한 그러한 어문정책에 부응할 정도의 수준에 맞게 실시하면 되리라고 생각한다. 全 國民(전 국민), 危機(위기), 克復(극복), 回復(회복), 不可能(불가능), 喪失(상실), 歷史(역사) 등, 이미 한글화하여 굳이 한자로 쓰지 않아도 그 뜻을 충분히 헤아릴 수 있는 단어는 한글로 표기하는 것이 나을 것이다. 이제 한국에서의 한자 문제는 이처럼 보수적 사고나 낡은 구시대적 발상에 기초하여 논의할 문제가 아니다. 최근의 국제동향과 문화 환경의 변화에 기초하여 가장 혁신적인 사고를 가지고 개혁적인 방향에서 논의를 해야 할 문제이다. 지금은 디지털 시대에 부합하는 새로운 관점에서 21세기에 한자교육을 강화해야 할 필요성을 구체적으로 논의해야할 때이며, 그러한 논의는 반드시 이미 디지털 문화에 젖어있는 젊은이들과 함께 이루어져야 한다. 누군가의(?) 세뇌에 의해 이미 한자에 대한 거부감이 많은 젊은이들에게 디지털 시대에 가장 적합하고 세계적으로 우수한 문자가 바로 우리의 한글이지만 그렇다고 해서 한자를 폐기해야 할 이유는 전혀 없음을 설득력 있게 설명해야 한다. 우리는 다음과 같은 입장에서 한자를 공부해야 할 필요를 느껴야 하고 그러한 필요에 따라 한자교육을 강화해야 하며 그러한 관점에서 한자를 애써 외국 문자로 간주하여 폐기하려고 하는 생각을 말아야 한다.

1. 우리는 우리의 말을 가능한 한 한글로 표기하고 한글만 사용하도록 적극 노력할 필요가 있다.

2. 그러나, 한글만 사용할 경우에 불편하다거나 한자를 사용하면 훨씬 편리할 경우까지도 일부러 한글만을 사용하자고 고집할 이유는 결코 없다.

3. 한글은 한자와 함께 사용할 때 더욱 빛난다. 소리글자인 한글의 단점을 뜻글자인 한자의 장점을 활용하여 보완할 수 있기 때문이

다. 그런데 한글은 세계에서 가장 우수한 소리글자이고 한자는 세계에서 가장 발달된 뜻글자이다. 한글과 한자를 적절하게 병용함으로써 소리글자의 장점과 뜻글자의 장점을 동시에 살려 쓸 수 있는 나라는 세계에서 우리나라가 유일하다. 그러므로 굳이 한자를 일부러 배척하거나 폐기해야 할 이유가 없다.

4. 우리는 과거 2,000여 년 동안 한자를 사용하여 역사와 문화를 기록해 왔다. 그러므로 한자는 결코 중국만의 문자가 아니다, 동아시아 공통의 문자(East Asian character)이자 우리의 문자이다. 따라서, 우리는 한자를 당당하게 우리의 문자로 인정하고 아끼며 편리하게 사용할 권리가 있다. 이런 관점에서 우리는 외국의 지명, 특히 중국의 지명이나 인명을 굳이 원음주의 표기 원칙에 따라 중국어 원음으로 읽어야 할 이유가 없다. 우리의 한자 독음으로 읽어야 한다. 베이징이 아니라 북경으로 읽어야 하는 것이다.

  이 책은 이상과 같은 관점에서 그러한 관점의 객관성과 합리성과 정당성을 증명하는 방법으로 논리를 전개해 나가고자 한다. 21세기 디지털 시대, 글로벌 시대, 문화산업의 시대에 걸맞는 보다 더 참신하고 창의적인 관점에서 지난 70년 동안 지속되어온 「한글전용」이라는 어문정책의 문제점을 지적하고, 중국의 지명과 인명에 대해 「원음주의」를 적용하는 표기가 안고 있는 문제점을 제시하면서 필자의 소견을 밝히고자 한다.

제2장

한자는
외국 문자인가?

우리는 언제부터인가 중국의 수도 북경(北京)에 대해서 '북경'이라는 표기와 '베이징'이라는 표기를 함께 사용하고 있다. 심지어는 앞서 어느 라디오 방송을 예로 들어 지적했듯이 '북경'과 '베이징'이 같은 곳을 칭하는 같은 뜻의 단어인 줄도 모르는 채 되는대로 사용하는 경우도 없지 않다. 중국을 개혁과 개방으로 이끈 인물인 등소평(鄧小平)에 대해서도 '등소평'과 '덩샤오핑'이라는 두 종류의 표기를 하고 있다. 외국의 지명에 대한 「원음주의」 표기 원칙 자체가 엄청나게 많은 문제를 내포하고 있는 점에 대한 논의는 차치하고라도[10] 우리에게 있어서 한자가 완전한 외국 문자라면 "악법도 법이다"는 관점에서라도 원음주의 표기를 적용하여 '베이징', '덩샤오핑'이라고 읽을 수도 있다. 그러나 우리에게 있어서 한자가 외국어가 아니라면 원음주의를 적용하는 것은 문제가 많다. 따라서 중국의 지명과 인명에 대한 원음주의 표기의 합당성 여부는 한자를 외국 문자로 보느냐 아니냐에 달려 있다. 그런데, 원음주의 표기를 주장하는 사람들의 주장은 한결같이 한자를 외국 문자로 보는 견해에 바탕을 두고 있다. 원음주의 표기 문제만이 아니라, 한글전용과 국한문혼용의 논쟁도 사실은 한자를 외국 문자로 보느냐 아니냐의 관점 차이에 기인한다. 그렇다면 한자는 과연 외국 문자인가? 외국 문자가 아니라면 우리 문자인가? 외국 문자도 우리 문자도 아니라면 우리는 우리의 언어와 문자 현실에서 한자에 대해 어떤 위상을 부여해 주어야 하는가? 이런 문제에 대한 답만 분명히 할 수 있다면 한글전용문제에 대해서든 원음주의 표기에 대해서든 불필요한 논쟁을 불식할 수 있을 것이다. 최근 중국의 인명과 지명에 대한 원음주의 표기를 강하게 주장하고 나선 어느 연구자는 다음과 같이 말한다.

중국어 외래어를 원지음으로 표기해야할 가장 근본적인 이유는 한글 글쓰기의 일관성 확보이다. 즉 우리는 중국어권을 제외한 세상 모든 언어권의 인명과 지명을 원지음 또는 원지음과 유사한 영어권 음을 한글로 표기를 하고 있다. 그런데 유독 중국어권만 한자음으로 표기하는 것은 내용과 형식에 있어서 일관성이 중시되어야할 과학적 글쓰기에서 수용하기 곤란한 예외이다.[11]

중국의 인명이나 지명에 대해서 '중국어 외래어'라는 표현을 한 것부터가 한자를 '중국어'라는 외국어로 간주하고 중국의 인명과 지명을 중국어라는 외국어로부터 유래한 '외래어'로 규정한 시각이다. 또 다음과 같은 주장도 한다.

중국과 일본의 인명과 관련하여 한국의 외래어표기법에 유의할만한 규정이 하나 있다. 1911년을 기준으로 중국의 근대 이전 인물은 한자음으로 표기하고, 1911년 이후에 주로 활동한 인물만 원지음으로 적도록 하고 있다. 이 규정은 1911년 전후에 걸쳐 활동한 梁啓超, 孫文, 胡適, 魯迅 같은 인물들의 표기에 혼동을 야기한다. 또 근대와 현대의 구분은 일본인 인명에는 적용하지 않는다. 따라서 일본의 과거 인물이라 하더라도 원지음으로 표기하도록 규정하고 있다. 엄익상 표기법(2002)은 이러한 모순을 해결하기 위하여 과거와 현대 구분 없이 모든 인명을 원지음으로 읽도록 규정하고 있다.[12]

이런 주장은 과거 우리 조상 때부터 최소한 수백 년 동안 익숙하게 불러온 '장안(長安)', '낙양(洛陽)', '심양(瀋陽)', '북망산(北邙山)' 등과 같은 지명을 '창안', '뤄양', '선양', '뻬이망산' 등으로 읽어야 함은 물론, '두보(杜甫)', '이백(李白)', '백거이(白居易)', '소동파(蘇東坡)' 등과 같은 인물도 '뚜푸', '리빠이' '빠이쥐이', '쑤동포' 등으로 읽어야 한다는 주장이다.[13] 과연 그렇게 읽으면 편리하고 홀가분한가? 그렇다면, 우리 조상들이 애써 번역하여 편찬한 책인 《두시언해(杜詩諺解)》도 '두보'라는 고유명사의 원음을 살리기 위해서는 《뚜스언해》로 읽어야 하며 "낙양성 십리허에……"로 시작하는 우리 민요 〈성주풀이〉도 앞으로는 "뤄양청 십리허에……"로 바꿔 불러야 하고 "이산 저산 꽃이 피니 분명코 봄이로구나."로 시작하는 단가(短歌) 〈사철가〉의 한 대목인 "아차 한 번 죽어지면 북망산의 흙이로구나."라는 구절도 "아차 한 번 죽어지면 뻬이망산의 흙이로구나."라고 노래 불러야 한다. 그리고 민간에 널리 퍼져서 우리에게 매우 친숙한 '소동파의 〈적벽부〉'라는 작품도 '쑤둥포의 〈츠삐푸〉'라고 말해야 한다. 이렇게 쓰고 읽는 것이 과연 앞서 제시한 인용문에서 말하는 '한글 글쓰기의 일관성 확보'(위의 주11)에 도움이 되는가? 결코 그렇지 않다고 생각한다. 실지로 그렇게 쓴 글을 한 예로 살펴보면 이 주장이 현실을 외면한 것임을 확인할 수 있다.

뤄양에서 경치가 가장 빼어난 곳은 단연 이수이강과 룽먼석굴. 용문교와 샹산산이 어우러진 샹산산 언저리다. 샹산산 북쪽에서 이수이와 룽먼 석굴을 굽어보는 비파봉이 있는데, 이 비파봉 일대가 앞에서 말한 백원이다.[14]

백제성을 지난 양쯔강은 이윽고 장장 193km의 협곡인 천하의 절경 싼샤를 만난다. 싼샤는 취탕샤·우샤·시링샤로 나뉘는데, 취탕샤의 문턱에 웅장하게 버티고 서 있는 쿠이먼은 어느 시인이나 감동했다는 곳이다.[15]

룽먼석굴을 용문(龍門)석굴로 읽고 표기하면 쉬울 뿐 아니라, 용과 관련이 있는 석굴이라는 의미도 파악할 수 있을 터이며, 샹산도 그저 상산(商山)이라고만 하면 그게 산인 줄을 다 알게 될 것이다. 싼샤 역시 '삼협(三峽)'이라고 표기하면 그게 장강 상류의 세 협곡인 줄을 쉽게 알 수 있다. 취탕샤·우샤·시링샤도 '구당협(瞿塘峽)', '무협(巫峽)', '서릉협(西陵峽)'이라고 표기하면 '장강 삼협' 즉 장강 상류의 세 협곡이 '구당협(瞿塘峽)', '무협(巫峽)', '서릉협(西陵峽)'임을 금세 알 수 있을 텐데 굳이 한자를 외국어로 간주하여 외래어 원음주의 표기법을 적용한 나머지 "싼샤는 취탕샤·우샤·시링샤로 나뉘는데"라고 표기하는 불편을 겪어야 하는지 모르겠다. "삼협(三峽)은 구당협(瞿塘峽), 무협(巫峽), 서릉협(西陵峽)으로 나뉘는데"라는 표기와 "싼샤는 취탕샤·우샤·시링샤로 나뉘는데"라는 표현 중 과연 어느 것이 더 한글 글쓰기의 일관성을 확보한 경우인지를 심각하게 생각해 봐야 할 것이다. 게다가 또 다른 지명 '천진(天津)'과 '연변(延邊)'에 대한 중국어 독음인 '톈진'이나 '옌뻰'의 경우에는 '톈'이나 '옌', '뻰' 등의 글자를 컴퓨터 자판으로 치다보면 이게 우리 한글 문장에서는 사실상 잘 사용하지 않는 글자이기 때문에 컴퓨터도 혼란스러운지 영문 타자 모드로 자판이 바뀌면서 이상한 영문자를 입력하게 되는 경우가 심심치 않게 발생한다. '톈진'이라고 읽고 쓰기 보다는 '천진(天津)'이라고 읽고 쓰는 것이 훨씬 자연스럽고 편리하며 글쓰기의 일관성을 유지할 수 있다. '옌뻰'도 마찬가지다. '옌뻰의 재중동포'라는 말보다는 '연변의 재중동포'라는 말이 훨씬 익숙하고 쉽고 정겨워서 한글 글쓰기의 일관성을 확보할 수 있다. 한글 글쓰기를 하다가 느닷없이 뛰쳐나온 '옌뻰'이라는 말은 왠지 생뚱맞다. 따라서, 굳이 원음주의를 적용해야 할 이유가 없다. 원음주의 표기를 지지하는 입장에 선 사람들은 원음주의 표기를 반대하는 사람들의 반대 이유를 다음과 같이 설명한다.

중국어를 모르는 사람에게 원지음표기는 당연히 불편할 수 있다. 한자음표기를 주장하는 자들이 불편하게 생각하는 가장 큰 이유는 한글로 원지음을 표기했을 때 한자가 무엇인지 잘 알 수 없다는 점이다. 그러나 대부분의 사람들은 중국의 인명과 지명을 원지음으로 들었을 때 한자가 무엇인지 전혀 궁금하지 않다.[16]

이 글에서는 "대부분의 사람들은 중국의 인명과 지명을 원지음(현지음)으로 들었을 때 한자가 무엇인지 전혀 궁금하지 않다."고 했지만 사실 궁금한 사람이 훨씬 많다. 사람은 어떤 말을 들으면 그냥 소리나는 대로 사용하기만 하는 게 아니라 본능적으로 그게 무슨 뜻인지를 알고자하는 호기심이 발동한다. 언어는 '의미전달'이 목적이지 '말소리 전달'이 목적이 아니기 때문이다. '의미전달'이 목적이기 때문에 어떤 말을 들으면 당연히 그 의미가 무엇인지에 대한 궁금증이 생기는 것이다. 그러므로, 어떤 지명에 대해서도 왜 그렇게 부르는지 이유가 있으면 그 이유를 알고자 하는 생각이 거의 본능적으로 발동한다. 그리고 중국의 지명과 인명에 관한 한, 한자로 어떻게 쓰는지를 알고자 한다. 한자로 어떻게 쓰는지를 모르는 것을 결코 자랑으로 여기지 않는다. 북경(北京)이라고 하면 남경(南京)에 대한 상대적인 지명으로서 '북쪽에 있는 서울'이라는 의미까지도 금세 알 수 있다. 굳이 '베이징'이나 '난징'이라고 표기하고서 그것이 북쪽의 서울 혹은 남쪽의 서울이라는 뜻이라는 점을 전혀 알 필요도 없고 궁금해 할 필요가 없기 때문에 그냥 소리만 따서 그렇게 쓰면 된다고 한다면, 이야말로 인간의 내면에 본능으로 자리하고 있는 '알고자 하는 욕구'를 제멋대로 무시하고 재단해 버리는 처사이다. 그 뜻을 모르고 사용하는 것이 결코 자랑이 될 수 없고 뜻에 대한 궁금함을 느끼지 못하는 것이 결코 바람직한 현상은 아닐 텐데 마치 궁금하지 않은 것이 자랑거리라도 되는 양 "중국의 인명과 지명을 원지음으로 들었을 때 한자가 무엇인지 전혀 궁금하지 않다."고 하는 원음주의 표기 찬동자들의 주장을 이해할 수가 없다. 그들의 말대로 설령 전혀 궁금하지 않았던 사람이 있었다고 치자. 그러한 사람이라도 막상 '마오쩌둥'이라는 표기 대신에 '모택동'이라는 표기를 하고 '떵샤오핑'이라는 표기 대신에 '등소평'이라고 표기하면 최소한 성씨가 '모'씨이고 '등'씨인 줄은 안다. 그리고 만약 '등소평'에 대해 '鄧小平'이라는 한자를 병기해 놓는다면 "이름은 '소평(小平)'인데 중국을 '대평(大平)'하게 했다."는 생각에 절로 빙그레 웃음을 지으면서 등소평이라는 인물에 대해 보다 더 깊이 있게 이해하고 기억할 수 있게 된다. 이것이 한자가 가진 매력이며, 우리가 중국의 인명과 지명을 우리 한자음로 읽고 표기해야 할 이유 중의 하나이다. 원음주의를 주장하는 사람들은 모택동의 성이 '모(毛)'씨이고 등소평의 성이 '등(鄧)'씨인 데에 대해서도 전혀 관심이 없고 그들의 성이 '모'씨이고 '등'씨인 줄은 알아서 뭐할 거냐고 반문할지 모른다. 그렇다면 아주 단순하게 반문하고 싶다. 알아서 나쁠 건 또 뭐냐고?

사실 원음주의 표기를 주장하는 사람들이 "중국의 인명과 지명을 원지음으로 들었을 때 한자가 무엇인지 전혀 궁금하지 않다."고 말하는 것은 미 군정 시절부터 한글전용을 강력하게 주장했고 또 한글전용법 제정의 핵심 역할을 한 최현배의 "문자는 현시적이고 평판적으로 사용하면 그만"[17]이라는 주장에 바탕을 두고 있다. 그런데 그러한 주장의 내막을 조금만 들여다보면 어처구니가 없을 정도로 문제가 많다. 이제 최현배의 그러한 주장 즉 "문자는 현시적이고 평판적으로 사용하면 그만"이라는 주장의 문제점이 무엇인지를 알게 된다면 그런 어처구니없는 주장은 철회될 수 있을 것이며 아울러 "중국의 인명과 지명을 원지음으로 들었을 때 한자가 무엇인지 전혀 궁금하지 않기" 때문에 원음주의 표기를 해야 마땅하다는 주장도 설득력을 잃게 될 것이다. 최현배는 다음과 같이 말했다.

> 말은 그 말밑 곧 어원을 모르고도 그 말뜻을 깨칠 수 있다. 말은 돈과 같이 현시적으로 또 평판적으로 사용됨이라 하는 것이 언어학 초보의 원리임을 알아야 한다. 우리가 '밥', '물', '나무' 같은 말을 누구나 조금도 의심 없이 쓰고 있지마는 그 말밑을 아는 사람은 아마 한 이도 없을 것이다. '사랑'의 말밑을 모르고도 얼마든지 '사랑'이란 말을 자유로이 쓴다. 500년 전에는 '사랑하다'가 '생각하다'의 뜻으로 쓰였지마는 오늘에는 그런 뜻은 조금도 없고, 오직 현시의 뜻 그대로만 쓰이고 있다. 다시 말하면, 사랑의 말밑이 무엇인지, 또는 그 내력의 변천이 무엇인지도 아랑곳 할 것 없이 자유로 또 만족스리 사용하고 있다. 우리가 쓰는 지전이 십 원이면 십 원으로 쓰면 그만이지, 그 십 원이 옛날에는 몇 원으로 쓰였는지 또 그것은 어떤 종이, 어떠한 색채로써 누가 찍어냈는지는 조금도 상관하지 않는다. 이와 같이 말은 돈과 마찬가지로 현시의 뜻을 좇아 쓰면 그만이요, 그 말밑 및 그 변천 따위는 물을 필요도 없다.[18]

최현배의 이 말은 모든 국민이 깊은 생각은 할 필요 없이 단순, 무지한 채로 그냥 밥 먹고 잠자고 뛰고 놀며 살아가자는 얘기나 다를 바 없다. 예를 멀리서 찾을 필요도 없이 최현배가 내세운 '사랑하다'라는 말만 가지고서 생각해 보자. 500년 전에 쓰인 '사랑하다'라는 말은 '생각하다'의 의미였다면 오늘날 순 우리말처럼 쓰이고 있는 '사랑'의 어원도 한자어인 '사량(思量:생각하고 헤아리다)'에 있다는 뜻인데 '사랑'의 어원이 '사량(思量)'에 있다는 사실이 우리에게 얼마나 깊은 의미로 다가오는 지를 생각해 볼 필요가 있다. 어원대로 보자면 '사랑'이란 결국 '내가 너를 앉으나 서나, 일할 때나 쉴 때나 항상 생각한다.' 뜻이다. 그런데, '思'에 '量'이 덧붙어 있음으로 인하여 '思量'은 '量' 즉 분수(分數)를 생각하여 헤아린다는 뜻도 있다. 사랑에서 분수를 헤아린다는 것, 그것은 곧 무례하지 않음이며, 외설스럽지 않음이다. 이렇게 따지고 보면, "오늘날 쓰는 사랑이라는 말속에는 '생각하다'라는 뜻이 전혀 없다"는 최현배의 주장은 전혀 설득력이 없는 주장임을 알 수 있다. '사랑'이라는 말에는 분명히 '생각하다'라는 뜻이 들어있다. 이처럼 사랑의 어원이 思量에 있음을 알게 됨으로 인하여 사랑은 "상대를 항상 염려하고 한없이 그리워하는 마음이며, 항상 분수를 지켜 무례하지 않으며 외설스럽지 않은 것"이라는 개념이 머리에 자리하게 된다. 사랑의 상(象)을 이렇게 형성하고 나면 잘못된 사랑이 자리할 틈이 없어지게 된다. 이와 반대로 최현배의 주장대로 "사랑"이라는 말의 의미를 지폐의 액면 확인하듯이 현시적으로 이해하면 되는 것으로 인정해 보자. 그렇다면, 청소년들은 물론 누구라도 자기가 현시적 평판적으로 보고 이해한대로 사랑을 실천하면 된다. 미국 영화를 통해 만난 지 불과 몇 시간 만에 서로 입 맞추고 잠자리에 같이 드는 것을 사랑으로 보고 이해했으면 그 이해가 바로 현시적으로 본 사랑의 모습이니까 그렇게 사랑을 이해하고 실천하면 되고, 일본 만화를 통해 이상스런 성행위를 하는 장면을 보았다면 그 장면을 현시적 사랑 장면의 하나로 보고 현시적으로 이해한 그런 사랑을 실천하면 된다. 이렇듯 말은 단순한 말로 그치는 게 아니다. 말은 곧 행동과 실천으로 이어지기 때문에 말은 문화를 이루는 가장 기본적이면서 또 가장 강력한 힘을 갖는 중요한 요소이다. 사용하는 말의 깊은 뜻을 알지 못한 채 말을 대충 사용하면 그 말에 따라 생각도 대충하게 되고 생각을 대충 하게 되면 대충한 그 생각을 따라 행동도 대충하게 된다. 그렇게 되면 그 사회에는 대충 얼버무리는 문화가 자리하게 되고 그처럼 대충 얼버 무리는 문화가 만연된 사회는 신뢰가 없는 사회이고 깊이가 없는 사회 이며 금방 무너질 것 같은 위기감이 감도는 사회이다. 난세(亂世)란 다름이 아니라, 말의 사용이 혼란한 사회, 사용되고 있는 말의 개념이 정확하지 못하여 현시적 평판적으로 이해하고 대충 얼버무리는 시대 를 이른다. 그래서 공자도 일찍이 말을 바르게 사용해야 한다는 '정명 설(正名說)'을 내세웠다. 공자는 다음과 같이 말했다.

이름이 바로 서지 않으면(사용하는 말의 개념이 명확하게 서있지 않으 면), 대화가 논리적으로 진행되지 않고, 대화가 논리적으로 진행되지 않 으면, 일이 제대로 이루어질 수 없다. 일이 제대로 이루어지지 않으면, 예(禮)나 악(樂)과 같은 교육을 실시할 수 없고, 교육을 실시할 수 없으 면, 형벌을 온당하게 집행할 수 없게 된다. 그리고 형벌이 온당하게 집 행되지 않으면, 백성들은 몸 둘 바를 모르게 된다.[19]

백성들이 몸둘 바를 모르는 세상이 바로 난세이다. 그런데, 공자는 그러한 난세가 되는 가장 원초적인 원인을 '정명(正名)'이 되어 있지 않음, 즉 사용하는 말의 의미가 바르게 서있지 않아서 개념상의 혼란 이 있는 것에서 찾았다. 논어에 실린 이 구절은 말의 힘이 얼마나 크 며 정확한 말의 사용이 얼마나 중요한 것인지를 깨닫게 하는 의미 있는 구절이다.

그런데, 우리 사회에는 이처럼 말의 의미를 제대로 모르고서 제멋대로 혼란스럽게 쓰는 경우가 너무나 많다. '사모(師母)님'이란 말의 의미를 정확히 모르니 아무한테나 '사모님'이라 하고 '선생(先生)님'이라는 말이 '나보다 먼저 깨달은 선각자(先覺者)'라는 뜻을 가진 말이라는 점을 모르니 아무한테나 '선생님'이라고 하며, 이 말을 다시 현시적 평판적으로만 사용하다보니 심지어는 발음마저도 '생님' '샌님'으로 변하더니 이제는 '쌤'으로 희화(戲化)되어 정말 아무한테나 장난스럽게 쓰이고 있다. 이제는 '쌤'이 가지는 현시적 의미를 학교 '선생님'에게 그대로 대입하여 선생님을 '쌤'으로 대접하는 일만 남았다. 선생님에 대한 예의가 어느 구석에서 솟아나올 수 있겠는가? 최현배의 "현시의 뜻을 좇아 쓰면 그만"이라는 주장을 도저히 이해할 수가 없다. 최현배는 또 "말은 평판적으로 사용된다."는 작은 절목(節目) 아래 쓴 글에서 다음과 같이 말하기도 하였다.

그 말밑을 알 수 있는 낱말들도 그 뒤쪽에 말밑을 더덕더덕 붙여서 쓰는 것이 아니라, 단순한 평판처럼 사용한다. 가령, 우리가 '사랑'의 말밑이 '思量'이라는 한자에 있었고 그 옛 뜻은 '생각한다'로 쓰였다 하더라도 오늘날 우리들의 말씨 생활에서 이러한 말밑스런 천착은 조금도 필요가 없고, 다만 현재 표면적으로 나타난 뜻으로 씀으로서 만족하고 있다. ……중략…… "저 사람은 집에 들면 판관이야"란 말의 '판관'이라는 말도 "제 아내에게 순종 잘 하는 사람"으로만 씀으로 만족하고 '판관'이 '판관 사령(判官 司令)'의 줄어든 말임과, '판관'이 무엇이며, 더구나 '판관 사령'이 무엇임과, 또 그 '판관 사령'이 왜 "아내의 시키는

대로 고분고분 잘 하는 사람"을 뜻하게 되었나 하는 따위의 말밑스런 천착은 아니한다(할 필요가 없다). 다만, 그 평판적인 뜻이 통함으로써 만족한다.[20]

'판관 사령'을 한자로 쓰면 '判官 司令'인데, 각 글자를 보면, '판단할 판(判)', '관리 관(官)', '맡을 사(司)', '명령 령(令)'이다. 따라서, '판관(判官)'이란 재판을 통해 옳고 그름을 판단하는 관리이고 '사령(司令)'은 명령을 수행하는 사람이다. 그러므로, '판관 사령'은 재판관이 자신의 판단에 따라 명령을 내리면 그 명령을 그대로 집행하는 사람이다. 그러니, 판관 사령은 판관의 말을 얼마나 고분고분 잘 들어야 하겠는가? 이러한 연유로 '판관 사령'은 고분고분 말을 잘 듣는 사람을 뜻하는 말로 쓰이게 되었으며 이것이 더 변화되어 나중에는 아내의 말을 고분고분 잘 듣는 남편을 뜻하는 속어(俗語)로 사용되게 된 것이다. 국민들이 한자를 통해 판관 사령의 의미를 이렇게 정확하게 알고 사용하면 안 되는 것인가? 또 그렇게 알도록 가르치면 안 되는 것인가? 정말 한글만을 써서 어원이야 어찌되었든 평판적으로 그 말이 "아내에게 고분고분한 사람"을 뜻하는 줄만 알면 고만일까? 최현배는 심지어 다음과 같이 말하기도 하였다.

아이가 쌀밥을 잘 먹고 또 잘 알지마는 쌀의 소종래(所從來, 온 곳 : 필자 註), 벼의 생장과정은 절대로 알지 못한다. 그 소종래 들을 몰라도 쌀을 사다가 밥은 넉넉히 지어먹는다. 우리가 낱말 낱말의 말밑을 몰라도 곧잘 그 말뜻을 이해하고 그 말을 제 뜻에 맞도록 적절하게 사용하는 것임을 우리는 밝혀 둔다.[21]

쌀이 어디로부터 어떤 과정을 거쳐서 우리의 식탁에 오르게 되는 줄을 '절대 알지 못하는' 것이 무슨 자랑거리라도 된다는 말인가? 그렇다면, 농부가 아닌 학생들에게도 자연 시간이나 생물 시간을 이용하여 벼에 대해서 가르치고 들판에 나가 벼의 생장과정을 가능한 한 많이 보게 하고 체험하게 하는 교육은 왜 시키는가? 밥 한 숟가락을 먹으면서도 농부의 피땀을 생각하며 아껴 먹자는 교육은 왜 시키며, 북한이나 에티오피아의 어린이들을 생각하며 쌀 한 톨이라도 아끼자는 교육은 왜 시키는가?

언어는 단순히 지식을 배우는 데 사용하는 도구나 수단인 것만이 아니다. 언어는 그 사람의 사고를 결정하는 역할을 한다. 따라서 언어를 도구로 삼아 배우는 지식보다 언어 자체가 더 큰 역할을 하는 경우가 많다. 그러므로 언어를 단순한 도구나 수단으로 여겨 언어를 빨리 배워 버린 다음에 그 언어라는 도구를 이용하여 지식을 배우는 데에 시간과 노력을 투자해야 한다는 주장은 어불성설(語不成說)이다. 그런데 최현배의 한글전용이론은 바로 이러한 '수단적 언어관'에 바탕을 두고 있다. 최현배는 말하였다.

> 교육의 참된 목적은 사람의 감정을 순화하고 지식과 도덕을 닦아, 써 참된 사람을 만듦에 있고, 글자나 말씨는 그 수단에 지나지 않는 것이다. 교육의 수단인 글자는 지식을 담아 전달하는 그릇으로서의 구실을 잘하면 고만이다.[22]

그리고 최현배의 뒤를 이은 허웅 역시 글자는 되도록 빨리 배워 버려야 하는 수단으로 인식한 가운데 한자 학습의 고통을 역설하고 한글전용을 주장하였다.[23] 그러나, 위에서 본바와 같이 언어나 그 언어를 기록하는 문자는 단순한 수단적 역할만을 하는 것이 결코 아니다. 특히 우리에게 있어서의 한자는 더욱 그렇다.

최현배나 허웅 등 한글전용론자들의 주장대로라면 '경복궁'은 한글로만 쓰고서 그것이 대원군 때에 중건한 조선시대의 궁궐이라는 역사적 지식만 알면 됐지 그것이 '크고, 빛난다.'는 뜻의 '景'과 '복되다'는 뜻의 '福'을 합쳐 '景福宮'이라고 이름 지은 까닭이 '큰 복을 받아서 국가와 국민이 모두 평안하기를 염원함'에 있음은 알 필요가 없다는 것이다. 그리고, 우리의 현실적인 언어생활에서 '가화만사성(家和萬事成)'이나, '소문만복래(笑門萬福來)'등과 같은 말을 한글세대들인 10대나 20대들도 예사로 쓰고 있는데 그들에게 '가화만사성'이나 '소문만복래'의 의미를 한자를 이용하여 어원적으로 정확히 가르쳐 주면 왜 안 된다는 것인가? 어렵지도 않은 한자, 가르쳐주면 좋은 것을 가르쳐 줄 필요 없이 그게 왜 그런 뜻인지도 모르는 채 그냥 '가화만사성', '소문만복래'라고 사용하기만 하면 충분하다니 도무지 이해가 되지 않는다. 이처럼 그 어원은 모르는 채 소리 나는 대로 현시적 평판적으로 사용하기만 하면 된다는 생각이 얼마나 위험한 것인지는 우리가 구분하지 않고 혼란스럽게 사용하고 있는 독립, 해방, 광복이라는 말을 통해서 가슴이 저리게 확인할 수 있다. 그리고 일본에서 살고 있는 우리 민족을 '재일동포'라고 부르고, 미국에 살고 있는 우리 민족을 '재미동포'라고 부르듯이 세계 어디에 사는 우리 민족도 '재○동포'라고 부르는데 유독 중국에 사는 우리 민족만 '조선족'이라고 부르는 우리의 평판적이고 현시적인 언어 사용이 얼마나 큰 문제를 야기할 수 있는 지를 생각해 본다면 그 얕은 생각의 소산인 평판적, 현시적 언어

사용을 결코 주장할 수 없게 될 것이다. 그리고 그런 평판적, 현시적 언어 사용을 주장한 최현배식 사고의 연장선상에서 제기된 "대부분의 사람들은 중국의 인명과 지명을 원지음으로 들었을 때 한자가 무엇인지 전혀 궁금하지 않다."는 주장도 빛을 잃게 될 것이다. 우리는 중국의 지명과 인명을 뜻을 알 수 없는 소리만의 원지음보다는 뜻을 알 수 있는 우리의 한자 독음으로 읽는 것이 훨씬 더 문명 지향적이라고 생각하기 때문이다.

─◈◈ 제3장 ◈◈─

8·15

독립인가, 해방인가, 광복인가?

1. '독립(獨立)'이라는
말의 함정

2015년 8월 15일 아침 6시부터 시작한 **KBS**의 〈광복 70주년 기념 특집 뉴스〉를 듣다보니 방송 주제는 '광복 70주년 기념' 방송인데 내용을 보면 여전히 '독립'이라는 말과 '해방'이라는 말이 혼재하고 있었다. 〈TV조선〉에서는 프로그램에 따라 독립이라는 말을 사용하기도

하고 해방이라는 말도 사용했으며 또 광복이라는 말도 사용했다. 세 단어를 아무런 의식이 없이 그때그때 나오는 대로 사용하는 것 같았다. KBS도 마찬가지였다. 뉴스시간에도 독립이라고 했다가 해방이라고 했다가 다시 광복이라고 하는 경우가 많았다. 역시 세 단어의 차이를 아랑곳 하지 않은 채 그저 나오는 대로 번갈아 사용하였다. 예를 들자면, "광복 70주년을 맞아 해방 후 빈곤층으로 전락해 버린 독립유공자 가족들의 딱한 현실에 대해……."라는 식의 표현이 바로 그것이다.

우선 독립이라는 말이 갖는 함정에 대해 생각해 보도록 하자. 1945년 8월 15일을 결코 우리가 독립한 날로 인식해서는 안 된다. 독립이라는 말을 사용하는 순간 우리는 우리가 자랑하는 반만년의 역사가 온통 누구에겐가 예속되었던 예속의 역사가 되고 만다. 다시 말하자면, 반만년 내내 예속되었다가 1945년 8월 15일에야 비로소 독립한 신생 독립국이 되고 마는 것이다. 이 문제에 대해서는 노태우 정부 때 천안시 목천읍에 '독립기념관'을 지을 당시에도 크게 논란이 되었었다. 많은 학자들과 국민들이 위에서 제기한바와 같은 이유를 들어 '독립기념관'이라는 이름의 부당함을 제기하였다. 그러나 어쩐 일인지 '독립기념관'이라는 이름이 확정되어 당대의 서예가인 일중 김충현 선생이 쓴 '독립기념관'이라는 현판이 걸리게 되었다. 미국에 있는 것이면 우리에게도 다 있어야 한다는 생각 아래 미국의 독립기념관을 본따서 '독립기념관'이라는 이름을 붙인 건 아닌지 모르겠다.

1910년 8월 29일 이후, 치욕스럽게도 일제가 우리의 국권 행사를 대행하게 되었다. 그 후로 일제의 그러한 불법적 만행을 중지시키고 우리의 국권을 우리 스스로 행사하기 위해 처절하게 싸운 선열들을 우리는 '독립투사'라고 부른다. 맞다. 그분들은 자랑스럽고 위대한 독립투사들이었다. 당시는 우리의 국권을 일제가 대행하는 시절이었기 때문에 더 이상 일제의 간섭이 없이 우리 스스로의 힘으로 홀로서는 독립이 지상의 과제였고 만백성의 염원이었다. 그래서 선열들은 '독립'을 외치며 일제에 맞서 싸웠다. 그러므로 당시에 그렇게 싸운 일을 두고 '독립투쟁'이라고 표현하는 것도 맞고 그렇게 싸우신 분들을 '독립투사'라고 추앙하는 것도 옳다. 그리고 그렇게 싸워서 우리는 독립을 이뤘다. 자랑스러운 일이다. 그렇다고 해서 그렇게 독립을 이룬 날을 독립기념일이라고 말하는 것은 곤란하다. 왜냐하면 우리는 본래부터 독립국이었기 때문이다. 본래부터 독립국이었는데 일제가 한동안 강압적으로 우리의 독립적 주권행사를 저지했을 뿐이다. 그런데 마치 우리의 역사상 처음으로 독립을 맞은 것처럼 그날을 독립의 날로 인식하는 것은 문제가 있는 것이다. 그리고 그날을 독립의 날로 기념하기 위해 '독립기념관'이라는 이름의 기념관을 세우는 것은 더욱 문제가 있는 것이다. 어느 날 하루 도둑이 들어서 그 도둑과 밤새 싸워 새벽녘에 도둑을 퇴치했는데 그 도둑 사건을 기념하기 위해 그날은 '우리 집이 드디어 도둑으로부터 헤어난 날'이라는 의미를 부여하여 '우리 가족 탈도둑일', 혹은 '우리 가족 독립일'로 지정하여 기념할 이유가 없는 것과 마찬가지 이유이다.

다른 비유를 한 번 해 보자. 우리는 2014년에 이른바 '세월호 사고'라는 가슴 아픈 일을 겪었다. 세월호 침몰 직후, 구출 작업을 할 당시에는 '구출'이 최대의 과제였다. 그래서 구출에 참여하는 모든 인원을 '구출대' 혹은 '구출군'이라는 명칭으로 부를 수 있다. 그런데 훗날 이러한 아픔을 다시 겪지 않고, 세월호 참사를 잊지 않기 위해서 기념관을 지었다면 당시에 구출에 힘썼다는 이유로 그리고 배가 완전히 침

몰하기 전까지는 인근 어민과 주변을 지나던 어선의 도움으로 몇 사람이라도 구출했다는 이유로 이 기념관의 이름을 '구출 기념관'이라고 할 수는 없지 않은가? 일제가 우리의 국권을 강탈해 갔을 당시에는 목전의 지상과제가 '독립'이었으므로 국민 모두가 독립의 의지를 가져야 했고 특별히 그런 독립을 쟁취하기 위해 피와 땀으로 싸우는 사람들을 '독립투사'라고 불러야 마땅했다. 그러나 그런 독립의 과정을 거쳐 독립의 결과로 맞이한 것은 광복이다. 독립 운동의 결과로 독립을 쟁취함으로써 우리의 역사에 남은 것은 바로 광복인 것이다. 그러므로 우리는 8월 15일에 대해 '독립'이라는 말을 사용하지 말고 '광복'이라는 말을 사용해야 한다.

독립선언문의 의미 역시 그 당시에 해야 할 과제에 대한 천명이다. 마치 '월드컵 유치 경쟁 참여' 선언을 한 것처럼 말이다. 월드컵 유치 경쟁에 참여했었다고 해서 '월드컵 유치 경쟁 참여 기념관'을 지을 수는 없다. 월드컵 유치 경쟁에 참여하여 마침내 월드컵을 유치하게 되었고 그 결과 성공적인 개최를 했으므로 기념관을 짓는다면 '월드컵 성공개최 기념관'이 되거나 '한국 월드컵 기념관' 정도가 되어야 한다. 그러므로 우리에게 있어서 독립기념관은 말이 안 된다. 굳이 기념관을 지어야겠다면 당연히 '광복 기념관'이라고 했어야 한다.

우리는 반만년 내내 남에게 예속된 역사를 가진 민족이 아니라 본래 독립 국가를 이루고 살았기 때문에 일시적으로 일제를 상대로 독립투쟁을 한 적은 있으나 일제를 퇴치한 그날을 굳이 '독립기념일'로 불러야할 이유가 없는 것이다. 그런데 우리는 '獨立'이라는 한자어의 내면에 들어 있는 의미를 자세히 따져 보지 않은 채 평판적이고 현시적인 뜻만 좇아 한글로만 '독립'이라고 쓰고 사용함으로써 우리 스스로 우리의 역사를 예속의 역사로 규정하는 어리석음을 범하고 있다. 그렇지 않아도 중국은 진작부터 우리의 역사를 통째로 중국의 역사에 예속시키려는 속셈을 내보이고 있는 판에 용어를 오용함으로써 우리 스스로가 예속의 빌미를 주어야 할 이유가 없다. 1980년대에 대만의 중화학술원에서 발간한 《중문대사전》이라는 큰 사전이 있다. 가장 많은 단어를 수록하고 있는 사전으로 정평이 나서 세계적으로 중국과 관련된 학문을 하는 사람치고 이 사전을 소장하지 않은 사람이 거의 없다. 그런데 이 사전은 우리 '한국(韓國)의 '한(韓)'을 다음과 같이 풀이하고 있다.

> "청나라 광서 23년에 조선이 우리 중국으로부터 독립하여 국호를 '한국(韓國)이라고 고쳤다. 선통 2년에 일본에 병탄되었다가 제2차 세계대전 후에 독립하였다."[24]

1990년대 중국에서 출간한 《한어대사전》도 이와 별로 다르지 않은 풀이를 하고 있다.

> "1897~1910까지의 조선의 나라 이름. 1897년 이씨조선의 국왕 고종 이희(李熙:1863~1910 재위)가 나라 이름을 '대한(大韓)'으로 개칭하고 '광무(光武)'라는 연호를 사용하기 시작하였다. 1910년에 일본에 병탄되었다. 제2차 세계대전 후에는 조선 남반부를 칭하여 '대한민국'이라고 하였다."[25]

《중문대사전》도 중국의 민족학자들이 편찬한 것이기 때문에 진작부터 한국을 그들의 속국으로 보는 내심을 반영한 해석을 하고 있고, 근년에 중국에서 발행된 《한어대사전》도 '대한'의 탄생을 고종시대로 보고 현 대한민국의 범위를 '한반도 남반부'로 국한함으로써 중국으로부터 대한민국 즉 한국이 독립한 연대를 1897년으로 획정할 수 있다는 가능성을 담고 있는 해석을 하고 있다.

이게 현실이다. 그런데 대만이나 중국에서 출간한 사전의 이러한 풀이에 대해 항의를 했다거나 이의를 제기한 사람이 있다는 얘기를 아직 들어보지 못했다. 중국은 우리가 중국에 대해 '조공'을 했다는 이유를 들어 우리를 그들의 속국이었던 것처럼 대하려 든다. 그렇다면 조공의 의미는 무엇인가? 이른바 제후국이 천자국에 대해 표하는 예이다. 조선이 중국에 대해 제후국을 자처한 것도 사실이다. 그렇다고 해서 우리가 독립된 주권을 갖지 못했던 것은 아니다. 조공은 하나의 관례였다. 중국의 힘이 강하다보니 주변국이 그들에 대해 조공이라는 형식을 취하여 평화와 질서를 유지하고자 했던 것 뿐이지 독립된 주권이 없었던 것은 아닌 것이다. 고려 말의 충렬왕은 강대한 제국이었던 원나라를 상대로도 고려의 독립을 유지하였다. 지극히 어려운 상황에서도 원나라에게 부마국이라는 명분을 주고 고려라는 국호를 유지하였고 고려 왕국의 왕통을 이어나갔다. 강력한 몽골제국의 힘 앞에서 다른 나라들은 다 무릎을 꿇고 몽골 즉 원나라에 귀속되어 버렸지만 고려는 끝까지 싸우다가 마침내 협상을 통하여 부마국이라는 명분을 양보한 대신 고려라는 나라의 존재와 국가적 독립성을 유지하였다. 우리 민족이 그렇게 살아왔음에도 불구하고 1945년 8월 15일을 우리 스스로가 나서서 독립한 날로 기록하고 기념함으로써 그런 우리의 역사를 하루아침에 통째로 예속의 역사로 전락시킬 이유가 없다. 충남 아

산의 현충사 인근 음봉면 삼거리에 세워져 있는 충무공 이순신 장군의
신도비의 정식 명칭은 다음과 같다.

有明朝鮮國　正憲大夫　全羅左道水軍節度使兼三道統制使…… 謚忠
武公神道碑銘

명나라의 조선국 정헌대부로서 전라좌도 수군절제사와 삼도수군통
제사를 겸한…… 충무공의 신도비명

여기서 눈여겨보아야 할 부분이 '유명조선국(有明朝鮮國)'이라는
말이다. '유명(有明)'은 '명나라'를 지칭하는 말인데 중국에서는 예로
부터 나라이름 앞에는 일종의 접두사처럼 습관적으로 '유(有)'자를 붙
였다. 그러므로 '유명조선국(有明朝鮮國)'은 '명나라의 조선국'이라는
뜻이다. 즉 우리 조선을 명나라의 속국으로 간주한 표현인 것이다. 이
이순신 장군 신도비는 명나라가 세운 것이 아니라 우리가 세운 비석이
다. 그럼에도 불구하고 우리 스스로를 명나라에 속한 제후국으로 여겨
'유명조선국(有明朝鮮國)'이라는 표현을 한 것이다. 이는 특별히 우리
조선이 사대주의가 심해서가 아니라, 당시의 국제 관례상 중국의 주변
국들은 자신의 나라를 이런 식으로 표현했었다. 그런데 지금 중국은
이러한 예를 거론하며 기회만 주어지면 우리의 역사를 그들의 속국역
사로 이해하려고 한다. 이런 상황에서 우리가 독립이라는 말을 자원하
여 달게 사용해야 할 필요가 없다. 고종이 대한제국을 선포한 것은 우
리가 중국의 속국임을 인정하고 그런 속국의 위치에서 벗어나겠다는
의미가 아니라, 관례상의 책봉과 조공관계마저도 청산하고 대등한 위

치에 서서 당당하게 근대화의 길을 가겠다는 것이었다. 그런데 우리가 1945년 8월 15일에 대해 '독립'이라는 말을 사용하는 한 이런 대한제국의 역사는 물론 과거 반만년의 모든 역사를 종속의 역사로 인정하는 꼴이 된다. 역사적 사실이 그게 아닌데 어찌 우리 스스로를 그렇게 규정해야 할 필요가 있겠는가?

이러한 상황에서도 우리는 언어는 평판적 현시적으로만 사용하면 된다고 말할 수 있을까? 독립기념관의 평판적 현시적 의미는 과연 무엇인가? 어원을 분석하여 그 어원이 역사적 사실과 부합하는지 여부를 생각할 필요 없이 독립의 의미를 그저 '스스로 서는 것', '자신의 힘으로 서는 것'이라는 데까지만 이해하자는 것이다. 그리하여 우리가 독립이라는 말을 사용함으로써 어떤 결과를 야기하게 되는 지는 생각할 필요가 전혀 없이 '그래, 우리나라는 자신의 힘으로 선 독립국가야.'라는 정도의 생각만 하면 그만이라는 것이 바로 최현배의 평판적, 현시적 언어관인 것이다.

독립이라는 말을 사용해서는 안 되는 이유는 또 있다. 바로 일본 때문이다. 기회만 되면 역사를 왜곡하려 드는 일본의 작태와 연계시켜 살펴보면 독립이라는 말을 사용해서는 안 되는 이유가 더욱 분명해진다. 일본이 우리의 역사를 왜곡하고 있는 원초적인 근거는 이른바 '임나일본부설(任那日本府說)'이라는 것이다. 주지하다시피 '임나일본부설'은 4~5세기경에 한반도에 일본 정부가 있었다는 설이다. 일본은 '임나일본부설'이라는 황당한 소설 같은 주장을 함으로써 역사속의 백제와 신라와 가야를 빼앗으려 든다. 아니, 1800년대 후반에 이미 그들은 임나일본부설을 근거로 한 차례 역사속의 백제와 신라를 빼앗아 갔다. 그리고선 1910년 한일합병을 목전에 둔 시점에서는 우리를 향해 이런 식의 강변을 늘어놓았다.

　　이미 4세기에서 6세기에 이르는 시기에 백제와 신라는 일본의 신민(臣民:신하 백성)이었다. 당시에 조선 반도는 이미 일본의 영토였던 것이다. 그러므로, 지금 다시 일본이 조선을 합병하는 것은 너무도 당연한 일이 아닌가? 원래 일본 땅이었던 땅이 다시 일본 땅이 되고 원래 일본 백성이었던 백성이 다시 일본의 백성이 되는 것이니 조선 백성들은 한일합병을 당연한 일로 받아들이도록 하라.

　　황당한 주장이었다. 게다가 한술 더 떠서 일제는 광개토태왕[26] 비문을 내밀면서 목소리를 더 높였다.

　　봐라! 고구려 광개토태왕비에 새겨진 비문을. 여기에 분명히 이렇게 씌어 있지 않느냐? 서기 391년에 일본이 바다를 건너와 백제와 신라를 쳐부수고 그들을 일본의 신민으로 삼았다고 말이다.

　　도저히 믿을 수 없는 말이었다. 그러나 일제가 내놓은 광개토태왕비의 탁본을 자세히 살펴보면 분명히 그렇게 기록되어 있었다.

　　百殘新羅舊是屬民, 由來朝貢. 而倭以辛卯年, 來渡海破百殘 □□新羅, 以爲臣民

　　백제와 신라는 예로부터 (고구려의) 속민(屬民)이었다. 그런데, 일본이 신묘년에 바다를 건너와 백제와 □□와 신라를 깨부수어 (일본의) 신민(臣民)으로 삼았다.

실로 엄청난 일이 아닐 수 없다. 광개토태왕 당시에 한반도의 남쪽에서 찬란한 문화를 이루면서 발전한 백제와 신라가 일본의 침략을 받아 그들의 발아래 머리를 조아리는 신하 백성이 되었다니 말이 되지 않는 얘기였다. 그러나 비문에는 분명 그렇게 씌어 있었다. 일본이나 중국도 아니고 바로 우리 선조가 세운 광개토태왕비에 새겨져 있는 기록이 그러하니 우리는 항변조차 제대로 할 수 없는 처지가 되고 말았다.

이후, 일제는 광개토태왕비를 철저히 이용했다. 당시 호시탐탐 조선을 노리던 일본은 이미 위서로 알려진 《일본서기(日本書記)》에 나오는 '임나일본부(任那日本府)'의 실체를 입증하는 증거로 광개토태왕비를 이용한 것이다. 당시 조선의 학자들은 임나일본부설을 어불성설이라고 부정해왔다. 그런데 일본은 임나일본부를 증명할 수 있는 기록이 바로 조선의 조상이 만든 광개토태왕비에도 분명히 남아 있다면서 광개토태왕비 탁본을 내놓았다. 일제로서는 그 옛날 4세기에도 그랬듯이 조선은 다시 일본과 합쳐 일본의 지배를 받으면 된다는 명분을 광개토태왕비에서 얻었다고 주장한 것이다. 그러나 그것은 새빨간 조작이었다. 1880년대 초에 일본 군부의 주구경신(酒勾景信:사코 가게노부) 소위에 의해 최초로 입수한 광개토태왕비 탁본을 최소한 7~8년 동안 극비리에 연구하는 과정을 통해 비문을 교묘하게 변조해 놓고서 그렇게 변조한 비문을 근거로 일제는 "일본이 신묘년에 바다를 건너와 백제와 □□와 신라를 깨부수어 (일본의) 신민(臣民)으로 삼았다."는 해석을 하고 그것을 바탕으로 임나일본부에 의한 한반도 남부 지배를 기정사실화한 것이다. 일본이 변조하여 내보인 글자는 '도해파(渡海破)' 세 글자이다. 일본이 바다를 건너와 백제와 신라를 깨부순 적이 전혀 없는데 원래의 비문을 변조하여 '도해파(渡海破)'라는 세 글자를 새겨 넣고

선 "바다를 건너와 깨부쉈다."는 해석을 한 것이다. 그렇다면, 변조하기 전의 원래 글자는 무슨 글자였을까? 필자가 연구한바에 의하면 '도해파(渡海破)'가 아니라 '입공우(入貢于)'였다. 원래의 문자인 '입공우(入貢于)'를 넣어 비문을 복원하면 다음과 같다.

> 百殘新羅舊是屬民, 由來朝貢, 而倭以辛卯來, 入貢于百殘·□□·
> 新羅, 以爲臣民.

이것을 해석하면 다음과 같다.

> 백제와 신라는 예로부터 (고구려의) 속민이었다. 그래서 그동안 내내 조공을 해왔다. 그런데 왜가 신묘년 이래로 백제와 □□와 신라에 대해 조공을 들이기 시작하였으므로, (고구려는) 왜도 고구려의 신민으로 삼았다.[27]

부연 설명하자면 이렇다. 백제와 신라는 진작부터 고구려의 속민, 즉 고구려와 동일민족으로서 내내 고구려에 대해서 조공을 바쳐왔다. 그런데 신묘년부터 왜가 고구려의 속민인 백제와 가야와 신라에 대해서 조공을 하기 시작했다. 왜가 비록 고구려에 대해서 직접 조공을 하지는 않았지만 고구려의 속민인 백제와 신라에 대해서 조공을 해왔기 때문에 이때부터 고구려는 왜도 신민으로 삼아 신민의 대우를 해주기 시작했다는 뜻인 것이다.[28] 그런데 일제는 비문의 세 글자를 변조하여 이러한 사실을 부정하고 오히려 그들이 서기 4~6세기 약 200년 동안 우리를 식민 지배했음을 사실화하여 우리 민족의 예속성을 강조하고 그것을 바탕으로 합병을 당연시하려 한 것이다. 상황이 이런데도 우리는 1945년 8월 15일 일본 국왕이 무조건 항복을 선언한 그날을 일본으로부터 독립한 날이라고 부르며 자축해야 한단 말인가? 1945년 8월 15일을 우리가 일본으로부터 독립한 날로 부르고 그것을 기념하는 한 외국인들은 자칫 우리가 수천 년 동안 일본에 예속된 나라였다가 그때야 비로소 독립한 나라로 이해할 수밖에 없다. 그리고 일본의 임나일본부설에 날개를 달아주는 결과를 초래할 수도 있다. 독립이라는 말을 사용하지 않아야 하는 또 하나의 큰 이유가 바로 여기에 있는 것이다.

우리가 1945년 8월 15일에 대해 '독립'이라는 말을 사용하지 않아야 하는 이유를 설명하기 위해 벌써 13년이 지난 일 하나를 상기하고자 한다. 2003년 12월 3일 전북대학교 인문대학 교수회의실에서 교수들의 토론 모임인 〈독서문화포럼〉이 열렸다. 이 자리에서 당시 일본 동경대학 대학원 인문사회계연구과 한국조선문화연구전공 주임교수인 길전광남(吉田光男：요시다)교수가 〈일본에서의 한국학 연구와 교육의 현상－동경대학을 중심으로〉라는 제목으로 1시간 동안 강연을 하였다. 일본에서의 한국학에 대한 교육과 연구의 실태를 알 수 있는 좋은 기회였다. 발표에서 길전광남 교수는 일본 내에 조직되어 있는 한국에 관한 주요 연구기관에 대해서 상세하게 설명을 하는 시간을 가졌다. 아울러 일본에 있는 한국관련 연구소를 나열한 짤막한 유인물을 자료로 나누어주었다. 그런데 그가 소개하는 일본 내의 한국 관련 연구소의 명칭은 이상할 정도로 '조선(朝鮮)'이라는 호칭을 많이 사용하고 있었다. 분명히 한국에 대해 연구하는 연구소임에도 '한국' 혹은 '대한민국'이라는 국호 대신 조선이라는 칭호를 사용하고 있었던 것이다. 그의 강의가 끝난 후 질의 토론 시간에 나는 다음과 같은 질문을 하였다.

나누어주신 자료에 일본 내 대학에서의 한국학관계전문교육 조직으로서 동경대학 대학원 인문사회계연구과의 한국조선문화연구전공, 동경외국어대학 외국어학부 조선어전공, 대판외국어대학 외국어학부 조선어전공, 구주대학 문학부인문학과 조선사학분야, 부사대학 인문학부 국제문화학과 조선언어문학, 천리대학 국제문화학부 조선학과 등을 들었는데 이들 조직이 대부분 '조선'이라는 호칭을 사용하고 있고, 또 일본 내에 있는 한국학관련 학회도 그 명칭이 조선학회, 조선사 연구회, 한국조선문화연구회, 현대한국조선학회 등으로 되어 있어서 조선이라는 말을 주로 사용하고, 때로는 '한국조선'이라는 묘한 칭호도 사용하고 있습니다. 그리고, 길전광남 교수님께서 재직하고 계신 동경대학에서도 '한국조선문화연구전공'이라고 하여 한국과 조선이라는 호칭을 함께 사용하고 있는데 이처럼 한국이라는 호칭을 사용하지 않고 '조선'이나 '한국조선'이라는 이상한 호칭을 사용하는 까닭이 무엇입니까?

이 질문에 대해 길전광남 교수는 "첫 질문부터 아주 답하기 곤란한 질문을 받았다"고 하면서 약간 난색을 표한 다음, 그 까닭을 다음과 같은 세 가지로 나누어 설명하였다.

첫째, 한국이라는 호칭에는 현대의 의미가, 조선이라는 호칭에는 전통의 의미가 내포되어 있다. 따라서, 한국과 조선이라는 호칭을 함께 사용하는 까닭은 한국의 현대와 전통을 함께 연구하기 때문이다.

둘째, 북한의 국호는 아직도 '조선'이다. 북한도 연구하고 북한의 도움을 얻기 위해서 한국과 조선이라는 말을 함께 사용한다.

셋째, 일본 내에서는 '한국'이라는 말을 사용하면 일부 집단에 속한 사람들이 나서서 "'조선'을 부정한단 말이냐?"고 따지고 '조선'이라는 말을 사용하면 또 다른 집단의 사람들이 나서서 "'한국'을 부정한단 말이냐?"고 따진다. 따라서, 이러한 시비에 휘말리지 않기 위해서 한국이라는 말과 조선이라는 말을 함께 사용한다.

실로 무서운 답변이었다. 내가 예상하고 있던 대로 일본은 아직도 한국을 일제가 강점하고 있던 조선총독부 시절의 '조선'으로 인식하고 있었다. 이제 길전광남의 답을 분석해 보도록 하자. 그의 첫 번째 답은 궁색한 변명에 불과하다. 한국의 전통을 연구하기 때문에 조선이라는 말을 사용하고 있다니? 그렇다면 '한국·고려'연구도 있어야 하고 '한국·신라'연구나 '한국·고구려'연구도 있어야 한다. 그리고 중국에 대해서도 똑같이 '중국·당(唐)'연구, '중국·송(宋)'연구, '중국·청(淸)'연구라는 말을 사용해야 한다. 그런데 중국에 대해서는 그런 표현을 사용하지 않고 우리나라에 대해서도 조선 이외에는 그런 표현을 사용하지 않는다. 물론 세부 연구 분야를 말할 때는 '당대 과거제도 연구'라든지, '송대 시학 연구'라는 말을 쓰겠지만 중국의 국호를 고대의 나라(Dynasty) 이름과 함께 쓰지는 않는 것이다. 길전광남의 두 번째 답은 얼핏 듣기에는 그럴듯한 답이다. 그러나, 따지고 보면 결코 답이 될 수 없다. 북한을 의식해서 한국과 조선이라는 말을 함께 사용하고 있다면 왜 한국은 제외하고 조선이라는 말만 사용하는 대학이 그리도 많은가? 동경외국어대학 외국어학부 조선어전공, 대판외국어대학 외국어학부 조선어전공, 구주대학 문학부인문학과 조선사학분야, 부사대학 인문학부 국제문화학과 조선언어문학, 천리대학 국제문화학부 조선학과 등이 다 한국이라는 호칭은 빼고 '조선'이라는 호칭만 사용한 경우이다. 그리고 그들 대학의 '조선어 전공'과정에서 북한말을 가르치는 것도 아니다. 한국에서 사용하는 한국어 표준말을 가르치고 있다. 그들은 남한 즉 대한민국과 교류하고 대한민국의 표준어를 교육하고 있으면서도 '조선어'라는 표현을 하고 있는 것이다. 길전광남 교수의 세 번째 답에서 우리는 놀라움을 금할 길이 없다. 일본 내에서 '한국'이라는 호칭을 사용하면 '조선'을 부정하는 사람으로 몰아부치는 세력들이 있다는 사실이 우리를 경악하게 하는 것이다. 그들은 아직도 한국을 그들이 통치한 적이 있는 조선총독부 시절의 '조선'으로 인식하고 싶은 생각이 간절하게 남아 있는 것이다. 그래서 그들은 '대한민국'이라는 국호의 약칭인 '한국'이라는 말 대신 아직도 그렇게 '조선'이라는 호칭을 애용하고 있는 것이다.

이러한 현상은 현재도 여전하다. 일본의 미술관이나 박물관에 전시되어 있는 유물에 대한 국가 표기는 아직도 '대한민국'이나 '한국'이라는 우리의 국호가 아니라 '조선'이다. 한국의 '조선'시대 유물이기 때문에 '조선'이라고 표기하는 게 아니라, 우리나라 나라이름을 조선이라고 부르고 있는 것이다. 같은 전시장 내에 다른 나라, 예컨대 중국, 프랑스, 영국, 이탈리아…… 등의 유물은 다 현재의 국호를 쓰고 그 유물의 시대를 표시할 때는 'ㅇ～ㅇ세기'라고 표현하거나 중국의 경우 특별히 '중국, 송 10～11세기'와 같은 방식으로 표시하는데 우리나라에 대해서는 백제나 고려 시대의 유물에 대한 국적표기를 '조선, 백제', '조선, 고려'라고 표시하고 있는 것이다. 심지어 조선시대의 유물에 대해서는 '조선, 이씨왕조'라는 표현을 하고 있다. 이때 앞

象嵌壺　　朝鮮（李朝）

象嵌青磁鉢　　朝鮮（高麗）

【자료1-일본의 박물관에 전시된 우리 유물】　【자료2-일본의 박물관에 전시된 우리 유물】

에 붙은 '조선'은 현재의 대한민국 국호대신 쓴 말이고 뒤에 붙은 '백제', '고려', '이씨왕조' 등은 우리 역사상의 한 시대를 표시한 것인데 그들은 심지어 그들이 식민화 했다고 자부하는 대한민국 5,000년 전체의 역사를 '조선'의 역사로 보고 그 조선 역사의 한 부분으로서 이씨가 세운 왕조로 인식하고자하는 뜻에서 우리 역사상의 조선시대를 '이씨왕조'로 표현하고 있는 것이다. 이처럼 일본은 아직도 내심 대한민국이나 한국을 부정하고 그들이 강점했던 조선총독부 시절의 '조선'을 염두에 두고 우리나라의 국호를 써야 할 자리에 '조선'이라는 과거의 국호를 쓰고 있다. 이는 마치 김부잣집에서 잠시 머슴살이를 하던 '돌이아범'이 크게 성공하여 대기업의 사장이 되었는데도 김부잣집에서는 여전히 자기네 집에 예속되어 머슴살이를 하던 시절의 '돌이아범'으로 간주하고 그렇게 부르고 싶어하는 상황과 비슷하다. 이런 상황에서 우리가 굳이 독립이라는 말을 사용하여 우리의 과거사를 온통 예속의 역사로 규정할 이유는 어디에도 없다. 일본은 여전히 조선총독부의 조선을 생각하고 있는데 우리는 그들이 우리를 예속시켰다고 생각하는 시절을 확증해주고 시시로 상기시켜주는 단어인 '독립'이라는 말을 아무런 생각 없이 '현시적', '평판적'으로만 사용하고 있는 것이다. 반드시 시정해야할 부분이다.

독립이라는 말 한마디도 이처럼 신중하게 사용해야 하는 이유를 통해서 우리는 최현배가 말한 "말은 평판적이고 현시적으로 사용하면 그만"이라는 주장의 문제점을 신랄하게 지적할 수 있다. 아울러 한자를 불필요한 외국어로 간주하여 아예 가르치지도 않는다면 국민 모두는 말을 평판적이고 현시적으로 할 수밖에 없게 되어 우리도 모르는 사이에 언어 사용에 엄청난 실수를 범하게 된다는 점도 지적할 수 있다. 상황이 이런데도 우리는 한자를 버리고 그저 한글만으로 현시적 평판적 언어생활을 해야 하는가? 그리고 우리 문자의 한 축인 한자를 완전히 외국 문자로 간주하여 중국의 지명과 인명을 모두 외국어인 중국어 발음으로 읽고 적어야 한단 말인가? 결코 안 된다. 이제는 한자를 2,000년 이상 사용해온 우리 문자의 한 축으로 인정하고 '베이징'을 '북경'으로 고쳐 부르고 '난징'을 '남경'으로 고쳐 부르며 '마오저 뚱'을 '모택동'으로 '덩샤오핑'을 '등소평'으로 불러야 할 때이다. 한글은 한자와 함께 사용할 때 더욱 편리하고 다양하며 깊이 있게 사용할 수 있음을 인정해야 할 때인 것이다.

2. '해방(解放)'이라는
말에 담긴 치욕

앞서 "광복 70주년을 맞아 해방 후 빈곤층으로 전락해 버린 독립유공자 가족들의 딱한 현실에 대해……."라는 예시를 통해 보았듯이 우리는 1945년 8월 15일에 대해 '해방(解放)'이라는 표현을 하기도 한다. 아마 실생활에서 '광복'이라는 말보다 오히려 '해방'이라는 말을 더 많이 사용하고 있는 것 같다. 그러나 해방이라는 말을 사용하면 우리 스스로 치욕을 자초하는 결과를 낳는다. 왜 그런가? 해방(解放)은 타동사이다. '解'는 대개 '풀 해', '풀어줄 해'라고 훈독하며 그 안에는 "풀다, 가르다, 해부하다, 벗기다, 열다, 놓아주다, 풀리다, 이해하다, 해이해지다." 등의 뜻이 들어있다. '放'은 대개 '놓을 방'으로 훈독하며 그 안에는 "놓다, 내치다, 쫓아내다, 추방하다, 석방하다." 등의 뜻이 담겨 있다. 따라서 '해방'을 풀이하자면 "풀어놓아 주다."라는 뜻이다. 그러므로 해방은 목적어를 갖는 타동사인 것이다. 즉 '링컨이 노예를 해방하다.'처럼 해방을 해주는 주체(subject)가 분명하고 풀어놓아 줌의 은혜를 받는 객체(object) 또한 분명한 타동사인 것이다. 그렇다면 우리가 해방이라는 단어를 사용할 경우 풀어놓아 주는 해방의 주체는 누구이며 풀어놓아 줌의 은혜를 받는 대상은 누가 되는가? 당연히 풀어놓아 주는 해방의 주체는 일본이 되고 풀어놓아 줌의 은혜를 받는 대상은 우리가 된다. 마치 링컨이 은혜를 베풀어 노예들을 해방했듯이 일본은 큰 아량을 베풀어 우리를 풀어놓아 주었고 우리는 일본의 큰 은혜를 입어 풀어놓아 줌을 당한 나라가 되는 것이다. 과연 그런가? 일본은 결코 우리에게 풀어놓아 줌의 은혜를 베풀지 않았다.

우리는 일제에 맞서 처절하게 투쟁한 결과로 나라의 광명을 다시 찾은 '광복'을 맞은 것이지 일본으로부터 해방 즉 '풀어놓아 줌'의 은혜를 입은 게 결코 아니다. 사실이 이러한데도 우리는 아무 생각 없이 해방이라는 말을 미국이 사용하고 중국이 사용하니까 덩달아 사용하였다. 한자를 통하여 근원적인 어원을 따지려는 생각을 하지 않은 채 지극히 평판적이고 현시적인 의미만 좇아 남이 사용하니까 그저 '그게 그 뜻이려니'하고서 해방이라는 말을 감격스럽게 사용하였다. 어처구니없는 일이다. 해방이라는 한자어의 의미를 명확하게 알고 있는 중국이나 일본이 속으로 우리를 얼마나 얕잡아 보고 비웃고 깔보았을까? 일본이 풀어놓아 준 은혜에 감사라도 한다는 듯이 감격스럽게 '해방'이는 말을 사용했으니 말이다.

미국은 내심 해방이라는 말을 사용하고 싶었을지도 모른다. 아니, 그들은 실지로 해방이라는 용어를 사용했다. 1945년 9월 9일에 태평양 방면 미 육군 총사령관 맥아더 포고령 1호인 〈조선 인민에게 포고함〉에서 그들은 다음과 같이 말했다.

> 본관은 조선 인민이 오랫동안 노예처럼 지내온 사실과 적당한 시기에 조선을 해방 독립시키려는 연합국의 결정을 명심하고 있다. 조선인은 우리가 조선을 점령하는 목적이 항복 문서를 이행하고 조선인의 인권 및 종교상의 권리를 보호함에 있음을 알아야 한다.

그들은 일제의 억압에 시달려 도탄에 빠졌던 우리를 "노예처럼 지내온" 것으로 규정하고 그런 노예생활로부터 우리를 구하여 풀어놓아 준 해방군을 자처하고 나선 것이다. 게다가 당시 미군은 여전히 우리

를 조선이라고 불렀다. 고종이 대한제국을 선포함으로써 이미 '대한'
이라는 국호를 가졌었고 김구 선생이 임시정부를 수립하면서 이미 '대
한민국'이라는 국호를 사용했음에도 그들은 우리를 대한인 혹은 한국
인이라고 부르지 않고 조선인이라고 불렀다. 그렇다고 해서 그들이 조
선왕국의 조선을 들어 조선이라고 표현한 것도 아니다. 그들은 일제가
통치를 자처하던 '조선총독부'로부터 '조선'이라는 말을 취하여 우리를
조선인이라고 부른 것이다. 그리고 우리를 내내 일본에게 예속된 채
살아온 것처럼 "오랫동안 노예처럼 지내온"이라는 표현을 한 것이다.

오늘날 우리는 남북한을 통틀어 말할 때 '한반도'라는 표현을 자주
한다. '한반도의 통일'이 바로 그런 예이고, 실지로 남북한이 동시 입
장하는 국제 경기에서는 한반도의 지도가 그려진 '한반도기'를 들고
남북한 선수가 함께 입장한 적도 있다. 그런데 북한에서는 '한반도'라
는 말을 사용하지 않고 '조선반도'라고 한다. 그들의 국호가 '조선민
주주의인민공화국'이기 때문에 그렇게 부른다. 일본도 조선반도(朝鮮
半島:조센한토)라고 한다. 그러나 일본이 사용하는 조선반도라는 말은
북한이 사용하는 그것과 다르다. 앞서 이미 언급했듯이 일본이 말하
는 조선반도의 조선은 그들이 강점했던 조선총독부시절의 조선을 말
한다. 결국 일본은 남북분단을 이용해 북한이 조선반도라는 말을 사용
한다는 이유를 들어 그들이 생각하는 과거 식민지 시절의 조선에 대
한 향수를 즐기고 있는 것이다. 일본의 방송들은 지금도 한반도에 대
한 일기예보를 할 때면 조선반도라는 말을 사용하고 한국의 날씨를 전
할 때면 조선반도 남쪽지역의 날씨라는 표현을 한다. 상황이 이러함에
도 우리는 이점에 대해서 문제를 제기해 본 적이 없다. 동해를 일본해
라고 표기하는 것에 대해서는 문제를 제기한 적이 있지만 정작 대한민

국의 국호를 일본이 어떻게 사용하고 있는지에 대해서는 치밀하게 따져 보지 않은 것이다. 일본이 이처럼 집요하게 한국을 조선총독부 시절의 조선으로 인식하려드는 이 마당에 우리가 1945년 8월 15일의 그날을 '해방'된 날로 규정한다면 우리는 지난 5천년의 역사 내내 그들의 속국 혹은 식민지로 있다가 1945년 8월 15일의 그날에야 비로소 일본으로부터 '풀어놓아 줌'의 은혜를 입었거나 미국의 도움으로 '풀어놓아 줌'을 당하여 해방된 나라임을 자처하는 꼴이 되고 마는 것이다.

우리가 광복을 맞이하는 데에 미국의 도움이 있었다는 점을 인정한다고 하더라도 미국이 해방군을 자처하며 우리를 향해 "우리가 바로 너희를 풀어놓아 준 은인이다."고 말한다면 그것은 심히 불쾌한 일이다. 우리는 일제 35년 내내 하루도 빠짐없이 일제에 항거하고 싸운 결과 우리의 힘으로 광복을 맞이한 것이 분명하기 때문이다. 우리에게는 일제에 맞선 임시정부가 있었고, 임시정부는 일제에 항거하기 위해 대한민국 22년(1940년) 9월 17일에 광복군을 조직하였으며 대한민국 광복군은 마침내 대한민국임시정부의 정규 군대로서 1943년에 일본을 향해 정식으로 선전포고를 하고 연합군과 함께 일본군을 공격하는 전투를 벌였다. 그뿐만 아니라, 안중근, 김좌진, 윤봉길, 이봉창, 이회영과 그의 형제들……. 수많은 애국지사와 독립투사들이 피를 흘리며 싸웠다. 그 결과로 우리는 조국 광복을 맞게 된 것이지 미국의 도움만을 기다리고 앉아 있었던 게 아니다. 그러므로 우리는 비록 미군의 도움은 있었으나 미군만의 힘에 의해 해방된 게 아니라, 우리의 노력으로 광복을 맞았다. 그럼에도 불구하고 우리는 '해방'이라는 한자말의 어의를 분명하게 규명해 보지 않은 채 치욕스럽게도 줄곧 '해방'이라는 말을 사용해 왔으며 광복 70주년을 맞은 지금도 여전히 '해방'이라는 말이 갖는 문제의 심각성을 전혀 느끼지 못하는 채 '해방'이라는 말을 아무런 거리낌이 없이 사용하고 있는 것이다. 통탄할 일이다.

혹자는 반문할지 모른다. 한자의 종주국인 중국에서도 '해방'이라는 한자어가 갖는 그런 의미를 잘 알면서도 '해방'이라는 말을 사용하고 있지 않느냐고? 그렇다. 중국은 해방이라는 말을 달게 사용하고 있다. 그러나 그들이 사용하는 해방의 의미는 우리와 완전히 다르다. 그들의 사회주의 이념으로 볼 때 그들은 당연히 해방이라는 말을 사용해야 하고 할 수밖에 없다. 그래서 그들의 군대는 이름도 '인민 해방군'이다. 중국이 사용하는 해방의 의미는 중국 공산당이 앞장서서 봉건지주, 봉건 지식인의 횡포와 착취에 시달려온 인민을 해방했다는 의미이다. 중국 공산당 정부의 이념은 그런 해방을 바탕으로 봉건 지주와 봉건 지식인을 타파하고 노동자 농민을 중심으로 모두가 함께 잘사는 세상을 만들자는 것이었다. 따라서 그들 이념의 주체인 공산당이 인민을 해방했으니 해방이라는 말을 사용하는 것도 당연하고 그들의 군대를 '인민해방군'이라고 부르는 것도 당연하다. 1945년 8월 15일 무렵, 한국이나 중국이 모두 일본의 항복 소식을 듣고 기뻐했었는데 중국은 단어의 뜻을 제대로 사용하여 그들의 이념에 맞게 해방이라는 말을 사용하였고, 우리는 굳이 한자를 통한 어원을 따질 필요가 없다는 주장이 팽배하면서 한글만 사용하여 평판적이고 현시적인 뜻만을 취하다 보니 중국이나 미국이 기뻐하며 해방이라는 말을 사용하자 해방이면 다 좋은 뜻인 줄 알고서 덩달아 해방이라는 말을 사용해 온 것이다. 그리고 심지어는 일본이 했을 법한 "그래, 이제 너희 조선은 해방이다."는 말도 그저 기쁨과 감격으로만 받아들여 아무 생각 없이 '해방'이라는 말의 사용을 당연시해 온 것이다. 뜻을 알고 보면 이처럼 치욕스런 말인데 우리는 그런 치욕을 전혀 감지하지 못한 채 70년을 살아왔다. 이게 다 말을 평판적이고 현시적으로 사용하면 그만이라는 생각의 만연으로 인하여 불러들인 치욕임을 이제는 깨달아야 할 것이다.

3. '광복(光復)'이라는 말의 아쉬움

1945년 8월 15일을 두고 '독립'이라는 말을 사용해서도 안 되고 '해방'이라는 말을 사용하는 것은 더욱 안 된다는 점에 대해서는 앞서 설명하였다. 그렇다면 어떤 말을 사용해야 할까? 바로 '광복(光復)'이다. '광복'은 어떤 의미인가? '빛 광', '돌아올(회복할) 복' 즉 '빛을 회복함'이라는 뜻이다. 개인이든 국가든 운수가 나쁘면 일시적으로 놀라는 일, 기분 나쁜 일을 만나게 되어 체면을 구기고 얼굴색을 잃어 '실색'하는 경우가 더러 있을 수 있다. 마치 어린아이가 갑자기 덤벼드는 이웃집 개로 인해 얼굴이 파랗게 질려 실색하듯이 말이다. 그런 실색은 어느 정도 시간이 흐르고 사태가 진정되어 놀라움이나 기분 나쁜 상황이 가시고 나면 원래의 얼굴빛을 다시 회복하게 된다. 그런 상태가 바로 '광복'이다. 다시 제 빛깔을 찾는 광복의 이런 의미가 국가의 주권 회복이나 영토 회복에 비유되어 후에는 광복이라는 말이 "잃었던 나라의 주권을 되찾음"이라는 뜻으로 쓰이게 되었다. 광복이라는 말이 문헌에 처음 보이는 것은 중국의 역사서인 《진서(晉書)》의 〈환온전(桓溫傳)〉[29]이다. 환온은 당시의 황제인 명제에게 상소를 올려 원래 서진(西晉) 시대의 수도였던 낙양(洛陽)을 수복하자는 제안을 하였고 실지로 명제 12년(356)에는 낙양(洛陽)을 수복하는 공을 세웠다. '광복'이라는 말은 환온이 낙양을 수복하자는 제안을 하는 상소문에서 처음 사용한 말이다.

> 진실로 원대한 계획과 기묘한 계산으로 경략하시어 옛 서울을 광복함으로써 황제폐하의 은혜로운 바람이 팔방에 미치게 하고 서릿발 같은 권위가 한없이 뻗히게 해야 합니다. (誠宜遠圖廟算, 大存經略, 光復舊京, 疆理華夏, 使惠風陽澤洽被八表, 霜威寒飇陵盡無外) 30)

환온의 이러한 상소에 대해 명제는 다음과 같이 답하면서 환온을 칭찬한다.

> 몸소 3군을 거느리고 나아가 더러운 적들을 소탕하고 왕의 직할지를 말끔히 정리하여 옛 서울을 광복하고자 함을 알게 되었노라. 나라를 위해 순국하고자 하는 사람이 아니라면 누가 감히 이런 생각을 하겠는가! (知欲躬率三軍, 蕩滌氛穢, 廓淸中畿, 光複舊京, 非夫外身殉國, 孰能若此者哉!) 31)

주지하다시피 본래 낙양을 도읍으로 나라를 세운 무제 사마염(司馬炎)의 진(晉)나라는 궁중의 음란함과 2세 황제의 무능함과 황후 가남풍(賈南風)의 어지러운 전제정치로 인하여 이른바 '8왕의 난'을 겪게 되고, 이러한 환란 속에서 건강(建康:오늘날의 남경) 지방을 중심으로 하는 화남에 분봉되어 있던 낭야왕(琅琊王) 사마예(司馬睿)가 나라를 세워 진나라의 전통을 이어간다. 이것이 바로 동진(東晉)이고 그 이전의 서북쪽 낙양에 있던 진(晉)나라를 동진과 구분하기 위하여 서진이라고 부르게 되었다. 바로 이 동진 시대에 장군이었던 환온이 서진시대의 수도였던 낙양을 수복하자는 건의를 하면서 처음으로 '광복'이라는 말을 사용한 것이다.

'광복'이 가진 이러한 연원으로 볼 때 광복은 본래 자신의 나라였다가 잠시 잃어버렸던 나라를 되찾음으로써 손상당한 나라의 빛을 회복하고 체면을 세운다는 의미를 갖는 말이다. 그러므로 우리는 1945년 8월 15일을 독립이나 해방이 아닌 '광복'이라는 말로 표현해야 한다.

1910년 일제에게 국권을 강탈당한 후에 우리에게 정부가 없었던 것이 아니다. 우리는 1919년에 상해에 임시정부를 세웠다. 그리고 바로 그때 '대한민국'이라는 국호를 사용하였다. 대한민국은 그때 이미 탄생한 것이다. 그리고 그때 개국한 대한민국은 일제에 항거하기 위해서 부단한 투쟁을 벌였고, 1940년 9월에는 당시 장개석(蔣介石)이 이끌던 중화민국 정부의 협조 아래 정식으로 일본에 맞서기 위해 중경(重慶)에서 대한민국 정부의 정규군으로서 '광복군'을 조직하였다. 당시 광복군은 김구 주석이 이끌던 한국 독립당의 당군(黨軍)을 중심으로 지청천(池靑天), 이범석(李範奭) 장군 등이 이끌고 온 만주 독립군과 연합하고 김원봉(金元鳳) 장군의 조선의용대가 합류하여 규모를 확대 개편함으로써 조직된 대한민국 임시정부의 정규 군대이다. 당시 광복군은 다음과 같은 선언문을 선포하였다.

한국광복군 선언문

- 대한민국 임시정부는 대한민국 원년에 정부가 공포한 군사 조직법에 의거하여 중화민국 총통 장개석 원수의 특별 허락으로 중화민국 영토 내에서 광복군을 조직하고 대한민국 22년 9월 17일 한국광복군 총사령부를 창설함을 이에 선언한다.

- 한국광복군은 중화민국 국민과 합작하여 우리 두 나라의 독립을 회복하고자 공동의 적인 일본 제국주의자들을 타도하기 위하여 연합군의 일원으로 참전을 계속한다.

- 과거 삼십 년간 일본이 우리 조국을 병합통치하는 동안 우리 민족의 확고한 독립정신은 불명예스러운 노예생활에서 벗어나기 위하여 무자비한 압박자에 대한 영웅적 항전을 계속하여 왔다. 영광스러운 중화민국의 항전이 4개년에 도달한 이때 우리는 큰 희망을 가지고 우리 조국의 독립을 위하여 우리의 전투력을 강화할 시기가 왔다고 확신한다. 우리는 중화민국 최고영수 장개석 원수가 한국민족에 대하여 원대한 정책을 채택함을 기뻐하여 감사의 찬사를 보내는 바이다.

- 우리들은 한중연합전선에서 우리 스스로 계속 부단한 투쟁을 감행하여 극동 및 아시아 인민 중에서 자유 평등을 쟁취할 것을 약속하는 바이다.[32]

아울러, 한국광복군 공약(서약문)도 제정하였다.

본인은 적성으로써 좌열 직함을 준수하옵고 만일 배제하는 행위가 유하면 군의 엄중한 처분을 감수할 것을 자에 선서하나이다.

一. 조국광복을 위하여 헌신하고 일체를 희생하겠음.
二. 대한민국 건국강령을 절실히 추행(推行)하겠음.
三. 임시정부를 적극 옹호하고 법령을 절대 준수하겠음.
四. 광복군 공약과 기율을 엄수하고 상관명령에 절대복종하겠음.
五. 건국강령과 지도정신에 위배되는 선전이나 정치조직을 군내·외에서 행치 않겠음.[33]

우리에게는 대한민국의 정규 군대로서 이처럼 활동한 광복군이 있었다. 이 광복군은 마침내 1943년에 일본에 대해 선전포고를 하고 연합군과 함께 정식으로 제2차 세계대전을 종식시키기 위한 전쟁에 뛰어들었다. 이러한 투쟁의 과정을 통하여 우리가 얻은 것이 바로 광복인 것이다. 그러므로 우리는 더 이상 자칫 중국이나 일본의 역사왜곡 함정에 빠질 염려가 있는 '독립'이나 치욕스런 용어인 '해방'이라는 말을 사용하지 말고 우리의 역사적 사실 그대로를 반영하고 우리의 정당한 투쟁을 그대로 인정받을 수 있으며 우리의 국격을 세울 수 있는 용어인 '광복'이라는 말을 사용해야 한다. 물론, 광복이라는 말을 사용

해도 아쉬움은 남는다. 중국은 말할 것도 없고 대만도 '전승(戰勝)기념일'이라는 말을 사용하고 있기 때문이다. 중국이나 대만, 미국, 러시아 등 당시의 연합군과 함께 분명히 일본을 향해 선전포고를 하고 연합국의 일원으로서 제2차 세계대전을 종식시키기 위해 당당하게 싸웠음에도 전쟁의 승리를 기념하는 '전승기념일'이라는 말을 사용하지 못하고 '광복'으로 만족하자니 아쉬움이 남는 것이다. 이런 판국에 '광복'이라는 말마저도 사용하지 않고 '독립', '해방' 운운한다면 실로 통탄스러운 일이 아닐 수 없다. 이제 우리는 그동안 평판적 현시적 언어관에 미혹되어 무분별하게 사용해 왔던 독립, 해방, 광복이라는 말도 한자를 통해 그 어원과 참뜻을 밝히고 보면 엄청난 차이가 있다는 점을 인정하고 우리의 언어생활을 보다 더 근원적으로 진지하게 하려는 생각을 할 필요가 있다. '광복' 대신 '전승기념일'이라는 말을 사용할 생각도 해봐야 할 때이다.

이처럼 한글과 한자를 함께 사용할 때 한글은 더욱 빛난다. 한자는 결코 외국 문자가 아니다. 우리가 2,000년 이상 사용해 오며 우리의 문화를 일구고 우리의 역사를 기록해온 우리의 문자임과 동시에 동아시아 공통 공용의 문자임을 인정하고 또 주장해야 한다.

4. 우리도
'전승(戰勝)기념일' 로

을사늑약, 한일합병조약 등은 사실상 다 무효이다. 일제의 강압에 의한 일방적 조약이기 때문이다. 무효임에도 불구하고 그 조약은 실행되었다. 힘이 없던 우리는 일제강점기라는 치욕의 역사를 살아야 했다. 그러나 우리는 투쟁했다. 일본에 대해 선전포고를 한 광복군은 장개석 군대와 연합하여 싸우기도 했고 모택동의 군대와 협공하여 혁혁한 전공을 세우기도 했다. 그동안 묻혀있던 좌익계 독립투사들을 찾아 그들이 벌인 항일투쟁의 역사를 밝혀야 한다. 우리는 그냥 일본의 억압에 눌려 아무런 저항도 하지 못하고 그저 노예처럼 산 게 아니라, 임시정부를 수립하여 대한민국의 광복군이라는 이름으로 연합국과 연합하여 일본에 맞서 싸웠다. 그리고 이겼다. 그러므로, 우리는 1945년 8월 15일에 대해 중국이나 미국과 마찬가지로 전승기념일이라는 명칭을 사용할 생각도 해야 한다. 제2차 세계대전 전승국의 하나로서 당당하게 일본을 상대해야 한다. 그리고 미국에 대해서도 같은 전승국임을 인정하게 해야 한다. 같은 전승국임에도 미국은 대한민국 임시정부를 철저히 부정함으로써 또 하나의 점령군으로서 한반도에 들어와 맥아더 포고령 1호인 〈조선 인민에게 포고함〉을 통하여 "본관은 조선 인민이 오랫동안 노예처럼 지내온 사실과 적당한 시기에 조선을 해방 독립시키려는 연합국의 결정을 명심하고 있다."는 어처구니없는 말을 한 것이다. 그 결과 한반도의 한민족은 둘로 갈라져 지금까지 오가지도 못하는 채 이산가족 '상봉' 그것도 3일 중 하루는 '작별 상봉'이라는 말도 안 되는 희대의 행사를 찔끔찔끔 치르면서 그들의 피눈물을 동정하며 인도주의 운운하고 있는 상황이 되었다. 그것은 분명히 '연합국'이라는 이름으로 구소련과 미국이 한반도를 할지(割地) 식민화하려는 과정에서 잉태된 비극이다. 이 모든 것이 대한민국 임시정부가 정규군대인 광복군을 투입하여 연합국의 일원으로서 일본을 상대로 선전포고를 하고 전쟁을 벌였다는 사실을 부정함으로써 발생한 일들이다.

대한민국 임시정부를 부정하고 무력화하기 위해 임시정부 주석 백범 김구 선생을 개인자격으로 입국하게 한 사실을 우리는 너무나 잘 알고 있다.[34] 그것은 백범 선생이 이끌어 온 임시정부를 해체하고 일본에게 선전포고를 했던 광복군을 해산하는 처사였다. 따라서 그것은 한반도에 새로운 점령군이자 지배세력으로 등장한 미군이 중심이 되어 대한민국 임시정부를 전복한 일종의 쿠데타[35]라고 할 수도 있다. 우리가 연합국의 일원이었음을 인정했다면 같은 연합국으로서 어떻게 대한민국 임시정부를 해체할 생각을 했겠으며 누가 누구를 "적당한 시기에 해방 독립시키려"들 생각을 했겠는가? 당시 대한민국 임시정부에는 미국이나 소련에 의한 신탁통치 발언을 무색하게 할 만큼 지도 역량을 갖춘 인물들이 있었다. 이러한 점은 웜즈의 발언을 통해서 확인할 수 있다.

　　임시정부에 관한 미 군정 당국의 견해에 중요한 영향을 미친 것은 아마도 후술할 웜즈(G.Z. Weems)가 준비한 보고일 것이다. 웜즈에 따르면 임정은 "한국 운동의 신적(神的) 존재이며, 임정의 귀국은 지도자와 인민이 현명하고 애국적으로 행동하도록 하는데 도움이 될 것"이었다. 그는 나아가 "기술적 및 전문적으로 훈련된 한국인들이 중국에 상당수 있으며, 그 중 많은 사람들은 임시정부가 한국에 돌아오게끔 할 수 있을 것이다"라고 말하였다. 웜즈는 임시정부 지도자들이 "공산주의를 반대한다" 그러나 "외국 세력의 확산"은 더욱 반대한다고 말하였다. "만약 임시정부가 뜻하는 대로 할 수 있다면, 한국은 외세에 의한 한국 지배를 결사반대하는 민주적 정부 형태를 갖게 될 것이며, 미국과 진정한 우의를 다지게 될 것이다."[36]

광복된 후의 조국 건설을 준비해온 대한민국 임시정부를 인정하여 대한민국 임시정부가 광복된 조국을 인수할 수 있었다면 우리는 오늘과 같은 분단의 비극을 안고 살지 않아도 되었을지 모른다. 물론 이렇게 되기까지는 우리들 자신의 책임도 있다. 당시 국내에 미군이 들어오자 잽싸게 미군에 달라붙어 미군의 앞잡이 노릇을 한 무리들도 있었고, 소위 민족 지도자들은 좌익과 우익으로 나뉘어 다투는 형국을 연출하기도 했다. 당시의 상황을 중국으로부터 한국으로 들어오기 전날 저녁 백범 김구 선생이 쓴 서예작품 하나를 통하여 짐작할 수 있다. 그날, 백범 선생은 '不變應萬變(불변응만변)'이라는 구절을 휘호하였다.

"불변하는 것으로 만 번 변하는 것에 대응하자."는 뜻이다. 만 번 변하는 것은 무엇일까? 당시 미국과 소련이 들어오고 좌익과 우익이 나뉘고 각종 정치 단체가 난립하는 등 동탕하는 국내외 정세를 두고 한 말이다. 불변 즉 변하지 않는 것이란 무엇일까? 바로 민족이다. 피는 바꿀 수도 선택할 수도 없기 때문에 민족은 영원히 불변한다. 백범 선생은 당시에 이 영원히

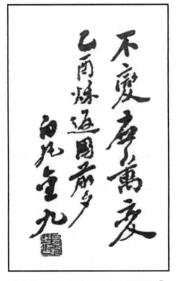

【자료3－김구 선생 작품 〈不變應萬變〉】

불변하는 민족의식으로 온 국민이 하나가 되어 당시의 혼란상을 극복하자는 의미에서 이 구절 '不變應萬變(불변응만변)'을 휘호한 것이다. 선각자로서 과거와 현재와 미래를 꿰뚫어 보는 안목을 가지고 쓴 휘호

이다. 나는 이 작품 '不變應萬變'을 백범 선생이 남긴 작품 중에서 최고의 걸작이라고 생각한다. 글 내용도 명문이고, 그런 글을 택한 선생의 시대의식도 이미 도(道)를 깨달은 경지이며, 서예적 필획이나 결구나 장법 또한 어느 작품보다 빼어나기 때문이다. 이 작품은 선생이 갖추고 있던 세상을 꿰뚫어 읽는 눈을 표현한 작품임과 동시에 변화무쌍한 세상을 포용할 수 있는 선생의 가슴과 능력을 표현한 작품이다. 우리는 당시에 백범 선생이 쓴 이 한 폭의 서예작품에 담긴 뜻을 알아보고 심각하게 생각했어야 한다. 그러나 당시에는 만변에 발 빠르게 적응해야 한다는 주장이 너무 크게 난무하는 바람에 백범 선생의 '不變應萬變'의 정신은 뒷전으로 밀리고 말았다. 38선이 생기고 미군과 소련군이 들어오고 반탁 운동이 벌어지고……. 이런 만변의 와중에서 우리는 보다 냉철하게 '불변'을 찾아 '불변'의 진리로 그런 만변에 대응했더라면 지금 '6자회담'이라는 이름 아래 한반도에 다시 외세가 끼어들지 않아도 되었을 것이다. "불변하는 것으로 만변에 대응하자"는 말은 결코 국수주의나 보수주의 혹은 쇄국정책, 쇼비니즘 등을 뜻하는 말이 아니다. 그것은 흔들림 없는 철학을 세우고 그 철학으로 중심을 잘 잡자는 뜻이다. 근본을 세우자는 뜻이다. 오늘만 살고 그만둘 것처럼 거짓이어도 좋으니 약삭빠르게 움직여 이익을 빨리 챙길 것이 아니라 오늘은 늦더라도 그리고 설령 내게 돌아오는 이익이 없더라도 근본을 세우는 노력을 하여 그 근본을 바탕으로 먼 미래를 설계하자는 의미이다. 따라서 백범 선생의 '不變應萬變' 휘호는 1945년 당시에만 유효했던 내용이 아니다. 영원히 유효하고 또 유효하게 받아들여야 할 작품이다. 어떤 작품보다도 감동적으로 받아들여야 할 작품이다.

세계의 미술 평론가들은 피카소(Pablo Picasso 1883~1971)가 세계대전

【자료4-피카소 〈게르니카〉】

당시 그의 조국 에스파냐의 작은 도시인 게르니카가 독일군의 폭격에 의해 폐허가 되었다는 소식을 접한 후에 그렸다는 〈게르니카〉를 20세기 최고 예술품의 하나로 평한다. 전쟁의 무서움과 민중의 분노와 슬픔을 격정적으로 표현한 작품이라는 찬사를 보낸다. 백범 선생이나 피카소나 다 같이 침략전쟁의 비극을 표현한 작품을 창작했는데 왜 피카소의 이 작품만 세계적인 명작이 되어야 하는가? 1945년 당시의 한국과 세계를 바라보며 30년 풍상을 겪으며 지낸 외국에서의 독립 운동을 일단락 짓고 광복된 조국으로 돌아가는 노인 투사가 가슴에 용솟음치는 절절한 감정을 승화하여 정말 먼 미래를 꿰뚫어 보는 안목으로 정확하게 방향을 제시하며 쓴 이 한 구절 '不變應萬變'은 게르니카보다도 더 위대한 예술이 될 수 있고 또 되어야 할 것이다.

김구 선생은 대한민국 임시정부를 수립했다. 그리고 대한민국의 이름으로 일본에 선전포고를 했다. 그렇다면 우리도 제2차 세계대전 전승국의 일원이 되어야 한다. 그리고 대한민국 임시정부를 인정함으로써 1945년 8월 일제가 항복한 날을 우리도 전승기념일로 경축할 수 있을 때 미국과 소련에 의한 또 하나의 '할지 식민지' 의도에 대해서도 항변할 수 있다. 어쩌면 우리는 아직도 19세기 서구열강의 식민지 팽창주의의 연장선상에서 살고 있는지도 모른다. 식민지 팽창주의의 막판 피해자로서 일본에 강점당했다가 1945년 8월 15일 일본이 강점했던 다른 지역은 다 그들 나라의 본래 모습으로 되돌아갔는데 우리만 미국과 소련의 할지로 인해 아직도 세계 유일의 분단국으로 남아 있으니 말이다. 그리고 우리의 주변에는 아직도 '6자 회담'이라는 이름 아래 외세가 득실거리고 있다. 이런 와중에 북한은 경제난에 허덕이고 있고 북한의 붕괴를 염두에 둔 일본은 중곡 원(中谷 元: 나카타니겐) 방위상의 입을 통해 "대한민국의 유효한 지배가 미치는 범위는 휴전선 남쪽이라는 일부의 지적도 있다."는 망언을 슬며시 던져 놓고서 우리의 눈치를 살피고 있다. 이에 대해, 우리나라의 국방장관은 "북한은 헌법상 대한민국의 영토이기 때문에 일본 자위대가 북한 지역에 들어가려면 한국 정부의 동의가 필요하다."는 얘기만 하고 있다. 실효지배 이전의 상황을 들어 우리를 서로 갈라놓은 원흉이 일본임을 왜 말하지 않는지 모를 일이다. 그런 말이 국제법상 실효가 있고 없고를 따질 게 아니라, 일본의 파렴치함을 세계에 알리기 위해서라도 이런 기회를 이용하여 그들의 망언을 통렬하게 비판하고 비난해야 한다. 일본 각료가 망언을 한 기회를 타서 오히려 우리의 입장을 세계에 알리고 일본의 뻔뻔스러움에 대해 세계가 공분할 수 있는 분위기를 만들어 가야한다는 뜻이다. 아울러 한반도 분단의 비극 앞에서는 미국이나 러시아도 결코 자유롭지 못하다는 점을 세계를 향해 당당하게 알려 나감으로써 북한에 어떤 사태가 발생했을 때 자연스럽게 우리가 최우선으로 북한의 사태에 관여하여 우리의 본래 역사와 본래 민족으로 돌아가는 진정한 광복의 통일을 이루는 길을 지금부터 닦아나가야 한다. 그런데 그렇게 하기는커녕, 오히려 우리 정부가 일본이나 미국의 눈치를 보고 있다. 안타까운 일이다.

이처럼 우리는 아직도 당하고 있다. 광복 70주년을 맞은 오늘에 이르도록 우리는 우리가 당한 것이 무엇이고 우리가 해낸 것이 무엇인지를 명확히 분간할 수 있는 용어를 제대로 사용하지 못하고 1945년 8월 15일의 그날을 '독립'이라고 표현하기도 하고 '해방'이라고 말하기도 하며 '광복'이라고 경축하기도 했기 때문에 어리둥절한 가운데 여전히 이처럼 당하는 일이 발생하고 있는 것이다. 단어 하나가 민족의 역사와 앞날에 얼마나 중요한 역할을 하는 지를 소홀히 한 채 언어를 현재 내가 단순하게 알고 있는 평판적이고 현시적인 뜻을 좇아 사용하기만 하면 된다는 생각을 했기 때문에 생겨난 일들이다. 우리가 사용하는 어휘의 70%가 한자어여서 그 어원과 함의를 제대로 알기 위해서는 한자를 아는 것이 필수인데도 한자를 불편하고 불필요한 외국 문자로 간주하여 어원과 함의를 제대로 풀이해 보지 않은 채 한글만 현시적 평판적으로 사용해온 결과로 야기된 일들이다. 이제라도 한자는 우리 사회에서 버려야할 대상이 아니라, 적극 나서서 당당하게 우리 문자로 수용해야 하는 문자로 인식해야 할 것이다.

제4장

'조선족'은 응당
'재중동포'라고 고쳐 불러야 한다.

앞서 상세히 살펴본 '독립'과 '해방'이라는 말 못지않게 우리가 성찰해 봐야할 단어가 또 하나 있다. 바로 '조선족'이라는 말이다. 조선족은 중국내에서 살고 있는 우리 동포를 지칭하는 말이다.

중국에서 대다수의 한족(漢族, 92%)을 제외한 55개 소수민족은 비록 인구는 적지만 분포지역이 매우 넓으며, 그들이 거주하는 지역의 면적은 중국 국토면적의 50~60%를 차지한다. 소수민족은 주로 내몽골, 신강, 서장, 광서, 영하, 흑룡강, 길림, 요녕, 감숙, 청해, 사천,

운남, 귀주, 광동, 복건성 등 대부분 중국의 변경지역에 분포하고 있다. 그러므로 이들 소수민족을 중국 국가체제 내에 편입해 들이는 문제는 중국의 국가안보 전략에 매우 중요한 과제이다. 따라서 중국정부는 늘 이들 소수민족의 포섭과 통합에 대해 예민한 반응을 보인다. 그러면서 중국은 예로부터 '통일적 다민족국가론' 또는 '중화민족 대가정'이라는 논리를 내세우고 있다. 우리도 무의식중에 이러한 논리에 적응하여 북방의 여러 유목민족이 세운 나라들, 예를 들자면 몽골족이 세운 원나라나 만주족이 건립한 청나라를 '중국'으로 간주한다. 그러나 엄밀히 말해 이들을 '중국'으로 간주하기 어렵다는 주장도 적지 않게 대두되고 있다.

그렇지만 중국은 그러한 주장에 결코 동의하지 않는다. 중국은 전통적으로 '이이제이(以夷制夷: 변방 오랑캐로서 오랑캐를 제압한다)'의 변방정책을 시행함으로써 겉으로는 변방 소수민족에게 자치권을 부여하는 듯이 하면서도 내심으로는 끈질기게 한화(漢化) 즉 이민족을 한족으로 동화시키는 정책을 펼침으로써 사실상 한화에 성공한 역사를 이루어 왔기 때문이다. 한족의 중국은 원나라나 청나라를 다 한화에 성공한 시대로 보고 있으며 이민족 소수민족에 대한 중국의 정책은 오늘날도 변하지 않고 수천 년 동안 해오던 '이이제이'와 '한화정책'을 동시에 사용하고 있다. 자치구 혹은 자치주라는 이름으로 이민족의 절대 자치권을 보장하는 것처럼 하면서도 내적으로는 '중화주의'라는 이름 아래 철저하게 동화의 정책을 펴고 동화의 교육을 시행하고 있는 것이다. 이러한 내적 외적 목적을 가지고 중국은 우리 동포들이 많이 거주하고 있는 길림성, 요녕성, 흑룡강성 등 이른바 동북3성을 조선족 자치구 혹은 자치주로 지정하여 경영하면서 거기에서 살고 있는 우리 민족을 '조선족'이라고 부르고 있다. 그러나 근본적으로 동북3성 즉 만주 지역은 본래부터 중국의 한족보다는 우리 한민족이나 만주족과 관련이 깊은 지역이다. 이진영은 만주 지역과 우리 민족의 관계에 대해 다음과 같이 정리하였다.

중국한족이 동북3성 즉 만주와 연관을 맺은 것은 한나라 때부터라고 하나 사실상 명나라 때에 이르러서야 요하(遼河)유역으로 정착민을 보냈다. 그러다가 청나라 때에 들어와서는 청의 봉금정책으로 한족은 이 지역에 들어갈 수 없었으며 한족이 이주하기 시작한 것은 조선인과 마찬가지로 17세기 말부터이고 1875년에 이르러 봉금이 해제되면서부터 집단 이주하였다. 또한 만주는 청나라 멸망이후에도 군벌정부와 일본 통치를 거치면서 한족과는 정치적으로 거리를 두고 있었으며 이러한 거리는 중국공산당의 활동시대에 이르러서도 마찬가지였다. 당시 만주지역에서 활동한 것은 주로 우리 민족 조선 백성들이었다. 그뿐만 아니라 만주지역은 고조선의 발상지였고 고구려와 발해의 활동무대였다. 고려왕조가 성립되기 전까지 우리영토였던 것이다. 그리고 고려나 조선시대에도 요동으로 가는 길목에는 다수의 한국민족들이 살고 있었던 것도 사실이다. 특히 간도영유권문제와 백두산에 대한 소유권문제에서 보는 것처럼 한국의 영토적 민족주의는 만주와 연관이 매우 깊다. 이런 바탕위에서 일제강점기에 조선인들의 이주가 이루어졌고 이들이 지금 중국정부가 말하는 조선족을 구성하고 있는 것이다. 사실상 일본제국주의 시대의 만주는 중국정부의 권력이 부재한 곳이었다. 오히려 우리 민족과 일본이 싸우던 독립투쟁의 전장이었다. 이런 까닭에 이 시기에 중국공산당은 조선인의 지지를 얻고자 조선인을 동화하고자 하는 정책은 아예 생각지도 못했다. 또한 중국 공산당 집권 후에도 조선인의 자치를 제일 먼저 보장해 주었다. 사실 중국공산당이 만주를 석권하고 중국통일을 이루는데 만주의 조선인이 큰 역할을 하였던 것이다. 만주에서 조선인 공산주의자의 활동은 상당히 활발하였는데 반해 중국 한족 공산주의자의 활동은 상대적으로 위축되어 있었고 영향력을 미치지 못하여 내부도시에만 집중되어 있었다.[37]

이렇게 해서 동북3성에 정착한 우리 조선인들을 중국은 지금 중국의 소수민족의 하나로 취급하여 조선족이라고 부르고 있는 것이다. 이처럼 장구한 역사적 배경을 가지고 있는 만주 지역의 우리 민족들을 중국의 소수민족으로 취급하여 단순하게 '조선족'이라고 부르고 있는 중국의 처사를 우리는 그대로 두고 보면서 우리마저도 그들이 사용하고 있는 '조선족'이라는 말을 사용하고 있다. 과연 이래도 되는 것일까? 결코 안 된다. 중국이 사용하고 있는 '조선족'이라는 이 한 단어에는 엄청난 속셈을 넘어 음모와 계략이 들어 있을 수 있다. 아주 간단한 다음과 같은 도식을 보면 중국의 속셈을 바로 알 수 있다.

조선족 = 중국 소수민족
조선족 = 대한민국의 한민족
그러므로 대한민국의 한민족 = 중국 소수민족
그러므로 대한민국 = 중국 변방 국가

위에서 제시한 도식은 결코 과장이나 기우가 아니다. 현실로 나타나고 있는 일이다. 앞서도 말했듯이 중국은 지난 수천 년의 역사를 통하여 끊임없이 그리고 끈질기게 주변의 이민족을 그들의 한민족에 동화시키는 일을 해왔다. 그리하여 많은 나라들이 한족의 중국에게 흡수되어 자취도 없이 사라지기도 했고 중국의 역사에 편입되어 버렸다. 그러한 역사의 소용돌이 속에서도 우리는 우리 민족의 정체성을 지키고 우리의 민족 국가를 잘 보전해 왔다. 그런데 이 광명한 21세기에 중국은 그러한 속셈을 이제는 속셈으로 넣어 두고 있는 게 아니라, 아예 노골적으로 드러내면서 우리를 겁박하고 있다. '동북공정'이라는 것이 바로 그것이다. 그들은 우리의 찬란한 역사인 고구려의 역사를 통째로 빼앗을 양으로 고구려가 그들에게 속해 있던 '변방 국가'였다는 강변을 하고 있다. 그리고 발해에 대해서도 마찬가지로 그들의 변방 국가였다는 주장을 한다. 이런 상황에서 우리마저도 만주의 동북3성에 살고 있는 우리 민족을 일러 '조선족'이라고 한다면 고구려와 발해를 중국의 변방 국가로 취급하려는 중국의 주장에 날개를 달아줄 뿐 아니라, 장차 북한뿐 아니라 대한민국마저도 통째로 중국의 변방 국가로 전락할 근거를 우리 스스로가 만들어 주는 꼴이 된다.

최근(2015년 7월) 필자는 중국의 하남성 안양에 세워진 중국의 문자박물관에 다녀온 적이 있다. 이 박물관은 2009년 11월 16일에 개관하였다. 하남성 안양은 중국 최초의 문자 형태인 갑골문이 대량으로 발견된 지역이므로 이 지역에 중국문자의 연원과 역사를 알리고 또 보존하기 위해 중국문자박물관을 세운 것이다.

【자료5─중국문자박물관의 전시장─朝鮮文】

이 박물관의 3층에는 〈중국소수민족문자 전시관〉이 따로 있다. 거기에 가면 【자료5】의 그림에서 보는 바와 같은 전시 공간을 만나게 된다. 바로 우리 '한글'에 대한 전시관이다. 그런데 이 전시관에는 '朝鮮文(조선문)'이라는 표제와 함께 "우리나라 조선족이 사용하는 문자로서 조선반도상의 주민이 사용하는 것과 같은 문자(我國朝鮮族使用着與朝鮮半島上的居民相同的語言文字)"라는 설명을 붙여 놓았다. "우리나라 (중국) 조선족이 사용하는 문자"가 중심 설명이고 "조선반도상의 주민도 이와 같은 문자를 사용한다."는 것이 보조설명이다. 게다가 "1444년 1월 이씨조선의 세종대왕 주재 아래 본 (조선)민족의 문자를 제정하였다.(1444년1月由李氏朝鮮世宗大王主持制定本民族文字)"는 설명을 덧붙여 놓음으로써 조선족은 중국민족의 하나이며, 세종대왕은 중국의 속국인 조선 중에서도 이씨가 세운 조선왕조의 왕이고, 그런 세종대왕은 '본 민족' 즉 '중국민족인 조선족'을 위하여 민족문자를 제정하였다는 점을 분명히 하고 있다. 그리고 남한과 북한에 사는 한민족을 통틀어 '조선반도에 거주하고 있는 거민(居民:거주민)'으로 표현하고 있다. 즉 중국 민족의 하나인 조선족 중에서 거주지가 조선반도인 주민이라는 뜻이다.

중국이 사용하는 조선족이라는 의미가 이런 것인데도 우리가 조선족이라는 말을 현시적 평판적으로만 이해한 나머지 중국이 사용하는 그대로 조선족이라는 말을 사용해서야 되겠는가? 한자를 알아야 중국이 써놓은 이런 식의 설명을 알아보기라도 할 게 아닌가?

【자료6-《晉·好大王碑》라는 표제가 붙은 광개토태왕비문 탁본집: 비의 원문에는 분명히 '太王'으로 새겨져 있지만 중국은 격을 낮춰 '大王'으로 표기하고 있다.】

다시 【자료6】을 보자. 표지에 《진·호대왕비(晉·好大王碑)》[38]라는 이름이 인쇄되어 있는 책이다. 우리 역사상 가장 위대한 태왕으로 받들고 있는 광개토태왕비를 탁본하여 서예가들로 하여금 광개토태왕비체를 연습할 수 있도록 만든 서첩(書帖)의 표지 제목이다. 그런데 이 책의 제목이 《진·호대왕비(晉·好大王碑)》로 되어 있는 것이다. 이는 중국이 고구려를 중국 위진남북조 시대 진나라에 속한 변방 국가로 취급한 처사이다. 그런데 중국의 이러한 처사에 대해서 아직까지 우리 측에서는 아무도 이의를 제기한 적이 없는 것으로 알고 있다. 고구려 광개토태왕의 비석이 중국 진나라의 비석이 되고 만 것이다. 상황이 이러함에도 중국에 살고 있는 재중동포를 우리 스스로도 조선족이라고 부른다면 우리는 고구려를 비롯한 모든 역사가 중국의 역사가 되는 것을 허락하는 것이나 마찬가지다. 그리고 현재의 우리나라를 중국의 속국내지는 변방국으로 인정하는 처사이다.

말이 가지는 위력은 무섭다. 깊은 뜻을 알고 제대로 사용해야 한다. 동북3성에 사는 우리 민족을 재중동포라고 부르지 못하고 조선족이라고 부르는 한 우리 한민족 전체는 중국의 소수민족이 될 수밖에 없고 북한이든 대한민국이든 중국의 변방 국가로 전락할 우려가 있다. 우리 스스로 그렇게 전락하는 것을 용납하지 않는다고 해도 최소한 외국인들에게 그렇게 비쳐질 가능성은 얼마든지 있다. 광개토태왕비를 탁본한 책을 출판하면서 책 이름을 《진·호대왕비(晉·好大王碑)》라고 명기하는 중국의 행태에 대해 '통상 마찰' 혹은 그 외의 불편한 관계를 초래할지 모른다는 염려로 인해 아무런 반응을 보이지 않고 묵인한다면 앞으로 이런 상황은 끊임없이 계속 발생할 수밖에 없다. 그렇다면 그러한 상황의 끝은 과연 어디일까? 현재 중국에서 벌어지고 있는 일들이 이처럼 명확하게 드러나고 있는데도 우리 스스로도 '재중동포'라는 말 대신 조선족이라는 말을 계속 사용하면서 중국에 대해서도 '조선족'이라는 말 대신 '재중한인' 혹은 '재중한국인'이라는 말을 사용하도록 요청하지 못한다면 우리는 후대에 실로 부끄러운 역사를 남겨주게 된다. 그리고 《진·호대왕비(晉·好大王碑)》라는 이름의 책이 출간되는 것을 묵인한다면 이 또한 역사 왜곡을 방조하는 일이다. 더욱이 한자를 완전히 외국어로 취급하여 본래부터 우리의 역사 무대였으며 현재 우리 동포들이 살고 있는 지역인 동북3성의 지명마저도 한국한자 발음 즉 우리 발음으로 읽지 않고 '심양(瀋陽)'을 '썬양'이라고 읽고, '장춘(長春)', '연변(延邊)', '길림(吉林)', '흑룡강(黑龍江)' 등을 '창춘', '옌볜', '지린', '헤이룽장' 등으로 읽으며 심지어 백두산마저 중국식 이름인 '창빠이산'으로 읽는다면 과연 우리의 자존심과 민족혼은 어디에서 찾아야 할지 모르겠다.

'조선족'이라고 부르는 이 한 단어는 단순한 한 단어가 아니다. 그 단어 안에는 너무나 많은 문제점이 들어있다. 이렇게 많은 문제점을 안고 있는 이 단어를 이래도 여전히 "현시적이고 평판적인 의미만을 취하여 조선족을 조선족이라고 부르는데 그게 뭐가 잘못이냐?"고 할 텐가? 한자로 표기할 수 있는 언어는 그 속뜻을 들여다보지 않은 채 그저 현시적이고 평판적인 의미만을 취할 대상이 아니다. 여기에 우리가 한자를 외국 문자가 아니라 우리 문자의 한 축으로 인정하고 한글과 함께 편리하고 유용하게 사용해야 할 이유가 있다.

한글이 세계적으로 우수한 문자임에는 틀림이 없다. 우리 국민 모두가 잘 갈고 다듬어서 더욱 값지게 써야 한다. 그러나 분명한 것은 우리 사회에는 위에서 본바와 같이 현실적으로 한자를 한글과 함께 사용하면서 한자를 통해 단어의 의미를 어원적으로 깊이 있게 이해해야 할 이유가 분명히 존재한다. 한글만 소리 나는 대로 현시적, 평판적으로 사용해서는 자칫 놓치기 쉬운 일들이 너무나 많다. 중국과 일본과 역사 분쟁이 벌어질 때면 어휘 하나 문구 하나의 함의(含意)를 다 한자 표기에 근거하여 분석할 텐데 우리만 한자를 모르는 상태에서 평판적 현시적 의미만 내세워 된통 맞은 후에야 "그게 그렇게 깊은 뜻이 있는 말이었나요?"라고 한다면 참으로 창피하고 분통이 터질 일이다.

한글의 우수성을 세계에 자랑하는 길은 한글을 한자와 함께 써서 우리의 언어 문자 생활을 보다 근원적으로 풍부하게 하는 데에 있지 결코 어원을 무시한 채 한글만의 현시적이고 평판적이며 수단적으로

사용하는 데에 있지 않다. 모택동(毛澤東)이나 등소평(鄧小平), 삼협
(三峽)이나 북망산(北邙山)을 한자로 어떻게 쓰는 지에 대해 전혀 관심
을 가질 필요가 없이 마오쩌뚱, 떵샤오핑, 뻬이망산 등으로 쓰고 읽으
면 그만이라는 생각이 가져올 폐해는 위에서 '사랑'이라는 말을 비롯
하여 경복궁, 광화문, 가화만사성 등의 예를 통하여 설명한 폐해와 마
찬가지의 폐해를 가져올 수 있다. 굳이 마오쩌뚱, 떵샤오핑, 뻬이망산
등으로 쓰고 읽으면 그만이라는 주장을 해야 할 이유가 없는 것이다.
한자를 외국 문자로 간주하여 중국의 인명과 지명에 대하여 일괄적으
로 원음주의 표기를 강요할 필요가 없는 것이다.

중국이 한자의 세계화를 꿈꾸고 있으며 한자가 세계문자로 부상하
고 있는 지금[39] 우리는 한자를 외국 문자로 배척할 것이 아니라 오히
려 우리가 2,000년 이상 사용해온 우리의 문자임을 주장해야 하는 것
이다.

제5장

한자는 청산해야 할
'제국문자(帝國文字)'가 아니다.

　　중국의 지명과 인명에 대한 원음주의 표기 주장의 근거가 바로 한
자를 외국 문자로 보는 데에 있다는 점은 앞서 말한바 있으므로, 우리
에게 있어서 한자는 결코 외국 문자일 수 없다는 점을 증명하면 원음
주의 표기의 문제점은 저절로 증명이 될 수 있을 것이다. 이러한 논의
를 진행하기 위해서 한글만을 국자(國字)로 보는 '한글전용'이라는 어
문정책이 수립되는 시대적 배경과 정책 수립 과정을 살펴보고 그 과정
에서 어떤 이유로 한자를 외국 문자로 간주하게 되었는지를 고찰할 필

요가 있다.

한글을 국문으로 처음 선포한 것은 대한제국 시절의 고종황제였다. 그러나 일제강점기 즉 항일시기에 일제의 탄압으로 인하여 한글은 말살의 위기에 처하기도 했다. 그러다가 광복을 맞이하여 한글을 회복하게 되자 우리 국민의 기쁨은 말할 수 없이 컸다. 그야말로 감격이었다. 당시 광복과 함께 한글을 되찾은 감격을 정재환은 다음과 같이 서술하였다.

> 1945년 8월 15일 라디오 전파를 타고 흘러나온 히로히토의 항복 방송은 식민지 조선의 해방과 동시에 조선어의 해방을 의미했다. 일제 35년간 억압적인 통치에 신음하던 조선인들은 해방의 감격에 목이 터져라 '대한독립만세'를 외쳤다. 조선의 산하를 뒤흔든 힘찬 함성은 제국의 언어 '반자이(万歳)'가 아닌 조선어 '만세'였다.[40]

이어 당시 한글학자들이 한글을 되찾은 기쁨을 표현한 말을 다음과 같이 열거하였다.

> 정태진은 "우리의 말은 다시 살았다. 우리의 글자로 다시 살았다. 우리에게 다시는 말하는 벙어리 노릇이나 눈 뜬 소경노릇을 할 필요가 없는 때가 오고야 말았다."[41]며 감격하였고, 장지영은 "우리 한글은 이제 다시 살아났다"면서 한글의 부활을 선언했다.[42] 자유신문은 사설을 통해 일본의 압제에서 벗어난 기쁨 중의 가장 큰 하나는 잃었던 우리말과 우리글을 도로 찾은 것이라며 우리말 해방의 의미를 강조하였다.[43][44]

당시 광복과 함께 맞은 한글의 부활을 이처럼 감격적으로 자축한 것은 한글에 대한 일제의 탄압이 그만큼 컸기 때문이다. 즉 일제의 압제에서 벗어나 우리의 한글을 되찾은 때라서 한글 존중주의는 자주독립의 상징처럼 팽배되어 있었고[45] 반면에 한자를 사용하자는 주장은 반민족적이며 친일의 잔재로 간주되었다. 이러한 인식으로 인해 한글 전용을 주장하는 사람들은 한자 폐기를 제국문자 즉 일본 제국주의 문자의 청산이라는 관점에서 바라보고 있으며 이런 시각의 연장선상에서 한문을 외국어로 간주하고 있다. 정재환은 다음과 같이 말했다.

> 제2차 세계대전 종전 이후 식민지에서 벗어난 국가들은 대부분 제국 언어의 청산이라는 공통된 과제를 안고 있었지만 실패한 사례가 적지 않았다. 그러나 조선인들은 민족어를 완벽하게 회복했다.[46]

한자를 완전히 일본제국의 문자로 간주하고 있음을 극명하게 보여주는 발언이다. 그런데 이러한 발언은 2015년 4월 현재도 계속되고 있다. 국어문화운동실천협의회 회장인 이대로는 최근에 다시 대두하고 있는 초등학교 교과서의 한자 병기 문제를 비판하는 글에서 다음과 같이 말하고 있다.

> 초등 교과서 한자 병기는 우리 교육과 나라를 망칠 중대한 잘못이기에 일본식 한자 혼용주의자들에 맞서 반대 운동을 한 사람으로서 그 까닭을 밝힌다. 한자 혼용이나 한자 병기는 일본 식민지 교육으로 길든 일본식 말글살이다. 일본은 1910년 강제로 이 나라를 빼앗기 전부터 일본식 한자 혼용 말글살이를 퍼트렸고, 식민지로 만든 뒤에는 일본 한자말

을 한자로 적고 일본 글자를 함께 쓰는 교과서로 교육을 했다. 그리고 우리말로 된 땅이름과 사람이름까지도 일본식 한자말로 바꾸면서 우리 겨레 얼까지 없애려고 했다.[47]

한자를 완전히 청산해야 할 제국문자로 보는 견해이다. 그러나 한 자는 지난 2,000년 동안 우리가 사용해 오면서 찬란한 우리의 문화와 역사를 기록해온 문자이지 일제강점기에만 사용했던 '제국문자'가 결 코 아니다. 그리고 지금 한글과 한자를 함께 사용하자는 사람들의 주 장은 '한글은 한자와 함께 사용할 때 더욱 빛나기 때문에'[48] 한글과 한자를 병용하자는 것이지 일제강점기에 사용했던 일본식 한자의 향 수에 젖어 그때로 돌아가자는 시대착오적인 망상에서 나온 게 아니다.

일제강점기에 우리의 한글을 지키기 위하여 갖은 핍박을 다 받으면 서 한글의 보급과 교육에 노력하였고 그러다가 결국은 옥고도 치른 한 글학회 회원들의 한글사랑 정신과 한글수호를 위한 투쟁에 대해 우리 국민 모두는 한없는 존경을 담아 박수를 보낸다. 그리고 그분들의 노 력에 대해 무한히 감사한다. 시대의 선구자였던 그분들의 노력과 공로 는 길이 역사에 빛나야 한다. 그렇게 피나는 노력으로 지켜온 한글을 광복된 조국에서 다시 사용할 수 있게 되었으니 한글학회 회원들 뿐 아니라 국민 모두가 얼마나 기쁘고 감격적이었겠는가?

한글에 대한 사랑의 마음은 바다보다도 깊었고 한글을 다시 사용하 게 된 데에 대한 감격은 당연히 하늘을 찌를 만하였다. 그래서 광복이 되자, '얼마나 그리워하던 한글이냐!'면서 이제 다시는 한글을 빼앗기 지 말자는 다짐과 함께 앞으로는 '한글만을 사용하자'는 주장은 물론 맹세도 했을 것이다. 얼마든지 있을 수 있는 당연한 분위기이다. 그러나, 진정한 선각자라면 이때에 한글과 함께 한자 문제도 심각하게 생각했어야 한다. 일제강점기에 일본의 강요에 의해 사용한 일본말과 글에 한자가 많이 섞여있었다고 해서 한자 자체를 일본 제국주의 문자로 간주하여 그렇게 단호하게 폐기하자는 주장을 하지 않았어야 한다. 설령, 한글을 되찾은 기쁨에 일반 국민들이 그런 주장을 하더라도 오히려 한글학회 회원들과 한글학자들은 국민들 앞에 나서서 '한글을 최대한으로 살려 쓰되, 한자 또한 반만년 우리의 역사와 문화를 기록한 문자일 뿐 아니라, 일제가 아니었더라도 우리는 이미 2,000년 이상 한자를 사용해 왔기 때문에 우리의 언어생활에서 한자를 결코 홀시할 수 없다. 일본어에 들어 있는 한자와 무관하게 우리 문화의 계승과 창달, 그리고 우리의 편리하고 깊이 있는 문자 생활을 위하여 한글과 함께 한자 사용 문제도 시간을 가지고 잘 생각해 보아야 한다.'는 말로 국민들을 계도하고 설득했어야 한다. 그런데 최현배를 비롯한 대부분의 한글 학자들은 그렇게 하지 못했다. 한글을 되찾은 감격에 한글만을 강조하며 한글전용을 주장하면서 한자를 철저하게 일본 제국주의의 문자로 간주하여 당장 폐기해야 할 대상으로 지목하였다. 그리고 당시 한반도에 들어온 미국 군대의 상황실인 미 군정청에 들어가 미군과 함께 우리의 어문정책을 수립하면서 철저하게 한자를 배제하였다.

미국은 내심 한국에서 한자를 폐기할 생각이었는데 우리 측 학자들이 스스로 나서서 한자를 폐기하는 어문정책을 수립해 주니 얼마나 감사하고 다행스럽게 생각했을까? 이처럼 광복의 기쁨과 한글을 되찾은 감격 속에서 한자를 일본 제국주의의 문자로 간주해 버리는 바람에 한글과 함께 한자도 사용하자는 주장을 하는 사람은 더러 친일적인 사고를 가진 사람으로 매도되기도 하였다. 한자는 원래 우리 민족이 오랫동안 사용해온 우리 문자이지 결코 제국문자로 간주할 문자가 아니었는데 우리는 광복의 흥분 속에서 엉겁결에 한자를 제국의 문자로 간주하는 우를 범하고 만 것이다.

　사실, 제국문자의 관점에서 보자면 미 군정 시기의 영어 사용이 오히려 더 문제가 될 수 있다. 점령군인 미군이 가지고 들어온 영어는 또 하나의 제국문자일 수 있기 때문이다. 영어의 사용이 일제처럼 강압적이지는 않았지만 동아시아 한자문화권에 전반적으로 불어닥친 한자 폐기의 분위기를 보면 심상치 않은 면이 있음을 감지할 수 있다. 1945년 8월 15일 광복이 되자, 당시 태평양 미국 육군 총사령부(사령관 맥아더)가 발표한 포고 제1호(조선 주민에게 고함), 제2호(범죄 또는 법규 위반에 관하여), 제3호(법화[法貨]에 관하여)는 그대로 군정의 헌법적 역할을 하였다. 특히 포고 제1호에는 우리나라를 통치하기 위한 공식용어를 영어로 한다는 규정이 포함되어 있는데 이때부터 미 군정은 통역정치를 시작하였다. 따라서, 당시에 통역을 맡은 인사들은 자연스럽게 권세를 갖게 되었으며 각종 이권에 개입하거나 직접 정치에 개입하는 등 적지 않은 부작용을 빚었다.[49] 일제강점기에 일본말을 하는 사람들이 득세하는 현실을 지켜봐왔던 사람들은 미군이 들어온 이때부터 '이제는 영어를 하는 것이 득세하는 길이다.'는 생각을 했고 미군은 미군대로 우리나라를 영어권의 언어와 문화로부터 깊은 영향을 받는 나라로 만들려는 생각을 했다. 당연히 영어 교육이 강조되었고 미국 유학이 출세의 지름길이라는 생각이 만연하게 되었다. 영어가 또 하나의 제국문자 역할을 하게 된 것이다.

　제2차 세계 대전 후 동북아시아 지역은 자기 나라의 힘으로 전통적인 민족 문화를 회복하여 진흥시키려는 노력을 해보기도 전에 당시의 점령군인 미국과 소련에 의해서 미국과 소련의 문화를 따르기를 직·간접적으로 종용받으면서 문자 또한 그들이 원하는 방향으로 개혁하거나 채택하기를 은근하지만 실지로는 강하게 권고받거나 강요받았다. 다시 말해서, 동북아 한자문화권 지역에 새로운 통치 권력으로 등장한 미국과 소련은 이 지역에 뿌리 깊게 내려 있는 한자 문화를 약화시키고 자신들의 문화로 이 지역 문화를 대체하기 위해서 미국은 미국대로 그들의 점령 지역에서 한자 폐기를 유도하거나 방조하면서 미국문화를 파급시키려고 노력하였고 소련은 소련대로 그들이 영향력을 행사할 수 있는 지역에서 그들의 문화를 파급시키기 위해 한자 폐기를 적극적으로 지령했던 것이다. 점령지역에 대해서 가지고 있던 미국과 소련의 이와 같은 문화 정서에 비추어 볼 때 미 군정 시절에 시작된 '한글전용'이라는 어문정책은 다분히 우리의 의도나 학문적 '진(眞)'의 반영이라기 보다는 당시의 국내외적 분위기에 휩쓸려 싹이 트고 뿌리를 내리게 되었다고 할 수 있다.

이렇게 해서 채택된 '한글전용'이라는 어문정책을 두고 아직도 한글전용을 내세우는 사람들은 항일시대에 사용했던 제국문자를 청산한 쾌거라고 여기며 한글을 국자(國字)로 선포한 이상 한자는 외국 문자일 수밖에 없으므로 외국 문자인 한자로 기록된 중국의 고유명사인 지명과 인명은 외국어 표기에 적용하기 위해 만든 법인 원음주의 표기법을 그대로 적용하여 원음으로 표기하고 원음으로 읽어야 한다고 주장하고 있다. 다시 말해서 '베이징', '시안', '썬양', '마오저뚱', '떵샤오핑'이라고만 해야지 '북경', '서안', '심양', '모택동', '등소평'이라고 하면 절대 안 되고, '북경(北京)', '서안(西安)', '심양(瀋陽)', '모택동(毛澤東)', '등소평(鄧小平)'식으로 한자를 병기해서는 더더욱 안 된다는 주장을 하고 있는 것이다. 그게 과연 누구를 위한 주장일까? 중국의 지명과 인명에 대해 원음주의 표기를 주장하는 사람들은 다음과 같이 말한다.

> 중국 인명과 지명의 한자음표기 주장은 매우 위험하고 염려스럽다. 이는 한글전용정책을 포기하고 과거 국한문혼용 정책으로 되돌아가려는 시도로 보이기 때문이다. 50대 이하 즉 절대 다수 국민이 한글전용세대임을 망각한 주장이다. 한·중·일을 막론하고 한자로 쓸 수 있는 인명과 지명은 모두 한국 한자음으로 읽어야한다는 이들의 주장은 시대의 흐름을 거스르는 일일 뿐만 아니라, 한글의 우수한 문자 기능을 훼손시키는 행위이다. 이들은 한자 인명과 지명을 한자음으로 표기하더라도 의미 전달이 잘 안 된다는 사실을 간과하고 있다. 얼마나 많은 사람들이 아래 지명을 한국 한자음으로 읽을 수 있을까?

> a. 札幌　　b. 横浜
> c. 新潟　　d. 茨城
> e. 贛州　　f. 薩嘎
> g. 淄博　　h. 郝寨(呰)[50]

여기서 매우 자신만만한 어투로 예시한 지명을 "얼마나 많은 한국 사람들이 한국한자음으로 읽을 수 있을까?"하는 의문을 제기했는데 그렇다면 그 정도로 난이도가 높은 벽자(僻字)를 중국어 원음으로 읽어서 그것을 원음으로 표기할 수 있는 한국 사람이 과연 몇 명이나 될까? 중국인인들 그런 벽자를 다 읽을 수 있을까? 이들 글자에 대해서 한국 사람이 원음을 표기하기란 사실상 불가능한 일이고 중국 사람마저도 이들 벽자의 독음을 알기가 결코 쉽지 않다. 이런 상황에서 원음주의 표기 원칙을 내세워 한국 사람더러 이들 한자를 중국어 발음으로 읽고 적으라고 하니 난센스도 이런 난센스가 없다. 한국 한자음으로 읽기도 어려운 중국 지명을 제시하며 중국어를 배운 적이 없는 한국인더러 한국 한자음으로 읽기가 어려우니 중국어 원음으로 읽고 써야 한다고 하니 어이가 없는 일이다. 이처럼 한글전용을 지지하는 입장에 선 사람들은 한자를 외국 문자로 간주하여 원음주의 표기를 주장하고 있는데 이는 이 땅에 한글전용이라는 어문정책이 어떤 시대적 배경 아래서 어떤 과정을 거쳐서 채택된 정책인지를 간과한 데서 나온 주장이다. 따라서 이제는 한글전용의 어문정책이 미 군정과 대한민국 정부에서 어떤 과정을 거쳐 제정되었는지 그 내면을 상세하게 들여다 볼 필요가 있다. 조선어학회 회원 중심의 한글학자들이 옥고를 치르면서까지 우리말과 글을 지켜낸 것에 대해서는 높이 평가해야 한다. 그것은 애국애족적인 일이었다. 그러나 그들은 앞서 살펴본 것처럼 한글을 되찾았다는 점에 너무 도취되어 우리 문자생활의 현실을 도외시 한 점이 없지 않다. 그러므로 같은 조선어학회 회원들 중에서도 서로 의견이 갈린 것이다. 한글도 우리글이지만 한자도 우리글임을 인정하고 한글과 한자를 조화롭게 사용할 수 있는 지혜를 발휘했어야 한다. 일제를 미워한 나머지 우리가 2,000년 동안 사용해온 한자를 그처럼 증오할 필요는 없었다. 일제는 일본이든 조선이든 한자를 사용하지 않을 수 없음을 인정하고 소리글자의 한 축을 한글이 아닌 가나로 대체하고 글보다는 말을 일본말로 바꾸려 한 것인데, 당시의 한글학자들은 가나와 함께 한자로 쓴 일본글이 우리 한글을 말살하려 했다는 의식으로 가나라는 문자의 굴레와 일본말이라는 말의 굴레뿐만 아니라 한자마저도 굴레라고 생각하여 한자의 굴레를 벗어나야 한다고 생각했고 지금도 한글전용론자들은 그러한 사고를 털어내지 못하고 있다. 그들은 여전히 한자를 일본 제국주의 시대의 제국문자로 보고 있는 것이다. 그러나 한자는 결코 제국문자가 아니다. 우리가 2,000여 년 동안 달게 사용하며 우리의 문화와 역사를 기록한 우리 문자이다. 그러나 광복 직후 최현배를 중심으로 하는 우리 한글학자들의 일부가 한자를 일본 제국주의 문자로 간주하는 입장에서 미 군정청 학무국의 편수관 등으로 활동하게 되자 미군은 당연히 한자를 버리는 것을 크게 환영하였다. 그리하여 그처럼 빨리 한글전용법을 제정하였다. 그렇다면 당시 동아시아에 새로운 점령군으로 들어온 미국과 소련은 이 지역에 대해 어떤 어문정책을 펴려고 했을까?

──❀❀❁ 제6장 ❁❀❀──

제2차 세계대전 종전 후
동아시아 국가의 어문정책 수립 과정에서
미국과 소련은 어떤 작용을 했나?

1. 전후(戰後), 일본의
어문정책에 대한
미국의 영향

일본의 국어개혁 운동은 사실 명치(明治)유신 때부터 시작되었다. 명치 4년(1874년) 일본 문무성에 편집료(編輯寮)가 개설되면서 이른바, '역사적 가나표기법'[51]을 교과서에 적용하는 등 국어사용의 일관성 확보와 표준어 확립 작업을 시작하였다. 1900년에는 「소학교령시행규칙」이 개정되어 가나문자의 자체(字体)를 정리, 통일하고 한자 사용을 가능한 한 줄일 방안에 대해 논의하기 시작하였고 교과서에 '자음가나표기법의 표음화(줄부호 가나표기법)'를 적용하기 시작하였다. 그리고 1902년에는 「국어조사위원회」가 설치되어 국어정책 수립을 위한 조사와 연구, 심의 등이 본격적으로 이루어지게 되었다. 그러나 1908년에 한자 사용을 제한하는 것에 대한 반대가 심화되는 등 국어개혁 전반에 대해 반대하는 의견이 높아지자 문부성은 보다 더 광범위하게 여론을 수렴하기 위해 「임시가나표기조사위원회」를 설치하여 국어개혁에 찬동하는 '개혁파'와 반대하는 '반대파'의 주장에 동시에 귀를 기울였다. 의견을 수렴한 결과, 앞서 1900년부터 교과서에 적용했던 '자음가나표기법의 표음화'를 철회하고 전에 사용하던 '역사적 가나표기법'을 부활시켰다.

이후, 1921년에 「임시국어조사회」가 설립되어 국어개혁 운동을 다시 시작하였는데 1934년에는 「임시국어조사회」가 「국어심의회」로 정착, 확대 개편되어 일본의 국어개혁을 활발하게 추진한 결과, 1923년에는 '상용한자표'를 제정하였다. 이후로도 국어심의회는 상당한 힘을 가진 '건의'기구로 성격을 강화하면서 적극적으로 국어개혁을 실행해나갔다. 그 결과, 장기적으로는 한자를 전폐할 것을 전제로 '당용(當用)한자표 1,850자'와 '현대가나표기법'을 제정하여 1946년에 훈령으로 공포하였다. 그러나 당시 국어심의회는 국어개혁론자 즉 '개혁파'의 주도 아래 운영되었으므로 반대파들은 당연히 국어심의회의 일방적인 운영에 불만을 품게 되었다.[52] 급기야는 위원 5명이 탈퇴함으로써 국어심의회 조직이 개편되어 힘을 가졌던 '건의'기구에서 다시 '자문'기구로 축소되었다. 이로써 국어개혁도 재심의와 재검토의 방향을 취하게 된다. 명치 유신시절부터 시작되었던 '한자 폐기' 내지는 '한자 사용 제한'을 주요 내용으로 하는 일본의 국어개혁 운동은 사실상 별다른 성과를 얻지 못한 채 제2차 세계대전의 종전과 함께 이른바, '전후시기'를 맞게 되는 것이다.

1945년 8월 15일, 일본의 무조건 항복을 계기로 일본 사회는 많은 변혁을 맞게 된다. 패전과 함께 사실상 미군의 통치하에 들어간 일본은 일본정신을 함양하는 과목이라는 이유로 〈수신(修身)〉 과목이나 서도(書道), 유도(柔道), 검도(劍道), 다도(茶道) 등 '도(道)'자가 붙는 교과목은 학교교육에서 엄한 규제를 받았다. 사실상, 공교육에서 이들 과목은 퇴출된 것이다. 이러한 교육 규제는 종전을 예상한 미국이 미리 입안한 계획에 의해 진행되었다. 이러한 교육 규제와 함께 일본은 전범국으로서 철저한 반성을 요구받게 되어 그러한 반성의 의미 표현을 위해서라도 군국주의에 바탕을 둔 일본정신을 청산하고 미국이 내세운 국제주의, 평화주의, 민주주의 등 3가지 원칙을 적극 수용하는 태도를 보일 수밖에 없었다. 전쟁을 일으킨 원인으로 지목된 제국주의적 국가주의를 지양하고 국제적인 협조와 인류의 평화를 존중하는 태도를 표방할 수밖에 없는 상황에 처한 것이다.

제2차 세계대전 종전 후 연합국 최고사령관 총사령부(GHQ)는 '문부성훈령'의 형식을 빌려 〈태평양전쟁 종결에 즈음하여 널리 알리는 소화천황의 명령〉을 1945년 8월 15일에 발표하고, 이어서 〈시국의 변전(變轉)에 따른 학교교육에 관한 건〉을 발표하여 교과서에 대한 구체적인 지시를 내렸다. 이 지시들은 비록 '각서', '훈령' 등의 형태를 취하긴 했지만 당시 연합군 점령하의 상황으로 보았을 때 그것은 일본정부에 대한 명령이었다. 당시 점령군은 초등학교 교과서 안에 들어있던 군국주의 정신을 강조하고 전의(戰意)를 고무하는 일체의 내용을 말소하도록 명령하고, 새로운 교과서를 제작하여 보급할 때까지는 우선 급한 대로 '먹으로 칠해 못 읽도록' 하라는 지시를 내렸다.

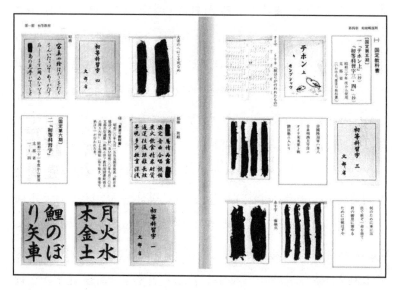

【자료7-'먹으로 칠해 못 읽도록' 한 전후의 일본 교과서】 53)

종전 이듬해인 1946년에는 제1차 미국교육사절단이 일본을 방문하여 '일본어의 로마자화(化)'를 획책하였다. 즉 일본어에 사용하던 가나문자나 한자를 폐기하고 순전히 로마자를 사용하여 소리 나는 대로 음만 표기할 것을 획책하는 것이다. 당시 점령군이 내세운 일본어 로마자화의 이유에 대해 일부 일본의 학자들은 "점령시대의 미국인은 일본문화에 대한 정보가 부족했고 당시 일본 민중은 이미 미국의 노예화가 된 상태였으므로 일본 국민 중에 문자를 읽을 수 있는 비율 즉 식자율(識字律)이 낮을 것이라고 생각하고 있었으며, 그처럼 식자율이 낮은 이유를 한자라는 장벽 때문이라고 생각하여 한자를 없애고 로마자화하면 식자율을 높일 수 있을 것이라는 일방적인 판단을 했기 때문이라"고 진단하기도 한다.[54] 그러나 그것은 신빙성이 없는 진단이라고 생각한다. 일본은 독일, 이탈리아와 함께 제2차 세계대전을 일으킨 나라로서 독일과 이탈리아가 항복한 이후에도 끝까지 미국을 비롯한 영국, 프랑스 등의 연합국과 치열한 전쟁을 벌인 나라이다. 일본을 상대로 치열한 전쟁을 치른 미국이 일본에 대한 정보가 그 정도로 없었을까? 일본의 오랜 전통문화에 대해서는 깊이 있게 이해하지 못한 면이 있다고 하더라도 최소한 명치유신 이후에 일본이 얼마나 빠른 속도로 근대화해왔는지에 대해서는 누구보다도 잘 알고 있었을 터이며 그처럼 빠른 근대화의 원인이 바로 광범위하고 내실이 있게 보급된 교육에 있다는 점을 미국이 모르고 있었을 리 없다. 따라서, 미국이 점령군으로서 일본에 진주하자마자 '일본어의 로마자화(化)'를 기획하여 강력하게 실천하려고 한 것은 식자율을 높이기 위해서가 아니라, 그들의 통치를 편리하게 하기 위해서이고 더 나아가서는 일본의 문화와 정신을 말살한 후, 그들의 문화로 대체하기 위해서라고 보는 것이 훨씬 타당한 추론이라고 생각한다. 점령군으로 일본에 들어온 미국은 과거의 식민지 개념으로 일본을 식민 통치할 수는 없었다. 힘으로야 얼마든지 그렇게 할 수 있었겠지만 식민통치는 당시의 국제적 분위기와도 맞지 않는 것이었으며, 미국 스스로 내세움으로써 일본을 징벌하는 이론적 근거로 삼기도 했던 국제평화주의와 민주주의라는 이념에도 위배되는 것이었기 때문에 미국은 일본을 사실상 식민지로 확보했지만 식민통치를 할 수가 없었던 것이다. 이러한 상황에서 미국은 일본을 제어하고 통치하는 방법은 일본의 문화를 제거하고 미국식 문화로 대체하는 것이 가장 쉽고도 확실한 방법이라는 생각을 얼마든지 할 수 있었을 것이다. 마치 일제강점기에 일본이 우리를 영원히 지배하기 위해 우리의 말과 글을 빼앗고 우리의 문화를 말살하려고 한 그 방법과 똑같은 방법을 택할 수밖에 없었으리라는 추론이 가능한 것이다. 이러한 관점에서 미국이 일본에 우선적으로 보급하기 시작한 문화가 바로 '민주주의'이다. GHQ는 전후 일본을 통치하기 위한 체제의 개혁이 성공하기 위해서는 무엇보다 일본인을 '미국식 민주주의자'로 만드는 것이 중요하다고 보고, 이를 위해 미국식 공민교육 실시를 위한 교육개혁을 단행하였고 이 과정에서 자연스럽게 일본어의 로마자화를 추진하기 시작한 것이다.

미국교육사절단은 '대화혼(大和魂:대일본정신)'이나 '팔굉일우(八紘一宇:팔방의 넓은 온 세상이 모두 일본을 중심으로 하는 한 집안)'의 정신을 가르치던 일본사, 수신, 지리 등의 과목을 폐기하였고, 앞서도 잠시 살폈듯이 서도(書道), 유도(柔道), 검도(劍道), 다도(茶道) 등 도(道)가 붙는 과목을 폐기하였으며, 한자는 지식습득을 저해하는 요인이 된다는 이유를 들어 폐기하고 '로마자'를 일본 문자로 채택해야 한다는 주장과 함께 일본 정부에 대해 다음과 같이 압박적인 권고를 하였다.

국어개혁 국자의 문제는 교육실시 상의 모든 변혁에 있어 기본적인 것이다. ……중략…… 장래의 일본 청년자제의 발전을 위해서도 국어개혁의 중대한 가치를 인정하는 사람들에 대해 격려를 아끼지 않을 것이다 어떠한 형식으로든 로마자가 일반적으로 사용되도록 권고하는 바이다. (미국교육사절단 보고서 요지,1946. 3. 31)[55]

이런 권고를 받은 일본 문부성은 1946년 11월 16일 국어심의회의 답신(答申)을 얻어 한자를 전면 폐기한다는 전제 아래 '당용한자표'와 '현대가나표기법'을 내각고시(內閣告示)·훈령(訓令)으로 공포하였다. 이러한 조치가 미국의 강압에 의해 이루어졌다는 점은 미국교육사절단의 제2차 보고를 통해서 알 수 있다. 미국교육사절단의 제2차 보고서는 다음과 같다.

제1차 교육사절단의 권고이후, 일본의 국어개혁은 어느 정도의 진보를 보이고 있다. 대부분의 소·중학교에서 로마자를 가르치고 있으며, 당용한자음훈표를 채용하였다. 이로써 한자는 제한되고, 가나표기도 개량되었으며, 로마자의 사용은 증가하였고, 구어가 공문서에 사용되게 되었다. 국립국어연구소가 국어 및 국어와 국민생활 간의 관계를 과학적으로 연구하기 위해 설립되었다. 그러나 지금까지의 개혁이 충분하다고 할 수는 없다. 현 시점의 개혁은 국어 그 자체의 진정한 간이화와 합리화에는 이르지 못하고 있고, 가나나 한자의 단순화에 그치려 하고 있다. 국어개혁에 관해서 다음과 같이 권고 한다.

1. 하나의 로마자 표기 방식이 가장 쉽게 일반적으로 사용될 수 있는 수단을 연구할 것.
2. 소학교의 정규 교육과정 속에 로마자교육을 첨가할 것.
3. 대학에서는 로마자 연구를 수행하고, 그것을 바탕으로 교사가 로

마자에 관한 문제와 방법을 교사 양성 과정의 일부로서 연구하는
기회를 줄 것.

4. 국어간이화의 첫 단계로서, 문필가나 학자가 당용한자와 현대가
나표를 채택하여, 사용하도록 장려할 것.(제2차미국교육사절단 보
고서 요지, 1950. 9. 22)[56]

이는 명목만 권고이지 사실상 1차 권고 이후, 2차적으로 추가 조치
를 할 것을 강하게 압박하고 있는 내용이다. 미군의 이러한 조치에 대
해 개혁론자 중에는 문자 사용을 편리하게 함으로써 교육을 확대 보급
하고 민주시민을 양성할 수 있었다고 말하는 사람도 있으나 이는 미
군정의 비위를 맞추기 위한 발언이고 사실상 이러한 조치로 인하여 일
본어 표기는 역사와 전통 속에서 이어져 온 '약정속성(約定俗成)'의 자
연스런 법칙을 벗어나 인위적, 강압적으로 바꿈으로써 전통을 단절하
는 심각한 부작용을 낳게 되었다.

당용한자표와 현대가나표기법이 공포되어 학교의 교과서는 물론,
관공서의 공문이나 신문, 잡지 등 언론 매체에 본격적으로 실행되자,
일본 사회의 각계각층에서는 비판의 목소리가 적잖이 터져 나왔다. 유
명 소설가인 신서청(神西淸:1903~1957)도 비판적 입장에 섰던 인물 중
의 하나이다. 그는 《군상(群像)》이라는 잡지 1949년 12월호에 〈국어의
변혁(国語変革)〉이라는 글을 발표하여 그간의 국어개혁이 국민의 의사
를 제대로 파악하지 않은 채 문부성 산하 국어심의회에서 일방적으로
너무 빠르게 진행했음을 지적하면서 다음과 같이 말했다.

문부성은 하나의 행정기관일 뿐 입법부가 아니다. 그런데 국어에 관
한 일을 처리할 때면 문부성이 완전히 재빠르게 입법부로 변신하곤 하

니 참 이상한 일이다. 내가 이렇게 말하면 관리들은 정색을 하며 '그렇지 않다'고 말할 것이다. 그들은 신(新)가나표기나 당용한자를 제정한 것에 대해서도 "국어심의회의 답신을 바탕으로 안을 작성하여 각의(閣議)에 제출하였고, 각의의 결정에 따라 국민들에게 사용을 '권장'한 것일 뿐, 결코 명령하거나 강제로 실행하도록 압력을 가한 것이 아니라고 주장할 것이다. 물론 그런 주장도 어느 일면에서는 맞는 바가 있다. 왜냐하면 대부분의 소설가들이 아직도 여전히 구(舊)가나표기를 묵수(墨守)하고 있으며 당용한자를 무시하고 있지만 그렇다고 해서 그들에게 특별히 형벌을 가하거나 수갑을 채웠다는 얘기를 아직 듣지 못했기 때문이다. 그런 사례가 없기 때문에 신(新)가나표기나 당용한자의 제정과 사용이 명령이나 강제 조항이 아니라고 할 수 있는 여지가 생긴 것이다. 그렇다고 하여 그것이 강제가 아니었다고 말할 수도 없을 것이다. 그들의 의견을 제시할 수 있는 군중들은 일단 뒤로 제쳐 두고, 소학교와 중학교 학생들을 택하여 '모르모트(실험용 쥐)'로 삼아 국어개혁을 실험하고 있다. 다시 말해서, 문부성은 그들이 쥐고 있던 교과서 검정의 권한을 충분히 그리고 훌륭히 행사하고 있는 것이다. 검정권을 행사하는 것 자체는 행정 범위를 벗어난 것이 아니다. 그러나 그 검정의 규칙을 누가 입법한 것인가를 따져 본다면 책임의 소재가 애매하여 불분명해진다. 분명한 것은 국회를 통과하지 않았다는 점이다. 국민들도 국어심의회라는 소수의 학자집단을 제외하고는 아무도 국어개혁의 과정과 신(新)가나표기와 당용한자 제정의 과정을 알지 못했다. 이처럼 몇몇이 좌지우지하는 사이에 위대한 국어개혁은 10년의 집행유예선고를 단숨에 얻어낸 것이다. 여기서의 십년이라는 것은 '모르모트'의 성장기간을 어림잡아 본 것이다.[57]

신서청(神西淸)과 함께 일본의 국어개혁에 대해 강한 반대 의사를 표한 인물로 복전항존(福田恆存,1912~1994)이 있다. 그는 제2차 세계대전 종전 후, 국어개혁 문제가 대두될 때마다 비평의 글을 발표하여 줄곧 일본 사회에 반대의 분위기를 조성하고자 노력하였다. 복전항존은 당시 국어정책이 사실상 반대론자들을 배제한 채 개혁론자들이 좌지우지하는 가운데 입안된 것으로 보고 당시의 그러한 분위기를 '경박한 풍조'라고 지적하면서 다음과 같이 말했다.

　　나는 오늘날까지 제2차 세계대전 종전 후의 '경박한 풍조'에 대해서 늘 비판자로 일관해 왔다. 왜냐하면 하나의 생각이 절대적 풍조가 되어 한 사회를 지배하게 되었을 때 그것에 반대되는 생각을 가진 사람이나 그 절대적 풍조에 공감할 수 없는 사람은 누군가로부터 발언을 금지당하여 마침내 지하로 숨어들어가지만 지하에서도 비판은 계속하기 때문이다. 더구나 지하로 잠복하여 죽어 버리는 것이 아니라, 언젠가는 반드시 '복수'라는 형태로 다시 한 번 그 모습을 드러내기 때문이다.[58]

복전항존의 지적과 비판은 계속되었다. 그는 저서 《나의 국어교실(私の國語敎室)》을 통해 국어개혁론자들이 국어에 대한 진지한 성찰이 없이 무조건 개혁이 능사인양 추진해왔다고 주장하면서 이를 시정하기 위해서는 개혁에 반대하는 반대론자, 즉 전통론자들이 보다 더 적극적으로 나서야 한다고 주장하였다. 그는 다음과 같이 말했다.

　　현대가나표기법안이 각의의 결정을 거쳐 공포됨으로써 국민교육에 사용하는 교과서에도 채용된 것에 대해 말하자면, 그것은 다분히 시세가 그렇게 몰아간 것일 뿐, 국민일반의 국어에 대한 깊은 이해와 납득을 바탕으로 한 것이 아니라는 것이 나의 판단이다. 일반 국민의 깊은 이해에 따른 것이기 보다는 국어행정당국이 국민일반의 국어에 대한 무지를 이용하여 독선적인 태도로 강행한 것이라고 해도 과언이 아니다.[59]

이처럼 국어개혁에 대한 반대 의견들이 지속적으로 제기됨으로써 1950년대 후반에 이르러서는 개혁파에 대한 국어전통론자, 즉 개혁에 대한 반대론자들의 반격이 본격적으로 시작되었다. 일본문예가협회는 1960년 2월에 회원들을 상대로 실시한 설문조사를 바탕으로 반대의견서를 작성하여 문부대신에게 제출하였고, 4월에는 총회를 열어 국어문제를 문부성의 국어과와 국어심의회가 독단적으로 논의하고 입안하는 것에 반대한다는 결의를 하였다. 다음은 당시에 일본문예가협회에서 실시한 설문조사의 주요 내용과 그 결과이다. 설문에 응한 인원은 126명이다.

1. 국어국자에 관한 개혁안이 정부기관인 국어심의회에 의해서 심의, 상신되어 그 결과가 내각고시 또는 내각 훈령의 형태로 일반 국민에게 공포되는 것을 정당하다고 인정하는가?
   - 정당하다 9명 / 부당하다 108명

2. 작년(1959년) 7월, 국어심의회의 건의를 바탕으로 내각고시 형태를 빌려 공포된 「오쿠리가나표기법」안에 대한 찬성여부?
   - 찬성 11명 / 반대 103명

3. 「오쿠리가나표기법」이 학교의 국어교육에서 전면 실시되는 것에 대한 찬성여부?
   - 찬성 8명 / 반대 104명

4. 국어심의회가 일관되게 추진하고 있는 국어표기의 표음문자화 방
   향에 대한 찬성여부?
   － 찬성 20명

5. 국어심의회는 이대로 존속해야 하는가? 아니면, 개조 혹은 해산
   해야 하는가?
   － 존속 7명, 개조 26명, 해산 76명

이 설문조사 결과에서 보는 바와 같이 국어심의회의 일방적인 개
혁방식과 한자의 표의성을 무시하고 가나의 숫자를 늘린 「오쿠리가나
표기법」 등에 대해 절대 다수가 반대하고 있다. 이 설문조사는 일본의
국어개혁이 소수의 개혁론자들 중심으로 미국의 권고(사실상 강압)를 받
아들여 국민의 의사를 반영하거나 개혁론자 이외의 전문가들 의견을
참고할 겨를이 전혀 없이 일사천리로 이루어졌다는 점을 증명하고 있
으며, 그렇기 때문에 일본의 전통문화를 지키려는 대다수의 학자들과
문화의식이 있는 대다수의 일본 국민이 국어개혁에 공감하지 않았음
을 입증하고 있다.

이후에도 개혁론자들과 전통론자 사이의 공방은 계속 이어진다. 그
러다가 일본의 국어 정책이 개혁중심에서 전통중심으로 바뀌는 데에
큰 영향을 준 인물이 나타났다. 바로 길전부삼(吉田富三)이다. 제6기,
7기 국어심의회 위원으로 활동한 그는 제6기 심의회 49회 총회에서 일
본의 국어는 '한자가나혼용'을 원칙으로 삼을 것을 제안하였다. 그의
주장은 설득력이 있었고 국어심의회에서는 그의 의견을 받아들여 이
때부터 일본의 국어심의는 '한자가나혼용'을 전제로 하는 심의를 시작

하게 되었다. 길전부삼은 그렇게 해야 하는 이유를 다음과 같이 설명하였다.

명치유신 초기에 서양문명을 접하면서 시작된 국어개혁문제는 '한자전폐'라는 주장으로부터 시작되었다. 국어의 표기를 가나문자, 로마자 등 표음문자로 바꾸어야 한다는 논리나 그렇게 하자는 운동은 필연적으로 '한자전폐'를 바탕으로 할 수밖에 없었다. 따라서 이 '한자전폐'를 궁극의 목표로 삼고 그 중간 수단으로서 한자의 제한이나 가나표기의 표음화를 주장하는 운동이 일어난 것이다. 그동안 정부의 국어정책은 시세, 국운, 사상의 동향 등에 의해서 변동과 기복이 있어 왔는데, ……중략…… 중요한 것은 국어문제에 대한 논의와 국어정책 입안을 자행함으로써 각 주장자들 사이에 분규의 원인을 제공한 것은 표면적이든 아니든 명확히 인식된 것이든 아니든 간에 결국은 한자전폐론에 뿌리를 둔 것이었다는 점이다. 그러나 한자와 국어와의 관계는 역사적 측면에서 결코 부정할 수 없는 것이고 오늘날의 현실적 문제로 봐서도 여전히 역사의 연장선상에 놓여있다. 제안자인 저 개인의 생각으로는 '한자와 가나의 혼용문'으로 표기하는 것 외의 다른 일본어 표기를 생각할 수 없다. 일본어에서 한자와 가나를 제거하고 '음'만을 남겨 이것을 어떤 표음문자 혹은 기호로서 표기한다면 그것을 '국어'라고 할 수는 없다. ……중략…… 정부는 도대체 우리의 국어를 어디로 끌고 가려고 하는가. 정부 정책을 미심쩍게 보는 사람이 결코 적지 않다. ……중략…… 로마자 표기나, 신가나문자 등은 부차적인 국어표기 연구로서는 연구를 권장할 만한 일일 수 있으나 학문적 연구와 국어의 표준 표기 문제는 별개의 것임을 인정해야 한다. 연구는 연구자의 자유이지만 표준화된 표기법은 국민 대다수가 수긍할 수 있는 법의 성격을 띠고 있기 때문이다. 국어는 일본인의 사상 그 자체이며, 현실적으로 일본인이 누리는 문화의 근원이라고 생각한다. 한 국가가 국어를 어떤 것으로 인식하고 그것을 어떻게 존중하며 어떻게 사랑하는가에 따라 문화가 달라진다. 그러한 점을 깊이 인식하고 학생들에게 국어학습의 근거를 제공하여 학습의 중요성을 알도록 하는 것은 국민적 사상 형성이나 일본인으로서의 인간성 형성에 무엇보다도 우선하는 중대요건이라고 믿는다.[60]

이때부터 일본의 국어개혁은 반전이 되어 한자를 적극적으로 수용하는 쪽으로 방향을 잡게 된다. 그리하여 제7기 국어심의회에서는 회장 삼호진남(森戸辰男)이 기자회견을 통해 '한자전폐는 생각할 수 없다'는 선언을 하게 된다.[61] 이로써 일본의 국어심의회는 보다 더 적극적으로 일본 국어의 전통성과 역사성을 존중하는 방향에서 국어정책을 논의하고 심의하게 되었으며 1980년대에 이르러서는 마침내 국어개혁론자들이 제시했던 방안인 당용한자표(1850자)와 현대 가나표기법을 폐기하고 한자의 위상을 훨씬 강화한 방향에서 「상용한자표(1945자)」와 「개정현대가나표기법」을 공포하게 되었다. 개정현대가나표기법을 통하여 일본이 무엇을 지향하고 실현하려고 하는 지는 그 서문에 잘 나타나 있는데 참고로 서문의 제8항을 제시하면 다음과 같다.

「역사적 가나표기법」은 명치유신 이후에 등장한 '현대가나의 사용'(소화(昭和) 21년 내각고시 제33호) 이전에 사회 일반의 기준으로 널리 사용된 표기법이며 오늘날에도 역사적 가나표기법으로 쓰인 문헌을 읽어야 할 경우가 많다. 따라서 역사적 가나표기법은 우리나라의 역사나 문화와 깊은 관련이 있음을 인정하고 그것을 존중해야 함은 두말할 나위가 없다. 개정 현대가나표기법은 역사적 가나표기법을 계승하고 있는 부분이 많으므로 먼저 개정 현대가나표기법을 깊이 있게 이해한 뒤에 역사적 가나표기법을 공부하는 것은 매우 필요하다.

이처럼 개정 현대가나표기법이 표기의 역사적 전통성을 중시하는 입장에서 제정된 것이기 때문에 그 안에는 한자가 가진 중요한 특성인 표의성을 중시한다는 의미가 내포되어 있다. 이후, 일본은 이러한 어문정책을 지속적으로 운용하며 한자의 폐기가 아니라, 오히려 적극적인 사용을 권장하는 국면을 맞게 되었고 사회 또한 그러한 정부의 어문정책에 동의하여 교과서는 물론, 국가 공문, 신문, 잡지 등에 한자를 광범위하게 사용하였다.

요약하자면 이렇다. 일본의 국어개혁 운동은 명치유신 시절부터 '한자 폐기'를 염두에 두고 출발하였다. 한자를 폐기하기 위해서는 일본어 표기의 표음화가 필요했기 때문에 여러 방식의 표음화를 연구하고 제안하였다. 그러다가 제2차 세계대전 종전 후, 미군의 진주(進駐)와 함께 일본의 국어개혁은 미 군정의 권고를 표방한 강압으로부터 깊은 영향을 받아 한자 폐기와 표음화 표기를 한층 더 가속화하는 방향으로 입안하고 공포하여 실행하였다. 이때 한자 폐기와 일본어 표음화 표기의 가속화를 주도한 국어개혁론자의 대부분은 친정부적인 인사들로서 일본어의 특성을 학문적으로 깊이 있게 연구한다거나 언어와 문자가 역사와 전통에 끼치는 심각한 영향을 고려하지 않고 오직 '편리한 사용'을 구실로 삼아 무리하게 국어개혁을 진행한 경향이 짙다. 이에 대해, 역사와 전통을 계승하고 언어와 문자의 문화적 기능을 중시하는 전통론자들은 개혁론자들의 독주를 비판하기 시작하여 결국은 명치유신 시절부터 시작되었던 국어개혁을 중단하고 원래의 전통적 일본어 표기 즉 한자를 사용하여 표의적 성격을 보존하는 방향으로 회복하게 하였다. 사실상 명치유신 때부터 개화, 문명화, 근대화, 현대화라는 미명 아래 진행된 '한자 폐기'를 궁극의 목표로 삼은 일본의 문자개혁은 100년에 가까운 논쟁과 논란 끝에 결국은 원점으로 회귀하여 역사적 전통적 표기를 중시하는 방향으로 정착하게 된 것이다. 명치유신 당시에는 서구과학문명에 대한 무조건적인 선망이 작용하여 자국의 전통문화를 낙후한 것으로 간주한 나머지 자신의 문화를 홀시하고 심지어는 비문명시하다 보니 자신들의 역사를 기록하고 있고 자신들의 문화를 창출한 원동력으로 자리하고 있던 한자를 폐기의 대상으로 보게 되었다. 그리고, 제2차 세계대전 종전 후에 일본에 들어온 미군은 기왕에 일본에 자리하고 있던 국어개혁의 분위기를 이용하여 일본에서 한자를 폐기함으로써 그들의 전통문화를 약화시키고 그 자리에 '민주주의'와 함께 민주주의라는 이름으로 포장된 '미국문화'를 주입시키려 하는 의도를 가지고 일본어의 라틴화 표기와 한자 폐기를 강하게 권고하며 국어개혁의 가속화를 획책하였다.

명치유신 당시의 선각자를 자처하던 사람들도, 미군이 들어온 이후에 미군의 권고에 동의하여 국어개혁을 가속화한 사람들도 다 잠시 격동했던 시대적 분위기 앞에서 역사와 전통의 항구적 가치를 너무 홀시했던 것이다. 그리고 무엇보다도 진지한 연구를 통하여 학문적 '진(眞)'을 찾아 그것을 바탕으로 정책을 입안하려고 한 것이 아니라, 시대적 조류에 편승하거나 매몰된 나머지 학문적 '진'을 외면하는 실수를 했다. 그러한 실수가 결국은 100년에 가까이 진행된 국어개혁 운동을 원점으로 돌려놓고 만 것이다.

2. 전후(戰後), 중국의
어문정책에 대한
소련의 영향

1) 개화기(5.4문학운동 시기) 한자 폐기 주장과
백화문 운동의 실상

청나라 말기, 서양 세력이 그야말로 물밀듯이 밀려오는 상황에서 중국의 지식분자들이 한자를 보는 시각도 실은 명치유신 시절 일본의 지식인들이 한자를 보는 시각과 크게 다르지 않았다. 한자를 폐기의 대상으로 본 것이다.

1840년에 아편전쟁이 본격화된 후, 1842년에 매우 굴욕적인 조건을 받아들여 남경조약을 맺음으로써 맥없이 홍콩을 빼앗긴 중국 즉 대청제국(大淸帝國)의 위신은 국내외에서 크게 떨어졌다. 이때부터 서양 세력이 거침없이 중국으로 밀려들기 시작했고 중국은 거의 속수무책인 상태에 빠져 계속되는 불평등 조약을 맺게 되었다. 1844년에는 미국과 망하(望廈) 통상조약을 맺었고 이어 프랑스와 황포(黃浦)조약을 맺었다. 러시아는 아무르강 즉 흑룡강 이북과 연해주의 땅을 무단으로 차지했으나 중국은 어찌할 바를 몰랐다. 1856년에는 영국과 프랑스가 광동(廣東)을 점령하였고, 1885년에는 미국, 영국, 프랑스, 러시아와 천진(天津)조약을 맺었다. 그리고 1860년에는 영국과 프랑스 군대가 북경을 점령하였으며 이때에 원명원(圓明園)이 불에 탔다.

여기서 그치지 않고 서구 열강은 다투어 청나라로 밀려와 중국 대륙은 열강의 식민지로 변해갔다. 1897년에는 독일군이 교주만을, 러시

아는 여순과 대련을, 영국은 산동반도의 위해를 조차하였고 이들을 연결하는 철도 부설권과 광산권을 차지했다. 그리고 양자강 유역은 영국이, 광동과 광서와 운남 등 세 성(省)은 프랑스가 차지하고, 산동성은 독일이, 만리장성 이북은 러시아가 그들의 세력권 안에 두었으며 복건성과 만주의 요동반도는 일본이 차지하거나 그들의 세력권 안에 두게 되었다.

이처럼 중국이 외국 세력에 의에 갈기갈기 찢기는 상황을 보며 중국의 국민들은 분개했다. 스스로를 강하게 하자는 자강(自强) 운동이 일어났다. 그러나 그러한 운동이 국민들에게 쉽게 전파되지 못했다. 지식인들이 나서서 급변하는 국제정세를 국민들에게 알리면서 중국 국민 스스로가 잠에서 깨어 중국을 지켜야 한다고 역설했으나 중국 국민들은 그들의 말을 잘 알아들을 수 없었다. 특히 그들이 뿌리는 전단이나 책은 아예 읽을 수가 없었다. 당시 중국은 일부 사대부 계급을 제외한 대다수의 국민이 교육을 받을 기회를 갖지 못했기 때문에 일반 국민들은 선각자 지식인들이 토해내는 말을 알아들을 만한 의식과 지식을 갖추지 못했다. 글을 읽을 수 있는 사람은 더더욱 많지 않았다. 이에, 중국의 지식인들은 국민들로 하여금 글을 읽게 하는 것이 무엇보다 중요하다고 여겼다. 글을 읽을 줄 알아야 지식인들이 제시하는 계몽적인 사상을 국민들이 받아들일 수 있다고 생각했기 때문이다.

이런 상황에서 지식인들은 중국의 국어와 국자(國字)인 한자에 대해 다시 생각하게 되었다. 즉, 중국에 그처럼 문맹이 많은 까닭은 한자가 가진 치명적인 어려움 때문이라는 생각을 하게 된 것이다. 다시 말해서, 서양에서 들어온 소리글자인 로마자는 26자만 알면 무슨 소리든지 다 기록할 수 있는데 뜻글자인 중국의 한자는 일일이 수천 혹은 수 만자를 다 외워 알아야만 뜻을 전할 수 있기 때문에 로마자에 비해 상대적으로 훨씬 더디고 불편한 미개한 문자라는 생각을 갖게 된 것이다. 그들에게 우선 필요한 것은 한자를 이용하여 표현할 수 있는 깊이 있고 세련된 문장이 아니라, 그들이 하는 말을 소리 나는 대로 적어서 국민들에게 빨리 알릴 수 있는 '부급(赴急:급한 상황에 맞추는 것)'의 문장이었다. 다시 말해서, '나는 중국을 사랑한다.'는 뜻의 중국어 '워 아이 중궈'라는 말을 한자로 '我愛中國'이라고 쓰지 못해도 좋으니, 그렇게 쓰는 법은 차차 형편이 나아졌을 때 배우기로 하고, 우선 로마자 26자라도 빨리 익혀서 '워 아이 중궈'를 소리 나는 그대로 'Wo ai zhong-guo'라고 적어서 알려 주면 그게 '我愛中國'라는 의미인 줄로 이해하자는 것이었다. 그러나 소리 나는 대로 적을 수 있는 방법을 모색함에 있어서 처음부터 로마자를 빌려 쓸 생각을 한 것은 아니었다. 문학가인 노사(老舍)는 중국의 한자 일부를 부호화하여 소리만 적자는 주장 아래 「절음신자(切音新字)」를 고안해 냈고, 청일전쟁 무렵에는 일종의 속기용 글자인 「쾌자(快字)」를 개발하여 사용하였으며, 무술정변과 의화단사건 무렵에는 왕조(王照)라는 사람이 「관화합성자모(官話合聲字母)」를 고안했고, 로내선(勞乃宣)은 「합성간자(合聲簡字)」를 고안하기도 했다.

이처럼 중국말을 소리 나는 대로 적는 방법을 모색하고 있을 때 서양으로부터 선교사들이 들어와 그들 선교사들이 활동하는 지역의 중국어 즉 광동어나 복건어 등을 로마자를 이용하여 소리 나는 대로 표기하는 방법을 고안해 내기 시작했다. 로버트 모리슨(Robert Morrison:중국이름 馬禮遜)이 1828년에 만든 《광동어 사전》이 바로 그러한 예이다. 이어, 로마자 표기법을 이용한 성경들이 발간되어 신도들에게 보급되었다. 이러한 표기법을 세칭 '교회 로마자'라고 하는데 그중에서 가장 많이 보급된 것은 영국의 웨이드가 제안한 「웨이드 자일스(Wade-Giles)식」 표음법이다. 이처럼 선교사들이 적극적으로 중국어 로마자 표기법을 제안하면서부터 중국 사회에 '로마자 쓰기' 바람이 일기 시작하였고 상대적으로 '한자 폐기'는 더욱 설득력을 갖게 되었다.

그러나 중국 정부는 한자의 로마자 표기에 쉽게 동의하지 않았다. 1912년, 청나라가 무너져 중화민국으로 바뀐 그 해의 7월 10일에는 북경의 교육부가 임시교육회의를 열었는데 이 회의에서 마치 일본의 가나문자처럼 한자의 일부 필획을 따서 만든 '주음자모(注音字母)'라는 새로운 부호를 채용하는 안이 통과되었다. 그런데 이 주음자모는 아예 한자를 폐기하고 주음자모로 대체하자는 의미에서 제정한 것이 아니라, 한자를 사용하되 사람들이 한자를 읽기 쉽도록 한자의 음을 달기 위해 제정한 것이었다. 그 해 12월, 당시 교육총장이었던 채원배(蔡元培)는 표준말 개념을 도입하여 한자의 독음을 통일할 것을 염두에 두고 「독음통일회(讀音統一會)」를 구성하고 운영규칙을 제정하였다. 이어, 1917년에는 「국어 연구회」가 조직되었는데 이 해에 미국에 있던 호적(胡適)이 완전히 백화문으로 쓴 〈문학개량추의(文學改良芻議)〉라는 논문을 북경대학의 잡지 《신청년(新靑年)》에 게재하고[62], 이어 진독수(陳獨秀)도 완전 백화문으로 〈문학혁명론(文學革命論)〉이라는 글을 발표하여 문어체 문장인 고문(古文)을 버리고 구어체 문장인 백화문을 사용하자는 백화문 운동을 본격적으로 전개하였다. 이로써 중국은 문학작품을 백화문으로 쓰는 신문학의 시대를 맞게 되었고, 이처럼 신문학의 시대를 맞으면서 아예 한자를 폐기하고 소리글자를 표방하는 새로운 부호를 만들어 한자를 대체하자는 목소리도 더욱 높아졌다.

특히, 당시 '언문일치 운동'에 적극적이었던 진독수는 도전적으로 한자 폐기를 주장하고 나섰다.

> 한자로 쓴 책을 초학자가 읽으면 종신토록 구제될 수 없는 큰 해를 입는다. 노예적인 사상을 뽑아내려면 유학을 없애는 것이 유일한 방법이고, 야만스런 사상을 없애려면 도교를 내몰아야 한다는 것이 유일한 방법이다. 그리고, 유교를 없애고 도교를 내몰려면, 중국의 모든 책을 집어 치워야 한다. 왜냐하면, 중국의 책들은 1,000분의 999까지는 한자로써 공·맹(孔·孟)의 학설이나, 도교 요언(妖言)의 앞잡이가 되어 있기 때문이다. [63]

진독수의 이러한 주장은 사실상 단순히 문자생활의 편리함을 위하여 한자를 폐기하자는 게 아니었다. 그는 한자보다는 오히려 공자나 맹자를 중심으로 하는 유가사상과 노자와 장자를 주축으로 하는 도가사상 자체를 타파해야 한다고 주장하고 있다. 그는 중국 전통의 유가사상이나 도가사상을 노예적인 사상으로 매도하고 있으며 이러한 노예적인 사상을 기록하고 있는 문자가 바로 한자이므로 한자를 없앰으로써 그러한 책을 읽지 못하게 해야 중국 인민이 노예사상에서 벗어날 수 있다는 주장을 한 것이다. 실로 매우 극단적인 주장이 아닐 수 없다. 그러나, 그로서는 그런 주장을 할 수밖에 없었다. 그는 당시에 이미 공산주의를 신봉하는 사람으로서 노동자 농민에 의한 프롤레타리아 혁명을 꿈꾸고 있었으며 문학은 오로지 프롤레타리아 혁명을 위해 봉사해야 한다는 이른바 '혁명문학'에 깊이 경도되어 있던 인물이기 때문이다. 공산주의, 사회주의에 편향된 자신의 편파적인 주장을 관철하기 위해서는 중국의 전통적인 사상을 말살해야 한다는 입장에서, 그런 사상을 기록하고 있는 문자가 한자이기 때문에 한자를 폐기해야한다고 주장한 것인데, 일부 중국의 한자 폐기를 옹호하는 사람들은 진독수 같은 인물의 이러한 주장마저도 한자의 미개성과 불편성을 간파한 나머지 한자 폐기를 주장한 것으로 이해하고 있다.

근대 중국의 대문호로 추앙을 받고 있는 노신의 경우도 마찬가지다. 그 역시 중국의 전통사상을 봉건적인 것으로 간주하여 완전히 타파해야 할 대상으로 여겼다. 이러한 관점에서 그는 한자를 폐기의 대상으로 치부하였다. 노신은 다음과 같이 말했다.

사물은 무엇이나 비교해 보지 않고는 모르는 법이다. 음표문자(音標文字:소리글자, 필자 주)를 모르고 있었을 때에는 상형문자(뜻글자, 필자 주)의 어려움을 깨닫지 못했었고 '라틴화(化)신문자(新文字)'를 보기 전에는 주음자모(注音字母)나 국어로마자가 번거롭고 실용적이지 못하며 장래성이 없다는 것을 깨닫지 못하였었다. 한자는 우민정책의 유력한 도구였으므로 그것을 없애지 않는 한 다만 죽음이 있을 뿐이다. 종래의 음표문자가 한결같이 번거로웠던 것은 관화(官話)와 4성을 잊지 못하는 학자들이 만든 것이어서 학자풍이 남아 있었기 때문이다. 이번의 '라틴화신문자'야말로 대중 자신의 것이요 유일한 활로다.[64]

여기서 말하는 '라틴화(化)신문자(新文字)'란 1930년으로부터 1935년 사이에 중국에서 일어난 '문예대중화 운동'의 과정에서 크게 대두된 새로운 문자 제정방안으로서 5.4운동 때부터 본격적으로 논의되기 시작하여 그동안 제기된 중국어 표음표기법인 '절음자', '주음자모',

'Esperanto', '국어 로마자' 등보다 진화된 새로운 표기방법을 말한다. 문예 대중화 운동의 과정에서 중국은 지역적인 사투리의 한계를 넘어 전 국민이 함께 사용하여 상호 소통할 수 있는 '보통화(표준화된 대중어)'의 선정과 정착을 고민하게 되었고, 아울러 그러한 고민의 과정에서 가장 대중적인 보통화를 기록할 문자를 제정할 것에 대한 방안을 연구하였는데 이 때에 제기된 설득력 있는 방안이 바로 '라틴화신문자'이다. 기왕에 제기되었던 '절음자'나 '주음자모'가 한자의 일부 필획을 차용한 것이기 때문에 한자의 그늘에서 벗어나지 못한데다가 서구와 문자로 서로 소통할 수 없다는 이유로 홀시되었고, 'Esperanto' 역시 중국어의 특성을 제대로 표현하기에는 문제가 많다는 이유로 관심 밖으로 밀려났다. '국어 로마자'라는 방안 또한 중국어 문장의 발음만 로마자로 표기하자는 방안이어서 한계가 있다는 지적을 받으면서, 아예 라틴문자를 이용하여 한자를 대신할 문자를 제정하자는 방안이 대두되었는데 그것이 바로 '라틴화신문자'인 것이다. 이 '라틴화신문자'의 제정에 적극 찬동하면서 노신은 위와 같은 발언을 한 것이다. 그런데 노신의 이 발언을 잘 살펴보면 그 역시 한자를 '우민정책의 유력한 도구'로 보고 있기 때문에 한자를 없애지 않으면 죽음이 있을 뿐이라는 극단적인 발언을 하고 있음을 알 수 있다. 아울러 라틴화신문자보다 조금 앞서 제기된 '절음자'나 '주음자모'가 번거로웠던 이유를 관화(官話)와 사성(四聲)을 잊지 못하는 학자들이 만든 것이어서 학자풍이 남아 있었기 때문이라고 말하여, 한자 자체보다는 오히려 한자에 남아있는 전통 지식인적인 분위기를 타파의 대상으로 보고 있다. 노신의 이러한 견해는 다분히 당시의 시대 상황과 아울러 노신 자신도 어느 정도 견지하고 있었던 봉건주의 타파를 명분으로 하는 공산주의와 사회주의 이념에 기인한 것이었다.

앞서 살펴본 대로 청나라 말기의 중국은 서구 열강의 식민지로 전락해 가는 처지에 있었다. 서구 세력 앞에 턱없이 무력한 청나라 정부의 행태를 보면서 중국의 백성들은 부패한 청나라 정부와 관료들에게 책임을 돌렸고, 당시에 서구의 새로운 사상을 수용하여 계몽 운동에 앞장섰던 신지식인들은 중국이 불행해진 원인을 과거에 청나라 정부와 봉건 관료들이 지식과 정보와 권력을 독점한 가운데 백성들을 우민화하여 중국을 부패한 채 잠자는 나라로 전락시킨 데에서 찾으려고 하였다. 그러한 와중에서 그들이 첫 번째로 주목한 것은 과거 봉건사회 지식인들의 전유물이다시피 한 지식을 기록하고 있는 문자가 바로 한자라는 점이었다. 그리고 그들은 뜻글자인 한자는 한 글자 한 글자를 다 외워야하는 번거로움이 있어서 배우기 어렵기 때문에 백성들은 글자를 익히지 못하여 자신이 말하고자 하는 바를 글로 쓸 수도 없고 남이 써놓은 글을 읽을 수도 없게 되었다는 판단을 하게 되었다. 그런데 당시에 이처럼 눈이 멀고 귀가 먹은 문맹의 인민들에 대해 가장 큰 연민의 정을 느끼고 봉건 관료와 귀족들에 대해 특별히 큰 반감을 가진 사람은 바로 이미 서구사상과의 접촉을 통해 공산주의와 사회주의의 이념에 어느 정도 경도되어 있던 인물들이었다. 봉건 귀족과 지주와 지식인 계급을 타파하고 프롤레타리아 혁명과 인민의 해방을 염원하던 그들의 입장에서 보았을 때 봉건사회 관료와 귀족과 지식인들의 전유물이었던 한자는 당연히 첫 번째로 타파하고 폐기해야 할 대상이 될 수밖에 없었다. 이런 까닭에 노신은 한자를 "조상이 중국인들에게 물려준 무서운 유산"[65]이자, "고생하는 대중들의 몸에 들어선 결핵"[66] 으로 인식했다. 이러한 인식의 바탕 위에서 노신은 중국인이 "살아

남으려면 먼저 지식 전파를 방해하는 결핵인 문언문(고문)과 한자를 반드시 제거해야 한다. 모든 사람이 낡은 문자에 희생당하고 싶지 않으면 낡은 문자를 희생시켜야만 한다."[67]고 주장했다.

이러한 정황에 비추어 볼 때 진독수나 노신, 그리고 당시 한자 폐기를 주장했던 인물들의 대부분은 서구 열강에 밀리는 중국의 비참한 상황을 보면서 분개한 나머지 청나라 정부의 무능력함에 대한 분노를 한자를 향해 표출하고, 실은 청나라 조정의 백성에 대한 교육부재로 인해 높아진 문맹률을 성급하게 한자의 어려움에서 찾으려고 한 점이 없지 않다. 게다가 봉건귀족과 지주, 지식인의 타파를 통한 인민해방과 프롤레타리아 혁명을 꿈꾸던 공산주의 이념까지 작용하여 한자를 철저하게 폐기해야 한다는 생각을 가질 수밖에 없었던 것이다.

청나라 정부의 무능력 앞에서 갖게 된 지식인들의 분노는 사실 진작부터 표출되었었다. 사빙심(謝氷心), 동내빈(董乃斌), 전리군(錢理群) 등 중국의 저명한 문학사 연구자 세 사람이 지은 《채색삽도 중국문학사(彩色揷圖 中國文學史)》(우리말 번역본 책 이름은 《그림으로 읽는 중국문학 오천년》)는 노신의 한자 폐기 발언의 배경을 다음과 같이 묘사하고 있다.

1917년 여름 북경시 외곽의 어느 후미진 골목에 위치하고 있는 소흥회관의 마당가에 서 있던 오래된 회나무 아래에서는 만청(滿淸)의 저명한 사상가요 문학가인 장태염(章太炎 1869~1936)의 제자 전현동(錢玄同)이 노신(魯迅)과 주작인(周作人) 두 형제와(魯迅의 본명은 周樹仁이다. 필자주) 차를 마시며 환담을 나누고 있었다. 때마침 장훈(張勳)의 복벽사건[68]으로 화제가 옮겨가면서 격분한 나머지 '오랑캐로서 중화를 변화시킬' 묘법에 대해 갑론을박 하다가 급기야 "중국에 있는 책이란 책은 모조리 불살라 버려야 한다"느니 "한자를 폐기해야 한다"느니 하는 따위의 극단적인 언사까지도 마다하지 않았다.[69]

  이것은 1919년 5월 소위 '5.4 신문화운동'이 일어나기 2년 전의 일이다. 당시 중국 사회의 개혁을 꿈꾸던 대부분의 신지식인들은 앞서 살펴본 것처럼 중국의 전통문화에 대해서 극도의 반감을 가지고 있었다. 그러한 반감은 서구 과학문명의 힘 앞에서 맥없이 무너지는 중국의 현실을 보고서 과거의 봉건적 중국을 청산하고 하루빨리 서구의 새로운 정치 이념과 과학적인 신문명을 받아들여 지도층의 부패를 바로잡고 백성들을 교화하지 않고서는 중국은 영원히 망할지도 모른다는 강박관념에 기인한 것이었다. 그래서 그들은 중국과 서구를 세심하게 비교해 볼 틈도 없이 무엇보다도 필요한 것은 중국의 개화와 대중들에 대한 계몽으로 보고 애국 애족적 신념을 가지고 개화 운동과 계몽 운동에 앞장섰다. 이 과정에서 자연스럽게 입에서 나오는 말 그대로를 글로 쓰고 읽기도 쉬운 '백화문 운동'이 더욱 활발하게 전개될 수 있었다. 그런데 이런 백화문 운동은 사실 청나라 말기의 시인인 황준헌(黃遵憲:1848~1905)이 "입에서 나오는 대로 쓰자(我手寫我口)"는 구호 아래 벌인 '시계혁명(詩界革命)' 운동이라든가 양계초(梁啓超)가 중심이 되어 벌인 '신문체(新文體)' 운동 등에서 볼 수 있는 바와 같이 진작부터 시작되었었다. 그러나, 이러한 개혁적인 운동은 본래부터 쉽게 성과를 낼 수 있는 것이 아니었다. 1917년에 이르러서도 아직 중국의 민중들은 문맹과 무식에서 깨어나지 못하고 있었으며 이러한 상황은 당시 개혁과 개화, 그리고 계몽을 꿈꾸던 열혈 신지식인들에게는 답답한 상황으로 보일 수밖에 없었다. 그들에게는 로마자와 한자의 장단점을 차분히 비교해 볼 겨를도 없이 글자 수가 많고 획수가 많은 한자가 대중의 문맹과 무식을 야기한 원흉으로 보였다. 그래서 그들은 극단적인 어조로 '한자 폐기'를 거론했던 것이다. 그리고 그 이후부터는 일정 정도 공산주의와 사회주의 이념에 경도된 사람들에 의해서 한자 폐기가 보다 더 강하게 주장되었다. 《채색 삽도 중국문학사》는 중국 사회의 그러한 정황에 대해서 다음과 같이 분석하고 있다.

> 그들이 충분한 이론적 준비를 통해 통일된 사상체계와 방법론적 기초를 형성했다고 할 수는 없다. 다만, "중국이 변혁되어야 한다."는 역사적 요청을 예리하게 파악하면서 그리고 중국의 전통문화와 사회에 대해 비판, 회의하는 태도에서 출발해 모든 가치 평가의 기준을 새로이 세움과 동시에 '과학'과 '민주'라는 새로운 가치를 주장하면서 하나(5.4 운동이라는 목표)에 이르게 된 것이다.[70]

개혁기에는 열혈적이고 극단적인 발언이 있을 수 있다. 그리고 그러한 발언의 내용은 학문적으로 '진(眞)'인 경우도 있지만 단지 그 시대의 다급한 상황에 부응하기 위한 내용인 경우도 많다. 따라서 그러한 발언은 아무리 권위를 가진 유명한 인사의 발언이라고 해도 당시의 시대상황을 연구하는 데에는 전적으로 도움이 되겠지만 그 발언의 내용 자체를 학술적 의미의 '진(眞)'으로 여겨 그대로 수용하는 데에는 문제가 있다. 시대상황을 떠나 객관적 입장에서 그 발언의 내용을 검토했을 때에는 그 발언의 내용이 반드시 진은 아닌 경우가 허다하기 때문이다. 그러므로 위에서 살펴본 진독수, 노신을 비롯한 여러 학자들의 한자 폐기 발언을 시대 상황을 고려하지 않은 채 그 말의 액면만을 현시적, 평판적으로 수용하여 그대로 학술적 진으로 수용하는 것은 문제가 있을 수 있다. 그럼에도 불구하고 한국에서 한자 폐기를 누구보다도 강하게 주장한 최현배는 다음과 같이 말하였다.

> 魯迅은 중국과 한자 쓰기와의 관계에 대하여 "한자가 망하느냐? 중국이 망하느냐?"고 하였다. 중국의 정치가들은 나라가 글자를 위하여 있는 것이 아니오, 글자가 나라를 위하여 있는 것이매 한자의 존속을 위하여 나라가 망할 수는 없다. 한자의 묵은 얽맴을 풀어버리고서, 나라의 발전, 국민의 행복을 누리고자, 소리글자를 잡아 쓰도록 용기 있는 결단을 내린 것이다.[71]

진실은 한참의 세월이 흐른 후에야 나타나는 경우가 더러 있다. 최근 중국의 초·중·고등학교 '국문'교과서를 보면 진독수나 노신 심지어는 호적 등이 당시에 그처럼 강하게 주장하며 전개했던 '백화문 운동'이나 '문예대중화 운동' 그리고 '한자 폐기 운동'이 학문적 진(眞)에 바탕을 둔 것이 아니라, 갑작스럽게 나타나 급박하게 변화해 가는 시대적 상황에 대한 한시적 대책이라는 성격이 짙음을 발견할 수 있다. 초·중·고등학교 교과서가 차츰 고문 즉 문언문 성격이 짙은 문장으로 바뀌고 있으며 별도의 국문 보조교재를 만들어 선인들이 남긴 고전시가와 문장을 가르치고 외우게 하는 교육을 실시하고 있기 때문이다. 호적이나 노신 당시에 그처럼 백화문을 중시하고 고문을 멸시했던 것이 학문적 진이었다면 지금도 그렇게 해야 할 게 아닌가? 문예대중화만이 인민을 행복하게 할 수 있는 길이라면 지금도 그렇게 대중화만을 추구해야하지 않겠는가? 그런데 초·중·고등학교 교과서부터 고급스런 고문투의 문장으로 바뀌고 있고, 학교교육은 물론 사회 교육도 대중문화에 파묻혀 놀이를 즐기는 문화보다는 보다 더 고급스럽고 전문적인 문화를 지향하고 있는 것이다. 라디오, TV는 물론 SNS가 발달하면서 전 중국에 보통화(普通話:표준말)가 보급되고 전 국민이 다 교육을 받을 권리를 누리고 또 의무를 수행하면서 지식수준이 높아지자, 다시 자연스럽게 고문이 부활하고 대중화와는 차별이 있는 고전적인 문화와 예술이 차츰 존중을 받기 시작하고 있다. 아울러 예전에 그처럼 봉건시대의 잔재라고 비판하며 타도의 대상으로 삼았던 공자가 다시 부활하고《역경(易經)》과《노자(老子)》를 세계적인 사상서로 자랑하는 바람이 불고 있다. 그리고 한자를 세계의 문자로 부각시키려는 노력이 중국 정부는 물론 민간 차원에서도 활발하게 나타나고 있는 것이다.

사람은 문화가 발달하면 할수록 더 고급의 문화를 갈망하게 된다. 통속적인 문화를 떨쳐내고 보다 더 문명적이고 우아한 문화를 지향하게 된다. 남들도 다 아는 이야기를 남들도 다 아는 뻔한 말투나 문투로 표현하기 보다는 남다른 이야기를 남다른 말투나 문투로 표현하고자 한다. 이것은 인간의 본능이다. 그러다가 너무 고급화한 나머지 부화(浮華)한 허식과 불필요한 난해함에 빠짐으로써 대중과 심하게 유리되는 현상이 나타나면 다시 세상은 쉽고 질박한 것을 원하게 되고 그런 바람들이 모여 문화는 다시 쉽고 질박하며 실용적인 방향으로 흐른다. 이렇게 문화는 순환하는 것이다. 중국이 한자를 이용하여 이룬 찬란한 문화도 이런 순환을 반복하며 오늘날까지 이어져 오고 있다.

그런데 중국은 19세기에 서구 열강의 갑작스런 침입을 받아 국가와 전통문화의 보존 자체가 위태로운 지경에 이르렀다. 서구가 가지고 온 민주와 과학이라는 이름의 새로운 문명에 비교해 볼 때 그들 자신의 모습이 너무 초라하고 무력하고 비참해 보였다. 그리고 치욕스럽게도 그들에게 번번이 패하며 크게 당했다. 그들은 자신들이 왜 그렇게 허약해졌는지를 살펴보았다. 그 과정에서 그들은 한자라는 문자가 최소한 청나라 건륭황제 이전까지 자신들을 세계 최고의 경제 강국이자 문화강국으로 이 지구상에 존재하게 했었다는 사실을 잠시 망각한 채, 서양의 소리글자에 대한 한자의 단점만을 부각하여 한자를 폐기해야 할 문자로 지목하여 홀시하고 멸시했다. 그리하여 결국은 한때 완전히 한자를 폐기했고 이어서 쉽게 쓴다는 이유로 '간체자(簡體字)'라는 새로운 문자를 고안해 냈다. 과연 잘한 일일까?

2) 「한자 병음화(倂音化) 방안」의 시행과 「간체자」의 제정과 중단

1949년 10월 1일, 중국 대륙에 정식으로 공산주의 이념을 추구하는 중화인민공화국이 수립되었다. 한자를 폐기하고 백화문을 장려하는 정책은 가속화될 수밖에 없었다. 원래 공산주의는 노동자, 농민들을 위한 이념이었는데 그런 이념을 구현하기 위해 수립한 정부가 바로 중화인민공화국이었으므로 그들은 과거에 봉건지식인들의 전유물이라고 생각되는 한자를 폐기하고 어떤 형태로든 한자가 아닌 다른 문자나 부호를 빌려 중국어 문장을 표기하고자 했고, 중국어 문장 또한 과거 봉건 지식분자들이 우아하게 썼던 난해한 문장인 문언문을 청산하고 입에서 나오는 그대로를 쓰는 백화문을 적극 권장했기 때문이다.

중화인민공화국의 수립을 정식으로 선포한 10월 1일로부터 약 1개월 뒤인 1949년 11월 10일에는 앞서 8월에 조직했던 「중국문자개혁협진회(中國文字改革協進會)」를 「중공문자개혁협회(中國文字改革協會)」로 확대 개편하여 본격적으로 문자개혁 즉 한자개혁 작업에 착수했다. 그리고 남경대학에도 「문자개혁연구회」를 설립하여 한자 폐기를 실현하고 한자 폐기 이후 한자를 대신할 '새 글자 만들기' 작업을 본격화하였다. 「중공문자개혁협회」는 1949년 11월 10일에 가진 첫 회의 때부터 격렬한 토론을 벌여 마침내 문자개혁에 대한 4개항의 주요사업을 다음과 같이 설정했다.

1. 한자의 개혁을 연구한다. 라틴 자모의 맞춤법을 채용하는 것이 연구의 주요 목적이지만, 한자의 정리와 간이화도 연구 목적의 하나이다.
2. 국어 및 국어 통일의 문제를 연구한다. 그것은 국어의 종합 연구와 구(區)를 나눈 조사 연구를 계속하고, 북방어로 통일 국어의 기초를 삼은 일을 연구한다.
3. 체계적으로 소수 민족의 말을 연구하고 나아가서는 그 글자의 개혁과 창조에 관해서 연구하여 그들의 어문교육 발전을 돕는다.
4. 문자개혁에 대한 선전(홍보)을 계속하고 많은 지식 분자와 인민에게 문자개혁의 필요성을 인식시킨다.[72]

이어, 1951년에는 정부기구로 「중국 문자개혁 연구위원회」를 설치하여, '한자 간화'와 '소리글자 창작' 작업을 본격화하였다. 그 결과, 1955년 1월에는 「한자간화방안(漢子簡化方案)」 초안이 발표되었으며 곧바로 「전국문자개혁회의」를 소집하여 6개항의 초안 중에서 중국의 문자개혁을 로마자를 채용하는 방향으로 결정하였다. 이때 발표된 「한자간화방안」 초안은 798개의 「한자간화표초안」과, 폐기해야 할 400개의 「이체표(異體表) 초안」 및 한자의 편방(偏旁)을 적을 때 적용할 「편방간화표 초안」 등 세 종류로 구성되었다. 이해 10월에는 전국 각계의 대표 207인으로 구성한 「전국문자개혁회의」를 소집하여 이미 제정한 간체자를 전국적으로 보급하여 사용하기로 결의하였다. 아울러, 새로 만들기로 한 '소리글자 창작'은 한자를 간략하게 부호화한 네 가지 방안과 슬라브자모를 이용한 것 한 가지, 로마자 자모를 따르는 방안 등을 두고 논의한 결과 로마자 자모를 사용하기로 결정하였다. 수천 년 동안 사용해 오던 한자를 홀대하는 입장에서 서양의 라틴문자를 도입하는 역사적인 결정을 한 것이다. 이 결정은 바로 모택동의 승인을 얻었고 이어 1954년 1월에는 「전국문자개혁위원회」가 「로마자 맞춤법의 초안」을 통과시킴으로써 2월 12일, 공포와 동시에 사용하게 되었다. 이것이 바로 오늘날에도 사용하고 있는 「한어병음방안(漢語倂音方案)」의 초안이다. 중국어를 라틴어 자모를 이용한 소리글자로 표기할 수 있는 방안을 확보함으로써 중국은 또 하나의 문자로서 소리글자를 갖게 된 것이다. 1956년 1월 28일에는 「한자간화방안」을 공포하고 이를 홍보하기 위해 《병음(拼音)》이라는 잡지를 발간하였다.

그렇다면 중국의 이러한 문자개혁 운동은 누구의 힘과 의지에 의해 진행된 것일까? 중국의 문자개혁 바탕에는 소련의 중국 공산화 정책이 짙게 깔려 있다는 것이 진작부터 제기되었던 견해이다. 먼저 남광우의 말을 보기로 하자.

중공의 문자개혁은 실로 국제공산당과 소련의 문화침략 음모로 그 주역은 당시 소련 공산당서기장이던 스탈린에 의해서 책동된 것이라는 지적이 있다. 중공의 모택동이 중국의 공산화를 위해 전통문화의 근간이 되는 유교사상을 반대하여 비공반유(批孔反儒) 운동을 벌이고 그 일환으로 한자를 버리고 로마자화를 궁극의 목표로 했다는 것이다.[73]

남광우의 이런 발언은 당시 중공이 취했던 공자를 비판하는 이른바 '비공(批孔)' 운동과 궁극적으로는 전통문화를 말살하려고 했던 문화혁명의 소용돌이를 들여다보면 충분히 수긍할 수 있다. 구소련을 중심으로 하는 국제공산당은 본래부터 각 민족의 언어와 문자를 말살하고 궁극적으로는 하나의 세계어로 통일하여 그 세계어로 통치하는 공산당 제국을 건립할 꿈을 꾸고 있었다.[74] 이러한 생각 아래 일찍부터 소련은 공산주의에 경도된 중국의 학자들을 소련으로 영입하여 중국어를 '라틴화신문자'로 표기할 방안을 제시했다. 이에 대해 왕학문(汪學文)은 중국 대륙의 학자 주유광(周有光)의 견해를 인용하여 다음과 같이 말했다.

'라틴화신문자'는 중국공산당원 구추백(瞿秋白)이 처음 제창하여 설계한 것이다. 그는 1921년에 소련에 간 후, 소련이 계획하고 있는 라틴화신문자의 영향을 받았고, 1927년에는 다시 소련으로 가서 당시 소련 내에서 활동하던 중국 공산당원인 오옥장(吳玉章)과 임백거(林伯渠), 소삼(蕭三) 및 소련의 한학자였던 곽실생(郭實生), 용과부(龍果夫) 등과 함께 연구하였다.[75]

이렇게 해서 소련으로부터 사실상 지령을 받은 구추백(瞿秋白)과 오옥장(吳玉章) 등이 중심이 되어 중국내에서 한자를 폐기하고 '라틴화신문자'를 제정하자는 안을 강하게 제기하였다. 중국의 문자개혁에 처음부터 소련의 영향이 작용했음을 알 수 있는 대목이다. 이어 진행된 「라틴화신문자」 제정 과정에 대해 왕학문(汪學文)은 구체적인 증거를 들어 다음과 같이 정리하였다.

　　1928년에는 모스크바의 '중국문제연구원'이 중국문자의 라틴화를 연구하기 시작하여 그해 12월에 1차 보고서를 제출했다. 다음해 1월, 소련의 한문학자인 곽질생(郭質生)이 '중국문자의 라틴화' 문제에 대한 보고서를 제출하였는데 이 보고를 들은 청중 80여명은 대부분 중국 유학생이었다. 2월에는 곽질생과 구추백이 공동으로 「라틴화중국자모초안」을 제정하였다. 5월 29일, 중국문제연구원은 확대회의를 소집하여 곽질생으로부터 '중국의 사자법(寫字法:글자 쓰는 방법)'에 대한 보고를 듣고 새로운 자모(字母) 제정 결과를 선포하였다. (구추백은 그가 지은 〈러시아 기행〉이라는 글에서 곽질생에 대해서 "중국어를 이해하고 있었으며 중국에서 자랐기 때문에 그에게는 중국 이름이 있었다."고 말하면서 "나와 곽질생은 평생을 약속한 지기(知己) 사이가 되었다."고 회고하였다.)

　　1930년 4월, 모스크바의 「중국신(新)문자추진회의」와 소련이 조직한 「문맹퇴치회」 및 소련 내 각 민족의 「신(新)문자중앙위원회」 등이 서로 연대하였다. 이때 레닌그라드에 있는 소련과학원 동방연구소 중국문제연구실에 근무하던 러시아 사람 용과부(龍果夫)도 이와 비슷한 연구를 하고 있었다. 5월 23일, 모스크바에서는 중국문제연구회를 개최하여 용과부로 하여금 보고서를 제출하게 하였고, 그 자리에 함께 했던 사람들이 구추백과 곽질생이 제작한 「자모초안(字母草案)」에 찬성하였으며, 곽질생, 용과부, 구추백, 이 세 사람을 조직위원회에 추대하여 앞서 찬성한 〈자모초안〉에 대해서 최후의 결정을 하도록 하였다. 모스크바에는 「문맹퇴치회 중국지부」를 개설하고 오옥장(吳玉章)으로 하여금 〈북랍(北拉:北方話拉丁化新文字)〉 교과서를 제작하게 하였다. 7월에는 활동을 블라디보스톡(Vladivostok)과 치타(Chita) 등의 지역으로 확대하여 각지에서 집회와 토론을 갖고 보도를 통해 홍보하였으며 아울러 〈북랍〉에 대한 교육을 확산시켜 나갔다. 12월, 레닌그라드 소련과학원 동방연구소 내에는 정식으로 「중국문자라틴화소위원회」가 개설되어 구추백, 곽질생 두 사람이 잠정적으로 결정한 〈자모초안〉에 대하여 연구를 하기 시작하였으며 러시아 사람 용과부로 하여금 〈라틴화중문교과서〉를 교정하게 하였다.

1931년 상반기에 소련은 각 민족 「신문자(新文字)중앙위원회」를 여러 차례 소집하여 「중국신(新)문자」 28개 자모를 통과시켰다.(원래 26개 자모 중에서 H, Q, V를 제거하고 따로 결합성모(聲母)인 ch, ng, rh, sh, zh를 추가하였다.) 당시 구추백은 이미 중국에 돌아와 있었으며 오옥장, 임백거, 유장승 등을 블라디보스톡에 파견하여 중국어 라틴화 작업을 독려하였고 모스크바에는 소삼(蕭三)을 남겨두어 러시아인들이 주관하는 중국어 라틴화 작업에 참가하게 하였다. 9월, 러시아 사람인 용과부와 유빈(劉賓), 사평청(史萍靑), 래희특(萊希特) 및 소삼 등 다섯 사람은 돌격대를 조직하여 블라디보스톡과 폴리(伯力) 등으로 가서 화교들을 중심으로 선전과 교육을 진행하였다. 9월 26일에는 블라디보스톡에서 중국신문자 제1차 대표 회의를 개최하였는데 러시아인 용과부가 '자모' 문제를 보고하였고 오옥장은 '사자규칙(寫字規則:글씨쓰기 규칙)'을 보고하였다. 결국 이 회의에서 「중국한자라틴화의 원칙과 규칙」이 통과되었다. 이때, 통과된 문안에서는 중국 북방 발음을 표준으로 삼아 우선 라틴화 작업을 실시한다고 하여 이 안을 간단히 〈북방화(北方話)라틴화신문자〉라고 하였으며 두 글자로 더 간단히 줄여서 〈북랍(北拉)〉이라고 하였다. 그 주요 내용은 근본적으로 상형문자인 한자를 폐기함으로써 새로 만든 로마자 병음문자로 한자를 대체한다는 것이었다. 아울러 중국에는 오직 라틴화 문자만 있어야 하고 그렇게 하는 것이 바로 국제적인 공산당혁명에 부응하는 것이며 정치적, 과학적, 기술적인 측면의 각종 용어와 중국의 어문이 유기적인 관계를 유지할 수 있는 가장 편리한 노선이라는 점 등을 주요 내용으로 하였다.[76]

지금까지 많은 연구자들은 중국이 한자를 폐기하고 한자를 대체할 새로운 문자로서 「라틴화신문자」를 제정하는 문자개혁의 모든 과정을 중국 내에서 중국의 학자 스스로가 진행했다는 관점에서 연구하였으나 사실은 이처럼 철저하게 소련의 지시와 주도적 역할에 따라 이루어진 것이다. 그렇다면 소련은 왜 중국의 문자개혁에 이처럼 깊이 개입하였을까? 이점에 대해 왕학문은 '소련을 중심으로 하는 국제공산당의 문화침략'이라는 결론을 내렸다.[77]

그러나 이처럼 소련의 문화침략 의도 아래 소련의 사주를 받아 진행된 중국의 한자개혁은 결국 실패하고 만다. 라틴화신문자 제정의 주역이었던 오옥장은 1952년 2월 5일, 「중국문자개혁위원회」 창립회의에서 라틴화신문자 제정의 실패를 스스로 인정하였다. 이때부터 중국의 문자개혁은 한자를 간화하여 '간체자'를 제정하는 쪽으로 방향을 선회하게 되었다. 오옥장은 다음과 같이 말했다.

병음문자(라틴화신문자)로 즉시 한자를 대체하려고 했던 점은 현실을 벗어난 일종의 환상이었다. 왜냐하면, 중국 사람들에게는 병음에 대한 경험이 없었을 뿐만 아니라, 라틴문자에 대해서 공부를 한 사람도 적었고, 중국전통의 음운표기법인 반절법 등 음운학에 대해서 이해하고 있는 사람은 더욱 적었기 때문이다. 그뿐만 아니라, 한자는 이미 매우 오래된 역사를 가지고 있으며 중국인의 문화생활에 매우 깊고 두터운 기초 역할을 하였기 때문에 라틴화신문자는 실패하였다. 한자를 개혁함에 있어서도 점진적인 개혁을 했더라면 몰라도 이처럼 단시간 내에 거칠고 난폭하게 개혁하는 데에는 사람들이 적응할 수 없었기 때문이다.[78]

이처럼 중국의 문자개혁은 중국인 스스로보다는 소련의 주도 아래 이루어졌다. 중국문자의 라틴화 방안이 그저 환상일 뿐이었고 그처럼 거칠고 난폭하게 진행되었다는 사실 그 자체가 중국 공산당의 획책이자 소련 공산당의 음모였음을 증명한다.[79] 소련의 지시와 영향 아래 공산당이 주동이 되어 한자를 폐기하고 '라틴화신문자'로 중국의 한자를 대체하기까지 했으나 그 정책은 결국 실패하고[80] 지금은 총 2,235자(부수[部首] 간화자 14자와 부록에 실린 간화자로 간주되는 상용 이체자[異體字] 39자를 포함하면 총 2,288자)[81]의 간체자를 사용하는 선에서 문자개혁이 중단되어 있는 상태이다.

상황이 이러함에도 우리나라의 한글전용론자들은 "중국도 폐기하려고 하는 한자를 우리가 사용하려 한다."고 하면서 우리나라에서의 한자 폐기를 정당화하려 하고 있다. 중국의 문자개혁은 학자들의 충분한 연구를 통해 진정으로 한자를 간화해야 할 필요가 있다는 의견이 제시되고, 그 의견에 대해서 국민적인 합의를 이끌어 낸 다음에 이루어진 것이 결코 아니다. 물론 문자개혁을 위한 학자들의 토론회나 정책회의가 없었다는 게 아니다. 그런 회의는 무수히 많이 있었다. 그러나 그런 회의는 별 의미를 갖지 못한다. 그런 회의에서의 토론보다는 주석인 모택동의 의지와 공산당의 결정이 무엇보다도 우선하여 당(黨)이 한번 국가정책으로 정하면 거기에 따르는 길 외에 별다른 길을 찾을 수 없었던 것이 모택동 당시 중국의 정치 환경이었기 때문이다. 따라서 반대 의견을 가지고 있었던 많은 학자들이 제대로 의견을 펴보지도 못한 채 한자 간화 방안은 1956년 1월 28일 중국 국무원 전체회의 제 23차 회의를 통과하여 이후 중국의 국가적인 문자정책으로 강행된 것이다. 그 문자개혁을 주도한 세력들은 1965년에 중국 역사상 전무후무하다고 할 수 있는 처참한 인권 말살 정책이자 문화 말살 정책이었던 문화혁명을 주도했던 바로 그 세력들이었다. 문화혁명을 통하여 모택동의 문화관이 어떠한 것이었으며 공산주의자들이 주장한 문화혁명이라는 이름의 사회주의 문화 운동의 실체가 결과적으로 무엇을 의미하는지에 대해서는 외국은 물론 중국 내에서도 확인이 되어가고 있다. 우리가 '라틴화신문자' 제정과 한자 간화를 포함한 중국의 문자개혁 정책을 결코 긍정적으로 볼 수 없으며 또 긍정적으로 보아서도 안 되는 이유가 바로 여기에 있다.

중국의 문화를 말살하려는 정책을 펴서 수많은 지식인들을 무참히 처단하고 대학을 폐쇄하여 결과적으로 중국의 문화발전을 수십 혹은 수백 년 퇴행시켰다는 평을 받고 있는 문화혁명을 주도한 세력들에 의해서 그 문화혁명에 앞서 일찍이 강행된 중국의 문자개혁은 결코 우리가 본받을 성질의 것이 되지 못하는 것이다. 그럼에도 한국의 한글전용론자들은 일본이나 중국의 국어개혁과 문자개혁의 속사정을 꼼꼼히 살펴보지 않은 채 막무가내 '중국도 버리려 하는 한자를 우리가 사용해야 할 이유가 없다.'는 주장을 반복적으로 하고 있다.

중국의 문자개혁은 무리하게 진행된 것이기 때문에 개혁 초기부터 많은 반대에 부딪쳤다. 대만의 학자들은 민족의 유산을 파괴하고 민족을 오도하는 정책이라고 맹렬하게 비난하였으며 중국내의 학자들도 내적으로는 문자개혁의 부당성을 의식하고 있었다. 그렇지만 모택동 집권 당시 중국내의 특수한 정치 환경 아래에서 정면으로「라틴화신문자」의 제정이나「한자 간화」를 비판하는 말을 하거나 글을 쓰기란 쉽지 않은 일이었다. 그래서 표면적으로는 반대하는 사람이 없이 국민적 합의 아래 중국의 문자개혁이 단행된 것으로 알려져 왔다. 그러나 최근에 발간되는 논문집에는 한자의 간화를 우려하거나 한자 간화의 병폐를 지적하는 글들이 적지 않게 등장하고 있다. 그뿐만 아니라 1978년부터 개혁 개방 정책을 펴기 시작한 중국 정부에서도 한자 간화의 문제점을 인식하고 학자들과 여론의 지적, 그리고 결정적으로「중국문자개혁위원회」(이 문자개혁위원회는 바로 1952년에 창립되어 1956년까지 공산당의 지시 아래 당초 한자 간화정책을 심의했던 그 위원회이다.)의 건의를 받아들여 1986년 6월 24일 자로 지난 1977년 12월 20일에 공포한바 있는「제2차 한자 간화 방안」의 폐기를 선언하였다. 중국 공산당이나 문자개혁위원회나 모두가 일종의 자기모순을 드러낸 건의였고 정책결정이었다고 할 수 있다. 중국 국무원의「제2차 한자 간화 방안」폐기 발표문은 다음과 같다.

국무원은 국가언어문자공작위원회에서 건의한 "제2차 한자 간화 방안의 폐기와 한자사용상의 혼란을 바로잡기 위해 조치를 취해주시기 바람"이라는 건의 내용에 대해서 동의하고 그에 상응한 조치를 하달하니 착오 없이 집행하기 바랍니다.

1977년 12월 20일에 발표했던 '제2차 한자 간화 방안'은 본 통지가 하달되는 날로부터 사용을 정지합니다. 금후, 한자의 간화에 대해서는 응당히 신중한 태도로 대처해야하며 한자의 형체는 제자리를 잡을 때까지 일정기간동안 현재의 형체를 보지하도록 하여 사회생활에 편리하게 사용할 수 있도록 합니다. 최근 우리 사회에서 번체자(繁體字)를 남용하거나 자의적으로 간화자를 만들기도 하고 제멋대로 별체자(別體字)를 만드는 등 문자 사용상의 혼란이 야기되고 있는 바, 우려되는 점이 많습니다. 국무원은 국가언어공작위원회가 최대한으로 빠른 시일 내에 유관 분야의 회의를 소집하여 한자사용 관리방법을 연구·제정하여 사회에 만연하고 있는 한자사용 혼란 현상을 제거해 줄 것을 촉구합니다. 사람들이 간화자를 정확하게 사용하게 하기 위하여 인민일보(人民日報), 광명일보(光明日報) 및 기타 유관 신문에 《간화자 총표(簡化字 總表)》를 다시 한 번 발표해 주기를 부탁합니다.[82]

우리는 위의 발표문에 나타난 몇 가지 사실에 유의할 필요가 있다. 첫째, 중국 정부가 한자 간화의 문제점을 인식하고 간화에 대해서 신중한 태도를 취해야한다는 입장을 갖게 되었다는 점이고, 둘째는 중국 내에 번체자를 남용(濫用)하는 현상이 국가 차원에서 염려할 정도로 심각하다는 점이며, 셋째는 국민들이 자의적(恣意的)으로 간화자나 별체자(別體字)를 만들어 쓰는 현상 또한 심각하다는 점이다. 그리고 넷째는 중국정부는 사회적 요구가 이러함에도 불구하고 공식적으로는 간화자를 보급, 교육하기 위해 노력하고 있다는 점이다. 이런 문제들은 중국사회가 개방을 택한 순간부터 이미 예견되었던 문제이다. 이렇게 나타나기 시작한 문제점들은 우리에게 시사하는 바가 크다고 할 수 있으니 그것은 바로 문자의 발전과 변화는 순전히 자연적인 '약정속성(約定俗成)'에 의해서 이루어지는 것이지 결코 인위적인 정책으로 강행할 수 없다는 점이다. 간화자 사용을 강력하게 추진한지 이미 50년의 세월이 흐른 이 시점에서 원래의 한자인 번체자에 대한 관심이 되살아나고 있는 이유는 무엇인가? 그리고 중국 정부가 문자 간화는 신중한 태도로 추진해야 한다는 쪽으로 방향을 선회한 이유는 무엇인가? 그것은 애당초 잘못된 정책을 권력의 힘으로 강행했기 때문에 잘못된 정책인 줄 알면서도 힘에 밀려 따라가다가 사회가 개방되고 분위기가 바뀌어 이제는 조금씩이나마 말할 수 있는 환경이 되자, 문자는 그 본연의 길인 '약정속성(約定俗成)'의 길을 따라 정상을 회복하려고 하고 있기 때문이다. 최근 중국에서는 간체자 사용의 폐해를 지적하는 적잖은 글들이 조심스럽게 나오고 있다. 진장태(陳章太)는 〈논한자간화(論漢字簡化)〉라는 논문에서 한자 간화의 '실(失)'과 '폐(弊 : 병폐)'에 대해 다음과 같이 논하였다.

1. 어쨌든 결과적으로 한자의 숫자를 증가시키게 되어 학습자의 부담을 가중시켰다.
2. 일부 간화자는 불합리하게 간화되어 읽기와 쓰기에 오히려 불편을 주고 있다.
3. 간화자가 사실상 너무 많아서 문자 규범화라는 목적에 미치지 못했으며 어느 면에서는 한자 사용상 사회적인 혼란을 야기시켰다.[83]

이상과 같이 한자 간화의 병폐를 지적한 후 그는 앞으로의 한자 간화 문제에 대해서 다음과 같은 결론을 내렸다.

한자 간화의 문제는 비단 중국만의 문제가 아니다. 앞으로 한자 간화의 문제는 반드시 국제간의 협력을 고려해야 한다. 한자를 사용하는 국가와 지역 간에 한자 간화 규범화의 문제에 대해 의견을 교환하고 협력을 강화하여 관련 국가 간의 한자 사용을 편리하게 해야 한다.[84]

이상과 같은 진장태(陳章太)의 지적과 결론은 주로 한자의 실용적인 면만을 염두에 두고서 한 지적이며 결론이지만, 순수 학문적인 입장에서의 한자 간화의 문제점을 우회적이지만 원론적인 측면에서 지적하는 글들도 점차 증가하고 있다. 구석규(裘錫圭)는 〈종순문자학적각도간간화자(從純文字學的角度看簡化字-순수문자학적 관점에서 본 간화자)〉라는 논문에서 강한 어조로 다음과 같은 주장을 하였다.

우리들은 충심으로 바란다. 금후에 진행될 한자정리작업에서는 더이상 자형(字形)의 표의(表意)와 표음(表音)작용을 파괴하지 않기를 바라며, 더 이상 한자의 기본 결구 단위(간화를 위한 새로운 조형)를 증가시키지 않기를 바라며, 더 이상 일자다음(一字多音) 현상을 야기하지 않기를 바라며, 더 이상 의미를 혼란시킬 수 있는 글자들을 합성하여 새로운 글자를 만들지 말기를 바란다.[85]

여기서 주의해 보아야 할 점은 구석규가 '한자개혁작업(漢字改革作業)'이라는 말 대신에 '한자정리작업(漢字整理作業)'이라는 말을 쓰고있다는 점이다. '정리(整理)'라는 말속에는 그간의 문자개혁(간화)으로인하여 중국의 문자가 어지러워졌다는 의미가 포함되어 있으며, 이제이미 50년간 사용해 온 간화자를 하루아침에 버릴 수는 없게 되었으니 장기적인 안목으로 정리라도 해나가야 한다는 의미가 내포되어 있다. 그러한 관점에서 그는 꼭 준수해야 할 몇 가지 정리의 방향을 제시한 것이다. 그런데 그가 제시한 정리의 방향을 보면 그것은 다름이 아니라, 간화자의 문제점을 학문적 측면에서 심각하게 지적함으로써 은연중에 번체자의 정당성을 강조하고 있는 내용이다. 그의 첫 번째 요구 사항인 "더 이상 자형(字形)의 표의성(表意性)과 표음성(表音性)을 파괴하지 말자"는 말은 바로 상형(象形), 지사(指事), 회의(會意), 형성(形聲), 가차(假借), 전주(轉注) 등 육서(六書)라는 한자의 조형 원리를 무시한 채 제작된 간체자의 문제점을 지적한 것이며, 두 번째 요구인 "더 이상 한자의 기본 결구를 증가시키지 말라"는 것은 간화자의 제작이 또 하나의 글자 수 증가라는 병폐를 야기하였음을 지적한 것이고, '더 이상 일자다음(一字多音) 현상을 촉발시키지 말라'는 요구 역시 간화라는 이름 아래 하나의 글자를 여러 음(音)으로 읽어서 다용도로 쓰려는 잘못된 생각을 버리라는 지적이며, '더 이상 의미상의 혼란을 가져올 수 있는 글자를 합성하지 말라'는 요구 역시 함부로 간화자를 제정하지 말라는 지적이다. 다 간화자의 병폐를 지적하고 본래 한자의 정당성을 내세우는 주장으로 이해할 수 있는 내용이다. 이뿐 아니라, 역사계, 서예계를 비롯한 각 학계, 문화계, 예술계에서는 학문적, 예술적 필요에 의해 번체자의 사용을 회복해야 한다는 주장이 새어나오고 있다. 다만, 아직도 그러한 의견을 공식적으로 표현하지 못하는 상황일 뿐이다.[86] 외적으로 표현만 하지 않을 뿐 내적으로는 번체자를 회복해야 한다는 의견이 늘고 있는 상황이라고 판단할 수 있는 것이다.

이상의 논의를 통해서 볼 때, 중국의 한자개혁은 다분히 정치적 목적을 띤 가운데 한자의 난해성을 자의적으로 해석하고 판단한 모택동과 공산세력에 의해서 강행된 것일 뿐 결코 한자의 난해성으로부터 벗어나고자 하는 중국 국민의 바람에 기인한 국민적 합의에 의해 진행된 것이 아님을 알 수 있다. 그리고 중국의 한자간화 정책이 결코 학문적 정당성을 가지고 있는 것이 아님도 확인하였다. 따라서 중국의 한자 간화 정책을 빌려 "오죽 했으면 한자의 종주국인 중국마저도 한자를 간화하려 했겠느냐?"는 논조로 한자의 난해성을 증명하려 하는 것은 무리이다. 그리고 그러한 방식으로 증명 아닌 증명이 된 한자의 난해성을 들어 한국에서 한자를 폐기하고 한글을 전용해야 한다는 주장을 한다면 그것은 더욱 안 될 일이다.[87]

3) 중국 문자 정책의 장래

2013년 8월 4일자 한국의 중앙일보는 다음과 같은 기사를 싣고 있다.

"중국에서 정체자(正體字)를 쓰면 놀랍게도 과반수가 무슨 뜻인지 모른다. 화하(華夏)문명은 중국에서 이미 죽었다." 지난달 홍콩의 유명 영화배우 황추성(黃秋生)이 자신의 웨이보(微博·중국식 트위터)에 올린 글이다. 신중국을 세운 마오저둥은 근대화를 위해 문맹을 퇴치해야 했다. 획수가 번잡한 번체자의 획수를 크게 줄인 간체자를 채택한 이유다. 1960년대 몇 차례에 걸쳐 순수 간체자 482자, 편방(偏旁·한자 좌우측의 부수)이 붙은 간체자 1753자를 강제로 보급했다. 홍콩과 대만에선 지금도 번체자를 사용한다. 황추성의 한마디에 중국의 번체자 부활론자와 간체자 지지론자 사이에 한바탕 논쟁이 붙었다.

"사랑(愛·爱, 이하 번체·간체)에 마음이 없고(無心), 생산(產·产)에 태어남이 없으며(不生), 공장(廠·厂)은 텅텅 비었다(空空). 운반(運·运)함에 수레를 쓸 수 없고(無車), 아이(兒·儿)에게 머리가 없으며(無首), 고향(鄉·乡)에는 장정이 없다(無郎)."[88]

간체자 반대론자의 주장이다. 이들은 문자란 정신을 담는 그릇인데 간체자 도입 뒤 한자의 혼과 전통문화가 사라졌다고 탄식한다. 그들이 보기에 '망가진' 한자는 한두 자가 아니다. "준비(備·备)함에 사람이 사라졌고, 친척(親·亲) 사이에는 만남이 없어졌다. 붓(筆·笔)이 곧지 않아 왕왕 역사를 곡해하고 부끄러움(恥·耻)에 마음이 없어 나쁜 짓을 금지할 수 없다."

간체자 지지론자들도 지지 않는다. "나라(國·国)는 보옥(寶玉)을 품었으며, 사랑(愛·爱)은 우정(友)이 존재하기 때문이다. 아름다움(美)은 여전히 아름답고(美), 착함(善)도 여전히 선(善)하다."

한국에선 요즘 한자교육 실시를 놓고 갑론을박이다. 60년대 한글전용 정책을 도입해 40여 년 만에 '한자 청정국'이 됐기 때문이다. 시작은 마오쩌둥의 논리와 비슷했다. 문맹 퇴치와 민족문화 중흥의 명분 아래 한자를 한글로 대체했다. 그런데 21세기 들어 서구는 쇠퇴하고 중국이 굴기했다. 아시아 시대다. '한자 세상'이 다시 열리는 셈이다.

지난달 '한·중·일 30인 회의'에서 기본 한자 800자를 선정한 취지도 새로운 '한자 세상'을 준비하자는 거다. 한국은 시대 조류에 역동적으로 변신하며 활로를 뚫어왔다. 또다시 새로운 변화가 필요한 때다.

현재 한국과 중국의 한자정책이 빚고 있는 갈등을 단적으로 보여준 기사이다. 특히, 중국의 경우 표면적으로는 정체자 지지론자와 간체자 지지론자 사이에 갈등이 크게 드러나 보이지 않지만 내적으로는 적지 않은 갈등이 있고 문자개혁위원회 내부에서도 자주 논쟁이 발생하는 것으로 알려져 있다. 이러한 가운데 정체자를 사용하는 대만과의 갈등도 심심치 않게 일어나고 있다. 중국어 패권을 둘러싼 중국과 대만 사이의 갈등을 흔히 '번·간지쟁(繁·簡之爭)'으로 부르는데 2013년 1월 말, 화교 대상 중국어 교육의 메카를 자임하고 있는 대만 사범대를 찾은 마영구(馬英九) 대만 총통은 2012년에 유엔에서 번체자를 축출한 것을 의식한 탓인지 '번체(정체)＝정통 한자'라는 발언을 강하게 함으로써 '번·간지쟁'에 다시 한 번 불을 붙였다. 유엔은 원래 중국어 문서를 정체자로만 표기했으나 1971년 중국이 대만을 축출하고 유엔에 가입하면서 번체자와 간체자를 병용해 왔다. 그러다가 2012년에는 중국 정부의 주장을 받아들여 간체자로 중국어 표기를 통일한 것이다. 이에 대해 대만은 최근 정체자를 세계무형유산에 등록함으로써 문자의 주도권을 만회하겠다는 계획을 추진하고 있는 것으로 알려지고 있다.

대만의 이러한 움직임에도 아랑곳하지 않고 중국은 일관되게 '간체자가 정통한자'라는 주장을 하면서 전 세계 대학생 중국어 경연대회인 '차이니즈 브리지(漢語橋)', 중국어 교육 센터인 '공자학원', 인터넷 중국어 학습 프로그램인 '중국어 만리장성(長城漢語)', 중국어 비즈니스능력 평가시험인 '비즈니스 중국어시험(BCT)' 등 간체자로 중국어를 공부하고 시험을 치르는 기회를 확산해 가고 있다. 그뿐만 아니라, 중국은 간체자 획수에 따라 전 세계 각 국가의 표기 순서를 정하기도 하였다.

그러나 2013년 3월에 중국의 국민가수 송조영(宋祖英)을 비롯하여 문화·예술계 전국정치협상회의(政協) 위원들이 '간체자로 인해 전통문화의 뿌리가 사라지고 있다'는 우려를 나타내며 소학교에서 번체자교육을 시작해야 한다고 제안하는 등 중국 대륙에서도 정체자 회복의 목소리가 나오고 있다. 중국의 저명한 역사학자인 백강(白鋼) 중국사회과학원 교수도 "한자문화권의 경쟁력은 수천 년 동안 이어진 한자처럼 고난에 굴복하지 않는 끈기"에 있는데 현재 중국에서는 한자를 간략하게 변용한 간체자를 사용한 지가 오래되고 컴퓨터가 널리 보급되면서 본래의 한자를 쓰지 못하는 학생들이 늘어나는 등 사회 문제가 되고 있다고 지적하였다.

1992년 한·중 수교 이후 중국으로부터 영향을 많이 받은 한국은 중국의 간체자를 중국어 학습의 주된 문자로 수용하였으며 이미 습관적으로 중국의 간체자에 대한 상대 개념으로 '번체자(繁體字)'라는 용어를 사용하고 있지만 사실 번체자란 본래 없는 용어이다. 중국이 간체자를 만든 연후에 간체자의 편리성을 강조하기 위해서 간체자의 반대개념으로 번체자라는 말을 사용하지만 그것은 결코 번체자가 아니라 수천 년을 이어온 본래의 한자 즉 '정체자(正體字)'일 뿐이다. 따라서 필자는 번체자라는 용어보다 정체자라는 용어를 사용하는 것이 옳다고 생각하며 이 글에서도 '정체자'라는 용어를 사용한다.

중국의 한자정책은 장차 어떤 방향을 택해야 할까? 필자는 전적으로 정체자를 회복해야 한다는 주장에 동의한다. 필자는 전에 한국에서의 한자 사용과 교육을 강화해야 할 이유를 밝힌 저서를 출간한 적이 있는데 한국에서의 한자의 사용과 교육을 강화해야 할 이유의 대부분이 중국에서 정체자를 회복해야 하는 이유가 되기도 한다. 이제 보다 더 원론적인 측면에서 중국이 정체자를 회복해야 하는 이유를 밝히면 다음과 같다.

① 간체자의 보급은 제2차 세계대전 후, 미국과 소련 중심의 세계문화질서 개편으로부터 영향을 받았다.

제2차 세계 대전 후 동북아시아 한자문화권 지역은 자신의 힘으로 전통적인 민족문화를 회복하여 진흥시키려는 노력을 해보기도 전에 당시의 점령군인 미국과 소련에 의해서 미국과 소련의 문화를 따르기를 직·간접적으로 종용받은 바가 없지 않다. 다시 말해서 동북아 한자 문화권 지역에 새로운 통치 권력으로 등장한 미국과 소련은 이 지역에 뿌리 깊게 내려 있는 한자 문화를 약화시키고 자신들의 문화로 이 지역 문화를 대체하기 위해서 미국은 미국대로 그들의 점령 지역에서 한자 폐기를 방조하면서 미국 문화를 파급시키려고 노력하였고 소련은 소련대로 그들이 영향력을 행사할 수 있는 지역에서 그들의 문화를 파급시키기 위해 한자 폐기를 유도했던 것이다. 앞서 살핀 바와 같이 중국의 간체자 제정도 당시의 이러한 환경으로부터 적지 않게 영향을 받았다. 이제는 그 영향으로부터 벗어나기 위해서라도 중국은 정체자를 회복해야 한다.

② 간체자의 보급으로 인하여 정체자로 쓴 고대의 전적을 읽는데 많은 불편을 초래하고 있는 게 사실이다.

그동안 중국은 많은 전적들을 간체자로 변환하여 보급하였고 그렇게 간체자로 변환한 전적들은 인터넷에서 쉽게 접할 수 있다. 그러나 아직도 간체자로 변환하지 못한 전적들이 매우 많이 남아 있으며 특히 수사본(手寫本:필사본) 고문서들은 영원히 간체자로 변환하지 못한 채 남아있게 될 가능성이 매우 높다. 그뿐만 아니라, 이미 간체자로 변환된 전적들도 본의를 제대로 파악하기 위하여 상당부분 다시 정체자로 된 원적을 찾아 대조해 보아야 할 필요를 느끼는 부분이 많다. 역사와 전통문화는 21세기 문화·지식산업시대를 선도할 콘텐츠의 보고이다. 미국이 지금 중국을 두려워하고 있는 여러 가지 이유 중에서 가장 큰 이유는 아마도 역사가 짧은 그들로서는 너무 부족한 전통문화자산을 중국은 엄청나게 많이 가지고 있는데다가 그러한 자산이 21세기 문화산업발전의 동력인 콘텐츠가 될 수 있다는 점 때문일 것이다. 전통문화가 곧 21세기 문화강국으로 가는 재료인 것이다. 그런데 그러한 전통문화 자산은 모두 정체자로 기록되어 있다. 그런 기록들을 읽는데 불편을 감수하면서까지 정체자를 버리고 간체자를 고집해야 할 이유는 없다.

③ 컴퓨터 시대의 도래로 한자의 '난사(難寫:쓰기 어려움)' 문제가 더 이상 존재하지 않게 되었다.

당초 간체자를 보급한 가장 큰 이유 중에 하나가 한자는 획수가 많기 때문에 쓰는데 어려움이 많다는 점 때문이었다. 그런데 이제는 일상의 생활문서를 손으로 써서 작성하는 시대는 점점 역사의 뒤안길로 사라져 가고 거의 대부분의 사람들이 컴퓨터를 이용하여 문서를 작성한다. 그런데 컴퓨터는 획수가 많은 정체자든 획수가 적은 간체자든 그 획수의 많고 적음과 전혀 관계없이 어차피 병음(倂音)의 로마자 글자 수만큼 타자를 해야 한다. 컴퓨터에서는 아무리 획수가 많은 글자라고 하더라도 더 이상 '난사(難寫)'의 문제가 존재하지 않는다. 컴퓨터 시대의 도래로 인하여 필획이 많아 쓰기 어렵다는 문제는 완전히 해결이 된 것이다. 이처럼 난사의 문제가 해결된 바에야 아름다운 한자의 본래 면목을 간직하고 있는 정체자를 더 이상 방치해야 할 이유가 없다. 획수가 많은 정체자를 사용하는 것이 오히려 문자의 변별도(辨別度)를 높여 글자를 혼동할 수 있는 '교란감도(攪亂感度)'를 낮추는데 큰 도움이 될 수 있다.

④ 한자자문화권 문화의 종주국답게 이웃 국가에 존재하는 본래의 한자문화도 인정해야 하며, On-Line 상의 호환성(互換性)도 고려해야 한다.

　중국이 한자의 종주국인 것은 사실이다. 그러나 한국이 중국으로부터 한자를 받아들여 2,000년 이상 사용해왔고 일본 역시 장구한 세월 동안 한자를 사용해 왔다는 점을 생각한다면 한자는 이미 중국만의 문자가 아니라 동아시아의 공유문자라고 할 수 있다. 그뿐만 아니라, 대만, 싱가포르, 베트남 등 동남아 지역까지 생각한다면 한자는 이미 아시아의 문자라고 할 수 있다. 그런데 한자의 종주국인 중국이 납득할 만한 이유 없이 계속 정체자 한자를 버리고 이웃의 한자 사용 국가와는 다른 한자인 간체자를 사용함으로써 상호 소통에 장애를 초래할 필요는 없을 것이다. 이미 앞서 살펴본 대로 정체자를 회복해야할 이유가 드러난 만큼 중국은 정체자를 회복함으로써 원래의 한자문화권 국가들끼리의 원활한 소통을 도모하고 각 나라가 한자를 사용하여 이룩한 문화를 세계에 전파하는 데에 공동의 노력을 기울일 수 있어야 할 것이다. 아울러 On-Line 상에서의 호환을 원활하게 하기 위해서도 중국은 정체자를 회복해야 할 것이다.

⑤ 한자문화의 세계화는 한자문화권 고유의 예술인 서예의 세계화와 함께 이루어져야 더욱 효과적이다. 생활 속에서 정체자를 배제한다면 진정한 서예문화의 발전은 기대할 수 없다.

서예는 한자의 상형성과 회화성(繪畫性)을 바탕으로 중국에서 발생하여 한자 문화권 각국으로 전파된 한자 문화권 특유의 예술이다. 소리글자를 사용하는 나라에서는 쉽게 발달할 수 없는 한자 문화권 예술의 정수인 것이다. 이처럼 가치가 많은 서예이기 때문에 1956년 1월 28일, 중국 국무원이 한자 간화 방안을 확정하여 발표할 때에도 "고적(古籍)을 번인(飜印)한다거나 기타 특수원인이 있을 경우를 제외하고는 원래의 번체자는 인쇄물에서 그 사용을 금지한다(除飜印古籍和有其他特殊原因的以外,原來的繁體字應該在印刷物上停止使用)."[89]고 하여 '특수원인'이라는 예외 조항을 둠으로써 서예작품을 정체자로 창작하도록 보호하였다. 그러나 서예가들이 그러한 특수원인 조항을 이용하여 궁색하게 정체자로 서예작품을 해 놓은들 일반 국민들이 정체자는 모르고 간체자만 안다면 아무런 의미가 없다. 정체자를 써서 창작한 서예작품을 일반 국민들은 읽을 수도 없고 감상할 수도 없기 때문이다. 이러한 문화 환경에서는 중국 예술의 정수인 서예가 제대로 발전할 수 없다. 감상자가 없이 작가만 있는 예술이란 있을 수 없기 때문이다. 중국을 상징하는 예술인 서예를 한자와 함께 세계의 예술로 부상시키기 위해서라도 중국은 정체자를 회복해야 한다.

⑥ 정체자를 회복하는 데에 결코 많은 시간과 노력이 필요하지 않다.
1~2년이면 족하다.

혹자는 중국이 이미 반세기 이상을 공식문자로서 간체자를 사용해 왔기 때문에 이제 와서 정체자로 되돌아가려면 다시 수십 년의 세월이 필요하며 그 과정에서 많은 인력과 예산이 소비될 것이기 때문에 정체자를 회복하는 것은 사실상 불가능하다는 주장을 한다. 그러나 그것은 기우(杞憂)일 뿐이다. 총 2,235자(부수 간화자 14자와 부록에 실린 간화자로 간주되는 상용 이체자 39자를 포함하면 총 2,288자)의 간체자를 다시 정체자로 익히는데 필요한 시간은 1년이면 충분하다. 실지로 한국에서 초등학교 1, 2학년을 대상으로 사교육기관에서 한자 학습을 시키는데 꾸준히 가르치면 1년에 3,000자 이상을 가르칠 수 있다. 하루에 10자씩만 가르쳐도 1년 안에 충분히 3,000자를 가르칠 수 있는 것이다. 대학생을 예로 들자면, 한국에서 한자 급수시험 중급 이상을 따기 위해서는 3,000자 이상을 알아야 하는데 대학생들은 여름방학 기간 약 2개월을 열심히 공부하면 충분이 원하는 한자 급수를 딸 수 있다. 이런 정황들은 필자가 학생들을 상대로 직접 조사하여 확인한 것이다. 따라서 중국에서도 초등학교에 입학하여 '인자(認字:글자 알기)'의 학습과정에 있는 어린이들에게는 아예 처음부터 정체자를 가르치고 기왕에 간체자로 '인자(認字)'교육을 대강 마친 학생들에게는 〈간체-정체대조표〉를 공급하여 정체자를 익히게 함과 동시에 교과서에서 당분간 괄호 안에 정체자를 써넣어 준다면 1~2년 안에 거의 다 정체자를 익힐 수 있을 것이다. 그리고 성인교육은 TV 자막을 이용하여 실시한다면 역시 1~2년 안에 정체자를 다 익히게 할 수 있을 것이다. 이와 동시에 정부기관의 공문서와 인터넷 상의 정보들을 정체자로 바꿔 나가는 작업을 진행한다면 더 빠르게 정체자를 회복할 수 있다. 지금 서둘러야 한다. 더 늦기 전에 결단을 내려 정체자를 회복해야만 장차 수준 높은 중국의 문화와 예술을 이용하여 세계의 문화와 예술을 선도할 수 있으며 그러한 저력을 바탕으로 21세기 세계 문예 신조류 형성을 주도할 수도 있다.

이상에서 살펴본바와 같이 한자 폐기→ 라틴화 방안→ 간체자 제정으로 이어지는 중국의 문자개혁은 동탕하는 시대의 변화를 따라 부침한 일부 선각자를 자처하거나 이념과 정치적인 목적을 가진 사람들이 주도한 제안이자 운동이었지, 학문적 '진(眞)'에 바탕을 두고 전문 연구자와 일반 국민의 합의를 통해 이루어진 것이 결코 아니다. 지금 중국은 내적으로는 후회하고 있다고 생각한다. 다만, 중국의 공산당 정부가 자가당착을 두려워하여 정책을 바꾸지 못하고 있을 뿐, 하루빨리 번체자로 돌아와야 한다는 주장이 학자들 사이에서는 사실상 강하게 대두하고 있다. 중국문학과 서예학에 관한 국제학술대회에서 만난 중국의 학자들은 공식석상에서는 대부분 중국이 간체자를 포기할 필요도 없고 포기할 이유도 없다는 입장을 취하지만 개별적으로 의견을 교환하다 보면 거의 다 번체자로 돌아갈 수만 있다면 돌아가는 게 옳다는 생각을 피력한다.

3. 북한의 어문정책에 대한
   소련의 영향

제2차 세계대전의 종전과 함께 북한에는 소련군이 들어왔다. 소련의 조종 아래 정권을 수립한 북한은 정권 수립과 동시에 '문맹퇴치 운동'[90)]을 대대적으로 전개하였다. 이처럼 북한이 문맹퇴치 운동에 적극적이었던 이유는 당시에 문맹층은 곧 노동자·농민층이었는데 공산주의가 추구한 이념인 계급타파를 실천하기 위해서는 노동자와 농민을 봉건주의로부터 해방시켜야 했고 그들을 해방시키는 첫 번째 과업은 그들로 하여금 봉건시대의 사대부나 당시의 지식분자와 마찬가지로 글을 읽게 해 주는 것이라고 생각했기 때문이다. 그뿐만 아니라, 그들이 추구하는 공산주의 이념을 선전하고 보급하기 위해서도 북한의 주민들에게 한글을 보급하여 문맹을 퇴치하는 일이 필요했다. 그러나 그들 공산당들은 주민들이 많은 지식을 갖는 것은 결코 원하지 않았다. 새로운 지식분자의 출현은 또 하나의 계급을 낳는 것으로 생각했기 때문이다. 이러한 생각을 가지고 있었던 공산당이 택한 어문정책은 한자 폐기였다. 앞서 일본의 경우와 중국의 경우에서 살펴보았듯이 서양문물이 유입되는 개화기 때부터 선각자를 자처하던 성급한 지식인들에 의해 한자는 실용적이지 못한 문자, 대다수의 민중에게는 고통만 안겨주고 일부 특권층의 지적 향유만을 도와주는 문자, 심지어는 불편하기 그지없는 미개한 문자로 인식되었다. 그리고 공산주의 이념에 빠진 지식인들 사이에서는 반드시 타파해야 할 문자로 간주되어왔기 때문에 북한에 정권을 수립한 공산당들은 한자에 대한 이러한 인식을 그대로 계승하여 당연히 한자를 폐기하려 들었다. 따라서, 정권 수립과 동시에 문맹퇴치와 한자 폐기를 어문정책의 첫 번째 과제로 제기한 것이다. 이처럼 북한이 한자 폐기를 단행한 이유를 다음과 같은 글을 통하여 확인할 수 있다.

> 조선말 발전에서 또 하나의 획기적인 전진을 가져오게 한 일은 한자 사용의 폐기이다. 한자 사용은 조선인민의 언어생활을 오랫동안 짓눌러 온 요인의 하나였다. ……중략…… 글자 생활의 대중화를 위해서는 물론이고 언어분야에서의 사대주의, 부르죠아 요소를 없애버리고 새로운 시대적 요구를 충족시키는데서 간절하게 해결을 기다리는 일이었다. 위대한 수령 김일성 동지의 혁명적인 언어사상, 우리당의 모국어 교육 정책의 성과, 문맹퇴치 사업의 완성, 교육 분화의 군중화, 그리고 우수한 민족 글자의 존재 등은 우리의 한자 사용의 폐기의 철저성을 담보했으며, 그 성과적 단행을 보장하였다. 이리하여, 1949년 초 우리나라 북반부에서는 전반적인 글자 생활에서 한자를 쓰지 않게 되었다. 한자 사용의 폐기, 이것은 김일성 동지의 혁명 사상과 혁명적 전개력의 위대한 열매이며 조선말 발전의 새로운 높은 단계를 열어 놓은 또 하나의 크낙한 사변이었다.[91]

북한이 한자 폐기라는 어문정책을 택한 근본적인 이유가 사회주의 혁명을 달성하기 위한 것임을 밝히고 있다. 한편으로는 문맹퇴치를 통하여 북한 주민들에게 사회주의 사상을 주입함으로써 사회주의에 적응할 수 있는 사람으로 개조하고, 다른 한편으로는 한자를 폐기함으로써 계급이 없는 평등한 지식 사회를 이루고자 한 것이다. 이에 대해 최용기는 다음과 같이 정리하였다.

북한은 한자 폐기의 필요성을 1. 봉건주의적 잔재를 없애고, 2. 노동자, 농민의 글자 생활을 편리하게 하기 위하여, 3. 글자 생활을 단일화하여 글의 사회적 기능을 잘 발휘하고, 4. 쉬운 글을 통해 김일성 교시와 정책을 보다 빨리 연구 체득하고 유일사상으로 무장시키는 것으로 보고 있다. 그러나 결국에는 이른바 사회주의 혁명을 달성하기 위함이라고 생각된다. 그리하여 북한은 1946년부터 1947년까지 한자 폐기를 단행하고 서적에는 괄호 속에만 한자를 넣었다. 처음에는 한자를 괄호 속에 넣는 방식을 취하다가 1948년부터는 사회적인 통제를 가하면서 점차 한글전용을 강요하고 1949년에는 완전히 한자를 폐기하였다. 북한은 외부에는 한자 폐기의 목적을 문맹 퇴치에 있다고 발표를 하면서 1946년부터 1949년 사이에 230만 명의 문맹을 퇴치하였다고 밝히고 있다.[92]

이렇게 진행된 북한의 한자 폐기를 다음과 같이 구체적인 단계로 설명한 견해도 있다.

1. 일상생활에 깊숙이 침투한 한자어는 한글로 적었다. 2. 신문의 제목 글은 한글로 적었다. 3. 기사문에서는 괄호 안에 한자를 표기했으며, 때로는 한글과 한자를 병기했다. 4. 신문의 지면에서 한자의 사용빈도를 낮추었다.[93]

그리고 이처럼 한자 폐기가 가능했던 요인으로 다음과 같은 것을 들었다.

1. 문맹 퇴치와 한자 폐기를 문화혁명의 기초로 파악한 김일성 수령과 조선로동당의 지도력.

2. 한자를 대신할 수 있는 한글의 존재.

3. 1930년대에 마련된 조선어 규범으로 한글 서사가능.

4. 표음 문자 사용에서 장애가 되는 동음이의어가 적은 조선어의 특성 등.[94]

'김일성 수령과 조선로동당의 지도력'을 북한에서 한자를 폐기할 수 있었던 가장 큰 요인으로 보고 있다. 실지로 북한의 공산당은 한자를 폐기하기 위해 '당'의 차원에서 북한 주민들을 독려하고 억압했다. 김일성이 직접 나서서 독려했다는 점을 다음과 같은 글을 통해 확인할 수 있다.

로동자들을 대상으로 하는 신문은 로동자들이 누구나 다 읽을 수 있도록 한자를 섞지 말고 국문으로 발간하여야 합니다. ……중략…… 로동자들은 해방 후에야 비로소 우리글을 배우기 시작하여 문맹을 퇴치하고 있습니다. 그렇기 때문에 신문에 한자를 섞어 넣으면 로동자들이 그것을 읽을 수 없습니다. 로동자들을 위한 신문은 국문으로 발간하며 기사를 통속적으로 쓰도록 하여야 하겠습니다.[95]

다음과 같은 글을 통해서도 김일성이 직접 나서서 한자를 폐기했다는 점을 확인할 수 있다.

위대한 수령 김일성동지의 주체적인 언어사상과 정력적인 령도에 의하여 이룩된 해방직후 우리나라에서의 한자 사용의 폐기와 우리 글자에 의한 서사방식의 확립은 우리의 민족 글자를 수호하고 민족어를 발전시키는데서 중대한 문제로 되기 때문이다.[96]

이처럼 북한에서의 한자 폐기는 정권 수립 초기부터 공산당과 김일성의 압력 아래 강도 높게 진행되었다. 광복 후 처음부터 교과서와 교재는 물론, 시, 소설, 희곡과 같은 문예 작품들도 한글로만 펴내게 하였다. 북한 공산당 기관지인 〈로동신문〉에 한글로만 기사를 싣게 한 것은 물론이다. 이후에도 여전히 당과 김일성의 압력 아래 한글전용이 추진되었지만 1946년 7월부터는 표면적으로는 「조선어문연구회」라는 단체가 북한의 국어정책을 주도한 것으로 알려져 있다. 조선어문연구회는 어문의 정리작업과 지도사업, 철자법 교정, 계몽 강연회 개최 등을 목적으로 1946년 7월에 조선인민위원회 교육국의 후원으로 조직되었다. 1947년 2월에는 조선인민위원회 결정 제175호에 따라 이 연구회를 김일성대학에 설치하였는데 신구현이 위원장을 맡아 문법, 철자법, 한자 폐기 등 당면한 문제를 연구하였다. 1948년 1월 15일 조선어문연구회가 제정하여 공포한 「조선어 신철자법」도 그 내용을 보면 한자 폐기를 전제로 제정된 것이라는 것을 짐작할 수 있다.

> 한자어 표기에 있어서의 두음(頭音) ㄹ과 ㄴ표기, 합성어 표기에 있어서의 두 단어의 분리표기(띄어쓰기), 용언 활용에 있어서 신문자의 추가 등 종래의 철자법에 비해 적지 않은 변동을 가지여 왔으나 이는 멀지 않은 장래의 한자철폐와 문자개혁을 앞두고 조선 어문의 통일과 발전을 위하여 반드시 겪어야 할 철자법 상의 개정이며, 이것 없이는 조선 민족이 우수한 자기의 문자를 가지고도 그 진가를 충분히 발휘할 수 없는 것이다.[97]

이처럼 제2차 세계대전 종전 후에 북한에서 진행된 어문정책의 핵심에는 한자 폐기가 자리하고 있었다. 1948년 10월 2일 내각 제4차 각의에서는 조선어문연구회를 교육성 내에 설치할 것을 결의하였다. 이때 연구회의 책임을 맡은 사람이 바로 남한에서 월북한 한글학자 이극로이다. 이극로는 1948년 4월 남북연석회의에 참가한 후에 남한으로 돌아오지 않고 평양에 남았는데 10월 2일의 결정으로 북한 언어정책의 최고 책임자가 된 것이다. 이극로가 북한 언어정책 연구의 최고 담당자가 된 것에 대해서 다음과 같은 기술이 있다.

> 위대한 수령님께서는 부드러운 미소를 지으시며 선생은 해방 전부터 일제의 조선어 말살정책을 반대하고 모국어를 고수하기 위하여 싸워왔고, 조선어문학자들과도 잘 아는 사이이므로 선생에게 조선어문연구회 사업을 맡기려 한다고 말씀하시었다.[98]

이처럼 김일성의 특별한 비호를 받으며 북한 어문정책 수립의 최고 담당자가 된 이극로가 자신의 소신대로 학문적 진(眞)에 근거하여 어문정책을 연구하고 개발했을 리 만무하다. 김일성의 지시와 지도를 이론적으로 합리화해주는 역할을 했을 것이다. 아니면 처음부터 김일성이 추구하는 사회주의 언어·문자관에 따른 어문정책에 경도되어 남한으로 귀환하지 않고 북한에 남았는지도 모른다.[99] 이극로의 활약으로 인해 1948년 이후, 북한의 한자 폐기 사업은 더욱 활발하게 진행되었다. 각계 각 층의 군중을 더 많이 선동하여 한자 폐기를 지상의 목표로 삼고 전 국가, 전 사회적 운동으로 벌여나갔다. 그리하여 1949년 말부터는 한자 폐기를 철저하게 마감하기 위한 막바지 투쟁을 벌여, 비교적 어려운 문제로 남겨 두었던 과학기술 분야 도서와 민족문화가 담긴 고전들도 완전히 한글로 출판하고 그동안 한자가 아니고서는 대체할 말을 찾지 못하여 어쩔 수 없이 사용해 오던 한자마저도 전부 폐기함으로써 한자를 완벽하게 청산하는 단계에 이르게 되었다. 이러한 한자 폐기 사업을 총괄한 기관인 조선어문연구회를 주도한 이극로는 《조선어 연구》라는 기관지를 발행했는데 이 《조선어 연구》와 당시 남한에서 한글학회가 발간하던 《한글》이라는 잡지를 비교해 보면 북한이 어떤 이념과 의도 아래 한자 폐기를 최우선으로 하는 어문정책을 폈는지를 짐작할 수 있다.

　《한글》과 다른 점으로서 첫째, 소련의 사회주의 언어학을 적극적으로 소개한 것이고, 둘째, 학술지로서는 매우 이질적인 요소로서 체제 선전, 지도자에 대한 충성 등 정치색이 강한 글들이 게재되었다는 점이다. 소련 사회주의 언어학을 소개한 글들은 다음과 같다. 창간호에 실린 〈쏘베트 일반 언어학의 30년(김수경 역)〉, 〈쏘베트 언어학의 당면과제(김수경 역)〉, 제1권 제4호의 〈30년간의 로씨야 어학(이규현 역)〉, 제1권 제5호의 〈선진적 쏘베트 언어학을 위하여(김영철 역)〉, 제2권 제3호의 〈이.브. 스탈린과 쏘베트 언어학(황부영 역)〉 등이 그것이다. ……중략…… 다음은 정치색이 강한 글들의 등장이다. 제1권 제6호의 〈조국통일을 위한 투쟁에 총궐기하자〉(김경신), 제1권 제8호의 〈김일성 장군에게 드리는 글〉(연구회 일동), 제2권 제1호의 〈1950년을 맞이하면서〉(이극로) 등에서는 민족 언어의 통일과 발전을 목적으로 한다는 대전제 하에 대한민국 정부를 이승만 괴뢰 정부로 묘사하고, 유엔위원단을 비판하는가 하면, 조선어사전과 조선어문법 편찬 사업의 성과가 정권 기관의 지도 아래 달성되었음을 보고하면서 김일성을 절세의 애국자, 영명한 지도자라고 칭송하였으며, 1950년을 맞이하는 어문학도들의 과업을 논하기 위한 목적의 글에서조차 조국을 분할하고 식민지화 하려는 미 제국주의와 미 제국주의의 침략의 주구인 이승만 도당의 매국 행위를 신랄하게 비판하였다.[100]

　이러한 이념으로 무장한 북한은 불과 3~4년이라는 짧은 기간에 한자를 완벽하게 폐기하였다. 북한의 한자 폐기 성공 요인은 크게 다음 두 가지로 요약할 수 있을 것이다. 첫째는 한자 폐기를 지시한 김일성의 현지 지도[101]이고, 둘째는 김일성의 뜻을 받들어 한자 폐기와 문자개혁 사업을 추진한 조선어문연구회의 활동이다. 그러므로, 북한의 한자 폐기는 결국 김일성의 의지에 따라 이루어진 것이라고 규정할 수 있다. 그렇다면 김일성의 배후에는 누가 있었는가? 바로 소련이다. 따라서 북한의 한자 폐기는 제2차 세계대전 종전과 함께 한반도에 또 하나의 점령군으로 갑자기 나타난 소련에 의해 순식간에 공산화된 북한 땅에서 공산주의의 이념에 젖은 세력들이 소련의 사주를 받아 한민족의 문화를 제거하고 그 자리에 공산주의 문화를 이식하려는 의도에서 진행된 것이라고 할 수 있다. 결국 북한의 한자 폐기는 문화 침략의 야욕을 가진 소련의 강한 영향 아래 이루어졌다고 할 수 있는 것이다.

　그런데 이처럼 빠른 시간 안에 완벽이라고 표현해야 할 만큼 철저하게 한자를 폐기한 북한에서 이변이 일어난다. 한자 폐기 후, 어문 생활에 심각한 부작용이 나타나게 되자, 북한의 어문정책이 다시 한자를 부활하는 방향으로 선회하게 된 것이다. 1954년부터 초등중학교와 고등중학교 6년 과정에 한문 과목을 신설하고 다른 교과목에 비해 한문 과목을 중시하기 시작한다. 왜 이런 변화가 일어났을까? 본래 북한은 한글전용을 가속화하기 위해서 국가적인 사업으로 한문으로 쓰인 우리 고전을 한글로 번역하는 사업 즉 국역편찬사업을 진행해 왔다. 한글전용을 정착시키기 위해서 민족의 문화유산을 한글로 번역하여 대중화하는 작업이 필요하다는 생각을 한 것이다. 1955년 무렵에 김형석의 주도 아래 《동국병감》과 《열하일기》를 국역하였고, 1958년 무렵에는 《삼국사기》와 《고려사》를 국역하였으며 《조선왕조실록》의 국역사업도 추진하였다. 그런데 이 사업을 진행하는 과정에서 오히려 한자의 필요성을 절감하게 되고 한자의 폐기가 사실상 불가능하다는 점을 인식했을 가능성이 있다. 아무리 고전에 대한 국역사업을 진행한다고 해도 한자 문화에 대한 최소한의 이해가 있어야만 국역본 책을 제대로 읽을 수 있다는 자각을 하게 된 것이다. 즉 한자와 한문에 대한 이해와 한자로 쓴 문화유산에 대한 기초적인 이해가 있을 때에야 비로소 한글전용도 실효를 거둘 수 있다는 인식을 하게 됨으로써 한글전용이 사실상 불가능하다는 점을 인식하게 된 것이다. 그리하여 1960년대에 들어서는 김일성이 교시를 통해 직접 한자 사용의 필요성을 언급하기에 이른다.

　　한자 문제는 반드시 우리나라 통일문제와 관련시켜 생각하여야 합니다. 지금 남조선 사람들이 우리 글자와 함께 한자를 계속 쓰고 있는 이상 우리가 한자를 완전히 버릴 수는 없습니다. 만일 우리가 지금 한자를 완전히 버리게 되면 우리는 남조선에서 나오는 신문도 잡지도 읽을 수 없게 될 것입니다. 그러니 일정한 기간 우리는 한자를 배워야 하며 그것을 써야 합니다. 물론 그렇다고 하여 우리 신문에 한자를 쓰자는 것은 아닙니다. 우리의 모든 출판물은 우리 글로 써야합니다. 우리가 쓰지 않

을 한자어는 한어사전에만 올리고 조선말사전에서는 아예 빼버려야 하겠습니다.[102)

비록 많은 단서를 붙이기는 하였지만 광복 직후에 그토록 한자 폐기를 강행한 김일성이었던 점을 상기한다면 이것은 대단히 큰 변화가 아닐 수 없다. 이 점은 김일성과 공산당의 입장에서는 일종의 자가당착이자 자기모순이었다. 폐기에 혈안이 되었던 그들이 필요성을 언급하자니 그것은 자가당착일 수밖에 없었던 것이다. 그래서 김일성은 북한에서의 한자 사용 필요성을 통일 후의 남북 간 소통에서 찾는 궁색한 태도를 보였다. 다시 말해서, '한글전용법'을 공포했음에도 불구하고 여전히 한자를 사용하고 있는 남한의 문자 사용 실상에 비추어 볼 때 남한과의 소통을 위해서는 북한에서도 한자를 사용할 수밖에 없다는 논리를 개발한 것이다. 표면적으로는 민족의 숙원인 통일로부터 명분과 구실을 찾고 있지만 사실은 한자 폐기가 잘못 택한 정책이었음을 인정하기 시작한 것이다. 그리하여 북한은 1966년 5월 14일 마침내 다음과 같은 내용의 한자교육 방안을 지시하게 된다.

1. 옛날 책의 번역은 한문 지식이 있는 사람에게 시킨다. 김일성종합대학에 고전문학과와 같은 것을 따로 두고 똑똑한 사람들을 몇십 명씩 받아서 한문을 가르쳐 주며 또 문학도 가르쳐 준다.
2. 학생들에게 필요한 한자를 들어 쓰는 법도 가르쳐야 한다. 그러나 학생들에게 한자를 가르쳐 준다고 하여 어떤 형식으로든지 교과서에 한자를 넣어서는 안 된다.

학생들에게 한자를 가르쳐야 한다고 하면서도 교과서에 한자를 넣어서는 안 된다고 하는 점은 여전히 앞서 말한바와 같은 자가당착을 모면하기 위한 방편으로 보이지만 어쨌든 이러한 지시로 인해 북한은 광복 후 한자가 폐기된 지 약 20년 만인 1968년부터 한자교육을 다시 실시하게 된다. 그리하여 1968년과 1969년에 출판한 중학교 한문 교과서 4종에는 1,500자의 한자가 수록되었다. 이후, 학교에서 한문교육을 더욱 적극적으로 시행하고 한문교과도 폐쇄하거나 축소하는 일이 없이 계속 유지하였다. 1972년에는 「문화어 규범 문법」과 1979년에는 「조선 문화어 문법」을 완성함으로써 한글전용의 기틀을 공고히 하는 것으로 보였지만 이 시기에도 한자교육은 지속적으로 강화되었다. 1970년대 북한의 한문교육과 사용의 실상은 다음과 같은 김일성의 말을 통해 확인할 수 있다.

> 지금 한문 기초가 약합니다. 국가에서 「국한문독본」을 만들어서 기술학교까지 약 2천자 정도 배워주어야 하겠습니다. 한문을 잘 배우도록 연구해야 합니다. 그렇다고 하여 너무 많이 배울 필요는 없습니다. 3,000자 정도면 충분합니다. 초중(初中)에서 기술학교까지 2,000자 정도, 대학에서 1,000자 정도. 이렇게 3,000자 정도 배우도록 하여야 좋겠습니다. 그리고 한문습자를 배워주어야 하겠습니다. 그러되 이전과 같이 붓이 아니라 만년필로 쓰도록 하는 것이 좋겠습니다.[103]

'과연 김일성이 이런 교시를 내렸을까?'하는 의심이 들 정도로 획기적인 교시이다. 한문교육의 중요성을 언급했을 뿐 아니라, 한문교육의 효과적인 방법까지 아주 구체적으로 언급하고 있기 때문이다.

1980년대로 들어서면서 북한은 한문교육의 목표를 더욱 다양화하면서 그 필요성도 한층 더 강조하는 쪽으로 방향을 잡는다. 그리고 1985년 소련의 붕괴 이후에는 원래 한자 폐기의 지령을 내렸던 소련이 사라진데다가 중국과의 친교가 절실했던 터라서 그랬는지 더욱더 한자교육의 중요성을 강조했다.

> 우리말을 옳게 다듬어 쓰자고 하여도 漢文을 알아야하며 우리나라의 歷史를 硏究하고자 하여도 漢文을 알아야 합니다. 漢文공부를 잘하는 것은 南朝鮮革命과 祖國統一을 爲하여서도 切實히 필요합니다.[104]

> 漢文공부를 잘하여 祖國統一偉業과 民族文化遺産繼承, 中國이나 日本 등 隣近나라들과의 科學, 文化, 經濟 교류事業에 積極 이바지하리라고 굳게 決心하였다.[105]

앞의 말은 당시 아버지 김일성으로부터 정치수업을 받고 있던 김정일의 교시이고, 뒤의 문장은 김정일의 교시가 나온 이후 교과서 내용의 일부분이다. 이때부터 북한은 완전히 한자교육을 강화하는 방향으로 어문정책을 전환하여 오늘에 이르고 있다.

제2차 세계대전 종전 직후, 동탕하는 시대 상황 속에서 공산주의 이념의 종주국인 소련의 점령지가 되다시피 한 북한은 우리의 역사와 문화와 언어생활의 실상을 자세히 들여다 볼 겨를이 없었다. 갑자기 밀고 들어온 소련의 강력한 영향 아래 소련의 공산주의 이념을 추종하는 세력들에 의해서 모두가 편리한 문자생활을 하는 평등한 세상을 건설하기 위해 한글전용을 해야 한다는 구실을 붙여 과거 2,000여 년 동안 사용해 오던 한자를 폐기하였다. 이처럼 무모하게 한자를 폐기했기 때문에 결국은 한 세기도 넘기지 못하고 원점으로 돌아와 한자를 부활시킨 것이다.

4. 한국의 어문정책에 대한 미국의 영향과 정부 수립 후 한자정책의 변화

1) 한국의 어문정책에 대한 미국의 영향

우리나라에 한자가 언제 들어왔는지에 대해서는 정확히 알 수 없다. 최소한 2,000년 전에는 한자를 사용했을 것이라는 것이 일반적인 견해이다. 한자가 유입된 이후, 우리 민족은 한자를 빌려 우리의 '말'을 기록하기 위하여 향찰(鄕札)이나 이두(吏讀)라는 방식을 개발하기도 했다. 한자가 일의 내용을 기록하는 기록문자로서는 우수한 기능을 갖고 있었지만 우리말 자체를 소리 나는 대로 적는 데에는 불편함이 있었기 때문이다. 이러한 불편을 해소하기 위하여 세종대왕께서는 위대한 한글을 창제했다. 훈민정음이 창제된 이후에는 한문체, 차용체(借用體)[106]와 더불어 국문체와 국한문체를 함께 사용하긴 했지만 여전히 한문이 주역을 담당했다. 그러다가 1894년, 즉 고종 31년에 갑오개혁을 단행하면서 11월 21일에 공포한 법령 제14조에 의해 "모두 국문으로 본을 삼고 한문 번역을 붙이며 더러 국한문을 혼용"하는 방향으로 어문생활에 대변혁이 일어난다. 광복 이후, 1948년 10월 9일에 대한민국 정부는 '한글전용에 관한 법률'을 공포하였다. 이 법률은 지금에 이르도록 우리나라 어문정책의 원칙으로 존재하면서 2005년 국어기본법으로 대체될 때까지 우리 사회가 '한글전용'을 당연시하는 근거로 작용하였다. 이러한 일련의 과정에서 우리는 '한글전용'과 '국한문혼용'을 놓고 수없이 많은 논쟁을 벌여왔다.

일본의 국어개혁과 한자 폐기 운동이 명치유신 때부터 제기되었고, 중국의 한자 폐기와 새로운 소리글자 제정 운동이 변법자강 운동 시기에 대두되는 것과 마찬가지로 한국에서의 한자 폐기와 한글전용 운동도 1894년 갑오개혁 때부터 시작되었다. 앞서 잠시 언급한바 있는 갑오개혁 당시 즉 고종 31년(1894) 11월 21일에 공포한 칙령 제1호 공문식 제14조의 내용은 다음과 같다.

法律勅令 總以國文爲本 漢文附譯 或混用國漢文(법률과 칙령은 모두 국문(한글)을 근본으로 삼고 한문 번역을 덧붙인다. 더러 국문과 한문을 혼용할 수도 있다.)

이때부터 우리나라에서는 이전에 사용하던 언문(彦文)과 진서(眞書)라는 말이 사라지게 된다. 즉 한글을 비하하여 지칭하던 '언문'이라는 말이 '국문'으로 승격되고 '진정한 글'이라는 의미로서 한문을 추앙하여 부르던 이름인 '진서'가 '한문'이라는 일반적인 명칭으로 바뀌는 것이다. 이때부터 국문 즉 한글이 국가의 공식 문자로 인정을 받게 된다. 이듬해인 고종 32년(1895) 5월 8일에 공포한 칙령 제86호 공문식 제9조에서도 같은 내용의 규정을 볼 수 있다. 다만, 전년에는 한문으로 공포했던 칙령이 이번에는 칙령 자체도 국한문혼용체로 공포한 것이 다르다. 그만큼 한글의 사용을 독려했다고 할 수 있다.

> 法律 命令은 다 國文으로 本을 삼고 漢譯을 附하며 或 國漢文을 混用함.

조선 말, 고종의 이러한 조치는 일본의 문자개혁이나 중국의 한자 폐기 운동보다 더 적극적이고 실효가 있는 조치였다고 할 수 있다. 그러나 안타깝게도[107] 이러한 조치는 오래가지 못했다. 약 19개월 동안 지속된 갑오개혁이 기대했던 성과를 거두지 못한 채 중단되고 만 것이다. 갑오개혁에 대해서는 아직도 다양한 평가들이 나오고 있지만 일반적으로 조선 후기 실학사상으로부터 비롯되어 갑신정변과 동학농민운동을 거치면서 누적된 여러 가지 개혁의 요구들을 친일개화파 관료들이 중심이 되어 해결하고자 한 개혁으로 인식하고 있다. 개혁을 요구한 시의성으로 보아서는 일본의 명치유신이나 중국의 무술변법(戊戌變法)에 비할 만한 개혁이었지만 그것을 추진한 세력이 일본의 무력에 의존하였다는 점에서 많은 아쉬움이 있다. 바로 그 점 때문에 개혁에 실패하고 만 것이다. 갑오개혁의 실패로 말미암아 외세는 더욱 강하게 밀려와 침탈로 치닫고 이러한 외세의 침탈로 인하여 더 이상 우리 민족의 독자적인 개혁이 이루어질 수 없는 상황에 이르면서 고종이 발표한 한글전용 정책은 개인 학자들의 애국애족심과 학구적 열정에 의존하여 민간이 주도하는 한글 운동으로 진행될 수밖에 없었다. 이러한 민간 주도 한글 운동의 선각자가 바로 주시경(周時經)이다.

젊은 시절부터 한글 운동에 남다른 열정을 가졌던 주시경은 1896년 4월 7일, 서재필이 〈독립신문〉을 창간하자 독립신문사의 총무 겸

교보원(校補員)으로 일하며 서재필의 국민 계몽 운동을 지원하면서 국문전용, 국문 띄어쓰기, 쉬운 국어쓰기를 실천해 갔다. 당시 계몽 운동의 핵심이 곧 국문 운동이라 해도 과언이 아닐 만큼 국자(國字)로서 국문 즉 한글을 택한 표기법의 전환은 심대한 의미를 가지고 있었고[108] 이러한 당시 국문체의 확립과 보급에 가장 많은 노력을 했고 또 공헌을 한 인물이 바로 주시경이다. 주시경은 1906년《대한국어문법》의 발문과 1907년의 〈국어국문의 필요〉라는 글을 통하여 전면적인 국문체의 사용 즉 오늘날로 치자면 '한글전용'을 제안하였는데 이것은 당시로서는 국민의 의식과 실지생활에 커다란 영향을 미친 획기적인 제안이었다. 이때에《대한매일신보》와《황성신문》의 주필이었던 신채호와 박은식 등도 국문체의 사용, 즉 한글전용을 적극 주장하고 나섰다. 그러나 당시에 민간에서 실지로 인정을 받아 크게 대두된 표기법은 국문체가 아니라 국한문체(國漢文體) 즉 국한문혼용체였다. 앞서 말한 주시경, 서재필, 신채호, 박은식 등이 국문체를 강하게 주장하고 나섰지만 일반 국민들은 국한문혼용체를 선호하여 결국에는 국한문혼용체가 자연스럽게 보편적인 표기방식으로 자리를 잡게 되었다.

이 시점에서 우리가 나라를 빼앗기지 않고 우리 스스로 근대화의 길을 갔더라면 우리의 어문 생활은 이대로 국한문혼용체로 굳어질 수 있었을 것이다. 물론, 한동안은 한문을 폐기하고 국문체만 사용할 것을 주장하는 사람들과 국한문혼용을 선호하는 사람들 사이에 마찰과 갈등과 대립이 있었겠지만 결과는 국한문혼용으로 굳어졌으리라는 게 필자의 생각이다. 왜냐하면 국한문혼용이야말로 세계에서 가장 과학적인 소리글자인 국문 즉 한글과 세계에서 가장 발달된 뜻글자인 한자를 함께 어울려 씀으로써 소리글자의 장점과 뜻글자의 장점을 동시에 누릴 수 있는 가장 편리하고 복 받은 문자생활이므로, 우리 국민들은 자연스럽게 그런 편리를 발견하고 그런 복을 느끼면서 우리의 문자생활을 국한문혼용으로 정착시켰을 것이기 때문이다. 그런데 바로 그 무렵에 우리는 일제에게 나라를 빼앗겼다. 일제의 강점과 함께 국·한문 논쟁은 사라졌고 국문 운동을 주도했던 사람들은 국문 운동을 중단하거나 해외로 망명하게 되었다. 왜냐하면, 당시에 국문 운동을 주도하던 사람들은 대부분 애국지사였고 독립운동가였기 때문이다. 국·한문 논쟁이 사라지면서 우리의 어문생활은 당시 일제가 택한 어문정책이 국한문혼용이었으므로 일제의 선택에 따라 우리도 국한문혼용을 취하게 되었다. 그런데 앞서 잠시 언급했던 바와 같이 이 국한문혼용의 어문생활은 일제가 강요하기 이전에 애국적인 한글운동가들이 한글 운동을 전개할 때부터 이미 우리 사회에 보편적인 표기법으로 자리하고 있었다. 게다가 일제가 당시 그들의 나라에서 택한 '가나와 한자의 혼용'이라는 어문정책과 유사한 어문정책인 '국한문혼용론'을 우리나라에서도 선택하였고, 애국지사였던 한글전용론자들은 대부분 해외로 나간 상태이다 보니 자연스럽게 국한문혼용의 어문정책이 자리를 잡게 되었다. 그런데, 이 시기에 전부터 한자 폐기를 적극 반대했던 사람들의 일부, 예컨대 여규형(呂圭亨:1848~1921)[109]과 같은 사람이 친일세력으로 활동하자 국민들의 머릿속에 해외로 나간 국문전용론자들은 애국자, 국한문혼용론자들은 친일세력이라는 인식이 자리하게 되었다. 그뿐만 아니라, 해외로 나간 국문전용론자 입장에서 봤을 때는 국한문혼용을 주장하는 것도 심히 못마땅한데 설상가상으로 일부 국한문혼용론자들이 친일행각까지 벌이고 있으니 그들의 머리와 가슴에는 국한문혼용 즉 한자를 사용하는 것 자체가 친일행위라는 인식이 자리하게 되었다. 이러한 인식이 일제 말기 국문전용론자들이 중심이 되어 우리말글 찾기 운동을 벌일 때에 이르러서는 우리 민족 전체가 그들의 우리말글 찾기 운동을 지지하면서 국문전용론자들의 뇌리에도 일반 국민들의 뇌리에도 '한자 사용＝친일'이라는 인식이 더욱 강하게 자리하게 되었다. 이런 상황에서 우리말글 찾기 운동을 벌이다가 '조선어학회 사건'으로 옥고까지 치른 이들 국문전용론자 즉 한글전용론자들이 옥중에서 조국 광복의 소식을 듣고 감격해 마지않다가 바로 출옥하여 민족의 품에 안기게 되자, 그들은 당연히 민족의 영웅이 되었고 그들의 한글 운동이야말로 가장 영웅적인 애국 운동이자 독립 운동으로 평가를 받게 되었다.

바로 이러한 분위기의 연장선상에서 우리는 곧바로 미군의 군정을 맞게 되었는데, 미군의 군정에 참여하여 어문정책 수립을 주도한 인사들이 바로 최현배를 비롯한 조선어학회 사건으로 옥고를 치른 한글 운동의 영웅들이었다. 이들은 당연히 스승인 주시경의 뜻을 받들어 한글전용을 관철하는 어문정책 수립에 앞장선다. 바로 이 부분에 대한 후대의 진술에서 우리는 아직도 많은 혼선을 야기하고 있다. 그 혼선 중에 가장 심각한 것이 바로 당시에 한글전용을 주장한 사람들이 한자를 우리가 2,000년 동안 사용해온 우리의 문자로 본 것이 아니라, 일제강점기에 사용했던 '제국의 문자'로 보았다는 점이다. 한글전용론자들은 한자를 일본 제국주의 시절의 문자로 간주하고, 그러한 관점에서 국한문혼용론자들을 공격하기 위해 혼용론자들을 향해 적잖이 친일의 의심을 보내기도 하였다. 그들의 뇌리에는 일제강점기에 국한문혼용만 하지 않았더라면 주시경, 서재필 등이 조선 말기에 추진한 국문전용 운동이 그대로 우리 사회에 정착되었을 텐데 일제가 국한문혼용의 어문정책을 폄으로써 애석하게도 애국적인 한글전용 운동이 관철되지 못했고 열정적으로 국문전용 운동을 벌인 주시경을 비롯한 초기 국문 운동가들의 숭고한 뜻 또한 퇴색이 되었다는 의식이 자리하고 있었던 것이다. 이러한 의식으로 인해 광복 후에 그들은 한글전용을 그처럼 강하게 주장했고 속전속결로 입법화하였으며 그런 입법화 과정에서 유목적적이었든 아니었든 간에 그들의 뇌리에 있던 '한자는 제국주의 문자이고 한자 사용은 친일적 발상'이라는 의식을 노출시켰다. 그 결과, 오늘날까지도 우리 사회에는 국한문혼용을 주장하는 사람들을 일제에 대한 향수가 있는 친일 보수 세력으로 인식하는 경향이 있다. 이에 대해, 국한문혼용을 주장하는 사람들은 한자는 결코 일본 제국주의 시절에 비로소 사용한 문자가 아니라 2,000년 이상 우리가 사용해온 우리의 문자라는 관점을 견지하고 있다. 따라서 그들은 한자를 폐기하고서는 우리의 언어생활을 편리하게 할 수 없고 교육 또한 효율적으로 시킬 수 없을 뿐 아니라 우리의 역사와 전통문화를 지킬 수 없다고 주장하였다. 이런 주장으로 한글전용론자들을 공격하면서 광복 후 미 군정에 참여하여 한글전용의 어문정책을 미군의 비호 아래 그처럼 속전속결로 처리한 한글전용론자들을 일제 이후에 등장한 또 하나의 외세인 미군에 협조한 친미세력으로 보는 경향이 있다.

이제, 우리는 여기서 가르마를 잘 타야 한다. 갑오개혁 이후에 국문전용 운동을 벌인 사람들이 분명 다 열혈의 애국애족 운동가임에는 틀림이 없고 그들이 펼친 한글 보급 운동이 당시의 시대상황에 부응하는 애국적 계몽 운동이었으며 당시에 한글 보급 운동을 펼친 것은 문맹퇴치를 위해서도 매우 필요하고 적절한 것이었음은 분명하지만 그들이 주장한 '국문전용'이 반드시 학문적인 진(眞)은 아닐 수 있음을 인정해야 한다. 왜냐하면 그들이 그렇게 국문 운동을 벌일 당시에도 대다수의 국민들은 국한문혼용체를 선호하여 자연스럽게 국한문혼용이 우리 사회에 자리를 잡았었다는 사실을 상기한다면 학문적 진은 오히려 국한문혼용에 있을 수 있기 때문이다. 그리고 그들이 주장하는 국문전용이 시대를 간파한 계몽 운동의 중요한 내용임에는 틀림이 없지만 학문적 진이라는 점은 어디에서도 검증을 받은 바가 없기 때문이다. 한글전용을 선택하는 과정에 몇몇 선구적인 사고를 가진 국문전용론자들의 주장만 있었지 우리의 역사와 문화를 통관해 보는 안목과 먼 미래까지 내다보는 통찰력을 가지고 연구하고 토론하는 과정은 없었던 것이다. 그 당시 문맹률이 높았던 가장 큰 원인은 국민 대중을 상대로 실시한 일반 보통교육이 이루어지지 않았던 데에 있음에도 불구하고 그들은 그처럼 문맹률이 높은 원인을 한자의 난해함에 있다고 판단하여 한자를 근대화의 가장 큰 적으로 간주하고 그처럼 강하게 폐기를 주장하고 나섰을 뿐, 국문전용과 국한문혼용의 장단점을 학문적으로 꼼꼼히 따져볼 시간적 겨를도 없었고 마음의 여유를 갖지도 못했던 것이다. 이런 상황에서 일반 국민들이 답을 들고 나왔으니 그 답이 바로 국한문혼용이었다. 이러한 관점에서 본다면 학문적 진은 국한문혼용에 자리하고 있을 가능성이 훨씬 높다고 할 수 있다. 왜냐하면 언어와 문자의 사용과 발달의 가장 큰 학문적 법칙은 '약정속성(約定俗成)'인데 국민 대중의 선택이 바로 '약정속성'이기 때문이다.

이제, 한자를 제국문자로 간주하는 인식을 불식하고 국한문혼용론자들을 더러 친일보수 세력으로 간주하던 시각도 버려야 한다. 갑오개혁 이후에 우리 사회에 자연스럽게 자리 잡은 국한문혼용을 일제가 택하여 그것이 당시의 보편적인 어문생활이 되었는데 그런 어문생활을 하는 기간에 여규형(呂圭亨)과 같은 사람이 친일을 했다고 해서 그 시대를 살며 국한문혼용의 어문생활을 한 모두를 친일파로 인식하려 든다거나 국한문혼용이라는 어문정책 자체를 제국주의의 산물로 보는 시각은 바른 시각이 아니다.

한글 연구에 평생을 바쳐 오늘날 우리가 이처럼 편리하게 한글을 사용할 수 있는 기초를 닦은 주시경 선생은 존경을 받아야 하고 민족의 선각자로 추앙을 받아야 한다. 그의 애국적인 한글 운동과 한글연구 그리고 한글을 보급하기 위해 온 몸을 다 바쳐 펼친 국민 계몽 운동은 높이 평가받아 마땅하다. 그러나 그의 '국문전용' 주장이 학문적으로 바른 주장이며 우리 민족이 영위해 나가야할 어문생활의 먼 미래까지를 내다본 통찰력이 있는 주장이었는지에 대해서는 이제부터라도 진지하게 논의하고 평가해 보아야 한다. 그리고 그의 뒤를 이은 최현배가 조국 광복으로 인해 맞은 한글 부활의 기쁨 속에서 미 군정 아래서 속전속결로 처리하여 제정한 한글전용법에 대해서도 이제는 심각하게 평가를 해봐야 한다. 이러한 이유로 우리는 미 군정 시기에 한글전용법이 제정되는 과정에 대해서 좀 더 깊이 들여다 볼 필요가 있다.

미군은 1945년 9월 8일 인천에 상륙했고 다음날 서울의 중앙청 제1회의실에서 정식으로 조선 총독의 항복을 받는 조인식을 가졌다. 9월 10일에는 군정장관으로 아놀드(A. B. Arnold)가 취임하였으며 교육부문 담당관으로는 로커(Earl N. Lockard) 대위가 취임하였다. 9월 14일에는 총독부 학무국을 접수하였으며 9월 29일에는 로커 대위가 학무국장의 자리에 앉으면서 곧바로 최현배를 편수과장으로 임명함으로써 교육과 관련이 깊은 한국인 전문가들이 학무국에 들어가게 되었다.

학무국장 로커는 우선 민주주의에 대한 계몽을 위해 문맹 퇴치가

시급하다는 점을 강조하며 새로운 문교기구로 성인교육계를 학무과 안에 설치하였다. 당시 한글을 읽지 못하는 12세 이상의 문맹자 수는 12세 이상 전체 인구의 78%인 790만 명이나 되었다고 한다.[110] 이에, 문맹퇴치를 위해 전국적으로 국문강습소를 설치하고 한글교육을 실시했다. 이점은 북한이 문맹퇴치를 위해 한자 폐기와 함께 한글교육을 보급한 점과 유사한 면이 있다. 한글교육을 통해 문맹에서 벗어난 사람일수록 한글에 대해 감동했고 한자에 대해서는 어렵다는 인식을 갖게 되었다. 이러한 문맹퇴치는 매우 필요한 일이었고 국가발전과 개인의 행복을 위해서도 마땅히 해야 할 일이었다. 그런데 이러한 문맹퇴치를 위한 한글 보급의 과정에서 한자의 난해성이 필요 이상으로 부각된 것 또한 사실이며, 이로 인해 사회에 한자무용론이 만연하게 된 것도 사실이다. 아울러, 미군의 진주와 함께 우리 사회에 영어에 대한 관심이 높아지고 영어 학습 열기가 고조되면서 한자에 대한 관심은 더 멀어질 수밖에 없었다. 그렇지 않아도 앞서 언급한바와 같이 조선어학회 사건으로 투옥되었다가 광복을 맞은 한글전용론자들이 민족의 영웅으로 부상하는 분위기에서 한자는 일제의 잔재라는 인식이 팽배해 가고 있었는데 미군의 진주에 따른 영어 교육에 대한 관심 고조와 문맹퇴치 교육으로 인한 한글에 대한 감동 등으로 인하여 한자는 더더욱 뒷전으로 밀리는 추세에 처하게 되었다.

이러한 추세 속에서 1945년 10월 16일에는 31명으로 구성된 「한자 폐지실행회 발기준비위원회」(위원장 장지영)를 결성하였고 위원회의 강령과 실행 조건도 다음과 같은 내용으로 확정하였다.

1. 우리는 삼천만 동포 하나하나가 눈뜬 봉사가 없게 하자.

1. 우리는 우리말과 우리글로 새 문화를 건설하자.

1. 우리는 우리말과 우리글이 세계 문화를 지도하는 데까지 이르게 하자.

1. 초등 교육에서 한자를 뺄 것(다만, 중등 교육 이상에서 한자를 가르치어 동양 고전 연구의 길을 열게 한다.).

1. 일상 생활문에 한자를 섞지 아니할 것(다만, 취미에 따라서 순한문을 쓰는 것은 개인의 자유에 맡길 것).

1. 신문, 잡지는 그 어느 면 무슨 기사임을 물론하고 한자를 아니 섞을 것.

1. 동서고금의 모든 서적을 속히 한글로 번역할 것.

이후, 한자폐지실행회 발기준비회는 한글전용에 찬성하는 인사들을 규합하여 1945년 11월 30일 오후 3시 숙명고녀(숙명여고)에서 발기총회를 개최하고 「한자폐지실행회」를 구성하였다. 각계 인사 1,171명이 한자폐지실행회에 동참했으며 이극로를 비롯한 69명의 위원이 선출되었다. 이들은 한자 폐기 실행 방법을 토의한 결과 군정청 학무당국을 향하여 초등학교 교과서에서 한자를 폐기하라는 건의를 하기로 가결하고, 정거장 이름, 관청, 회사, 상점, 학교 기타 공공단체의 문패나 간판도 국문화 할 것과 이를 위해 각 언론 기관과도 긴밀한 제휴를 할 것 등을 결의하였다.[111] 이처럼 한자폐지실행회가 본격적인 활동을 시작하면서 한자 폐기에 대한 사회 여론이 조성되자, 미 군정청 학무국도 산하에 둔 조선교육심의회를 통하여 한자 문제에 대한 논의를 시작하게 하였다. 조선교육심의회는 미 군정청 학무국이 1945년 11월에 한국의 교육계를 비롯하여 각계 지도자들을 모아 학무당국의 자문기관 성격으로 구성한 단체인데 모두 10개의 분과위원회를 두었다. 그중 제9분과위원회가 주로 교과서 관련 문제를 다루었는데 위원으로는 최현배(학무국 직원), 장지영(학무국 직원), 조진만, 조윤제, 피천득, 황신덕, 웰치(J. C. Welch) 중위(학무국 직원), 김성달 등이었다. 이 중에서 한자 폐기를 적극 주장한 것은 최현배와 장지영 등 조선어학회 회원이었고 조진만과 피천득 등이 이에 동조하였다고 한다.[112] 그리하여 「교과서분과위원회」라고 불린 제9분과위원회에서는 향후 한국 교육의 지표가 될 문자정책에 대해 협의하게 되었는데 그 결과, 다음과 같은 내용의 교과서 사용 방침을 결의하고, 이를 전체 회의에 보고하였다.

한자 사용을 폐지하고, 초·중등 학교의 교과서는 전부 한글로 하되, 다만 필요에 따라 한자를 도림(괄호) 안에 적어 넣을 수 있다.

이에, 전체 회의에서는 거듭된 토의를 거친 후, 1945년 12월 8일

각급학교의 모든 교과서는 한글을 전용하여 가로쓰기를 한다는 내용의 건의안을 작성하여 미 군정청 학무당국에 제출하였고, 이를 건네받은 미 군정청 학무국은 한글전용에 관한 사항을 다음과 같이 공표하였다.[113]

● 한자 폐지 여부에 관한 일 ●

1. 초등·중등 교육에서는 원칙적으로 한글을 쓰고, 한자는 안 쓰기로 함.
2. 일반의 교과서에는, 과도기적 조치로 필요하다고 생각하는 경우에는 한자를 함께 써서 대조시킴도 무방함.
3. 다만, 중학교에서는 현대 중국어 과목, 또는 고전식 한문 과목을 두어서, 중국과의 문화적, 정치적, 경제적 교섭을 이루게 하며, 또는 동양고전에 접근할 길을 열어 주기로 함. 다만, 한숫자에 한하여는 원문에 섞어 써도 좋음.
4. 이 '한자 안 쓰기'의 실행을 미끄럽게 빨리 되어 가기를 꾀하는 의미에서 관공서의 문서와 지명·인명은 반드시 한글로 쓸 것(특히 필요하다고 하는 경우에는 한자를 함께 써도 좋음)을 당국과 긴밀한 연락을 취하기로 함.
5. 위의 4조와 같은 의미에서 사회 일반, 특히 보도 기관·문필가·학자들의 협조를 구할 것.

이것이 광복 후 한자 폐기 즉 '한글전용'에 관한 정책 차원의 첫 공식 조치였다. 그러나 이상에서 살펴본바와 같은 논의의 과정에서 위원들이 한자 폐기에 모두 찬성한 것은 아니었다. 교과서분과위원인 조윤제는 처음부터 한자 폐기에 극력 반대하였고, 12월 8일 전체 회의에서는 제3분과 교육행정위원이었던 현상윤(당시 고려대학교 총장) 역시 한자 폐기안에 반대하였다.[114] 교과서 분과위원 중 유일하게 한자 폐기에 반대한 조윤제의 회고는 당시 한자 폐기안이 어떠한 논의과정을 거쳤는지를 짐작하게 한다.

그런데 과도조선문교부 주재에 조선교육심의회가 열리어 청천벽력으로 한자 폐기 문제가 상정되자 그냥 의결되어 오늘의 국어교과서는 그 취지에 편찬이 되고, 사실상 국민학교에는 한자가 폐기되고 말았다. 영단이라 할가 무모라 할가 나는 이사실의 앞에서 참을 수 없는 어떤 울분을 느낀다. 내 자신 교육심의회위원의 한자리를 더럽혔고 또 마침 해당 문제를 심의하는 분과위원회의 위원이 되어 이와 같은 문제는 지금의 심의회의 심의사항이 되지 않음을 지적하고 맹렬히 반대하였다. 그러나 분과위원 전부가 한자폐기를 주장하는데 있어서는 어떻게 할 수가 없어 최후의 표결에는 기권하고 총회에 가서 반대할 자유를 보류하여, 총회에 가서 또 반대하였다. 다행이 유위한 여러 위원의 찬동을 받아 첫날은 유회가 되었었으나 그 다음 총회에서 내가 결석한대로 다수결로 원안이 통과되었다고 한다.[115]

"과도조선문교부 주재에 조선교육심의회가 열리어"라는 말로 보아 이 회의는 위원회의 자율적인 회의가 아니라 '과도조선문교부' 즉 미군정청 학무국의 주재 아래 열렸음을 알 수 있고, "청천벽력으로 한자 폐기 문제가 상정되자 그냥 의결되어"라는 말을 통하여 당시 위원회에 참석한 위원 중 다수의 한자 폐기에 찬성한 위원들은 그날의 의제가 한자 폐기에 관한 것임을 사전에 알고 있었지만 극력 반대할 것으로 지목된 조윤제는 그날의 의제가 한자 폐기에 관한 것이라는 사실을 전혀 모르는 채 회의에 들어갔음을 짐작할 수 있다. 그렇지 않고서야 '청천벽력 같은 상정', '그냥 의결'이라는 표현을 할 리 없기 때문이다. 이러한 관점에서 본다면, 당시 한자 폐기안을 심의한 분과위원회 자체가 한자 폐기에 찬성하는 인사들을 주축으로 구성되었으며 회의 진행 또한 속전속결 일사천리로 매우 빠르게 진행되었음을 짐작할 수 있다. 이러한 짐작에서 한 걸음만 더 나가면 이 위원회의 구성 자체가 사전에 어떤 의도를 가지고 구성되었을 것이라는 의심에 이르게 된다. 그 의심은 바로 미 군정청 학무국의 사전 조정이 아닐까 하는 것이다. 이렇게 해서 분과위원회는 속전속결로 끝났으나 「조선교육심의회」 총회에서는 의외로 한자 폐기에 반대하는 사람들이 많이 나타나 첫 상정에서 통과를 보지 못했다. 그러한 까닭에 조윤제는 "(총회에서는) 다행히 유위한 여러 위원의 찬동을 받어 첫날은 유회가 되었었으나"라고 회고한 것이다. 시인 김기림[116] 역시 한자 문제 논의에 참여했지만 최현배를 비롯한 한자 폐기론자들의 주도 아래 신중한 논의 없이 교과서의 한자 폐기가 결의되었다고 당시를 회고하였다.

군정 문교부 편수국 수뇌부에 한자폐기론의 총대장격인 최현배 씨가 진을 치고서, 학교 교과서에서부터 한자를 없앨 계획을 세우고 마구 우겨서 실천에 옮기고 있어서, 그적에 벌써 당연히 활발한 논의가 있어야 할 것이었음에도 불구하고 아마 현란한 정국의 격동에 휩쓸려, 또 한편에는 최현배 씨가 걸머진 군정과 조선어학회라는 두 겹의 후광에 압도되었던가, 이런 문제의 전문가인 어학자 편에서도 더 이상 문제를 전개시키지 않고 말았고 문학자 또한 별로 거들떠보지 않았었다."[117]

"군정 문교부 편수국 수뇌부에 한자 폐기론의 총대장격인 최현배 씨가 진을 치고서, 학교 교과서에서부터 한자를 없앨 계획을 세우고 마구 우겨서"라는 표현으로 보아 미 군정 문교부 편수국과 최현배 사이에는 한자 폐기에 대한 사전 교감이 충분히 있었음을 짐작할 수 있고, 한자 폐기에 대한 미 군정의 지지 의지가 확실했음을 알 수 있다. 그리고 "최현배 씨가 걸머진 군정과 조선어학회라는 두 겹의 후광에 압도되었던가"라는 표현으로부터 미 군정의 후광을 업은 최현배가 조선어학회를 활용하여 얼마나 강력하게 한자 폐기를 주장했었는지를 짐작할 수 있다. 무엇보다도 "당연히 활발한 논의가 있어야 할 것이었음에도 불구하고"라는 말을 통하여 그토록 속전속결로 처리한 한자 폐기가 학문적 입장에서 한 번도 제대로 진지하게 논의된 바 없이 최현배의 일방적인 주장이 미 군정의 지지와 지원을 받아 '그냥' 관철되었음을 알 수 있다. 이처럼 일방적으로 관철된 건의안이었기 때문에 건의안이 실지로 시행되기까지는 다시 약 4개월의 시간이 필요했다. 가람 이병기의 일기에는 다음과 같은 기록이 있다.

12월 10일 군정청 202호실에서 국어교본편찬위원회가 열렸고, 30인이 모여 한자폐기 문제를 토의했다.[118]

너무 짧은 기록이어서 그 내용을 구체적으로 파악할 수는 없지만

이 회의는 이미 미 군정청에 의해 공표된 조선교육심의회의 건의안을 바탕으로 실지로 교과서에 한자 폐기를 적용할 것인지 그만둘 것이지를 두고 개최한 회의로 짐작된다. 그러나 이 회의에서는 토론만 있었을 뿐 아무런 결론도 내지 못하고 산회했으며 12월 17일과 19일에 다시 회의를 열어 논의했지만 역시 아무런 결정을 내리지 못하고 산회했다. 해를 넘겨서도 여러 차례 논의를 한 끝에 1946년 3월 2일에 열린 회의에서 표결에 부쳐 결국은 교과서에서 한자를 폐기하기로 결정하였다.[119] 이러한 사실을 당시의 《자유신문》은 다음과 같이 보도하였다.

지난 2일 오후 두시 군정청에서 열린 정례의 교육심의회에서 신중한 토의를 거듭한 결과 한자 폐기는 三十一 대 十으로 가결되엇고 횡서를 쓰자는 것은 三十七 대 一로 채택되었다. 이 두 가지 안은 교육심의회 제9분과회의 제안으로 이를 해설한 이는 현재 학무국 편수과장 최현배씨로 초등학교 교과서부터 전문대학에 이르기까지 횡서를 쓰자는 것이요 또 교과서로부터는 일체로 한자를 쓰지 말자는 것이다.[120]

이때부터 한글전용의 어문정책은 힘을 얻어 광복된 우리나라의 어문정책으로 자리를 다져간다. 1946년 3월 29일, 미 군정청 학무국은 문교부로 승격하였고, 1947년 6월 3일에는 미 군정부의 명칭이 '남조선과도정부'로 바뀌었는데 6월 28일, 과도정부는 "1947년 7월 1일부터 남조선과도정부의 공용어는 조선어로 함."이라는 행정명령 제4호를 공포하였다. 마침내 영어 공용어 시대가 끝나고 한국어를 공용어로 하는 시대를 맞게 된 것이다. 한국어를 공용어로 선포한 이후로 한자를 폐기하려는 정부의 의지는 더욱 강하게 표출되었다. 1948년 8월 6일, 문교부는 《한자 안 쓰기의 이론》이란 소책자를 발행하여 한자를 폐기하는 이유를 1. 국민의 정력과 시간의 허비를 줄이기 위해, 2. 과학 기술의 생활 능력 교육을 위하여, 3. 한자는 인쇄에 너무 불편 불리하므로, 4. 대중 문화, 민주 국가의 건설을 위하여, 5. 우리말의 정당한 또 자연스런 발달을 이루기 위하여, 6. 문자사적 단계로 보아 한자의 폐기는 필연의 형세이므로, 7. 한글의 발달사적 단계로 보아 한글이 우리의 새 문화를 표현하기에 충분하기 때문 등으로 밝혔다.[121]

이후, 1945년 8월 15일에는 미 군정에서 벗어나 대한민국정부가 1919년 4월 13일 임시정부 수립의 정신을 이어 재수립되었고, 그해 10월 9일 한글날을 기해 다음과 같은 내용의 '한글전용법'을 법률 제6호로 공포하고 공포식을 성대하게 가졌다.

● 한글전용에 관한 법률 ●

대한민국의 공용 문서는 한글로 쓴다.
다만, 얼마 동안 필요한 때에는 한자를 병용할 수 있다.

부칙
이 법은 공포한 날부터 시행한다.

이리하여 한글전용은 법적 명분을 확실하게 갖춘 가운데 대한민국

어문정책의 바탕에 자리하게 되었는데 앞서 살펴보았듯이 기실 이 법은 미 군정 시절부터 미 군정청 당국과 미 군정에 협조적이었던 한글전용론자들에 의해서 탄생한 것이었다.

광복 후, 남북한의 분단과 함께 찾아온 미 군정시대의 남한은 형식적으로는 정치·경제적 독립이 인정된 것으로 보였지만 실질적으로는 정치·경제·군사·사회·교육 등 각 분야에 미국식 체제와 이념이 우선적으로 적용되는 상황에 놓이게 되었다.[122] 앞서 살펴본 북한의 한자 폐기와 한글전용이 소련의 영향에서 자유로울 수 없었듯이 남한에서의 한글전용도 미 군정의 영향에서 자유로울 수 없었다. 자유로울 수 없음을 보여주는 단적인 예를 손인수는 USAMGIK의 《History of Bureau of Education》과 김인희의 견해를 부분적으로 인용하며 다음과 같이 말했다.

> 1945년 11월 20일에는 최초의 국어 교과서인 《한글 첫걸음》[123]과 《국어독본》 첫 권이 다 되어서 군정 장관에게 바쳤고, 그는 다시 그것을 한국인 어린이에게 바쳤다.[124] 지금 생각해 보면, 이 교과서를 군정 장관에게 먼저 바쳤다는 것은 이해하기가 힘들다. 우리의 말과 글을 우리가 지켰고 우리가 다시 찾아서 우리의 후손들에게 전해주는 것이 뭐가 그리 수줍고 황송했단 말인가? 군정 장관이 장안의 명물들이 다 모이고 조선어학회 사람들이 다 모인 자리에서 그것도 바로 저네들이 일본인에게 항복문서를 받은 중앙청 제1회의실에서 "내가 너에게 이것을 주노라"하면서 우리나라 어린이에게 국어교과서를 전달하는 의식을 거행한 상징적 의미는 무엇인가?[125] 교육의 정신사적인 개념에서 볼 때, 문제점이 한두 가지가 아니었다.[126]

자료의 부족으로 인하여 미 군정이 한글전용이라는 어문정책을 선택하고 지원하는 과정에서 어떤 작용을 하였는지에 대해서 현재로서는 그 실상을 구체적으로 드러낼 수 없다. 그러나 광복 후에 미군이 우리나라에 들어온 이후 우리 민족과 우리 문화를 어떠한 시각으로 바라보았는지를 가늠해 본다면 그들이 한글전용이라는 어문정책을 선택하고 지원한 이유도 가늠할 수 있을 것이다. 1945년 9월 11일, 존 리드 하지(John Reed Hodge)가 주한미군 사령관 겸 미 군정청 사령관의 자격으로 미군의 시정방침을 발표하고 아놀드(A. L. Arnolde)소장이 미 군정장관에 취임하여 9월 19일부터 '재조선(在朝鮮) 미 육군 사령부 군정청'이라는 명칭으로 남한의 통치에 들어간 미 군정청은 통치초기부터 당시 한국인의 정신적 지주였던 상해임시정부를 인정하지 않았고 장기적으로 신탁통치를 실시하려고 기도했으며 친일파를 처단하기는커녕 오히려 등용하는 등 상식으로 이해할 수 없는 조치들을 취했다. 우리의 정서에 크게 위배되는 처사였다. 미군이 그런 태도를 취한 것은 우리를 제2차 세계대전의 종식과 함께 광복을 맞은 민족으로 인정하려 하지 않고 철저하게 그들에 의해서 해방을 얻게 된 민족으로 규정하려고 했기 때문이다. 다시 말해서, 일본의 뒤를 이어 이 땅에 들어온 또 하나의 점령군으로서 우리를 고압적으로 대하였으며 새로운 점령군으로서 이 땅에서 무엇이든지 그들의 마음대로 할 수 있다는 생각을 가지고 있었던 것이다. 이런 상황에서 그들이 우리의 어문정책을 한글전용으로 선택한 것은 그들 나름대로 분명한 목적이 있었다고 생각할 수밖에 없다. 이 땅에서 한자를 제거하고 나면 2,000년 이상 한자를 이용하여 이룩한 찬란한 한민족의 역사와 문화가 하루아침에 사라지게 된다는 점을 그들이 몰랐을 리 없다. 그래서 그들은 소련이 북한에서 그랬듯이 한자를 폐기함으로써 한국에서 한민족의 문화를 약화시키고 그 자리에 민주주의와 함께 민주주의라는 이름으로 포장된 그들의 문화를 주입할 의도를 암암리에 갖고 있었을 것이다. 바로 그때, 남한에서는 그들이 실로 두 팔을 벌려 반겨 맞아야 할 일이 벌어졌다. 바로 한국인 스스로가 한자를 폐기하고 한글을 전용할 것을 주장하고 나선 것이다. 물론, 한국의 한글전용론자들이 한글전용을 주장하고 나선 것이 미군의 그런 속셈에 부응해 주기 위한 것은 결코 아니었다. 다만 그들은 일제의 탄압 아래서 조선어학회사건으로 옥고를 치르면서까지 지켜온 한글을 되찾은 기쁨에 '이제는 한글을 다시는 놓지 않으리라'는 의지로 예전에 주시경이나 서재필이 했던 것처럼 한글전용 운동만이 애국애족의 길이라고 생각하며 그렇게 한글전용을 주장하였다. 그런데 그런 주장이 공교롭게도 미군의 속셈과 딱히 맞아떨어져 결과론적으로는 미군을 도와준 꼴이 되고 만 것이다. 그때 최현배를 비롯한 한글전용론자들은 애국애족에 입각한 열렬한 한글사랑에 매몰될 것이 아니라, 좀 더 열린 안목으로 민족문화의 장래를 내다보았어야 하며, 자신의 주장을 관철하기 위해 한글전용법을 그처럼 속전속결로 처리할 것이 아니라, 국한문혼용을 주장하는 사람들의 유의미한 의견을 경청하면서 정말 어느 길이 바른 길인지를 진지한 학문적 토론을 통해 도출해 내려는 노력을 했어야 한다. 그렇게 했더라면 광복 후 지금에 이르도록 종식되지 않은 한글전용과 국한문혼용과의 지루한 논쟁을 벌이지 않아도 되었을 것이고, 불필요한 논쟁에 그처럼 많은 시간과 노력과 열정을 소비하지 않아도 되었을 것이다. 그리고 무엇보다도 학교교육의 혼선을 겪지 않아도 되었을 것이다.

2) 정부 수립 후 한자정책의 변화

1948년 10월 9일, 대한민국 정부의 법률 제6호로 「한글전용법」이 공포되었지만 1949년 11월 5일, 국회 문교·사회위원회에서는 다시 교과서에서 한자를 사용할 것을 결의하였다.[127] 그만큼 현실적으로는 한자가 필요했던 것이다. 그리고 1951년 4월 30일에는 「한자지도요령」을 발표하였는데 그 주요 내용은 일상생활에서 필요하다고 생각되는 한자 1,000자를 고른 후, 국민학교 4학년에 400자, 5학년에 300자, 6학년에 400자를 배당하고 744자의 한자를 교과서에 병기하여 가르치도록 하는 것이었다. 이어 9월에는 상용한자 1,260자, 교육한자 1,000자를 제정하였다.[128] 비록 한글전용법을 공포하기는 했지만 실지의 어문 생활에서는 한자 사용이 불가피하다는 점을 인식했기 때문에 이런 조치를 취한 것이다. 그러나 한글전용론자들의 끈질긴 주장에 의해 6년 후인 1957년 12월 6일에는 국무회의에서 「한글전용 적극 추진에 관한 건」을 의결하였다. 이때에 의결된 내용은 다음과 같다.

첫째, 모든 공문서는 한글로만 쓴다. 단 한글로만 써서는 알아보기 어려운 때는 한자를 괄호 안에 써넣을 수 있다.

둘째, 각 기관의 발행물은 물론 현판, 청내(廳內)의 각종 표시를 모두 한글로 고쳐 붙이되 필요한 경우에 한하여 한자나 외국어로 쓴 현판이나 표지를 같이 붙일 수 있다. 단, 한글로 쓴 것보다 아래에 붙이도록 한다.

셋째, 각종 인쇄 등사물(謄寫物), 관인(官印) 등은 모두 한글로 한다.[129]

그동안 정부가 일관되게 한글전용정책을 펴왔음에도 불구하고, 대부분의 사람들이 여전히 한글과 한문을 혼용하자, 한글전용을 보다 더 적극적으로 시행하기 위해서 이러한 방안을 국무회의에서 결의하게 된 것이다. 이러한 결의 후에 정부는 「임시 제한 한자일람표」를 제정하여 발표했다.

4.19 혁명에 의해 탄생한 제2공화국은 1961년 9월 13일 「정부 공문서 규정」을 발표했다. 이 규정은 한글전용에 관한 법률을 한층 더 강화한 것으로서 1962년 3월부터는 신문, 잡지 등 모든 간행물은 한글을 전용해야 한다는 것이 주된 내용이었다. 그러나 이숭녕 등 한자 사용을 주장하는 학자와 신문 등 언론에서는 이 규정을 강력히 반대하며 앞서 1957년에 제정한 「임시 제한 한자 일람표」에 의한 한자라도 사용할 것을 주장하였다.[130]

1963년 2월 15일에 제정 공포한 제2차 교육 과정에서는 다시 한자를 교육할 근거가 마련되어 1964년 새 학기부터 국민학교에서 600자, 중학교에서 300자를 가르치는 범위 안에서 한자교육을 부활시켰으며 1965년도 이후의 교과서는 괄호를 제거하고 한자를 노출하여 편찬하였다. 그러나 1968년 5월 2일에는 여론의 반대가 극심한 가운데 「한글전용 5개년 계획안」이 공포되어 초·중등학교의 한자교육이 폐기되었다. 같은 해 10월 25일, 당시 박정희 대통령은 「한글전용 촉진 7개 사항」을 지시하였다. 여기서는 1948년에 제정되었던 「한글전용에 관한 법률」에 표시되었던 "다만 얼마동안 필요한 때에는 한자를 병용할 수 있다."는 단서마저도 빼도록 하여 한자를 사용할 수 있는 여지를 아예 없애버렸다. 그뿐만 아니라 국내의 공공기관에서는 한자가 사용된 서류는 접수를 금지하도록 함으로써 한자 사용을 철저히 봉쇄하였다. 그러나 이처럼 한자 사용을 완전히 금하고 나면 민족의 문화가 말살될 것은 명약관화한 일이었으므로 「한글전용 촉진 7개 사항」의 제7항에 "고전의 한글 번역을 서두를 것"을 지시하여 최소한의 보완책을 마련하였다. 이어서 11월 17일에는 상용한자까지 폐기하였다. 그즈음 북한에서는 한글전용의 폐해를 절감하고 한자 사용을 권장하고 나섰는데 남한에서는 오히려 한자의 사용과 교육을 철저하게 봉쇄해 버린 것이다. 그러나 이와 같은 한글전용정책은 처음부터 많은 문제를 드러낼 수밖에 없는 것이었다. 이에, 같은 해(1968년) 12월 24일에는 「한글전용에 관한 총리 훈령」을 통하여 "다만 한자가 아니면 뜻의 전달이 어려운 것은 당분간 괄호 안에 상용한자의 범위 안에서 한자를 표기해도 무방하다"는 방침을 발표하였다. 그러나 이 국무총리 훈령에는 "1970년 1월 1일부터는 완전히 한글로만 표기하도록 한다."는 조항이 덧붙어 있어서 완전한 한글전용을 1970년 1월 1일부터 시행하는 것으로 확정하였다. 이처럼 강력한 정부의 정책에도 불구하고 정부 기관지인 〈서울신문〉을 제외한 다른 신문과 잡지는 대부분 전과 같이 한자를 계속 사용하였으며 전에 정부에서 선정하여 발표했던 「제한한자」보다는 1967년 12월에 〈한국신문협회〉에서 자체적으로 제정한 「상용한자 2,000자」를 오히려 더 많이 활용하였다.

그 후, 1969년 1월 15일에는 국무총리의 「서식(書式) 정비 지시」가 내려졌는데 이것은 1970년부터 등기부와 호적을 한글로만 기록한다는 것이 주된 내용이었다. 그러나 이 지시에서도 "성명과 법인명칭 및 숫자는 당시 등기부와 호적에 기재된 대로 쓰도록 한다."고 하여 한자를 완전히 배제할 수 없다는 한계를 드러냈다. 1969년 9월에는 교육과정령 개정령을 공포하여 한자교육의 근거를 없애고 교과서에서 모든 한자를 제거하였다. 더 나아가 학교에서는 흑판에 한자를 쓰지 않도록 한자 판서까지 금했다.[131] 이처럼 한자 사용을 금지하면서 한자 지도는 한문과로 넘기게 된다. 그러나 1971년 11월 17일에 문교부는 국민학교에서 한자교육을 실시하기로 다시 정책을 번복하고 전국 각 시·도에 실험학교를 선정하는 등 준비에 착수했다. 1972년 2월에는 교육령 시행령의 개정으로 중학교에 한문교과가 신설되었다.

1974년 7월 11일에는 문교부가 다시 한글전용을 번복하고 중·고등학교 교과서에서 한글과 한자를 병기하는 방침을 결정하여 발표하였다. 그리하여 1975년 3월부터 중·고등학교 교과서에 한자가 들어가게 되었고 문교부는 이와 같은 한자 병기의 이유로 첫째, 일반 사회에서는 국·한문을 혼용하고 있는데 교과서만이 한글을 전용하여 학교교육과 사회현실 사이에 거리가 생겼고 둘째, 한글전용의 결과 학습지도에 무리한 점이 많고 셋째, 영자(英字)는 병기하면서 한자는 안 쓴다는 것이 모순된다는 점 등을 들었다. 문교부의 이와 같은 조치는 5년 전부터 실시해온 한글전용 교육정책을 사실상 백지화한 것이다.

1974년 12월 31일 한문이 국어과에서 분리, 독립되고 한문교과는 다시 〈한문 I〉과 〈한문 II〉로 분리되어 〈한문 I〉은 필수교과가 되고 〈한문 II〉는 선택교과가 되었다. 아울러 1975년 3월 1일부터 중·고교 교과서에 한자를 병기하기 시작했다. 대한교육연합회, 한국어문연구회 등이 국민학교부터 한자교육을 실시할 것을 촉구하자, 1976년 9월 22일 문교부는 "국민학교 한자교육은 않기로 한다."고 발표했다. 1977년 8월 18일 당시 박정희 대통령은 "현실적으로 상용되고 있는 한자를 없애자는 극단적인 주장도 옳지 않지만, 상용한자를 현재보다 더 늘려야 한다는 주장도 옳지 않다."는 내용의 담화를 발표했다. 이

담화에 이어 1979년 3월에는 상용한자 1,800자를 확정 발표하여 이후 한자의 교육과 사용은 이 1,800자의 범위 내로 제한하였다. 그러나 현실적으로는 이 1,800자 마저도 제대로 사용되거나 교육하지 않은 채 한자는 우리의 생활과 교육의 현장에서 점차 멀어지게 되었다.

제5공화국이나 제6공화국 시절에는 어문정책에 대한 정부의 별다른 방침이 제시되지 않았다. 그러나 이때에도 한자교육 부활을 주장하는 학자들은 여전히 있었고 그것을 관철하고자 하는 행동 역시 지속되었다. 물론, 한글전용을 주장하는 사람들은 여전히 한글전용을 강조하였다.

1990년대에는 국제 사회의 환경이 변하여 중국과 동북아시아 지역의 위상이 높아짐에 따라 우리 사회에서 한자교육의 필요성을 강조하는 목소리가 다시 고개를 들었다. 〈조선일보〉는 1994년 2월 7일부터 28일까지 17회에 걸쳐「아태(亞太)시대, 우리들의 국제문자 한자를 배웁시다.」라는 기획기사를 연재하였다. 언론사의 이러한 기획은 국민들로 하여금 한자에 대한 인식을 새롭게 갖게 하였다. 이어 1994년 3월, 당시 김영삼 대통령은 일본과 중국을 방문하면서 한·중·일 3국의 협력 과제의 하나로「한자의 국제 표준화」를 제시하였다. 상황이 이렇게 변해가자 국민들의 한자교육과 학습에 대한 열기는 크게 달아올랐다.[132] 그러나 한자의 사용과 교육에 대한 정부의 새로운 방침이나 대책은 전혀 제시되지 않았다. 그러다가 1999년 2월 9일, 김대중 정부에서 다시 '한자 병기' 방침을 밝혔으나, 별다른 후속 조치가 없는 가운데 전국적으로 한자교육의 열기만 확산되어 갔고 특히 월드컵 경기를 치른 2002년에 이르러서는 중국 관광객의 한국 방문이 증가하면서 중국과 한자에 대한 국민적 관심이 크게 늘었다.

이후, 2005년 1월 27일에 또 하나의 변화가 일어났다. 법률 제7368호로 '국어기본법'이 제정·공포된 것이다. 이어, 같은 해 7월 27일에는 대통령령 제18973호로 동법 시행령이 제정·공포되어 시행에 들어갔다. 이에 따라 1948년에 공포된 한글전용에 관한 법률은 폐기되고 그 자리에 국어기본법이 자리하게 되었다. 그런데 이 국어기본법에서 우리가 주목해 보아야 할 대목은 '국어'의 개념과 범위의 문제이다. 제3조 ①항은 "국어란 대한민국의 공용어로서 한국어를 말한다."는 정의를 하고 있는데 뒤이어 ②항에서는 "한글이란 국어를 표기하는 우리의 고유문자를 말한다."라고 정의함으로써 대한민국의 국어란 한글로 표기한 한국어라는 관점을 보이고 있다. 한자의 존재를 아예 부정하고 있는 것이다. 그리고 표기법과 관련해서는 제14조 ①항에서 "공공기관 등의 공문서는 어문규범에 맞추어 한글로 작성하여야 한다. 다만, 대통령령으로 정하는 경우에는 괄호 안에 한자 또는 다른 외국 글자를 쓸 수 있다."고 하고, ②항에서는 "공공기관 등이 작성하는 공문서의 한글 사용에 관하여 그 밖에 필요한 사항은 대통령령으로 정한다."고 함으로써 1948년 한글전용에 관한 법률 공포 이래 정부 어문정책의 핵심 노선이었던 '한글전용'을 그대로 답습하고 있음을 알 수 있다. 아직도 우리 정부는 한글전용을 견지하고 있으며 우리 사회는 그동안의 끈질긴 홍보와 교육으로 인해 한글전용이야말로 올바른 어문정책이며 한글을 전용하는 것이 바로 애국애족인 것으로 인식하고 있다. 그리하여 한자를 완전히 외국 문자로 간주하고 있다. 한자는 과연 외국 문자일까?

─── 제7장 ───

한자는 외국 문자가 아니다.
이미 우리 문자이다.

1. 반기문 유엔사무총장의 서예작품을
중국어를 쓴 것이라고 말하지 말라

2015년 8월 8일자 〈중앙일보〉는 사진과 함께 「반기문, 오바마 생일날 휘호 '상선약수' 선물」이라는 제목 아래 다음과 같은 기사를 실었다.

반기문 유엔 사무총장(왼쪽)이 버락 오바마 미국 대통령의 54세 생일인 지난 4일 백악관 집무실에서 직접 쓴 '상선약수(上善若水)' 휘호를 선물했다. 이 휘호는 노자《도덕경》에 나오는 유명 구절 중 하나로 '최고의 선은 물과 같다'는 의미다. "물은 만물을 이롭게 하지만 다투지 않고, 모든 이가 싫어하는 자리로 흘러간다(水善利萬物而不爭, 處衆人之所惡)"는 구절로 이어진다. 반 총장은 또 휘호 오른쪽에 '오파마총통 각하 아정(奧巴馬總統閣下 雅正)'이란 오바마의 중국식 이름과 직위를 덧붙였다. 아정은 '드리다'는 말의 존칭이다. 반 총장은 저우빈(周斌) 화둥사범대 교수에게서 서예를 배웠다.

【자료8-반기문 유엔 사무총장의 서예선물 / 출처: 중앙일보】

　　반기문 유엔사무총장이 오바마 미국 대통령의 생일을 맞아 동아시아 한자문화권 문화 예술의 정수(精髓)라고 할 수 있는 서예작품을 서예의 불모지인 미국의 대통령에게 선물한 것이다. 알파벳 문화권인 서구와 한자문화권인 동아시아의 교류와 소통을 상징하는 선물이라고 할 수 있다. 서제(書題:글씨감)로 선택한 노자의 "상선약수(上善若水:가장 높은 경지의 선은 물과 같다)"라는 말 또한 한자문화권의 지도자상을 대변하는 말로 풀이할 수 있어서 더욱 의미가 깊다. 중앙일보도 밝혔듯이 노자는 '상선약수'라는 말에 이어 "물은 만물을 이롭게 하지만 다투지 않고, 모든 이가 싫어하는 아래 자리로 흘러간다(水善利萬物而不爭, 處衆人之所惡)"라는 말로 물이 최상등의 선(善)인 이유를 설명하고 있기 때문이다. 반 총장은 이 말을 써서 오바마에게 전하면서 "나 반기문은 상선약수의 자세로 살며 인류의 평화를 위해 아무리 험하고 어렵고 더러운 지역이라도 나를 필요로 한다면 달려갈 테니 당신 오바마 대통령도 그런 자세로 살며 함께 인류 평화를 위해 노력합시다."라는 메시지를 전하고자 했는지도 모른다. 세계를 이끄는 한 지도자가 또한 지도자에게 준 참으로 의미가 깊은 선물이다.

중앙일보를 통해 이 사진을 본 필자는 주변 사람들에게 사진을 보여주며 앞서 말한바와 같은 이야기, 즉 이 서예작품 선물이 갖는 의미에 대한 필자의 생각을 말했다. 그 과정에서 필자는 적지 않은 사람들이 적잖이 냉담한 어투로 "뜻이 아무리 좋더라도 한국 사람이니 한글을 썼어야지! 하필, 한자를 써서 중국 사람처럼 행세를 하다니?"라는 말을 하고, 설령 말은 안하더라도 표정으로는 그러한 심사를 드러내는 것을 느꼈다. 이러한 반응 또한 한자를 완전히 외국 문자로 간주한 데서 나온 것이다. 필자 역시 반기문 총장이 한글 작품을 썼더라면 더욱 좋았을 것이라는 생각을 안 한바 아니다. 그리고 글씨감으로 고른 글도 우리의 조상인 남명 조식선생이나 퇴계, 율곡, 다산선생 혹은 이순신 장군의 어록에서 한 구절 골랐더라면 더 좋았을 것이라는 생각도

해봤다. 그러나 우리는 그런 바람을 갖기 전에 한자는 중국이라는 외국에서 사용하는 외국 문자가 아니라, 우리 조상들이 2,000년 이상 사용해 왔고 현재도 사용하고 있는 우리의 문자라는 생각을 가져야 한다. 과거 2,000년 이상의 역사와 문화를 기록하고 있는 이 한자를 한글과 함께 또 하나의 우리 문자로 인정하고 수용해야 한다는 것이다. 일본도 북한도 한 때 한자를 폐기하려 했다가 이제는 다시 쓰는 상황이다. 그리고 북한이나 일본이 그렇게 한자를 다시 사용하는 이유는 한자를 한글이나 가나와 더불어 그들의 문자로 여기고 있기 때문이다. 2,000년 이상 자기 나라의 역사와 문화를 기록해온 문자를 자기 나라의 문자로 인정하지 않는다면 그 나라는 역사와 문화가 없는 나라나 마찬가지다. 문자는 그것을 사용하는 나라의 것이기 때문이다. 미국이 영어를 사용하지만 그들은 영어를 외국어라고 여기지 않는다. 다시 말해서 영국문자라고 하지 않고 그들 자신의 문자라고 하는 것이다. 문자뿐이 아니다. 축구가 영국에서 시작되었다고 해서 이 시대에 세계적인 축구 강국으로 알려져 있는 브라질이나 아르헨티나 사람들이 그들이 하는 축구를 '영국 축구'라고 생각하지 않는다. 당연히 그들 자신의 축구로 여기며 축구 강국으로서 자긍심을 갖는다. 반기문 총장도 외국 문자를 쓴 것이 아니라 우리의 문자로 서예작품을 제작해서 오바마 대통령에게 선물한 것이다. 한자는 이미 중국만의 문자가 아니라 동아시아 공동의 문자이다. Chinese Character가 아니라 East Asian Character인 것이다. 그러므로 반기문 총장이 한자로 '上善若水'라는 구절을 썼다고 해서 남의 나라 서예 즉 중국서예를 했다고 해서는 안 된다. 만약, 반기문 총장이 쓴 서예작품을 한자를 썼다는 이유로 '중국서예'로 치부하려 든다면 현재 중국보다도 오히려 우위에 있는 우리

나라의 서예문화는 반 토막이 나버리고 만다. 한글을 쓰는 서예만 한국서예이고, 한자를 창작의 매체로 삼는 대다수의 서예가들은 한국서예를 하는 한국의 서예가들이 아니라, 중국서예를 하는 서예가이거나 심지어는 중국의 서예가가 되고 말기 때문이다.

우리에게 있어서 한자는 결코 외국 문자가 아니다. 한글과 더불어 우리 문자 생활의 한 축을 이루는 우리 문자이자, 한국, 중국, 일본이 함께 사용하는 동아시아 공동의 문자인 것이다.

2. 추사 김정희 선생은 중국서예를 한 사람인가?

한자를 우리 문자로 인정하지 않을 경우, 우리는 역사와 문화는 물론 정치, 경제, 사회 각 방면에서 미처 생각하지 못한 손실을 자초할 수 있다. 특히 한자문화권 문화의 정수이자 상징적인 예술이며 우리의 소중한 전통문화인 서예는 치명상을 입게 된다. 이에, 본 절(節)에서는 서예의 경우를 예로 들어, 「한글전용」이 가져올 우리 문화예술상의 손실에 대해 논의해 보고자 한다.

추사 김정희 선생은 조선을 대표하는 서예가이다. 아니, 우리나라의 전 서예사를 통하여 가장 위대한 서예가로 추앙을 받고 있는 서예가이다. 추사체라는 독창적인 서체를 창조했기 때문에 그런 추앙을 받는다. 추사 서예의 이러한 독창성을 중국이나 일본의 서예가들도 다 인정한다. 그런데 추사 선생은 몇 통의 한글 편지가 있기는 하지만, 거의 100% 한자를 주요 매체로 활용하여 작품을 창작하였다. 한자를 중국이라는 외국의 '외국 문자'로 간주한다면 추사는 중국문자를 씀으로써 중국서예를 한 사람이 된다. 추사뿐 아니라, 조선의 모든 서예가 아니 고구려, 백제, 신라, 고려의 모든 서예가들도 중국서예를 한 서예가가 된다. 어디 서예가뿐이겠는가? 모든 시인과 문장가들이 다 중국시를 쓰고 중국문장을 지은 사람이 되고 만다. 그러므로 한자를 썼다고 해서 중국서예를 했다고 말하지 말아야 한다. 한시를 지었다고 해서 중국시를 지었다고 말하지 말아야 한다. 우리가 자랑하는 추사 선생을 중국서예를 한 사람으로 인식해서 좋을 게 무엇이겠는가? 우리는 추사 선생을 세계를 향하여 자랑해야 한다. 그렇게 하기 위해서는 만에 하나라도 추사 선생이 중국의 서예를 했다는 생각을 가져서는 안 된다.

앞으로 서예는 세계의 예술로 거듭날 수 있다. 그렇게 되면 추사는 피카소보다 더 위대한 예술가로 평가받을 수도 있다. 추사뿐이 아니다. 한자를 이용하여 이룬 우리의 문화 예술품 모두가 세계적인 예술품으로 인정을 받을 날이 올 수 있다. 그때에 가서도 우리는 한자는 중국의 문자이므로 한자를 이용하여 창작한 예술 작품은 모두 중국 예술작품이지 우리의 예술작품이 아니라고 할 셈인가?

우리는 이 시점에서 서예가 장차 세계의 예술로 거듭날 가능성을 진단해 보고, 그러한 가능성에 근거하여 우리의 서예를 중흥시켜야 한다. 서예의 중흥을 위해서는 한자를 외국 문자가 아닌 우리의 문자로 인정하는 의식부터 가져야 하고, 한자를 매체로 창작하는 서예가 왜 21세기에 세계의 예술이 될 수 있는지에 대해 깊이 생각해봐야 한다.

1) 추사 서예, 한국서예, 세계의 예술이 될 수 있다.
―서예는 21세기 첨단문화산업의 주요 콘텐츠

많은 연구자들이 21세기에 서예가 세계적으로 각광을 받는 예술이 되고 또 문화산업이 되리라고 전망하고 있다. 왜 그런 전망이 가능한 가? 지금으로부터 약 100여 년 전, 동아시아 한자문화권 국가에 서양 문물이 들어올 때 우리는 그 서양문물에 대해서 매우 낯설어 했다. 피아노, 바이올린, 첼로 등의 악기를 보면서도 모양이나 음색이 우리의 악기인 가야금, 거문고, 장고 등과 달랐기 때문에 의아해 했으며 서양에서 들어온 스포츠인 야구, 농구, 축구를 보면서도 서양 사람들은 참 이상한 놀이를 한다는 생각을 했었다. 그런데 지금은 피아노가 있는 집이 한두 집이 아니며 야구, 농구, 축구를 거의 모든 국민이 즐기고 있다. 그뿐만 아니라, 축구는 월드컵에서 4강에 오르기도 했고 야구는 세계를 제패했다. 그리고 김연아 선수는 우리 국민들이 그처럼 낯설게 여겼던 피겨스케이팅에서 세계의 1인자가 되었다. 100여 년 전에는 낯설게만 느껴졌던 서양문물이 이제는 우리의 생활이 되어버린 것이다. 그런데 이들 서양의 문화와 예술은 우리뿐만 아니라 이미 전 세계가 거의 다 누리며 경험했다. 축구, 야구도 전 세계 사람들이 즐기고 있고 피아노, 바이올린도 전 세계의 누구라도 연주할 수 있게 되었으며 왈츠나 미뉴엣 등 춤도 세계가 공유하고 있다. 그런데 우리의 전통문화인 판소리, 가야금, 서예 등은 아직 경험하지 못한 사람들이 많다. 이제, 이들 우리의 전통문화를 100여 년 전에 서양 문화가 우리에게 들어오듯이 역으로 우리가 서양으로 수출해야 할 때이다. 그런데 이러한 전통문화 중에서 서양 사람들 스스로가 호기심을 가지고 서서

히 접근해옴으로써 가장 유리하게 서양 사람들에게 다가갈 수 있는 예술이 바로 서예이다. 서예는 서예에 내재한 예술성 자체만으로도 세계의 예술이 될 수 있지만 무한한 병용과 응용 가능성으로 인해 더욱 세계인의 관심을 끌 수 있다.

서예는 보존가치가 높은 문화유산이기도 하지만 21세기 첨단문화산업의 주요 콘텐츠이기도 하다. 21세기는 첨단문화산업의 시대이다. 그러므로 21세기에는 한자교육과 함께 서예교육도 강화해야 할 필요가 있으며, 서예의 중흥을 위해서라도 한자를 굳이 외국 문자로 치부하려 들 필요가 없다.

(1) 서예 디자인

현대 사회에서 시각디자인이 얼마나 중요한 역할을 하며 디자인 산업이 얼마나 부가가치가 높은 산업인지에 대해서는 더 이상 설명이 필요하지 않다. 그런데 이렇게 중요한 디자인 산업을 우리는 거의 다 외국에 빼앗기고 있다. 심지어는 우리나라 대기업의 로고나 캐릭터 등을 외국의 디자인 업체로부터 수십, 수백 억의 돈을 주고서 사와야 하는 실정이다. 세계의 누구도 따라 할 수 없는 우리만의 방법으로 제작한 독특한 디자인이 없기 때문이다. 따라서, 지금까지 세계 디자인계에서 사용한 적이 없는 새롭고 획기적인 방법을 이용한 디자인을 개발할 필요가 있다. 그런 방법이 바로 서예에 있다. 서예의 표현 기법인 운묵(暈墨:번짐)이나 한지와 먹물이 만나서 형성하는 독특한 비백(飛白:먹이 제대로 묻지 않아서 더 아름다운 현상) 등을 이용하면 지금까지 누구도 개발하지 않은 디자인 상품을 개발할 수 있다. 서구의 디자인 선진국들은 그들의 디자인 산업에 아직 서예를 구체적으로 응용한 예가 거의 없다. 지금이야말로 우리가 서예를 현대의 시각디자인에 응용하여 새로운 디자인 산업 강국으로 부상해야할 때이다. 디자인 산업을 위해서라도 서예는 중흥되어야 하는데 서예 중흥의 기본이자 첩경은 한자를 우리 문자로 인식하는 일이다.

(2) 서예 치료

21세기는 디지털 중심으로 문화환경이 급격하게 바뀌면서 인간의 심리불안 현상이 크게 늘고 있으며 치료를 필요로 하는 경우도 많이 발생하고 있다. '심리치료'라는 것이 바로 그것인데 이에 대한 사회적 요구가 늘면서 음악치료, 미술치료, 향기치료 등 다양한 치료방법이 대두하고 있다. 그런데 이러한 여러 치료 방법 중에서 어떤 치료보다도 치료효과가 높은 것이 서예치료이다.

자아(自我)와 비자아(非自我) 사이의 관계를 항상 대립관계로 보는 서양 사람들은 인간의 몸도 자아와 비자아의 대립관계로 파악하려고 하였다. 자아의 몸을 튼튼하게 지탱하기 위해서는 외부의 비자아로부터 얼마만큼의 영양(에너지)을 가져와야 하는지를 연구한 것이 서양의 영양학이고, 외부로부터 우리 몸을 공격해 오는 비자아의 적을 어떻게 막아내야 하는지를 연구한 것이 서양의 의학이다. 아직 동양은 천연두, 장티푸스, 이질, 콜레라 등 전염병을 하늘이 준 형벌로 여겨 속수무책일 때 서양은 백신과 주사기를 이용하여 그 천형(天刑)을 퇴치하는 법을 찾아냈다. 즉 우리 몸으로 들어오려고 하는 비자아의 세균을 찾아내어 그것을 박멸하는 방법을 개발한 것이다. 천형을 퇴치하는 그 신비한 의술 앞에서 동양은 굴복하지 않을 수 없었다. 그러나 21세기는 다르다. 암, 고혈압, 당뇨병, 심장병 등 이른바 21세기 현대병 앞에서 서양의학은 무력함을 보이고 있다. 우리에게 침투한 비자아인 병균을 물리력으로 박멸하는 방법을 찾아내어 신기(神技)에 가까운 의술을 보였던 서양의학이지만 그들은 아직 암, 고혈압, 당뇨병, 심장병에 대해서는 획기적인 치료법을 찾지 못하고 있다. 왜냐하면 암, 고혈압, 당뇨, 심장병 등은 자아인 나를 향해 침입해 오는 비자아, 즉 세균이 일으키는 병이 아니기 때문에 비자아에 대한 박멸을 특기로 삼는 서양의학이 힘을 발휘하지 못하고 있는 것이다. 그런데 언제부터인가 암, 고혈압, 당뇨병, 심장병 등의 근본 원인은 정신 혹은 심리적인 데에 있다는 의견들이 나오면서 이런 병들은 스트레스를 많이 받거나 무절제한 생활로부터 자신을 잘 못 다스리는 사람이 훨씬 잘 걸린다는 증거들이 발견되기 시작하였다. 그리하여 급기야는 이런 병들 뿐만 아니라, 모든 병의 근본적인 원인이 '자기 다스림' 즉 '수신'의 부족에 있다는 주장이 설득력을 갖게 되었다. 이에, 시간이 흐를수록 모든 병에 대한 최선의 예방책도 '수신'이고, 최고의 치료법도 '수신'이라는 생각들이 늘어나면서 기계적 치료 중심이었던 서양의학도 '수신'을 바탕으로 하는 동양적 사고로 그 방향을 바꾸어 가고 있다.

동서고금의 예술 중에서 서예만큼 수신성(修身性)이 강한 예술은 아마 없을 것이다. 서예에는 단전호흡의 효과와 몰입의 효과, 명상의 효과 등 몸과 마음을 다스리는 데에 필요한 많은 효과가 자리하고 있기 때문이다. 이 수신성을 살려 서예를 발전시킬 수 있는 여러 방향과 방법 중에서 가장 대표적인 것이 바로 서예를 이용한 심신의 치료이다. 서예는 21세기에 최첨단 심리치료 산업으로 성장할 가능성을 안고 있다. 이러한 때에 한자를 굳이 외국 문자로 간주하여 한자서예는 우리의 서예가 아닌 것처럼 인식해야 할 이유가 없다.

(3) 서예 웰빙(Well-Being)

서예는 '서예양생학'이라는 말이 나올 정도로 건강과 밀접한 관련이 있다. '서예양생학'이라는 말은 2008년 8월 대만의 대중(臺中)교육대학에서 열린 〈세계한자서예교육학회〉에서 논문을 발표한 필자가 논문을 발표하는 과정에서 처음으로 사용하여 회의에 참가한 많은 사람들로부터 호응을 얻은 용어로서 서예를 통하여 양생을 돕는 학문, 즉 서예와 건강과의 관계를 연구하는 새로운 학문분야이다.

예로부터 서예가들은 장수하였다.[133] 특히, 최근에 작고한 대만의 서예가들이 장수한 예가 많은데 진정산(陳定山) 93세, 왕장위(王壯爲) 92세, 조용(曹容) 100세, 진운정(陳雲程) 104세, 왕개화(王愷和) 93세, 주구영(朱玖瑩) 103세, 부견부(傅狷夫) 98세, 송미령(宋美齡) 106세, 진립부(陳立夫) 102세, 유태희(劉太希) 91세, 낭정산(郎靜山) 103세, 장융연(張隆延) 95세, 유연도(劉延濤) 90세, 사종안(謝宗安) 93세, 대정농(臺靜農) 94세 등이 바로 좋은 예이다.[134] 그렇다면 서예는 건강 증진에 구체적으로 어떠한 도움을 주는 것일까?

서예는 하는 자세는 바로 단전호흡에 가장 유리한 자세이다. 위로 치밀어 올라오는 부박한 사기(邪氣)를 아래로 끌어내려 건강한 기(氣)가 허리 끝을 지나 발꿈치에 무겁게 가라앉아 있을 때 사람의 정신과 심리가 가장 안정된 상태에 이르게 된다. 그러한 상태에서 상체를 더없이 허하게 함으로써 그 허한 몸통을 이용하여 길고 고른 호흡을 하면 우주의 기를 보다 많이 단전으로 끌어들일 수 있다. 그것이 바로 단전호흡이다. 서예 자세는 단전호흡의 자세와 일치한다. 그러므로 서예를 하면 저절로 단전호흡을 할 수 있게 된다.

서예와 건강과의 관련성을 이야기함에 있어서 빼놓을 수 없는 또한 가지는 바로 몰입의 기능이다. 서예를 하는 데에 사용하는 붓 이외에 오늘날 우리가 사용하는 만년필이나 볼펜, 사인펜 등 모든 필기도구는 다 그 끝이 딱딱한 경필(硬筆)이다. 이런 경필로 글씨를 쓸 때는 경필의 끝 부분에 신경을 쓸 필요가 거의 없다. 그러나 붓은 매우 부드러운 털에 먹물을 묻혀 쓰는 것이기 때문에 힘을 어느 정도 주느냐에 따라서 또는 먹물을 어느 정도 묻히느냐에 따라서 전혀 다른 굵기의 획이 나타나고 또 붓을 어떤 각도로 세워서 쓰느냐에 따라서 전혀 다른 느낌의 획이 나타난다. 따라서 쓰는 사람의 의도에 맞는 획을 구사하기 위해서는 온 정신을 집중하여 먹물의 흐름과 붓 끝에 주는 힘과 붓을 세우는 각도를 조절해야 한다. 그런데 이 조절이 결코 쉬운 일이 아니다. 정신을 집중해야만 이 조절이 가능하다. 그러므로 서예를 하면 부지부각중에 정신의 집중 즉 몰입이 이루어진다. 그뿐만 아니라, 서예는 수채화나 유화 등 다른 예술과 달리 1회성 필획을 쭉 긋는 순간에 작가의 모든 것을 드러내는 순간예술이기 때문에 음악가나 무용가가 무대에서 공연할 때 하는 집중 이상으로 집중을 해야 한다. 게다가 서예는 동서고금의 명언과 가구(佳句:아름다운 구절)를 쓰기 때문에 머릿속으로 그 명언과 가구가 주는 교훈을 새길 수 있다. 그러므로 서예를 연마하면 명상은 저절로 이루어진다.

이처럼 서예는 단전호흡, 집중과 몰입, 명상 등 여러 방면에서 건강 증진에 절대적인 작용을 한다. 따라서 서예는 건강이다. 건강이 없는 웰빙은 생각할 수 없다. 그러므로 서예는 곧 웰빙이다.[135] 21세기는 웰빙의 시대이다. 웰빙의 시대에 서예는 세계적인 예술이자 문화산업 콘텐츠로 부상할 수 있다. 이 시점에서 서예는 적극 진흥해야 할 분야이지 한자를 주요 창작 매체로 삼는 예술이라는 이유로 중국 예술로 치부한 나머지 관심 밖으로 밀어낼 분야가 아니다. 더욱이 우리나라를 대표하는 서예가인 추사 김정희 선생은 서예의 중국성을 극복하고 글로벌성을 확보한 위대한 인물이다. 따라서 21세기 후반쯤에 서예가 서예 디자인, 서예 치료, 서예 웰빙과 함께 세계의 예술로 거듭나게 되면 추사 김정희 선생은 피카소를 능가하는 예술가로 평가받을 수도 있다. 이런 추사 선생을 한자로 작품을 썼다는 이유를 들어 중국서예를 한 서예가로 치부해서는 안 된다. 한자를 외국 문자로 보지 않고 우리의 문자로 인정했을 때 추사는 세계적인 예술가로 거듭날 수 있을 것이다.

2) 추사 서예의 성과 – 서예의 중국성(中國性) 극복

한자를 창작의 매체로 삼아 위대한 추사체를 창조한 추사 선생의 예술을 세계에 알리고, 추사의 서예를 통해 한자가 우리의 문자임을 천명하기 위해서는 추사체가 어떠한 예술적 특징을 띠고 있는지를 알아야 한다.

추사 선생 당시, 한자를 매체로 작품을 창작하기는 중국이나 한국이나 매 일반이었다. 그러한 가운데 한국서예는 중국서예의 영향을 많이 받았다. 추사도 중국서예의 영향을 많이 받았다. 심지어는 '모화적(慕華的:중국을 지나치게 흠모함)'이라고 할 만큼 중국의 서예와 서예가에게 경도되기도 하였다.[136] 그러나 만년의 추사는 그러한 중국성을 완전히 극복하고 독자적으로 일가(一家)를 이루었다. 추사의 서예는 필획(筆劃)과 결구(結構), 장법(章法) 각 방면에서 다 중국의 어느 서예가와 비교해도 다른 점이 있다. 추사의 서예를 중국서예라고 말할 수 없는 또 하나의 이유이다.

(1) 필획(筆劃) – 한 단위의 '그음'

추사체 필획의 가장 큰 특징은 파필(破筆)이라고 해야 할 것이다. 붓털이 가지런히 정리된 상태에서 획을 매끄럽게 긋는 것이 아니라 오히려 붓털이 뒤틀리고 꼬아진 상태에서 획을 긋는 것을 파필이라고 한다. 깨부수어진 붓으로 쓴 것 같다는 뜻에서 그렇게 부르는 것이다. 추사가 이러한 파필의 필획을 구사하게 된 까닭은 이른바 '중봉(中鋒)'에 대해 추사 나름대로 재해석을 하였기 때문이라고 생각한다. 대부분의 서예가들이 중봉을 단순하게 필첨(筆尖:붓 끝)이 필획의 가운데 부분을 통과하도록 쓰는 것이라고 생각하고 있을 때, 추사는 중봉의 의미를 그렇게 생각하지 않았던 것 같다. 그는 필첨이야 어디를 향하든 혹은 이미 깨부수어지듯 꼬이고 뒤틀린 붓이기 때문에 설령 일정한 필첨이 자리하고 있지 않다고 하더라도 필획을 그었을 때 붓과 종이가 수직으로 만나는 무게중심이 필획의 한 가운데를 통과하도록 획을 구사하면 그게 바로 중봉이라고 생각했던 것 같다. 중봉에 대한 이러한 해석은 당시 중국의 서예가들도 하지 못한 기발한 해석인데 이러한 해석이 오히려 정확한 해석이라고 할 수 있다. 바로 추사는 행서든 예서든 큰 글자이든 작은 글자이든 이러한 방식의 중봉으로 획을 구사하였기 때문에 필획이 매끄럽지 못하고 그처럼 까칠하다. 당시 중국의 글씨를 보면 어떠한 형태로 필력을 구사했건 간에 거의 대부분 필획은 외양이 매끈하게 나타나고 있다. 그런데 추사의 글씨는 중국 글씨와는 달리 필획이 모두 까끄라기가 붙은 것처럼 거칠다.

【자료9-추사작품〈유천희해(遊天戱海:하늘을 놀리고 바다를 희롱함)〉】

【자료10-〈산숭해심(山崇海深:산 높고 바다 깊어)〉】

예를 들자면, 【자료9】, 【자료10】[137] 등의 작품이 바로 전형적인 파필로 쓴 작품이어서 중국의 역대 서예작품 중에서는 이러한 예를 찾기가 결코 쉽지 않다. 이처럼 거친 획을 중국 ㅈ명나라 때의 서예가 진헌장(陳憲章)은 볏짚이나 띠(茅)로 만든 거친 붓을 이용하고서야 구사할 수 있었는데 추사는 정상적인 붓을 이용하여 자유자재로 그런 획을 구사했다. 이 점이 추사가 중국의 서예가를 능가하는 부분이며 이것이 추사 서예가 가지고 있는 한국성이다.

(2) 결구(結構)-한 글자의 구조

추사의 글씨는 행서든, 예서든 한 글자도 바르게 서있는 글자가 없다고 할 정도로 기울어지고 삐뚤어진 자형이 많다. 그럼에도 불구하고 그런 기울어진 글자가 전혀 어색하게 보이지 않는다. 기울어진 가운데 적절하게 바름(正)을 유지하고 바른 가운데 적절하게 기울어짐(斜)을 유지하며, 납작함(扁)과 길쭉함(長) 또한 적절하게 조화를 이룸으로써 독특한 결구를 형성하고 있는 것이다. 중국 역대의 서예가 중에도 기이한 결구로 이름을 떨친 사람이 적지 않다. 예를 들자면, 송나라 때의 황정견(黃庭堅)이 구사한 장별(長撇:긴 왼쪽 삐침), 장날(長捺:긴 오쪽쪽 삐침), 장횡획(長橫劃:긴 가로 필획), 학경(鶴脛:가로획을 부분적으로 가늘게 처리함으로써 마치 학의 다리처럼 부러질 듯이 보이는 필획) 등의 특징을 갖춘 독특한 결구의 해서와 행서, 그리고 청나라 사람 금농(金農)이나 정섭(鄭燮) 등이 구사한 기상천외한 결구 등이 바로 그렇다. 그런데 저들 중국의 서예가 중 기이한 결구를 구사한 황정견(黃庭堅)이나 금농(金農), 정섭(鄭燮) 등과 추사 사이에는 다른 점이 있다. 저들은 비록 기이한 결구를 구사하기는 하였으나 그 기이한 결구가 이미 자신의 서체로 굳어진 다음에는 더 이상의 다른 변화가 없이 거의 평생 동안 이미 굳어진 자신의 서체로 글씨를 썼다. 반면, 추사의 경우에는 기이한 결구를 구사하면서도 그 결구로 굳어지지 않고 언제라도 변화하여 새로운 결구를 창조해 내곤 하였다. 이러한 결구의 다양성과 매력이 추사 서예로 하여금 중국서예를 극복하고 당시에 이미 중국이나 일본에서도 추앙하는 글로벌성을 확보하게 하였다.

【자료11-추사작품 〈신안구가(新安舊家)〉】

【자료12-추사작품 〈죽로지실(竹爐之室)〉】

예를 들자면 【자료11】[138]과 【자료12】[139] 같은 예서들이 바로 그런 것이다. 두 작품 다 자체(字體)는 예서인데 서체(書體)상의 결구는 판이하고 필획도 다르다. 이처럼 다양한 결구를 구사한 서예가를 중국서예가 중에서 찾기란 쉽지 않다. 이처럼 추사는 중국서예의 한계를 극복함으로써 역대 중국의 유명 서예가를 능가하는 큰 서예가가 된 것이다.

(3) 장법(章法)-여러 글자가 어우러져 한 작품을 이루는 분위기

추사의 글씨를 감상할 때 주의를 기울여야 할 부분이 바로 한 획, 한 글자 등으로 나누어 부분을 보지 말고 전체를 보아야 한다는 점이다. 앞서 필획과 결구 부분에서 살펴본바와 같이 추사가 구사한 필획이나 결구는 기이하다 못해 괴이한 현상을 보이고 있는 경우가 매우 많다. 이러한 까닭에 평자들은 대부분 추사의 글씨를 '괴(怪)'라고 평했던 것이다. 따라서 추사글씨를 감상할 때 부분에 치우치다 보면 자

【자료13-추사작품 《대팽·고회[大烹·高會]》 대련

칫 '괴'함 만을 보고서 그 '괴'로 추사의 글씨를 평가해 버릴 수 있다. 그러나 사실상 추사의 글씨가 도달한 경지는 '괴'의 차원이 아니라 '평담(平淡)'의 차원이요, '자연(自然)'의 차원이다. 부분적으로는 '괴'이지만, 전체가 어우러져서는 오히려 매우 평담한 자연성을 연출하고 있는 것이다. 이 점이 추사서예가 이룩한 최고의 성과이다.

예를 들자면, 추사의 만년작품인 〈대팽·고회(大烹·豆腐)〉【자료13】[140]를 보면 추사 서예의 장법이 얼마나 자연스러운지를 알 수 있다. 필획의 괴이함과 결구의 특이함에 장법마저도 괴이한 것으로 착각하기가 쉬운데 사실 장법은 매우 자연스러워 오히려 편안한 느낌을 주고 있다. 대구를 쓴 본문 글씨와 작은 글씨로 쓴 협서(脇書:본 작품의 양편에 행서로 작게 쓴 글씨)가 어찌 그리도 잘 부합하는지 감탄이 절로 나온다. 게다가 협서를 "大烹豆腐瓜薑菜(대팽두부과강채)"라고 쓴 윗 폭에다 다 몰아 쓰고 "高會夫妻兒女孫(고회부처아녀손)"구를 쓴 폭에는 삐뚤삐뚤하면서도 깔끔하게 '칠십일과(七十一果:과천에 사는 71세의 노인)'[141]라고만 쓴 그 장법 운용 감각이 대단하다. 이 작품은 필획, 결구, 장법 등 어느 측면에서 보아도 빈틈이 없으면서도 무한히 자유로운 글씨이다. 그래서 명작이다.

【자료14-추사작품 〈판전(板殿)〉】

추사의 최후 작품인 〈판전(板殿)〉【자료14】 역시 마찬가지다. 단지 〈板殿〉이란 두 글자를 쓰고 '七十一果病中作(칠십일과병중작:72세의 과천 사는 사람이 병중에 쓰다)'이라는 관지만 쓴 매우 단순한 작품인데 이 작품이 전체적으로 조화를 이루고 있는 모습을 보면 가히 입신(入神)의 경지에 이른 작품이라고 할 만 하다. 웅장하고 괴이한 필획과 결구도 일품이지만 조화로운 장법을 운용함으로써 이 작품의 격은 '괴'에 머무르지 않고 '괴'를 넘어 다시 평담과 자연에 이르게 된 것이다.

이처럼 위대한 예술가 추사는 분명 피카소를 능가하는 면이 있다고 생각한다. 단지 예술을 보는 관점이 서양의 그것과 우리의 그것이 다르기 때문에 우리의 예술관을 이해하지 못하고 있는 서양 사람들의 눈에 아직 추사 서예의 그런 오묘한 예술성이 보이지 않고 있을 뿐이다. 우리가 한자를 버리면 이런 위대한 서예가 추사도 함께 사라지게 된다. 이처럼, 한자를 폐기할 수 없는 절실한 이유가 도처에 자리하고 있다.

우리는 이제 100여 년 전에 우리나라에 서양의 문물이 들어올 때 낯설어 하던 그 상황으로 우리의 문화를 보고 있는 서양 사람들에게 우리 문화의 특성과 우수성을 알려야 한다. 그리하여 과거에 우리가 서양의 문물 앞에서 그랬듯이 차츰 우리의 문화에 대해서 익숙하게 하고 우리의 문화를 향유할 수 있게 해야 한다. 마치 《사랑방 손님과 어머니》에 나오는 옥희네 어머니가 1935년도에 쳤던 그 오르간처럼 이제는 2050년 쯤에는 서양 사람들이 우리의 추사 선생이 썼던 서예를 최고의 예술품으로 감상하며 그들 스스로 서예작품을 창작하는 재미를 향유할 수 있게 해야 한다. 그때에 가서도 추사의 작품을 중국의 예술작품으로 치부할 것인가? 중국이 나서서 한자를 쓴 작품이므로 추사의 작품은 곧 중국의 예술작품이라고 우겨도 할 말을 못하고 바라만 보고 있을 텐가? 그런 기막힐 상황을 맞지 않기 위해서 지금 우리는 한자를 우리의 문자로 인정하고 중국에 대해서도 우리의 문자라고 당당하게 주장해야 한다. 한자를 우리의 문자가 아니라고 말할 때가 아니라, 한자가 우리의 문자라는 권리를 주장해야 할 때인 것이다. 그리고 한자를 우리 문자로 인정함으로써 우리 문화의 진가를 세계를 향해 알려야 할 때인 것이다.

3. 한자를 모르고서 민족문화를 알 수 있나?
전문가가 번역해 주면 된다고?

앞서 제6장 제4절 제2항에서 살펴보았듯이 1968년 10월 25일, 당시 박정희 대통령은 「한글전용 촉진 7개 사항」을 지시하면서 1948년에 제정되었던 「한글전용에 관한 법률」에 있었던 "다만 얼마동안 필요한 때에는 한자를 병용할 수 있다."는 단서마저도 빼게 함으로써 한자를 사용할 수 있는 여지를 아예 없애버렸다. 그뿐만 아니라, 국내의 공공기관에서는 한자가 사용된 서류는 접수를 금지하도록 함으로써 한자 사용을 철저히 봉쇄하였다. 그러나 이처럼 한자 사용을 완전히 금지하고 나면 민족의 문화가 말살될 것은 명약관화한 일이었으므로「한글전용 촉진 7개 사항」의 제 7항에 '고전의 한글 번역을 서두를 것'을 지시하여 최소한의 보완책을 마련하였다. 이후, 과연 번역작업은 제대로 진행되었을까? 그리고 그렇게 번역된 번역본은 민족문화를 보존하고 선양하는 데에 공헌을 했을까? 이에 대한 답은 매우 부정적이다. 대규모의 번역 작업을 수행한 것도 아니고 그나마 나온 번역본도 제 구실을 못했기 때문이다. 번역에 사용된 언어가 대부분 한자어인 데다가 설령 최대한 한글로 풀어서 번역을 한다고 해도 끝내 번역을 할 수 없어서 한자말 그대로 수용해야 하는 단어가 우리의 역사와 전통 문화 속에는 너무나 많기 때문에 비록 우수한 번역본이 나왔다고 하더라도 그 번역본을 읽기 위해서는 여전히 한자실력이 필요했다. 그런데 한자교육을 금지하다보니 번역본을 읽을 실력도 갖출 수 없게 되었고 그런 상태에서 번역본은 사실상 아무런 역할을 할 수 없었다. 북한은 이러한 점을 간파하고 1950년대 중반부터 한자의 사용과 교육을 부활하는 쪽으로 어문정책의 방향을 바꾸었다. 그런데 우리는 민족문화의 계승을 번역에 의지하려고 한 것이다. 민족문화를 기록하고 있는 문자인 한자에 대한 국민적 관심을 유도하지 못하고 몇몇 한문학자들의 번역본에 의지해서 민족문화의 보존과 창달을 꾀하려 한다면 그것은 망상에 불과하다. 이는 마치 월드컵에 대한 국민적 관심은 전혀 유도하지 않은 채 선수 11명과 예비선수 약간명 그리고 코치 몇 사람과 감독 한 사람만 양성하여 대회에 파견하고서 우승하기를 기대하는 것이나 다를 바 없다. 그렇게 해서 어떻게 우승을 기대할 수 있겠는가? 우리는 2002년 월드컵에서 우리 선수들이 4강에 들기까지 수백만 명이 광장과 거리로 쏟아져 나와 함께 응원했다. 그리고 일상생활 중에서도 축구에 대한 관심이 높았다. 이런 국민적 응원과 관심이 바로 우리를 4강에 오르게 한 것이다. 마찬가지로 우리 국민들 모두가 번역에 의지하지 않고, 아니 설령 번역본에 의지한다고 하더라도 번역본에 나오는 한자말 정도는 한자만 보며 이해할 수 있는 능력과 한자에 대한 관심이 있을 때 비로소 우리의 민족문화와 역사는 보존 계승되고 또 창달될 수 있다.

그런데 우리의 현실은 전혀 그렇지 못하다. 대한민국 최고의 지식 분자 집단인 대학 교수들마저도 일부 해당 분야를 전공하는 교수들을 제외하고서는 자기 전공이 아니라는 이유로 한자로 기록된 우리의 역사나 문화유산을 단 한 줄도 원래의 기록대로 읽지 못하는 경우가 대부분이다. 기껏해야 번역본에 의지하여 우리의 역사와 전통문화를 이해하고 있는 실정인데, 지난 70여 년 동안 우리나라의 어느 곳에서도 한자교육을 제대로 시키지 않았고 오히려 사회 전반에 형성된 한자 사용 금지의 분위기로 말미암아 전문인에 대한 교육마저 제대로 실시하지 않았던 까닭에 지금은 번역본조차 믿을 만한 게 드문 형편이다. 이러한 가운데 일부 재주가 넘치는 가수나 배우들이 반짝이는 재치와 기지로 창작하고 기획한 노래 한 곡, 드라마 한 편이 세계적인 인기를 끌게 되면 마치 그것이 우리 문화의 전부이고 그것이 우리 문화의 우수성인 양 자랑하며 많은 자긍심을 갖는 일이 최근 10~20년 사이에 자주 일어나게 되었다. 이른바 한류(韓流)가 바로 그것이다. 그러나 한류를 들어 우리를 대표하는 문화라고 말하기에는 부족한 점이 많다.

한류는 물론 일종의 문화이기도 하지만 유행의 속성이 더 강하여 언제 소멸될지 모르기 때문이다. 우리는 이른바 88올림픽을 치를 무렵 우리 사회에 넘쳐났던 '홍콩바람'과 일부 중국영화의 유행바람을 기억하고 있다. 장국영, 주윤발, 임청하, 성룡, 공리 등 홍콩과 중국의 영화배우들이 우리의 입을 오르내렸고 장예모 감독이 화제가 되었으며《붉은 수수밭》,《첨밀밀》등 중국 영화를 보지 않은 사람은 문화인이 아닌 대우를 받는 풍경이 연출되었다. 그러나 그 열기가 지금은 다 사라지고 없다. 진정한 문화가 아니고 일종의 유행이었기 때문에 그렇게 사라지고 없는 것이다. 우리의 한류는 절대 그렇지 않기를 바라야겠지만 한류도 문화이면서 유행이기도 하기 때문에 생명이 길지 못한 것은 피할 수 없다. 2014년에 그렇게 유행했던 싸이의 말춤을 지금은 추는 사람이 거의 없다. 우리가 진정으로 문화강국이 되기 위해서는 유행은 유행대로 일으키면서도 유행에 도취되지 말고 학문적으로 진지하게 우리의 전통문화와 예술을 연구해야 하는 이유가 바로 여기에 있다. 그런데 우리의 역사와 전통문화를 기록하고 있는 문헌의 거의 전부가 한자로 기록되어 있으니 한자를 모르고서 어떻게 역사와 문화를 연구할 수 있겠는가?

우리의 전통 민족문화를 연구하는 것은 매우 중요한 학문행위이다. 학문이라는 연구행위의 기본적인 틀은 기존의 업적에 대한 충분한 이해와 평가를 바탕으로 보다 더 진실하고 가치 있는 새로운 학설을 찾아서 제시하는 것이다. 따라서 기존의 선행연구 업적을 읽을 수 없다면 아예 학문 연구 활동이 이루어 질 수 없다. 그런데 현재의 대학생 수준으로 보았을 때 거의 대부분의 대학생들 심지어는 대학원 박사과정의 학생들까지도 한문으로 쓰인 원전은 말할 것도 없고 국한문혼용으로 쓴 학술서도 제대로 읽지 못하고 있는 실정이다. 지금 한국의 대학생 입장에서 본다면, 고려 시대로부터 조선 시대에 이르는 시기의 한문으로 기록된 전적(典籍)은 말할 것도 없고 광복 후로부터 1960~70년대에 걸쳐 나온 국한문혼용의 도서들까지도 대부분이 '그림의 떡'인 것이다. 그들에게 있어서 축적된 학문적 유산이란 겨우 1980년대 이후에 나온 다른 사람의 논문이나 번역물이 고작이다. 이러한 상황에서 인문대학에서 실지로 학부 학생들의 보고서나 대학원생들을 상대로 석·박사 학위 논문 지도를 하다 보면 심각한 문제를 발견하곤 한다. 그 문제점을 예를 들어 열거해 보면 대략 다음과 같다

1. 율곡(栗谷) 선생이나 퇴계(退溪) 선생, 혹은 중국의 소동파(蘇東坡), 이백(李白), 두보(杜甫) 등의 시문(詩文)이나, 고려사 조선사 등을 연구하고자 하는 학생임에도 불구하고 시집 원전이나 역사서 원전은 아예 읽으려는 생각조차 하지 않은 채 논문을 시작하는 경우가 대부분이다.

2. 작가가 생존해 있던 당대(當代)나 후기(조선시대나 중국의 宋, 元, 明, 淸 시대) 사람들이 남겨 놓은 각종 고증이나 평론 문장에 대한 주요 1차 자료를 찾으려 하기보다는 80년대 이후에 한글로 작성된 2, 3차 자료에 의지하여 논문을 쓴다.

3. 원전에 대한 근원적인 검토가 없는 상태에서 2, 3차 자료를 이용하다보니 학문의 알맹이는 없고 형식만 화려하며 심지어는 2, 3차 자료를 적절하게 짜깁기하여 작성한 표절성 논문들도 심심찮게 나오고 있다.

물론 이러한 현상은 한자의 사용, 불사용과 관계없이 순전히 학문

을 하는 사람의 학문을 대하는 기본 소양과 양심에 관련된 문제일 수도 있다. 그러나 이상에서 열거한 문제를 범하는 대부분의 경우가 학문을 대하는 기본 소양이 갖추어져 있지 않기 때문이기보다는 한자와 한문에 대한 기초가 너무 약하다 보니 아예 원전을 읽을 엄두를 내지 못하기 때문이라는 점에서 문제의 심각성이 더하는 것이다. 이러한 상황 아래서 인문학, 특히 한국학이나 중국학의 정상적인 발전은 사실상 전혀 기대할 수가 없다.

한글전용론자들은 "학문 연구를 위해서라면 전문가들만 한문 공부를 하면 될 것이지 전 국민에게 한자를 배우게 하는 고통의 멍에를 지우지 말라"고 국민을 끔찍이 위하는 것처럼 들리는 주장을 하고 있지만 그것은 그야말로 형식 논리에 불과하다. 현행 우리나라의 교육제도로 볼 때 대학과정부터가 전문인을 양성하는 과정이다. 그런데 현 한국 대학생들의 한문 실력은 어떠한가? 실로 심각한 한맹(漢盲)현상을 나타내고 있다. 다른 전공은 그렇다 치더라도 한국고전문학이나, 한국사, 중국사, 한문학, 중국문학, 한국철학, 중국철학 등을 연구하기 위해서는 한문 실력이 필수적인데 소위 전문 연구과정이라는 대학에 들어와서야 비로소 피할 수 없는 필요에 의해 상용 1,800 한자부터 공부하고 있는 실정이다. 전문적인 연구는커녕 《천자문》을 읽는 수준의 공부를 하고 있는 것이다. 이와 같은 한문 실력 부족으로 인하여 학문적 천착은 엄두도 내지 못하면서도 주어진 교육과정은 이수해야 하므로 한문으로 쓰인 원전은 단 한 줄도 제대로 읽지 않은 상태에서 고등학교에서 했던 것처럼 남이 써 놓은 글을 개조식으로 정리해서 외우거나 2, 3차 자료를 바탕으로 사변적인 토론을 진행하는 공부를 하는 경우가 대부분이다. 예를 들자면, 원전인 《논어》는 한 줄도 제대로 읽지 않은 상태에서 다 남이 써놓은 2차, 3차 자료만 가지고서 공자를 찬양하기도 하고 비판하기도 하며, 한시(漢詩) 한 구절도 제대로 읽을 수 없는 실력을 가지고서 두보(杜甫) 시의 사회성을 연구한다느니, 율곡 시에 나타난 자연관을 연구한다느니 하는 식의 지극히 사변적인 해프닝을 벌이고 있는 것이다. 깊은 한문 실력을 바탕으로 원전에 대한 철저한 분석을 통해 위대한 학문적 업적을 낸 선배 학자들이 이 모양을 본다면 까무러칠 노릇이다. 전문과정인 대학의 교육 현실이 이러하니 어느 때 어느 과정을 통하여 한글전용론자들이 말하는 한문의 전문가가 양성될 수 있겠으며, 그런 전문가를 통한 고전의 번역작업은 언제나 완료가 되겠는가? 우리 학계의 이러한 참담한 현실을 극복하기 위해 뜻 있는 학생들이나 연구자들은 시간을 만들어 아직도 시골노인으로 묻혀 지내는 옛날 서당의 훈장님들을 찾아 나서고 있다. 한글전용 정책이 학문 연구에 미친 악영향은 가히 치명적인 것이다. 우리나라 학문 연구의 이러한 기현상에 대해 학생들 스스로가 이미 개선되어야 한다는 견해를 가지고 있다. 다음의 설문 조사가 대학생들의 그러한 의식을 잘 나타내 주고 있다.

대학생뿐 아니라, 우리나라 지식분자의 대다수가 영어로 된 원전은 으레 읽으려하고 또 읽을 수 있음에 반하여 우리의 역사인 조선왕조실록이나, 사상집(思想集)인 율곡전서나 퇴계전집은 전혀 읽을 수도 없고 아예 읽으려 하지도 않는 현실에 대해 어떻게 생각하십니까?

1. 크게 잘못된 일이라고 생각하기는 하지만, 그렇다고 해서 어려운 한자교육을 강화할 필요는 없다. 일부 전문가들을 활용하여 우리의 역사서나 고전을 번역하는 작업을 강화하는 방법으로 문제를 해결하면 된다.

2. 번역을 잘 했다고 하더라도 학술자료로 활용하기 위해서는 어차피 원전을 확인해야 하고, 일반 대중들이 설령 번역본을 읽는다고 하더라도 한자를 알수록 이해가 빠르고 정확할 것이므로 한자교육은 어느 정도 강화해야할 필요가 있다.

3. 새로운 지식과 정보가 폭발적으로 늘어나는 21세기에 과거의 역사와 문화에 연연하는 것 자체가 비생산적이다. 역사나 전통문화의 중요성에 대해 모르는 바는 아니나 과거를 알기 위해 어려운 한자공부를 해야 한다는 것은 분명히 비효율적인 일이다.

이 물음에 대한 응답 결과는 다음 표와 같다

문항	①	②	③	계
응답자 수	90	144	22	256
비율(%)	35.2	56.3	8.5	100

56.3%에 해당하는 학생이 학문적 필요에 의해 원전을 읽을 수 있

는 한자교육의 필요성을 절감하고 있는 것이다. 이 56.3%라는 수치는 3개항의 답 중에서 한 항을 고르게 했기 때문에 나타난 것이다. 두 개 항으로만 나누어 물었다면 그 비율이 85% 이상으로 올랐을 것이다. 이미 학생들 스스로가 정상적인 학문활동을 위해서는 한문학습이 필수적이라는 점을 절감하고 있는 것이다. 이제, 학문의 퇴화가 더 이상 지속되게 해서는 안 된다. 학문의 퇴화 특히 인문학의 퇴화는 곧 망국을 의미한다. 이러한 학문의 퇴화를 막기 위해서는 하루빨리 한자의 교육과 사용이 강화되어야 한다.

이러한 학문 황폐화의 심각성은 우리나라 고전 번역의 실태를 보면 더욱 실감할 수 있다. 우리나라 고전번역 업무를 주로 담당하고 있는 국립고전번역원의 고전번역가 인력양성 실태는 다음과 같다.

【고전번역가(졸업생) 양성】 (2015. 2.)

교육기관	연수(기초)과정	전문과정	합계
서울교육원	1,315명	131명	1,446명
전주분원	110명	-	110명
밀양분원	10명	-	10명
합계	1,435명	131명	1,566명

그리고 고전번역원에서 현재 번역에 참가하고 있는 인력은 내부 번역 전문위원 약 60명, 외부 위촉 역자 약 70명, 거점 연구소 역자 약 40인 정도이다. 이런 인력으로 그 많은 문화유산 전적들을 언제 다 번역해 낼지 모르겠다. 고전 번역원이 계획한 고전 번역의 진척률은 다음과 같다.

【고전번역사업 진척율】(~2014)

교감·표점·번역 대상		목표(책)	실적(달성율)	비고
한국문집		5,250	713(13.7%)	총간 정·속편 1,259종
역사 문헌	승정원일기	4,898	521(10.6%)	12왕대(인조~순종)
	일성록	1,154	202(17.5%)	7왕대(영조~순종)
	조선왕조실록	900	42(4.6%)	조선시대(태조~철종)

※ 2013년부터 의궤, 법전 등 3천 여종 7천책 분량의 '특수고전' 번역에 착수, 이중 우
선 번역대상 320종을 선정하여 순차적으로 번역 중에 있으며 2013년에 13책, 2014년에
14책 번역 완수

그런데 문제는 여기서 그치지 않는다. 이미 번역을 한 전적도 세월
이 흐르면서 재번역을 해야 할 상황에 놓이게 되기 때문이다. 《조선왕
조실록》이 바로 그런 상태이다. 《조선왕조실록》을 북한에서는 1991년
12월에 400책으로 번역하여 완간하였고 한국에서는 1993년에 413책으
로 번역, 완간했는데 20여년의 세월이 지난 지금, 20여 년 전에 주로
사용하던 말과 문투와 어투가 지금 사용하는 말과 상당한 차이를 보여
젊은 층이 읽기에 많은 거부감을 느끼고 있을 뿐 아니라, 아예 무슨
말인지 이해가 되지 않는 경우도 허다하다. 이런 이유로 《조선왕조실
록》의 재번역이 추진되고 있다. 물론 재번역이 추진되고 있는 배경에
는 초간본 번역에 적지 않게 보이는 오역을 바로잡기 위함이라는 이유
도 있다. 그러나 그보다 더 근본적인 이유는 한글이 소리글자이다 보
니 세월의 흐름에 따라 말이 변하여 번역 당시의 말과 지금의 말 사이
에 차이가 생겼기 때문이다. 이는 세월의 흐름에 따른 음운의 변화를

그 음운대로 적는 소리글자의 단점이다. 이 단점은 우리 한글이 아무리 우수한 문자라고 하더라도 극복하기가 쉽지 않다. 이에 반해 뜻글자는 아무리 음운의 변화가 있다고 하더라도 일단 글자로 써 놓은 다음에는 시공을 초월하여 의미가 그대로 전달된다. '根(뿌리 근)'자는 그 독음이 '근'이든 '건'이든 '껀'이든 '꼰'이든 간에 2,000년 전에도 뿌리라는 뜻이었고 지금도 뿌리라는 뜻으로 의미가 전달된다. 옛날에도 '뿌리'는 '根'으로 쓰고 지금도 '根'으로 쓰며 전라도, 경상도, 충청도뿐 아니라 중국, 일본 어디를 가도 '뿌리'는 '根'으로 쓴다. 그래서 한자로 쓴 문장은 시대나 지역을 초월하여 언제 어디서라도 글자만 알면 뜻을 파악할 수 있다. 영국 사람들이 현대 영문을 다 읽을 줄 알면서도 400년 전 셰익스피어의 원고는 전문가가 아니고서는 읽을 수 없는데 반하여 한국이나 중국인은 한자만 알면 2,000년 전 공자와 그 제자들의 어록(語錄)인 《논어(論語)》의 의미를 파악할 수 있는 이유가 바로 여기에 있다. 지금 조선왕조실록의 재번역을 추진해야 하는 이유가 바로 소리글자가 가진 이와 같은 단점 때문이다. 처음 번역한 지 불과 20년 남짓한 세월을 이기지 못하고 당시의 말과 현재의 말에 차이가 생겨 재번역을 추진해야 한다면 이 문제는 실로 심각한 문제가 아닐 수 없다. 다른 모든 번역본도 다 이와 같이 일정 시간이 흐른 다음에는 재번역을 해야 할 처지에 놓이게 될 테니 말이다. 원천적으로 한자를 배제한 채, 우리의 역사와 고전을 몇몇 한문학자들에게 번역을 맡겨 한글화하면 된다는 발상이 얼마나 위험하고 비현실적인 발상인지를 지금이라도 깨달아야 한다. 한자를 알면 우리의 국어생활이 훨씬 편리해지고 깊어지는데다가 우리의 역사나 고전을 이해하는 데에도 엄청난 도움을 주는데 왜 그 길을 스스로 내팽개치고서 우리의 역사와 고전을 전혀 읽지 못하는 상태에서 '민족문화의 발전' 운운하는 해프닝을 벌이는지 모르겠다. 한자에 대한 이해가 없이 민족문화의 계승과 발전을 꾀하는 것은 연목구어(緣木求魚)나 다를 바 없음을 알아야 할 것이다.

4. 한글과 한문의 결합으로 새로운 문학을 창출할 수 있다.

> 꽃씨 하나
> 얻으려고 일 년
> 그
> 꽃
> 보려고
> 다시 일 년
>
> 一花難見日常事[142]
> (따지고 보면) 꽃 한 송이 보기도 쉽지 않은 게 우리네 삶이련만.

김일로[143] 선생의 시이다. 김일로는 한글시와 함께 한문 7언구 '一花難見日常事(일화난견일상사)'라고만 써 놓았다. "(따지고 보면) 꽃 한 송이 보기도 쉽지 않은 게 우리네 삶이련만."이라는 번역은 필자가 붙인 것이다.

꽃의 삶이 없다면 우리는 일상에서 단 한 송이의 꽃도 볼 수 없다.

꽃을 본다는 건 꽃의 삶을 존중해 주었을 때 얻는 복이다. 불과 몇 분이면 한 대씩 쏟아져 나오는 자동차가 어찌 1년씩 기다려야 얻을 수 있는 꽃씨, 그리고 아무리 조작을 하고 조합을 해도 사람의 손으로는 도저히 만들 수 없는 그 작은 꽃씨에 비할 바이겠는가! 그럼에도 불구하고 사람들은 공장에서 생산되는 고급 승용차나 첨단 가전제품은 귀하게 여기면서도 길가에서 저 홀로 피었다가 지는 코스모스 꽃씨는 거들떠보지도 않는다. 자동차는 마음만 먹으면 일 년에 몇 천대라도 아무 때나 만들 수 있지만 꽃씨는 봄으로부터 여름을 거쳐 가을에 이르는 그 기간을 거치지 않고서는 결코 만들어지지 않는다. 대형 빌딩은 아무 때나 지을 수 있지만 사람은 급하다고 해서 속성으로 키울 수도 없고 억지로 지혜를 주입시켜 넣을 수도 없다. 제 스스로 때가 되어야 성장한다. 그래서 자동차보다는 꽃씨 하나가 더 소중하고 꽃씨보다는 사람이 더 귀한 것이다. 그런데 이러한 깨달음의 경지를 김일로 시인은 먼저 한글을 이용하여 "꽃씨 하나/ 얻으려고 일 년/ 그/ 꽃/보려고/ 다시 일 년"이라고 시를 지은 후, 그것을 다시 7언의 한시(漢詩) 한 구절 "一花難見日常事(일화난견일상사)"로 축약해 놓았다. 한글시와 7언의 한시 구절 모두 가슴을 찌르기도 하고 쿵쾅대게도 하는 감동을 준다. 그러나 그 사이에는 묘한 느낌의 차이가 있다. 이렇게 시를 지어 놓으니 한글시의 느낌과 한시 구절의 느낌을 한꺼번에 받을 수 있어서 감동이 두 배로 증폭한다. 세계에서 가장 과학적인 소리글자인 한글과 세계에서 가장 발달한 뜻글자인 한자를 그 장점만 따서 동시에 사용할 수 있는 것은 우리만이 누릴 자격이 있는 복이다. 김일로의 시를 다시 한 수 보기로 한다.

꽃향기가

하도 매워

시내 찾아

달을 핥는

사슴

한 쌍

花香醉鹿讀半月[144]

꽃향기에 취한 사슴, 반달을 읽고 있네.

　자연은 본래 풍요로운 것이다. 꽃은 맘껏 향기를 풍기고 사슴은 맵
도록 진한 그 향기에 취하여 시냇물을 마시러 왔는데 물에는 또 달이
비쳐 사슴은 물을 마시면서 그 달을 본다. 그것도 한 마리가 아닌 지
독하게도 다정한 한 쌍의 사슴이…… . 한글시의 '달을 핥는'다는 표현
도 기가 막히고 한시 구절의 '반달을 읽고 있다(讀半月)'는 표현도 너
무 아름답다. 물을 마시느라 구부린 채 물속에 잠긴 달을 보는 사슴의
자세를 '달을 읽고 있다'고 표현했으니 말이다. 같은 시상과 같은 깨
달음을 한글시와 한시로 동시에 지어 놓으니 감동이 두 배가 된다. 한
글과 한자를 동시에 사용할 수 있는 우리만이 표현할 수 있는 표현법
이다.

　물론, 우리나라에는 짧으면서도 깊은 내용을 담을 수 있는 시조라
는 양식의 독특한 문학이 있다. 그리고 일본에도 배구(俳句:하이쿠)라
는 짧은 시가 있고 중국의 시 5언 절구도 매우 짧은 시이다. 특히 일
본의 하이쿠[145]는 5·7·5의 17음 형식으로 이루어지기 때문에 그 짧음

의 미학이 돋보이는 시 형식이다. 응축된 어휘로 인정과 사물의 기미(機微)를 재치 있게 표현하는 하이쿠는 일본 시가문학을 대표하는 장르로서 외국에서도 하이쿠의 매력을 이해하고 대학의 교육 현장에서 가르치기도 한다.

모란은 져서 부딪쳐 겹쳐진다 꽃잎 두 세장
牧丹散つて打かさなりぬ二三片 —여사무촌(與謝蕪村:요사부손)

고요한 연못 개구리 뛰어드는 물소리 '퐁당'
古池や蛙(かわず)飛びこむ水の音 —송미파초(松尾芭蕉:마쓰오 바쇼)

김일로 선생의 시가 일본의 하이쿠와 비슷하다고 하는 사람도 있을 수 있다고 생각한다. 그러나 김일로의 시는 하이쿠와 분명히 다르다. 한문과 가나를 섞어 음절 수를 5·7·5로 배열하여 17자로 완성하는 한 편의 짧은 시가 하이쿠라면, 김일로의 시는 글자 수의 제한이 없이 한글로 먼저 쓰고 그것을 다시 한문 구절로 옮겨 놓은 형태를 취한다. 소리글자인 한글의 장점과 뜻글자인 한자의 장점을 최대한 이용하여 한글시의 맛을 충분히 살리면서 거기에 다시 한문시의 독특한 매력을 더하여 양자를 서로 보완하기도 하고 상승작용을 하는 효과를 낸다. 김일로 시인은 우리나라에서도 일본에서도 누구도 시도하지 않은 새로운 시 형식을 개발하여 자신의 새로운 시세계를 구축한 것이다. 이러한 시 형식을 이 시대에 계승할 필요가 있다. 그리하여 우리만의 독특한 문학 장르로 자리매김하여 세계로 내보낼 필요가 있다. 일본의 하이쿠가 세계의 문학으로 부상한 상황인데 그보다 더 훌륭한 문학 장르를 창출한 김일로의 이러한 시 형태가 세계성을 확보할 수 없을 까닭이 없다. 한글과 한문을 동시에 이용하여 우리는 우리만의 독특한 문학 장르를 개발할 수 있는 것이다. 그런데 안타까운 것은 이 시대의 우리가 한문을 모르는 탓에 김일로의 시가 지닌 이처럼 큰 매력을 느끼고 감상하기조차도 버거워하고 있다는 점이다. 세계에 하나뿐인 독특한 형식의 아름다운 창작을 시인이 작고한 지 불과 30년도 채 지나지 않아 계승할 능력이 없어서 계승할 수 없다면 이것은 참으로 불행한 일이다. 이렇게 하고서야 어떻게 새로운 민족문화 창출을 지속할 수 있겠는가? 하루빨리 한자와 한문교육을 강화해야 한다.

필자는 특히 김일로 선생의 한문 시구에 담긴 깊은 맛과 함축미와 신선미에 주목한다. 읽으면 읽을수록 형언하기 어려운 오묘한 여운이 길게 남는 것을 느낀다. 그런데 한글전용의 어문정책 아래 한문교육을 제대로 받지 못한 대부분의 우리나라 사람들이 김일로 선생이 지은 이 한문 시구를 이해할 수 없으니 안타까운 일이다. 김일로 시는 하이쿠처럼 산뜻하지만 얇은 감성의 경지에 그치는 게 아니라, 청신하면서도 한편으로는 우주가 녹아들어 있는 무게감이 있다. 김일로의 시 한 편을 더 보기로 하자.

저
몸가짐
이 숨소리
돌 한 개
풀 한 포기면

좋을 것을

一石一艸人不及¹⁴⁶⁾
사람? 돌 한 개, 풀 한 포기에도 미치지 못하는 존재인 것을!

역시 감동적인 시이다. 한글시를 통해서 김일로는 '사람이 마치 돌 한 개, 풀 한 포기처럼 자연스럽고 욕심 없는 몸가짐과 고요한 생명력을 닮을 수 있었으면 얼마나 좋을까' 하는 마음을 풀어 쓰고 있다. 빼어난 한글시임에 틀림이 없다. 그러한 다음에 그는 다시 그 내용을 한자를 이용하여 "一石一艸人不及(일석일초인불급)"이라고 옮겨 놓았다. "사람? 돌 한 개, 풀 한 포기에도 미치지 못하는 존재인 것을!"이라는 뜻이다. 가히 귀신같은 솜씨라고 할 만하다. 한글과 한자라는 두 문자를 이용하여 표현함으로써 시인 김일로는 독자로 하여금 그의 정신적 경지를 보다 가까이에서 느낄 수 있게 하였다. 한문의 맛을 앎으로 인하여 김일로의 이 시를 보다 깊이, 보다 맛있게 읽을 수 있다는 것은 실로 큰 복이 아닐 수 없다. 누차 말하지만 이러한 독특한 시 형식은 우리만이 구사할 수 있다. 특별한 장르로 개발할 가치가 충분히 있다. 우수한 한글문학의 창작은 그것대로 해가면서 김일로의 시를 통해서 본바와 같은 한글과 한문을 동시에 이용한 독특한 장르도 개발하여 우리 것으로 토착화시킬 필요가 있고 또 그것을 해외로 수출할 필요도 있다. 그것은 세계를 놀라게 할 또 하나의 위대한 창작이 될 수 있기 때문이다.

한글과 한자를 동시에 사용할 수 있다는 것이 이처럼 큰 복인데 한글전용을 주장하는 사람들은 "예로부터 전해오는 문학작품 중에서 한자나 한자어가 적고 고유어의 비율이 높을수록 그 작품이 우수하다는 것은 이미 널리 알려진 사실이다."[147]는 터무니없는 주장을 한다. 그렇게 주장하면서 그 우수한 작품의 예로 고려속요(高麗俗謠) 중의 청산별곡(靑山別曲), 서경별곡(西京別曲), 사모곡(思母曲), 가시리 등을 들고, 고대소설로서 구운몽, 심청전, 장끼전, 춘향전 등 여러 작품과 한중록(恨中錄) 같은 일기나 가사(歌辭), 시조(時調) 등을 제시한다. 이들 작품은 '한글문학'이라는 점에서 그 문학성이 뛰어난 것은 사실이다. 그리고 우리의 자랑스러운 대표적 문학작품임에 틀림없다. 그러나 이들 작품을 정지상(鄭知常)의 한시(漢詩)나 이규보(李奎報)의 한문문학, 이순신 장군의 난중일기, 그리고 '청산리 벽계수(靑山裏 碧溪水)', '일도창해(一到滄海)', '명월만공산(明月滿空山)' 등 한문식 구절이 반 이상 차지하는 황진이의 시조와 비교했을 때 반드시 고유어를 쓴 문학작품이 월등하게 우수하다고 할 수는 없다. 그러므로 한글전용론자들의 주장은 처음부터 설득력이 없다. 차라리 현실적으로 한자 사용이 불가피함을 인정하고, 그러나 앞으로는 한문 투의 문학작품보다는 우리 한글을 갈고 닦아 가능한 한 한글로 훌륭한 문학 작품을 창작하도록 노력하자고 설득하는 편이 나을 것이다.

문학예술 창작에 종사하는 사람들은 가능한 한 아름다운 우리 한글을 사용하여 한글을 빛내야 한다. 이에 반대하는 사람은 아무도 없을 것이다. 그러나 현실적인 문자생활의 필요를 무시한 채, 아름다운 한글문학 작품을 창작하기 위해 한글을 전용해야 한다고 주장해서는 안 될 것이다. 오히려 앞서 예시한 김일로의 시와 같이 한글과 한자를 동시에 사용하여 우리만의 독특한 형식의 문학 장르를 개발하고 감동적인 작품을 창작하려는 노력을 해야 할 것이다. 한자를 부활시켜 잘 활용하고 있는 일본은 한자와 가나문자를 섞어 짓는 하이쿠를 국가적인 차원에서 장려하여 매년 전국 각지에서 하이쿠 백일장 대회를 열고 있다.【자료15】 우리도 김일로 시인이 좋은 예를 보여 주었듯이 한글과 한자를 동시에 활용하여 우리만의 독특한 문학작품을 창작할 필요가 절실하다. 한자는 외국 문자가 아니라 바로 우리의 문자이기 때문에 더욱 그렇게 해야 하는 것이다.

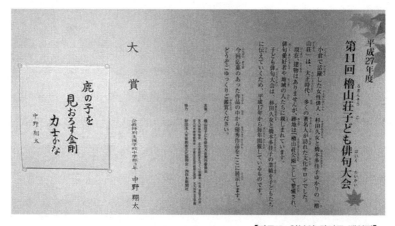

【자료15: 일본의 하이쿠 백일장】

─◈◈◈ 제8장 ◈◈◈─

「원음주의」 표기,
도대체 누구를 위한 것인가?

1. 「상호주의(相互主義)」는
무시해도 되는가?

중국 여행 중에 중국의 방송을 듣다보면 중국에서는 한국의 인명과 지명을 절대 한국 한자음 즉 한국의 고유명사 발음대로 읽어주지 않는다는 것을 발견할 수 있다. 그런데 한국에서는 원음주의를 근거로 중국의 인명과 지명을 꼬박꼬박 중국어 발음으로 읽어 주고 있다. 따라서, 중국의 국가주석 習近平(습근평)은 중국에서도 '시진핑'이고 한국에서도 '시진핑'이다. 그러나, 우리나라의 노무현(盧武鉉) 대통령이나 박근혜(朴槿惠) 대통령은 한국에서만 '노무현'이고 '박근혜'이지 중국에서는 '루우쉔'이고 '피아오진후이'이거나 '푸진후이'이다. '제주도(濟州島)'나 '경주(慶州)', '전주(全州)'도 중국에서는 전혀 알지 못하는 지명이다. 오직 '지저우따오', '칭저우', '첸저우'만 있을 뿐이다. 이러한 현상에 대해 엄익상은 다음과 같은 의견을 피력하였다.

> 중국은 한국의 인명과 지명을 자기들 발음대로 부르는데, 왜 우리만 그들의 인명과 지명을 중국식으로 읽어주어야 하느냐고 반문할 것이다. 우리는 중국 사람을 대우해 주기 위하여 중국 원지음으로 읽어주는 것이 아니다. 중국인을 위하여 그렇게 읽는 것은 더더욱 아니다. 우리가 그렇게 읽는 가장 큰 이유는 우리 자신을 위해서이다. 우리 스스로의 원칙을 지키기 위해서이다.[148]

우리 자신을 위해서 그렇게 읽는다는데 과연 원음주의의 어떤 점이 우리 자신을 위하는 것인지 알 수가 없다. 앞서 살펴본바와 같이 중국의 고유명사인 지명과 인명에 대해서 원음주의를 적용하는 것이 두 나라 사이에 형평성을 유지하지 못하는 부당한 표기임에도 불구하고 우리 스스로 '원음주의 적용'이라는 원칙을 만들어 놓고서 그 원칙을 지키기 위해 고심하고 있다. 중국은 우리의 지명이나 인명을 단 한 경우도 우리 한국식 한자발음으로 읽어주지 않는데 우리만 스스로 원음주의를 택하여 꼬박꼬박 '후진타오', '시진핑'이라고 부르고 있다. 그렇게 하면서도 그것이 우리 자신을 위한 것이라고 하니 도대체 이해할 수가 없다. 우리 사회가 한글전용을 맹신한 나머지 한자를 우리의 문자로 보지 않고 완전히 외국어로 간주하여 이처럼 불공평하게 원음주의를 적용함으로써 자존심 상하는 일을 자초하고 있는 데도 그것을 일러 "우리 자신을 위해서"라고 하니 엄익상이 말하는 '우리'란 도대체 어떤 사람들을 두고 한 말인지 모르겠다.

국제협약이나 관례가 상호주의를 원칙으로 하고 있음은 이미 다 알고 있는 사실이며 이러한 상호주의를 지키고 또 지키라고 요구하는 이유는 국가적, 민족적 자존심이 걸린 문제이기 때문이다. 이러한 상호주의적 관점에서 보자면 중국은 우리의 한자 발음으로 읽어주지 않는데 우리만 중국 현지어 원음대로 읽고 표기하는 것은 참으로 자존심 상하는 일이 아닐 수 없다. 그것을 애써 "우리가 편리하기 위해서 그렇게 하는 것"이라고 변명하는 것 자체가 더 자존심 상하는 일이다.

그렇다면 원음주의 표기는 어떤 내용이며 언제부터 시행한 규칙일까? 1986년 1월, 문교부는 「고시 제85-11호」를 통해 「외래어 표기법」을 공포하였는데 그 표기법의 제4장 「인명·지명 표기의 원칙」내의 제2절 「동양의 인명·지명 표기」에 다음과 같이 규정하여 놓았다.

> 제1항 중국 인명은 과거인과 현대인을 구분하여 과거인은 종전의 한자음대로 표기하고, 현대인은 원칙적으로 중국어 표기법에 따라 표기하되, 필요한 경우 한자를 병기한다.
> 제2항 중국의 역사 지명으로서 현재 쓰이지 않는 것은 우리 한자음대로 하고, 현재 지명과 동일한 것은 중국어 표기법에 따라 표기하되, 필요한 경우 한자를 병기한다.
> 제3항 일본의 인명과 지명은 과거와 현대의 구분 없이 일본어 표기

법에 따라 표기하는 것을 원칙으로 하되, 필요한 경우 한자를 병기한다.

이러한 규정의 제정은 한자말살, 한글전용의 강화와 밀접하게 연관되어 있다. 이렇게 원음주의를 적용하면 한자를 써야할 이유가 자동적으로 사라져서 한글전용이 한층 더 강화되기 때문이다. 물론, 필요한 경우에 한자를 병기한다는 조항이 있지만 한국 한자음 발음으로 적은 다음에는 한자를 병기하는 것이 어울리고 또 그렇게 병기할 필요도 있지만 중국어 발음으로 표기하고서 한자를 병기하는 일은 사실상 불가하고 또 불필요하므로 자연스럽게 한자 표기가 사라지게 되는 것이다. 그뿐만 아니라, 이렇게 중국의 지명과 인명을 낯선 중국어 발음으로 적다보면 당연히 한자를 외국어로 인식하는 정도가 깊어지게 되어 한자에 대한 거부감이 더해질 수밖에 없다. 이러한 원음주의 표기의 선택은 우리 언어의 역사성을 완전히 무시한 처사이다. 예전에는 일본의 지명과 인명도 한국한자음 발음으로 읽던 것을 1974년부터 슬그머니 일본어 발음으로 바꾸어 읽고 쓰기 시작하더니 1986년에 이르러서는 원음주의의 덫을 중국의 지명과 인명에도 적용하는 법을 공포한 것이다. 1974년에 일본의 지명과 인명을 일본어 발음으로 표기하는 법안이 공포되었을 때 당시 서울대 교수였던 이숭녕은 "주체성을 망각한 언어정책"이라고 비판하면서 "줄곧 '이등박문(伊藤博文)'으로 불러오던 것을 '이토오히로부미'로 고쳐 읽는다는 것은 언어도단이다."라고 질책하였다. 아울러 당시부터 거론되었던 중국의 지명과 인명에 대한 원음주의 표기에 조짐에 대해서도 "근간 교과서에 중국의 지명·인명도 중국발음으로 바꾸려는 기미가 보인다. 만일 이런 정책이 강행된다면 민중은 역사적으로 축적된 중간계의 언어재(言語財)를 망실하게 되어 문화의 쇠퇴를 가져오게 될 것이다. ……중략…… 중국어를 교육하지 않은 상태에서 발음만 그렇게 고쳐 적는다면 언어에서 역사성과 문학성과 사상성을 거세하는 작업이 될 것이다."고 우려하였다.

사실, 1970년대만 하더라도 우리나라 언중들은 다 '이등박문(伊藤博文)'이라고 불렀지 '이토오히로부미'라고 부르지 않았다. '풍신수길(豊臣秀吉)', '동경(東京)', '대판(大阪)', '대마도(對馬島)'라고 했지 '도요토미히데요시', '도쿄', '오사카', '쓰시마'라고 하지 않았다. 1967년에 열린 '동경올림픽'이 그 좋은 증거이다. 당시에 언론이든 국민들이건 다 '동경올림픽'이라고 했지 '도쿄올림픽'이라고 하지 않았다. 그런데 언제부터인가 슬그머니 한국 한자음 표기나 한자 병기를 버리고 일본어 원음으로 하는 표기가 등장하여 이제는 마치 그것이 원칙인 양 통용되고 있다. 그러나 사실상 원음주의 표기 원칙이라는 것은 세계 어디에서도 찾아보기가 힘든 표기법이다. 예를 들자면, 로마 공화정 말기의 정치가이자 장군인 율리우스 카이사르(Gaius Julius Caesar)를 유럽 사람들은 '카이사르'라고 부르는데 미국에서는 '시저'라고 부른다. 미국인의 입장에서 보았을 때 '카이사르'는 유럽 현지의 원음이고 '시저'는 미국식 영어 발음이다. 그렇기 때문에 미국의 언론들은 'Caesar'를 '카이사르'라는 원음으로 읽지 않고 자기네들의 발음인 '시저'라고 읽는 것이다. 이뿐이 아니다. 우리가 '예수 그리스도'라고 읽는 'Jesus Christ'를 미국인들은 '지저스 크라이스트'로 읽고 '플라톤(Plato, Platōn)'을 '플레이토우'로, '아리스토텔레스(Aristoteles)'를 '애러스타틀'로 읽는다. 이러한 예는 수없이 많다.

'미켈란젤로'를 '마이클안젤로'로

'괴테'를 '거터'로

'아우구스투스'를 '어거스틴'으로

'프랑스'를 '프랜스'로

'빠리'를 '패리스'로

'피렌체'를 '플로런스'로

'로마'를 '로움'으로

'빈'을 '비에너'로

　주지하다시피 서양의 문자들은 대부분 로마자로부터 분화되어 나왔으므로 스펠링(spelling:철자)이 유사하다. 그러나 그것을 읽는 발음은 지역마다 다르다. 예를 들자면, '요셉'을 '조세프'로 읽으며 '바오로'는 '바울'로, '요한'은 '존'으로, '앙리'는 '헨리'로 읽는 것이 바로 그런 것들이다. 다 자기네 나라의 편리에 따라 자국의 발음으로 읽는 것이다. 이러한 실상은 그들이 우리나라의 이름인 코리아를 표기하고 읽는 법이 제각기 다른 점을 통해서도 확인할 수 있다. 영국, 독일, 네덜란드에서는 Korea로 표기하고 프랑스에서는 Coree로, 스페인과 이탈리아에서는 Corea로 표기하고 '꼬레아'로 읽으며 포르투갈에서는 Coreia로 표기한다. 같은 아시아권인 중국에서도 우리나라 '한국'을 그들 편한 대로 '한궈(han-guo)'로 읽지 우리 발음 즉 현지 원음을 살려 '한국(hanguk])'이라고 읽지 않는다. 일본도 마찬가지다. 그들의 발음을 적용하여 '간고꾸(kankoku)'라고 읽지 절대 '한국(hanguk)'이라고 읽지 않는다. 이처럼 세계 각국이 다 외국의 지명과 인명 혹은 국가명을 현지원음으로 읽는 것이 아니라, 편리하게 자국의 발음으로 읽는데 유독 우리나라만 중국이나 일본의 지명과 인명에 대하여 2,000 동안 써오던 우리 문자인 한자에 대한 우리 발음을 적용하여 읽으려 하지 않고 현지발음도 제대로 못하는 처지에 굳이 현지발음 즉 원음으로 읽고 있다. 심지어 희한한 「원음주의 원칙」이라는 법까지 만들어서 그렇게 읽기를 강제하고 있다. 이것은 민족과 국가의 자존심을 시궁창에 버리는 처사이다. 처참한 사대주의이다. 제 것이 좋고 귀한 줄 모르고 남의 것에만 눈독을 들이는 바보짓이다. 우리가 어쩌다가 이런 지경에 이르렀는지 모르겠다. 조상들이 이 모습을 보면 통탄을 넘어 통곡을 하리라고 생각한다. 중국의 지명이나 인명을 우리의 한자음으로 읽거나 적지 않고 중국 원음으로 읽는 것은 '중국 것'을 들여다가 '한국의 중국 것'으로 변화시켜서 편리하고 유용하게 사용하는 것이 아니라, '한국 것'을 몽땅 '중국의 한국'으로 내주는 처사이다.

개화기의 역사학자인 신채호는 〈낭객의 신년만필〉이라는 글에서 다음과 같은 말을 하였다.

> 우리 조선은 ……중략…… 석가가 들어오면 조선의 석가가 되지 않고 석가의 조선이 되며, 공자가 들어오면 조선의 공자가 되지 않고 공자의 조선이 되며, 무슨 주의가 들어와도 조선의 주의가 되지 않고 주의의 조선이 되려 한다. 그리하여 도덕과 주의를 위하는 조선은 있고 조선을 위하는 도덕과 주의는 없다. 아! 이것이 조선의 특색이냐? 특색이라면 노예의 특색이다. 나는 조선의 도덕과 조선의 주의를 위해 통곡하려 한다.[149]

새겨들어야 할 말이다. 우리는 지금 원음주의라는 어처구니없는

「외래어 표기법」으로 인해 우리의 혼을 빼앗기고 있다. 자원하여 중국의 속국으로 들어가려하고 있는 것이다. 유만근은 중국의 지명과 인명을 원음으로 표기하자는 현행 외래어 표기법을 두고서 다음과 같은 평을 하였다.

> 지리적으로 가깝고, 역사적으로 교섭이 오래된 〈이웃나라〉 고유명사를 (잘 다듬어 귀화형(歸化形)[150]으로 사용할 줄 모르고) 외국 현지 음으로 사용한다는 것은, 1.言語學的으로 보아 東西洋 딴 나라에 類例가 없는「우물 안 특이(特異) 극성 몰상식 표기법」이고 2.實用面에서「발음 불편, 기억부담의 표기법」이며 3.心理分析的으로 보면 고유명사 어형(語形)을 통해서나마 외세와 자기를 동일시하려는「해바라기 속물근성 표기법」이고 4.사적(史的)/통시적으로 보면, 달라지는 외세에 따라 같은 단어 어형(語形)을 자꾸 바꾸므로「발 등의 외세 연속환승 사대주의 표기법」이며 5.윤리적으로 보면「자기 민족 비하, 타 민족 본위의 '사도(邪道)' 표기법」이다.[151]

유만근의 위와 같은 지적을 바탕으로 필자는 중국의 지명과 인명을 중국어 원음으로 표기하는 것의 심각한 문제점을 지금까지「상호주의 원칙」이라는 관점에서 살펴본 데에 이어 다시 '사대주의 표기', '국가의식과 민족혼을 말살하는 표기', '언어학의 상식을 벗어난 표기' 등 세 부분으로 나누어 고찰해 보고, 이어서 '서울'에 대한 중국어 표기를 '首爾(수이)'로 지은 것이 안고 있는 문제점을 지적해보고자 한다. 그리고, 원음주의가 주는 심각한 불편함의 문제는 다음 제9장 '중국의 지명·인명「원음주의」표기, 과연 편리한가?'부분에서 다루기로 한다.

2. 「원음주의」 표기는
   심각한 사대주의
   표기법이다.

유만근은 원음주의 표기의 의미에 대해 다음과 같이 말했다.

> 원음주의 표기는 대등한 나라끼리 정상적인 상황에서 이루어진 표기
> 법이 아니라, 자국어(自國語)의 지위가 낮고, 외국어의 지위가 높은 특
> 수상황에서 '외래어'라는 이름 아래 '외국어' 원음을 표기하며, 그것을
> 국어라고 인식하기보다는 주로 외국어 학습 '보조용(補助用)'쯤으로 여
> 길 때 나오는 것이다.[152]

부연하자면, 원음주의란 낮은 지위를 자처하는 나라가 지위가 높은
나라의 비위를 맞추기 위해 표면적으로는 '외래어'라고 하지만 실지로
는 '외국어'인 지위 높은 나라의 말을 그들 나라의 원음으로 적는 것
을 의미한다는 것이다. 그러면서 유만근은 1939년 조선총독부가 당시
경성방송국에 내린 '일본한자음 사용령' 이른바, 「기묘망발령(己卯妄
發令)」이 바로 그러한 예라고 하였다. 당시 조선총독부는 갑자기 '東
京'을 '동경'이라는 우리 한자 발음 대신 '도오꾜'로 발음하듯이 일본
의 모든 지명과 인명을 모두 일본어로 발음하라는 명령을 내렸다. 이
는 보나마나 일본어 상용을 강요하기 위해서 내린 명령이 분명했다.
이에, 당시 경성방송국의 조선어 아나운서들이 강력히 항의했으나 이
명령은 강제로 시행되었고 이때부터 일제의 우리의 말과 글에 대한 탄
압이 노골적으로 진행되었다. 이처럼 원음주의란 힘이 센 나라가 힘

이 약한 나라에게 자신들의 언어 사용을 강요할 때 사용하는 표기법인 것이다. 그런데 우리는 우리 스스로 법까지 만들어 중국의 고유명사에 대한 원음주의 표기를 강제하고 있다. 세상에 바보짓도 이런 바보짓이 없다. 1986년 1월에 이런 원음주의 표기 원칙이 공표되었지만 그래도 1980년대 후반부터 1990년대 초반까지는 중국의 인명과 지명을 우리 한자발음으로 표기하는 경우가 많았다. 여전히 '毛澤東'을 '모택동'이라고 표기하고 '鄧小平'을 '등소평'이라고 표기하며 '江澤民'을 '강택민'이라고 표기하는 경우가 대부분이었던 것이다. 그런데 1995년 11월 13일 강택민이 중국의 국가주석으로는 처음으로 우리나라를 공식 방문하였는데 그날 저녁 9시 뉴스부터 KBS 한국방송이 느닷없이 '강택민'을 '장쩌민'으로 바꿔 부르기 시작하였다. 이때부터 우리나라 신문들은 앞을 다투어 중국의 지명과 인명을 중국어 발음으로 적었고 방송들도 아나운서들이 진땀을 흘려가며 익숙하지 않은 중국어 발음으로 말하기 시작했다. 예를 들자면, 2006년 9월 7일 MBC 뉴스데스크가 중국의 '백두산 공정' 내용을 보도한 다음과 같은 말이 그것이다.

"중국이 내년 초 지린성 창춘시에서 열리는 제6회 동계아시안게임의 성화 채화 행사를 어제 백두산 천지에서 가졌습니다. 창바이산개발위원회 스궈샹 주임은 노골적으로 창바이산 즉 백두산은 중국의 알프스라고 공언했습니다. 중국은 이미 백두산을 중국의 10대 명산으로 지정하고 관리권을 옌볜 조선족 자치주에서 지린성으로 넘겼으며 유네스코 세계 자연유산 등재까지 추진하고 있습니다."

이 보도를 하는 특파원은 어려운 중국어 발음을 하느라 애를 쓰는 모습이 역력했다. 이 보도에 나오는 '지린성 창춘시'는 '길림성(吉林省) 장춘시(長春市)'이고, '창바이산'은 '장백산(長白山)'이며 '옌볜'은 '연변(延邊)'이다. 스궈샹은 한글로만 발음하여 그의 한자이름을 어떻게 쓰는지 알 수가 없다. 우리 한국 한문 발음으로 말하면 말하기도 쉽고 알아듣기도 쉬울 텐데 안타깝기 그지없는 일이다. 이러한 사태에 대해서 유만근은 '앵무새 현상'이라는 표현을 쓰면서 다음과 같이 평했다.

> 그때부터 이 현지음 〈앵무새 놀이〉 때문에 특히 방송인이 마이크 앞에서 심한 발음 고생을 겪고 있으며, 시청자도 듣기에 무척이나 거북한 것이다. 우리말이 이렇게 딱하게 된 데는 우리가 미국을 너무 흠모하여 은연중 영어발음 따르려는 심정이 설상가상(雪上加霜) 크게 작용한 것으로 보인다.[153]

중국어의 발음을 표시하는 병음자모(倂音子母)가 알파벳 문자로 되어 있기 때문에 현재의 중국어는 알파벳의 표음기능을 따라 읽고 있어서 영어의 발음 방식과 유사하게 들리는 경우가 많다. 역사 속에 살아 있는 우리의 옛 영토를 굳이 이렇게 불러야 속이 시원한가? 만약 유만근의 '은연중 영어 발음을 따르려는 심정'일 것이라는 짐작이 사실이라면 원음주의 표기는 사대주의를 넘어 노예근성이 바탕을 둔 표기법이라고도 할 수 있을 것이다. 이후로 원음주의 발음과 표기 현상은 점점 늘어나 2006년도 이후부터는 중국의 고유명사를 우리 한자 발음으로 읽는 경우는 거의 없게 되었는데 이것은 1986년 1월에 문교부가 발표한 「외래어 표기법」에 이어 1997년 9월 18일 **KBS** 보도본부가 "외국 인명·지명 표기에 관한 새 원칙"이라는 것을 발표하고 중국의 고유명사를 모두 중국어 발음으로 읽고 표기한다는 공식선언을 한 점으로부터 영향을 받은바 매우 크다. 중국의 고유명사에 대한 원음주의 원칙이 앞으로도 계속 적용되는 한, 우리 정부나 KBS는 하나같이 의도적이었든 아니었든 간에 사대주의적인 어문정책을 입안하고 시행한 책임으로부터 자유롭지 못할 것이다.

이러한 문제는 비단 중국에만 국한된 게 아니다. 일본의 지명과 인명을 표기하는 데도 마찬가지다. 일본 사람들은 한국인 이승만(李承晚)을 '리쇼방'이라고 부르고, 전두환(全斗煥)을 '젠또깡'이라고 부르며 지명 광주(光州)를 '고요슈'라고 부르지 절대 '이승만', '전두환', '광주'라고 부르지 않는다. 재일교포인 최창화(崔昌華) 목사는 자기 이름을 한국식 발음으로 불러 달라고 일본 법원에 제소했다가 패소한 일까지 있었다고 한다.[154] 그런데 우리는 일제강점기에 일제가 우리의 말과 글을 빼앗고 일본의 말과 글을 보급하기 위해서 단행한 '일본한자음 사용령' 즉 '기묘망발령(己卯妄發令)'의 아픈 상처를 겪고서도 스스로 자원해서 일본의 지명과 인명에 대해서도 역시 원음주의를 적용하여 을사조약의 원흉으로서 안중근 의사의 의거로 총에 맞아 죽은 '이등박문(伊藤博文)'을 친절하게도 일본의 독음을 살려 '이토오히로부미'로 부르고 있다. '대판(大阪)'을 '오사까'로 부르고 '구주(九州)'를 '규슈'로 '북구주(北九州)'를 '기타규슈'로 부르고 있으며 세종대왕 때 정벌하여 이미 우리 영토로 편입되어 있던 '대마도(對馬島)'도 '쓰시마'로 부르고 있다. 우리가 이렇게 자진해서 일본어 발음으로 불러주는 것에 감동이라도 한 것인지 일본 방송은 1990년대 이후부터 한국의 고유명사에 대해 아나운서가 한국어 발음으로 읽고, 자막에 한자를 넣는 경우가 늘어나고 있다. 그러나 그것도 늘 그렇게 하는 것은 아닌 것 같다. 최근 일본에 갔을 때 일본 TV를 통해 본 우리나라 관련 뉴스에는 우리의 지명과 인명을 일본어 발음으로 읽는 경우가 적지 않았다.

　중국 방송이 우리의 지명과 인명을 우리 한국어 발음으로 읽어 주는 경우는 전무하다. 우리나라 국가 원수인 대통령의 이름은 물론 유명 관광지인 제주도나 경주도 다 자기네 발음으로 바꿔 '지저우따오'. '칭저우'라고 읽는다. 우리는 중국에 불고 있는 한류 바람을 매우 자랑스럽게 여기고 있지만 사실 따지고 보면 중국에 우리의 스타들은 없다. '대장금'의 '이영애'는 없고 '따창진'의 '리링아이'만 있다. 송혜교나 전지현도 없고 '송후이챠오'와 '췐즈셴'만 있다. 더 웃기는 것은 〈강남스타일〉의 '싸이'는 아예 그들이 중국식으로 이름을 붙여 '니아오 쑤(鳥叔)'라고 부른다. 그들이 지은 한자 이름의 의미를 해석한다면 '새(Bird) 아저씨'나 '새 삼촌' 쯤 된다. 싸이의 데뷔곡이 〈새〉였기 때문에 그런 이름을 붙였다고 한다. 이처럼 이름을 중국 한자음 즉 중국어 발음으로 읽을 뿐 아니라, 그들에게 없는 단어는 과감하게 그들 방식으로 바꿔 부른다. 한때는 우리나라나 미국의 '대통령(大統領)'을 모두 '總統(총통)'으로 바꿔 쓰고 '쭝통'이라고 읽었다. 그들은 한번도 '대통령'제는 시행해 본 적이 없지만 '總統'은 전에 있었던 제도이기 때문에 그들에게 익숙한 '總統'으로 바꿔 부른 것이다. 지금도 어떤 신문이나 방송은 '따퉁링' 즉 '대통령'이라고 칭하지만 여전히 '쭝통'이라고 하는 신문 방송도 많다. 순우리말 이름의 정당인 '한나라당'이나 '새누리당'도 절대 우리말 이름으로 불러주지 않는다. '한나라당'은 '大國家黨(대국가당)'으로 바꾸어 '따궈지아땅'이라고 부르고 '새누리당'은 '新世界黨(신세계당)'으로 바꿔 '신쓰졔땅'이라고 부른다. 상황이 이러함에도 우리는 중국의 지명과 인명을 꼬박꼬박 원음주의에 입각하여 중국어 발음으로 불러 주고 있다. 요즈음에 들어서는 심지어 일반 명사인 '관광객'도 중국어를 그대로 차용하여 '요우커(遊客)' 혹은 '유커'라고 부르고 있으며, 중국에서 '1980년대 이후 출생자'를 칭하는 약칭인 '80후(八零後)'의 중국어 발음 '빠링허우'를 그대로 들여다가 사용하고 있다. 사대주의의 극치를 보여주고 있는 것 같다. 물론, 이처럼 중국어 원음을 사용하는 언론인들이 사대주의에 빠져 중국에 대한 사대를 하고 싶어서 그렇게 중국어 원음으로 표기하고 또 읽는 것은 아니라고 생각한다. 그들에게 왜 그렇게 원음대로 표기하느냐고 물으면 "정부에서 만든 '외래어 표기법'의 제4장 '인명·지명 표기의 원칙' 내의 제2절 '동양의 인명·지명 표기' 부분에 그렇게 원음으로 표기하라고 규정되어 있기 때문에 그 규정을 따라서 그렇게 표기하고 있다."고 대답할 것이다. 그들은 아무 생각 없이 '법'과 관례를 따르고 있을 뿐일 것이다. 그런데 만약 그들이 어느 날 원음주의 안에 깊숙이 박혀 있는 이러한 사대주의적 속성을 알게 된다면 얼마나 경악할까?

정부는 하루빨리 중국과 일본의 지명과 인명에 원음주의 표기 원칙을 폐기해야 한다. 그리하여 이 나라 국민들이 자신도 모르는 사이에 비겁한 사대주의자로 전락하는 것을 막아야 한다. 그리고 이처럼 황당한 법을 누가 어떤 과정을 거쳐서 제정했는지도 찾아내어 밝혀야 한다. 대한민국은 특정한 생각을 가진 몇 사람 혹은 몇몇 단체가 주동이 되어 움직이는 나라가 되어서는 안 되기 때문이다.

3. 「원음주의」 표기는
국가의식과 민족혼을
말살하는 표기법이다.

앞서 밝힌 대로 중국이나 일본의 지명과 인명에 대한 원음주의 표기 원칙에 내재해 있는 사대주의 독성만으로도 이미 우리의 국가의식과 민족혼을 말살하고 남음이 있다. 그러나 여기서 한걸음 더 나아가 우리의 역사문제와 이 원음주의를 결부시켜 생각하면 원음주의가 얼마나 더 큰 독성을 가진 법인지를 더욱 실감하게 된다. 중국이 진행하고 있는 '동북공정'이라는 이름의 역사왜곡 작업에 비춰 보면 우리만 일방적으로 실천하고 있는 원음주의 원칙은 참으로 심각한 문제를 야기하게 된다. 우리는 예나 지금이나 중국의 속국으로서 중국어를 빌려쓰는 나라임을 자처하는 꼴이 되기 때문이다. 동북공정이란 '동북변강역사여현상계열연구공정(東北邊疆歷史與現狀系列研究工程)'의 줄임말이다. 우리말로 풀이하자면 '동북 변방 국경지역의 역사와 그에 따라 파생되는 여러 가지 현상에 대한 체계적인 연구 프로젝트'라는 뜻이다. 이 동북공정은 중국 중앙정부의 승인을 받아 중국 사회과학원과 요녕성, 길림성, 흑룡강성 등 중국 동북지역의 3개 성(省) 정부가 연합해서 추진하는 국책사업으로서 2002년 2월 28일부터 본격적으로 시작되었다. 구체적인 연구 과제는 동북지역의 지방사 연구, 동북 지역의 민족사 연구, 고조선과 고구려, 발해의 역사 연구, 중국과 조선의 관계사 연구, 한반도 정세 변화 및 그에 따른 중국 동북 변방지역 안정에 대한 영향 연구 등이다. 따라서 동북공정은 우리의 역사에 대해 중국이 연구하는 것을 주요 내용으로 하고 있다. 동북공정의 한 가운데에는 바로 우리 한국이 놓여 있는 것이다. 중국정부는 중국 동북부의 변방 지역을 극히 중요한 전략지구로 보고 있기 때문에 이 지역에 대한 종합적인 연구와 함께 장기적인 대책 수립을 위해 동북공정이라는 프로젝트를 시작한 것이다. 주지하다시피 동북공정의 핵심내용은 고구려와 발해를 신라나 백제와는 계통이 다른 중국의 변방민족으로 규정하여 고구려와 발해의 역사를 중국의 역사에 편입시키려고 하는 것이다. 이러한 작업은 이미 거의 다 완성이 되어 이제는 그러한 작업의 결과를 한국을 상대로 혹은 세계를 상대로 터뜨리고 그것을 확인받는 절차만 남아있다고 할 수 있다. 그러한 확인의 단계에 이르자 중국은 정부기관에서도 민간에서도 우리의 역사를 노골적으로 왜곡하고 그렇게 왜곡한 내용을 확산시켜 나가고 있다. 앞서 제4장에서 살펴본바 있듯이 최근에 중국에서 서예용 교본으로 출간된 고구려 광개토태왕비 탁본집의 책이름을 《진·호대왕비(晉·好大王碑)》라고 한 경우가 그 대표적인 예이다. 광개토태왕이 분명 고구려의 태왕인데 중국은 '고구려의 광개토태왕'이라고 보지 않고 광개토태왕과 동시대의 중국 왕조인 진(晉)나라의 왕으로 보고자 하는 의도에서 책 이름을 《晉·好大王碑》라고 하고, 그러한 점을 중국 내는 물론 한국이나 일본, 그리고 세계 각국에 홍보하기 위해 무례하게도 책 이름을 그렇게 붙인 것이다. 비록 중국 정부가 나서서 그렇게 붙이라고 한 것이 아니라고 하더라도 중국 정부는 민간의 그러한 행위에 대해 전혀 제재하거나 단속할 생각을 갖고 있지 않은 것이다. '광개토태왕'을 '호대왕'이라고 한 것도 석연치 않다. 광개토태왕의 정식 시호(諡號)는 '국강상광개토경평안호태왕(國岡上廣開土境平安好太王)'이다. 뜻을 풀이하자면 '나라의 수도 근처 언덕에 묻히신 분으로서 국경을 크게 넓히고 국민을 평안하게 하신 좋고 위대한 태왕'이다. 따라서 이 시호를 줄여서 부르는 '광개토태왕'은 나라의 경계 즉 영토를 넓힌 큰 왕이라는 뜻이다. 광개토태왕이 영토를 넓혔다면 어떤 방향으로 영토를 넓혔을까? 바로 현재의 중국 방향으로 영토를 넓혔다. 그러므로 중국인의 입장에서는 자기 나라 영토를 빼앗아간 광개토태왕을 결코 광개토태왕으로 부르고 싶지 않은 것이다. 그래서 마지막 세 글자만 따서 '호태왕'이라고 불러왔는데 이 책에서는 '호태왕'마저도 격을 낮춰 《진·호대왕비(晉·好大王碑)》라는 이름으로 탁본집을 출간한 것이다.

2007년 6월 8일자 연합뉴스의 「유네스코 유산 박람회 9일 中 선양서 개막─고구려유적도 전시」라는 제목의 기사를 보면 다음과 같다.

> (선양＝연합뉴스) ○○○ 특파원: ……전략…… 세계유산박람회가 9일 중국 선양에서 개막해 오는 10월9일까지 열린다. ……중략…… 랴오닝성 인민정부 등이 공동 주최하고 선양시 인민정부가 주관하는 이 행사는 유네스코 세계유산을 소재로 한 박람회로는 세계에서 처음 열리는 것이다. ……중략…… 하지만 웹사이트는 랴오닝성 환런현과 지린성 지안시에 소재한 고구려 유적을 중국 유산으로 분류해 소개하고 고구려의 영문 명칭도 국제적으로 확립된 'Koguryo'가 아니라 중국식 발음대로 'Gaogouli'라고 표기하고 있어 논란이 예상된다.

우리 역사속의 옛 땅을 다 중국어 발음으로 읽고 있다. 더욱이 "고구려 유적을 중국 유산으로 분류해 소개하고 고구려의 영문 명칭도 국제적으로 확립된 'Koguryo'가 아니라 중국식 발음대로 'Gaogouli'라고 표기하고 있어 논란이 예상된다."는 보도까지 하면서도 옛 고구려 땅의 지명을 다 원음 즉 중국어 발음으로 적고 있다. 참 어리둥절하고 안타까운 일이며 나열된 중국어 지명이 도대체 어디를 말하는 것인지도 알 수가 없다. 연합뉴스의 이 기사를 다음과 같이 바꾸어 적은 다음에야 그것이 다 고구려가 자리했던 지역의 지명인 줄을 알게 되었다.

> (심양(瀋陽)＝연합뉴스) ○○○ 특파원: ……전략…… 세계유산 박람회가 9일 중국 선양(瀋陽)에서 개막해 오는 10월 9일까지 열린다. ……중략…… 요녕성(遼寧省) 인민정부 등이 공동 주최하고 심양시(瀋陽市) 인민정부가 주관하는 이 행사는 유네스코 세계유산을 소재로 한 박람회로는 세계에서 처음 열리는 것이다. ……중략…… 하지만 웹사이트는 요녕성(遼寧省) 환인현(桓因縣)과 길림성(吉林省) 집안시(集安市)에 소재한 고구려 유적을 중국 유산으로 분류해 소개하고 고구려의 영문 명칭도 국제적으로 확립된 'Koguryo'가 아니라 중국식 발음대로 'Gaogouli'라고 표기하고 있어 논란이 예상된다.

이처럼 우리의 옛 땅 이름을 우리 스스로가 우리의 한자음으로 부르지 않고 중국어 발음으로 부르고 있으니 중국인들은 한국인들의 이름도 제대로 불러줄 생각을 하지 않는다. 다음은 중국에 특파원으로 나가 있는 어느 기자가 쓴 기사이다.

> 제 이름은 리위줘가 아니라 이우탁(李宇卓)입니다.
> 기자는 2년 전 중국에 온 이후부터 곤혹스러운 적이 한두 번이 아니었다. 태어나서 지금까지 사용해온 나의 이름이 거의 무용지물이 되곤

했기 때문이다. 만나는 중국인들에게 내 이름을 한국 발음대로 부를 수 없느냐고 물어봤지만 그때마다 돌아온 대답은 "뭐가 잘못됐느냐"는 되물음뿐이었다. 그러면서 그들은 "한자 이름이 있는데 당연히 중국식으로 불러야 하는 게 아니냐?"면서 자상하게 성조(聲調)까지 점검해 주기도 했다. 이런 곤혹스러움은 아마 중국에서 생활하는 한국인이면 거의 누구나 느끼는 것일 게다. 어떤 사람은 아예 명함에 한자를 표기하지 않고 영문만 기입하는 식으로 자신의 이름을 '사수(死守)'하는 일도 있다.[155]

상황이 이러한데도 우리만 중국의 땅 이름과 사람의 이름을 정성을 다해 꼬박꼬박 안 돌아가는 혀를 억지로 굴려가며 중국어 발음으로 읽어주고, 또 중국어 발음을 따라 이상한 글자를 타자하다보니 아예 영타로 바뀌어 버리거나 오타가 계속되는 컴퓨터 자판을 수차례씩 두드리는 불편을 겪고 있다. 정부가 나서서 그렇게 읽어주고 써주라고 하니까 국민들은 왜 그렇게 읽고 써야 하는지 까닭도 모르는 채 그렇게 읽고 쓰고 있는 것이다. 언제까지 우리의 혼을 스스로 빼주는 일을 해야 하는 건지 모르겠다. 하루빨리 외국의 지명·인명에 대한 원음주의 표기 원칙을 파기해야 한다.

4. 「원음주의」 표기는
   언어학의 상식을
   벗어난 표기법이다.

1) 언어의 목적은 '의미전달'에 있지 '발음 베끼기'에 있지 않다.

언어를 사용하는 목적은 '의사의 소통', 즉 '의미의 전달'에 있다. 발음 즉 음성은 의사와 의미를 전달하는 매개체 역할을 하는 도구로서 하나의 기호이자 소리에 불과하다. 따라서 언어는 음성보다 의미가 더 중요하다. 언어는 정확한 음성을 전달하기 위해 사용하는 것이 아니기 때문이다.

우리는 아직도 우리나라가 1988년의 올림픽을 유치하는 국가로 선정되던 날의 감격을 기억하고 있다. 유치 작전을 벌이던 초기에는 오스트레일리아의 멜버른과 올림픽 영구 개최론을 들고 나왔던 그리스의 아테네와 일본의 명고옥(名古屋:나고야)이 서로 경쟁할 것으로 보였으나 오스트레일리아와 그리스가 유치 포기를 선언함으로써 1988년 제24회 올림픽 유치경쟁은 한국의 서울과 일본의 명고옥(나고야)의 대결로 압축됐다. 80명의 IOC위원들이 독일의 바덴바덴에 모여 투표하였고 투표 결과를 들고 나온 사마란치 IOC위원장의 입에서 "세울"이라는 말이 나왔을 때 온 국민은 환호의 함성을 올렸다. 그때의 그 감격은 실로 큰 것이었다. 여기서 우리는 당시 사마란치 위원장의 입에서 나온 〔세울〕인지 〔셰울〕인지 〔쎄울〕인지 아니면 〔서울〕인지 모를 그 발음에 대해서 생각해 볼 필요가 있다. 그때 우리 국민 중에 사마란치 위원장이 '서울'을 〔쎄울〕로 발음했다고 해서 못 알아들은 사람은 아무도 없을 것이다. 그리고 그가 [쎄울]이라고 발음했다고 해서 그것을 흠잡은 사람도 아무도 없다. 이처럼 언어는 의미가 전달되면 발음은 별로 중요하지 않다. 사마란치 위원장뿐이 아니다. 19세기 후반에 프랑스 선교사들이 '서울'을 'Seoul'로 표기한 이후 외국인들은 이 표기를 우리가 듣기에, [쎄울], [쏘울], [씨울] 등 자기들 멋대로 발음한다. 그들이 'Seoul'을 어떻게 발음하느냐가 중요한 것이 아니라, 그 표기를 보고 '대한민국 수도 서울' 즉 그 '의미'를 파악하는 것이 중요한 것이다. 따라서 표기법을 제정할 때 1차적인 고려 사항은 '의미 전달의 효율성'이다. 발음은 부차적인 문제이다.[156] 그러므로 한 나라의 표준어는 물론 외래어의 표기도 그들 국민들이 의미전달을 가장 잘 할 수 있는 방안을 택하여 정해야 한다. 특히 외래어에 있어서는 그 외래의의 원음 즉 현지음이야 어떻든 간에 자국의 국민이 가장 쉽게 의미전달을 할 수 있는 표기 방식이 있다면 원음에 구애받지 말고 그 표기 방식을 따라야 한다. 그래서 세계 각국은 외래어를 표기할 때 원음과 관계없이 자기네들 스스로가 편한 방식을 택하는 것이다. 앞서 예시한바 있듯이 우리가 '예수 그리스도'라고 읽는 'Jesus Christ'를 미국인들은 '지저스 크라이스트'로 읽고 '플라톤[Plato, Platōn]'을 '플레이토우'로 '아리스토텔레스(Aristoteles)'를 '애러스타틀'로 읽는 것이 다 그러한 이유에서이다.

그런데 우리에게 있어서 중국의 지명과 인명을 가장 잘 알아들을 수 있고 그 의미를 가장 잘 전달할 수 있는 표기법은 바로 우리의 한자음으로 표기하는 방법이다. 앞서 누차 거론했듯이 '毛澤東'을 '마오저뚱'이 아니라 '모택동'으로 읽고 '鄧小平'을 '떵샤오핑'이 아니라, '등소평'으로 읽으며 '북경'을 '베이징'이 아니라 '북경'으로 읽을 때 가장 읽기도 쉽고 의사전달도 잘 된다. 한자로 표기되는 단어들은 각 글자가 다 개개의 의미를 갖고 있기 때문에 우리의 한자음으로 읽으면 듣는 사람들이 쉽게 그 의미를 파악할 수 있지만, 중국어 발음으로 읽으면 중국어를 배운 사람이 아니고서는 그 의미를 파악할 수 없다. 예를 들자면, 중국의 수도 '北京'을 〔북경〕으로 읽을 때는 〔북〕과 〔경〕은 국어의 다른 단어들, 예컨대 남북, 북한, 북부, 경부선, 경기도 등에 나타나는 형태소들이어서 북경은 곧 북쪽에 있는 수도라는 의미를 연상하게 되어 의미전달이 쉽게 되지만 중국어음 〔베〕와 〔이〕와 〔징〕은 중국어를 따로 배우지 않은 한 매우 생소한 음절이어서 전혀 그 의미를 유추해 낼 수 없다. '베 이 징'인지 '베이 징'인지 '베 이징'인지도 알 수 없다. 의미를 유추해 낼 수 없으니 당연히 의미전달이 안 된다. 이러한 까닭에 생경한 외국어로부터 유래한 외래어 발음은 언중이 편리하게 사용할 수 있도록 음운학적으로 다듬어서 자국의 언어로 귀화시켜 정착하게 하는 방향으로 유도하는 것이 가장 합리적이다. 그것이 언어학의 일반적인 상식이다. 생경한 외래어도 이러한데 하물며 2,000년 동안 우리의 문자로 사용해온 한자로 쓸 수 있는 익숙한 말인 중국의 지명과 인명을 우리의 한자음으로 적지 않고 전혀 의미를 알 수 없는 중국어의 발음대로 표기하여 국민들에게 불편을 준다는 것은 완전히 언어학의 상식에 위배되는 처사이다. 송기중은 외국어가 외래어로 정착하는 과정과 정도에 대해서 다음과 같이 말했다.

　　낱말이 자국어에 들어와 사용된 세월이 길고 짧음에 따라 그 원음이 자국어 발음으로 다듬어진 정도가 각각 다르다. 지리적으로 가깝고 역사적으로 교섭이 오래된 이웃나라에서 온 고유명사는 이미 오랜 세월 동안 충분히 다듬어지고 정착되어 외국어라는 느낌이 없을 만큼 쓰기 편하게 되어 있는 것은 세계 어디서나 늘 볼 수 있는 일이다. 예컨대 런던〔롱드르〕(佛), 빠리〔패리스〕(英), 나뿔리〔네이폴스〕(英)등이 바로 그것이다.[157]

우리에게 있어서 중국은 지리적으로나 역사적으로 너무 가깝고 오랜 동안 교류가 있어서 중국의 지명과 인명은 이미 외국어나 외래어가 아니다. 우리가 사용해 온 한자 즉 우리의 문자로 적어왔던 우리말이다. 그래서 한국 한자음으로 읽으면 누구라도 편하게 읽을 수 있고 그 의미도 쉽게 이해할 수 있다. 그런데 그것을 다시 외국어로 환원해 놓고서 생소한 중국어 발음으로 읽자고 하니 이는 시대착오적 발상이요, 역사적 퇴행이며 언어학 상식에 대한 무지의 소치로 밖에 볼 수 없다.

외래어는 '소리'와 '의미 전달' 두 가지를 다 만족시킬 수 있도록 활용하는 것이 가장 이상적이겠지만 그렇게 되기가 쉽지 않다. 어차피 두 가지를 동시에 만족시킬 수 없다면 둘 중 하나를 선택해야 한다. 이때의 선택은 당연히 '의미전달'에 중점을 두어야 한다. 그것이 언어학의 상식이다. 이러한 까닭에 중국은 자국민들이 의미전달을 쉽게 하게 하기 위해 심지어는 외국어의 형태까지도 바꾸어버린다. 예를 들면, 미국 국방부 건물인 '펜타곤(Pentagon)'은 '五角大樓(오각대루)'라고 쓰고 '우쟈오따러우'로 부른다. '펜타곤'이 영어로 5각형이라는 뜻이기 때문에 의미를 살려 그렇게 바꿔 부르는 것이다. '화이트 하우스(White House)'도 '하얀 궁궐'이라는 의미로 번역하여 '白宮(백궁)'이라고 표기하고 '빠이꿍'이라고 읽는다. 우리나라 바둑계의 천재인 '李世乭(이세돌)'의 경우는 한국에서 자생한 한자인 '乭(돌)'자가 중국에는 없으므로 아예 '乭'을 '石(석)'으로 바꾸어 '李世石(이세석)'이라고 쓰고 '리셰스'라고 부른다. 그리고 앞서도 잠시 언급했듯이 빌보드 차트 (Billboard chart) 2위까지 오르며 세계적인 선풍을 일으킨 우리나라의 가수 '싸이'는 아예 그들이 중국식으로 이름을 지어 붙여 '鳥叔(조숙)'이라고 쓰고 '니아오쑤'라고 부른다. 한국의 원음을 전혀 관계하지 않고 다 그들 스스로 편한 방식을 택해 표기하고 있는 것이다.

우리도 중국처럼 그렇게 편한 방법, 의미전달이 쉬운 방법으로 표기하면 된다. 우리가 중국의 지명과 인명을 한국 한자음으로 표기하는 것은 '소리'와 '의미전달' 두 가지를 다 만족시킬 수 있는 최선의 방법이다. 한국에서의 한자는 외국어가 아니기 때문에 사실 중국의 지명과 인명을 한자로 표기한다거나 혹은 한국 한자음을 사용하여 한글로 표기하는 것은 외국어 혹은 외래어를 표기하는 행위가 아니다. 그냥 우리의 말과 글로 표기하는 것이나 마찬가지로 자연스럽다. 그럼에도 불구하고 1986년 1월, 대한민국 정부는 느닷없이 한자를 완전히 외국어로 간주하는 「원음주의」 표기 원칙을 제정하여 공포함으로써 우리의 어문 생활을 혼란에 빠뜨리고 있다. 하루빨리 개선되어야 한다. 외국의 지명과 인명을 자주적으로 발음하거나 표기하지 않고 상대국의 원음을 존중하여 스스로 불편을 겪어가면서까지 꼬박꼬박 상대국의 원음대로 표기할 것을 법으로 정한 나라는 세계 어디에도 없다. 문화의 상호주의와 언어의 독자적 주체성을 무시하는 처사이자 사대주의적 어문정책이기 때문에 어떤 나라도 그런 법을 채택하지 않은 것이다. 우리는 지금이라도 우리의 표기법은 우리 한국인을 위한 것이지 외국 현지의 외국인을 위한 것이 아니라는 언어학의 가장 기본적인 상식을 이행해야 한다. 그리고 언어의 목적은 '의미전달'에 있지 '발음 베끼기'에 있지 않음을 분명히 인식해야 한다.

2) 현용 한국어는 중국어 발음을 현지음대로 적을 수 없다.

한글이 가지고 있는 우수한 장점 중의 하나가 세계 유수의 표음문자 중에서도 특히 표음성이 뛰어나다는 점이다. 한글은 자음과 모음을 모아 쓸 수 있는 글자이기 때문에 초성, 중성, 종성자를 순열·조합하다보면 이론적으로는 수백만 자의 글자도 생성할 수 있고 그런 글자들이 다 지구상에 존재하는 음을 표기하는 데 실질적으로 사용이 가능할 수도 있다.[158] 그런데 현행 어문규범에 따라 자음과 모음을 모아 표기할 수 있는 글자 수는 모두 11,172 글자이다.

초성자(初聲字)로 사용할 수 있는 글자는 자음 14자와 ㄲ ㄸ ㅃ ㅆ ㅉ 등 된소리 자음 5자를 합하여 모두 19자이다. 중성자(中聲字)로 사용할 수 있는 글자는 모음 10자와 ㅐ ㅔ ㅚ ㅟ …… 등 겹모음 11자를 합하여 모두 21자이다. 이 초성자 19자와 중성자 21자를 조합하면 19×21＝399자가 생성된다. 다시 초성 19자 중 ㅃ ㄸ ㅉ 세 글자는 종성자 즉 받침글자로는 사용하지 않으므로 실지로 종성자로 사용할 수 있는 글자는 16자이다. 여기에 겹받침 글자 ㅂ+ㅅ, ㄴ+ㅎ 등 11자를 합치면 종성자로 사용할 수 있는 글자는 모두 27자이다. 이 27자를 초성자 19자와 중성자 21자를 조합하여 생성된(19×21) 399자와 조합하면(399×27) 모두 10,773글자를 얻게 된다. 이 10,773글자에 받침이 없는 글자로 생성된 399자를 더하면 모두 11,172자가 된다. 따라서 현행 어문규범에 맞춰 조합해 낼 수 있는 한글의 총 글자 수는 11,172자이다.(부록1 참고) 현재 세계에서 규모가 가장 크고 권위도 가장 높은 국

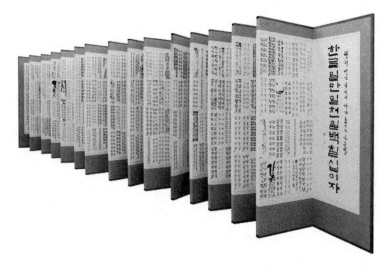

【자료16 : 한글 11,172자 병풍】

제서예 행사로 알려진 세계서예전북비엔날레에서는 2011년에 한글의
우수함과 한글서예의 다양성을 국내외에 알리기 위해 〈한글 '만천백칠
십이자'전〉이라는 이름 아래 이 11,172자의 한글을 784명의 작가들이
1인당 14~15자 씩 나눠 써서 총 길이 약 45m의 대형 작품을 제작하
여 전시한 적이 있다.【자료16】

　이 11,172자는 현행 어문규정에 맞게 조합하여 얻은 글자이며 이
11,172자는 컴퓨터 자판으로 써 낼 수 있는 글자이다.[159] 그러나 이 글
자들이 실지 우리의 어문 생활에서 그대로 다 사용되고 있는 것은 아
니다. 그러므로 실지로 사용하고 있는 글자는 말할 것도 없고 현행 어
문규범에 맞춰 조합이 가능한 11,172자를 다 동원해도 중국어의 현지
발음을 그대로 표기할 수 없다. 특히 중국어의 권설음인 [zhi], [chi],

〔shi〕[160]등의 발음은 현행 어문규범에 의해 조합하여 컴퓨터 한글 자판으로 타자할 수 있는 글자로는 표기할 수 없다. 〔z〕, 〔c〕, 〔s〕, 〔r〕, 〔f〕[161]등도 우리가 실지 사용하는 한글로는 표기가 불가능한 중국어 발음이다. 음성학적인 측면에서 보았을 때, 중국어 원음과 완전히 동일하다고 볼 수 있는 것으로는 중국어 발음의 〔n〕과 한국어 발음의 〔ㄴ〕, 중국어 발음의 〔m〕과 한국어 발음의 〔ㅁ〕밖에 없다고 한다. 그런데 이 두 가지 비음(鼻音) 즉 'ㄴ'과 'ㅁ'으로 시작되는 가용 음절의 수는 총33개에 불과하다고 한다. 그렇다면 중국의 지명과 인명을 중국어 원음으로 표기했을 경우 한글표기법의 정확성이나 동질성은 기껏해야 7.9%밖에 안 되는 셈이다.[162] 게다가 현대 표준중국어의 운모(韻母:모음) 38개 가운데 8개 운모는 2음절 표기가 불가피함에 따라 한국 한자음 발음으로 표기하는 것보다 글자 수가 많아지며 중국어를 배우지 않은 사람으로서는 어경(語境:한 글자에 대한 발음의 경계)이 어디에 있는지를 파악할 수 없다. 예를 들자면, 중국의 인명 周恩來(주은래)를 한국 한자 발음 '주은래'로 읽으면 성이 주씨이고 이름이 '은래'라는 것을 금세 알 수 있지만 중국어 발음 '저우언라이'로 표기해 놓으면 어디까지가 성이고 어디서부터가 이름인지를 알 수 없을 뿐 아니라, 어디가 어경인지를 알 수가 없게 된다. 즉 '저 우언 라이'인지 '저 우 언 라이'인지 '저우 언라 이'인지를 알 수 없는 것이다. 언어학적으로 이러한 문제가 있어서 어차피 중국어 원음대로 표기할 수도 없는데 굳이 원음주의를 주장해야 할 이유가 무엇인가?

3) 평소 사용하지 않는 기형문자로 한글 문서를 작성해야 한다.

중국어를 그나마 원음에 가깝게라도 표현하기 위해서는 '롄, 볜, 톈, 녜, 돤, 뤄, 쉐, 쉔, 옌, 젠, 졔, 쥔, 춴, ……'과 같은 글자들의 사용이 불가피하다. 이 글자들이 모두 한글임은 분명하지만 현재 우리가 일상생활에서 사용하는 글자는 아니다. 이런 글자들이 한글로 쓴 인쇄매체에 튀어나오면 왠지 낯설고 불편하다. 한글 문장의 맥이 끊기는 기분이다. 즉 한글 글쓰기의 일관성이 이어지지 않음을 단박에 느끼게 되는 것이다. 중국어를 원음으로 표기하기 위해 이런 낯선 글자들을 사용하는 불편을 감수하도록 법으로 강요한다는 것은 결코 바른 어문정책이 아니다. 실지로 컴퓨터 자판으로 이런 글자를 사용해서 한글 문서를 작성해 보면 그 불편함을 실감할 수 있다. '한글' 프로그램에서 '옌볜', '녜수이핑' '저우쥔졔' 등 중국의 지명이나 인명을 쓰기 위해 한글 자모를 입력하다보면 컴퓨터도 낯설어 헷갈리는지 컴퓨터 스스로가 알아서 영어 알파벳으로 전환시켜 버린다. 그리고 한글 프로그램 이외의 프로그램에서 이런 글자를 입력하다 보면 '#!^@%&$' 등과 같이 이상한 문자를 쏟아놓기도 한다. 원음주의를 주장하는 사람들은 한글 문서에서 필요한 한자를 괄호를 이용하여 병기하는 것을 글쓰기의 '일관성 결여'라고 하면서 반대를 하고 있는데 기실 '롄, 볜, 톈, 녜, 돤, 뤄, 쉐, 쉔, 옌, 젠, 졔, 쥔, 춴, …….' 등의 기형문자를 컴퓨터를 애써 달래가며 써야 하는 이런 불편이야말로 글쓰기의 일관성을 해치는 주범이다. 이런 불편을 겪으면서까지 원음주의를 주장해야 할 이유가 무엇인지 도대체 알 수가 없다.

4) 원음주의 표기는 읽기가 어렵고 읽어도 이해가 쉽지 않다.

2008년 6월 15일자 〈머니투데이〉의 「중국 쓰촨성 13개 도시 관광재개, 지진 완전복구는 2010년 예상」이라는 기사를 한 번 보도록 하자.

> 중국 쓰촨성에 대지진이 발생한지 한 달, ……중략…… 쓰촨성 관광국에 따르면 이번에 관광이 재개된 지역은 즈궁, 루저후, 수이닝, 네이장, 러산 난충, 이빈, 광안, 다지후, 메이산, 즈양, 칭천 등 13개 지역이다. 지난달 12일 지진으로 관광이 중지된 두쟝옌 시는 14일 일반에게 공개됐다. 관광국장 장우는 "중국에 있는 세계유산 중 두쟝옌 칭천산과 월룽 국가 자연 보호지는 부분적으로 훼손됐다. 주자이거우와 황룽 관광 명소, 어메이산과 러산대불은 지진으로 훼손을 입지 않았다"고 말했다. ……중략…… 그는 또한 "지진 피해 규모가 가장 큰 베이촨현, 탕지아산, 미엔주의 한황 지역에서는 3년 안에 세계적인 지진 박물관이 건설될 것"이라고 말했다.

이 문장이 과연 읽기 편한 문장인가? 그리고 이해하기 쉬운 문장인가? 필자가 근무하고 있는 대학의 동료교수들에게 이 문장을 보여주고 소감을 말해 보라고 했더니 10명 중 두 명만 별다른 반응이 없었고 나머지 8명은 "아이고, 어지러워", "복잡하고만", "이게 뭔 말이여?" "그러니까 여기가 어디라는 것이여?" 등의 부정적인 반응을 보였다. 그러자 한 교수가 말했다. "지도 한번 찾아봐." 그러자 다른 교수가 말했다. "중국 지도가 다 한자, 그것도 간체자로 표기가 되었을 텐데 중국말을 모르는 우리가 어떻게 그걸 찾아?" 참 답답할 노릇이었다. 다시, 이 문장을 이미 6년 동안 한국에 거주하며 중국문학을 전공하고 있는 유학생에게 보여주며 이 기사에 나오는 지명과 인명을 한자로 표시해 달라는 부탁을 해봤다. 그랬더니 이 한글만 보고서는 어디를 말하는지 모르겠다고 하면서 30분 이상을 소비하다가 결국은 인터넷을 뒤져 당시 중국 신문에 난 기사를 찾아내 그것을 보고서야 다음과 같이 한자 표기를 해왔다.

중국 쓰촨성(四川省)에 대지진이 발생한지 한 달, ……중략…… 쓰촨성(四川省) 관광국에 따르면 이번에 관광이 재개된 지역은 즈궁(自貢), 루저후(瀘州胡), 수이닝(遂寧), 네이장(内江), 러산 난충(樂山 南充), 이빈(宜賓) 광안(廣安), 다지후(達州), 메이산(眉山), 즈양(資陽), 칭천(青城) 등 13개 지역이다. 지난달 12일 지진으로 관광이 중지된 두쟝엔(都江堰) 시는 14일 일반에게 공개됐다. 관광국장 장우(張裕)는 "중국에 있는 세계유산 중 두쟝엔(都江堰) 칭천산(青城山)과 월룽(臥龍) 국가 자연보호지는 부분적으로 훼손됐다. 주자이거우(九寨溝)와 황룽(黃龍)관광명소, 어메이산(峨眉山)과 러산(樂山) 대불은 지진으로 훼손을 입지 않았다"고 말했다. ……중략…… 그는 또한 "지진 피해 규모가 가장 큰 베이촨(北川)현, 탕지아산(唐家山) 미엔주(綿竹)의 한왕(漢旺) 지역에서는 3년 안에 세계적인 지진 박물관이 건설될 것"이라고 말했다.

누구를 위한 원음주의 표기인가? 한국인은 물론 중국인마저도 알아보지 못하는 이 어려운 표기를 우리가 왜 법으로까지 강제하며 사용해야 하는지 이해할 수 없다. '사천성'이라고 하면 한국 사람 대부분이 그것이 중국의 어느 지역 이름인 줄을 알게 될 것인데 그것을 굳이

'쓰촨성'이라고 해야 할 이유가 무엇인가? '사천요리', '사천반점'이라는 중국요리집 이름으로도 익히 알고 있는 '사천'이라는 지명표기를 버리고 굳이 생소하게 '쓰촨'이라고 해야 할 필요가 없는 것이다.

우리 정부가 진정으로 국민들로 하여금 필요한 정보를 바르게 얻게 하려면 중국어 원음으로 표기할 게 하니라, 한국 한자 발음으로 표기하고 괄호 안에 한자를 병기하는 방법을 사용해야 한다. 그게 가장 효과적인 방법이다. 예전에 우리는 다 그런 방법을 편리하게 사용해 왔다. 그런데 왜 느닷없이 원음주의 표기라는 법이 나와서 우리를 이처럼 불편하게 하는지 모르겠다. 그리고 우리 사회는 그런 불편을 겪으면서도 정부를 향해 시정하라는 목소리를 내지 못하는지 모르겠다. 이 점에 대해서 송기중 교수는 다음과 같은 분석을 내놓았다.

어문규정 논의 시에 '발음의 표기'가 중요시되어 온 이유는 우리나라 사람들의 의식 속에 정착된 "한글, 즉 소리 나는 대로 적을 수 있는 글(表音文字)이 우수한 글"이라는 관념과 무관하지 않은 듯하다. 1백여 년 전 開化期에 서재필·주시경 등 先覺者들이 自主獨立思想의 鼓吹와 더불어 한글 專用을 주장하는 운동을 전개하였다. 당시 先進 西洋 列强의 간섭으로 民族的 劣等意識에 빠져 있던 中國·日本 및 우리나라 일부 知識人들은 東洋圈 後進性의 主要 原因으로 表意文字인 漢字의 사용을 지적하고, 表音文字로 改革을 주장하였었다. 순전히 漢字만 사용하여 온 中國이나 표음문자인 假名이 있으나 그것만으로는 자기네 언어의 완전표기가 현실적으로 불가능했던 日本과는 달리, 우리나라에는 국어를 완전히 표기할 수 있는 한글이 존재하였다. (이미 조선시대부터 國文小說과 각종 諺解類들이 한글로만 쓰였고, 19세기 말에 기독교 성경이 한글로만 번역되었다.) 당연히 우리의 선각자들은 "한글은 소리 나는 대로 적을 수 있는 우수한 문자"라는 信念을 갖게 되어, 한편으로는 그것을 적극 주장하며 전파하였고 다른 한편으로는 그분들 스스로 한글전용을 실천에 옮겼다. 그분들의 신념은 계속 전수되어 광복 이후 지난 60년간 정부 주도의 국어 정책에 상당한 영향을 끼쳤고, 현재까지도 우리 사회 지식인들 중에는 "表音文字의 優越性"을 眞理로 생각하는 사람들이 다수 존재한다. "소리나는대로 적을 수 있는 글이 우수한 글"이라는 支配的 思想은 필연적으로 "글은 소리를 반영해야 한다", 즉 "文字로 表記된 言語는 音聲을 제대로 表記해야 한다"는 觀念으로 發展되었던 듯하다.[163)]

송기중의 분석이 일리가 있다고 생각한다. 그러나 한편으로는 광복 이후, 미군이 들어오면서부터 우리 사회에는 지나친 영어중시 풍조가 형성되어 영어를 잘하는 사람이 사회적으로 선망의 대상이 되다 보니 나중에는 영어뿐 아니라, 어떤 외국어라도 외국어를 할 줄 아는 사람은 무조건 선망의 대상이 되었고 지식분자로 우러러 보는 대상이 되었다. 미군부대 근처에서 바람직하지 못한 일을 하던 여성들도 어쩌다 미국인과 결혼을 하게 되어 영어만 배워 오면 '국제적인 역량'이 있는 사람으로 인정을 받는 분위기였다. 1970년대 시외전화나 국제전화를 하려면 각 지역 전신전화국 내에 설치된 부스를 이용해야 할 때, 영어로 국제전화를 하는 사람을 보면 그 사람의 지식수준이나 하는 일이 무엇인지를 불문하고 일단 '영어를 잘 해서 참 좋겠다.'는 부러움의 시선을 보내며 굉장한 '지식인'으로 인정해 주곤 했다. 최근에도 목격한 일이다. 중국여행에서 돌아온 어떤 사람이 "우리 북경에 갔을 때……"하면서 막 얘기를 꺼내려 할 때 다른 친구가 나서더니 "북경이 뭐니? '베이징'이지."하면서 말을 막는 것이었다. 그가 「원음주의」 원칙을 알아서 그렇게 친구의 말을 가로 막았을까? 아니다. 그저 막연하게 북경이라고 하면 왠지 덜 멋있고 베이징이라고 하면 더 멋있게 들린다는 생각을 하고 있기 때문이다. 이것이 바로 우리 사회에 근거 없이 자리한 일종의 모서주의(慕西主義)이자 사대주의이다. 아니 사'외국'주의(事'外國'主義:무조건 외국을 좋게 보고 부러워하는 주의)이다. 최근 우리가 잘 살게 되면서 많이 나아지기는 하였지만 아직도 우리에게는 언제부터인가 자리하고 있는 외국에 대한 선망의 태도가 아직 다 씻겨 나가지 않고 남아 있는 것이다. 그래서 정부가 한 치 앞의 미래도 내다보지 못한 채 내놓은 외국의 지명과 인명에 대한 원음주의 표기 원칙을 우리 사회에서는 앞에서 제시한 그 많은 모순과 자존심 상하는 일과 불편함이 있는데도 불구하고 그에 대한 거부감을 크게 느끼지 못하고 그저 '그런가 보다'하면서 따라가고 있는 것이다. 이제는 그러한 모서주의나 사대주의, 사'외국'주의를 청산해야 한다. 국민들 스스로도 청산하려고 노력해야겠지만 정부가 나서서 국민들의 가슴에 잔재하고 있는 그런 생각을 씻어낼 생각을 해야 한다. 그렇기 위해서는 보다 더 깊고 넓은 안목으로 정책을 수립함으로써 국민들의 자존심을 상하게 하는 일이 없도록 해야 한다. 그러므로 중국어를 비롯한 외국어를 원음주의 원칙에 맞춰 표기해야 한다는 법은 철회되어야 한다. 그런데 우리 정부는 그렇게 하기는커녕 또 하나의 기가 막힐 만한 사건 하나를 자초하여 만들었다. 그것은 바로 '서울'의 중국어 표기를 '首爾(수이, 중국발음 서우얼, 간체자 표기 首尔)'로 해달라며 중국 정부에 이름을 지어다 바친 것이다.

5) 서울을 '首爾(수이)'로 표기하게 한 것은 누구를 위해서인가?

2005년 1월 19일, 이명박 당시 서울시장은 순수 우리말 지명인 서울을 '首尔(수이)'로 표기하며 수백 년간 사용해 온 서울의 한자 표기이자 중국어 표기였던 한성(漢城)을 폐기한다고 선언하고 중국 측의 협조를 구하였다. 당시 상황을 〈한겨레신문〉은 「(서울)시, 중국에 '한청'표기 변경 요청키로」라는 제목 아래 다음과 같이 보도하였다.

> 서울시는 19일 서울의 중국어 이름인 '한청(漢城:한성)'이 '서울'의 실제 발음과 달라 많은 혼란이 있다며, '서우얼'(首爾)을 새 이름으로써 줄 것을 중국 정부와 관련 기관에 요청하겠다고 밝혔다. 이명박 서울시장은 이날 기자회견을 열어 "서울을 한성이 아니라 서울로 부르는 게 국제관례"라며 "중국인들도 워싱턴을 '화성둔'(華盛頓), 런던을 '룬둔'(倫敦)이라고 부르듯이, 각국의 도시 지명을 해당 국가 발음에 가깝게 부르고 있다"고 말했다. 서우얼은 한국어 발음과 비슷하고, 2음절로 부드러운 느낌을 주면서도 '으뜸가는 도시'라는 뜻이 있어 수도를 지칭하기에 적합하다는 평가를 받았다. 그러나 새 표기안은 중국 정부는 물론 한국 정부와의 협의 절차를 거치지 않은 것이어서 실제 정착될지 여부가 주목된다. 권영규 서울시 문화국장은 "주한 중국대사관이 새 표기안에 대해 흔쾌히 찬성하지 않는 게 사실"이라며 "시가 중국어 문화권에 제안한 것으로 받아들이길 바라며, 시부터 앞장서 인터넷 홈페이지, 홍보물 등의 표기를 바꿀 것"이라고 말했다.[164]

이렇게 해서 서울에 또 하나의 이름이 생겼다. 그 이름이 바로 '수이'이다. 우리가 지은 이름이니 우리의 한자음으로도 읽어야할 것이 아닌가? 그래서 서울은 '수이'가 되어 버렸다. 우리의 독음을 전혀 고려하지 않고 중국 사람의 입장만 고려하다 보니 대한민국 서울이 '수이'가 되어 버린 것이다. 너무 황당한 처사이다. 〈한겨레신문〉이 인용한 당시 이명박 서울 시장의 "중국인들도 워싱턴을 '화성둔'(華盛頓), 런던을 '룬둔'(倫敦)이라고 부르듯이, 각국의 도시 지명을 해당 국가 발음에 가깝게 부르고 있다"는 말이 더욱 가증스럽다. 중국 사람들이 워싱턴을 '화성둔(華盛頓)', 런던을 '룬둔(倫敦)'이라고 부르는 것은 그들의 편리를 고려하여 그들 스스로 그렇게 부르는 것이지 미국이나 영국이 그렇게 불러 달라고 이름을 지어 바친 것이 아니다. 우리도 중국이 그렇게 하도록 종용했어야 한다. 중국에 대해서 다음과 같이 요구했어야 한다.

> 한성(漢城)은 조선시대의 이름입니다. 대한민국을 건국하면서 수도를 '서울'로 명명한 지가 언제인데 당신네 나라 중국은 우리 대한민국의 수도 서울을 아직도 조선시대의 지명인 '한성'으로 부르고 있습니까? 전 세계가 다 서울로 부르는데 당신네 나라만 한성으로 부르고 있으니 그 점을 시정해주기 바랍니다. 앞으로는 '서울'로 불러주기를 요청합니다.

여기까지만 했어야 한다. 그리고 중국 스스로가 그렇게 시정하도록 독촉했어야 한다. 그렇게 요구하고 독촉한 결과 중국 스스로가 '서울(Seoul, [sóul])'이라는 발음을 중국어로 어떻게 표시할까를 두고 고민하며 여러 가지 방안을 생각하다가 그 중에서 하나를 택해 '首爾'이라고 표기하기로 했다면 우리는 이렇게 말할 수 있다.

중국 사람들은 미국의 수도 '워싱턴'을 '華盛頓'이라고 쓰고 '화성둔'이라고 읽듯이 우리나라의 수도 '서울'을 '首爾'로 쓰고 '서우얼'이라고 읽는다.

그런데 우리가 지어다 바침으로써 우리는 다음과 같이 말할 수밖에 없는 처지가 되었다.

우리나라 서울의 중국식 이름을 우리가 중국내의 어문규정인 '중국의 외국지명 번역사용규정'에 맞도록 '首爾'라고 지어 줬다. 우리나라 한자 발음으로 읽으면 '수이'니까 장차 우리나라 사람이 우리나라 한자 발음을 사용하여 서울을 한자로 표기한다면 서울시는 '수이시'가 된다. 언젠가는 '서울시'를 '수이시'라고 부를 날이 올지도 모른다.

이렇게 해서 2005년 1월 19일, '서울'은 졸지에 '수이'가 되고 말았다. 이러한 조치는 완전히 우리나라에서는 영원히 한자를 쓸 일이 없다는 전제 아래, 혹은 쓰지 않아야 한다는 전제 아래 행한 조치이다. 우리 한자음이 버젓이 살아 있고 우리 사회에서도 여전히 한자를 사용하고 있으며 또 가르치고 배우고 있는데도 우리의 한자음을 완전히 무시하고 아니, 우리나라에 한자가 존재한다는 사실 자체를 완전히 도외시한 채 한자를 중국이라는 나라의 '외국 문자'로만 보고서 행한 처사이다. 즉 우리는 '首爾'를 '수이'라고 읽을 일이 전혀 없다는 전제 아래 우리 스스로가 중국만을 위해서 그렇게 이름을 지어다 바친 것이다. 그해, 10월 23일 〈연합뉴스〉는 다음과 같은 기사를 내 놓았다.

중국은 가까운 시일 내에 한국의 수도 서울의 중문 명칭으로 실제 음에 가까운 '首爾(서우얼)'을 정식으로 사용하기 시작한다고 신화통신이 23일 보도했다. 중국의 한 전문가는 "한국 수도의 중문 명칭으로 '首爾'을 사용하는 것이 국제관례에 맞을 뿐만 아니라 중국의 외국지명 번역 사용규정에도 맞다"고 신화통신에 밝혔다.

중국정부가 밝힌 서울시의 제안을 수용한 이유는 '중국의 외국지명 번역 사용규정'에 들어맞기 때문이라는 것이다. 그들이 말하는 '중국의 외국지명 번역 사용규정'이라는 것은 그들이 자국용으로 제정한 「외국지명한자역사통칙(外國地名漢字譯寫通則)〉[165]이라는 것이다. 앞서 〈한겨레신문〉의 보도에서 본바와 같이 원래 우리 측에서 예상하기는 "실제 정착될지 여부가 주목된다."는 것이었으나 의외로 중국은 서울시의 제안을 쉽게 수용하였다. 한국이 한자를 완전히 외국 문자로 간주한 나머지 한국 한자음을 말살한 채 한국 발음으로 읽으면 '수이'인 것을 애써 중국 내의 어문규정인 「외국지명한자역사통칙(外國地名漢字譯寫通則)〉에 딱 맞춰서 지어다 주니 그것을 거절할 이유가 없었기 때문에 그렇게 쉽게 수용한 것이다. 2005년 10월, 마침내 중국정부는 「민정부와 외교부가 발송하는 한국의 수도 한성에 대한 중국어 번역명칭을 '首爾'로 삼는 데에 대한 통보(民政部·外交部關於韓國首都漢城中文譯名變更爲首爾的通報)」를 전국의 각 기관에 발송하여 이의 사용을 공식화하였다. 10개월 만에 수용한 것이다. 오래된 언어관행을 바꾸도록 요구하는 내용이었음에도 중국정부는 빠르게 조치했고 또 강력하게 방침을 하달했다.[166] 앞서 설명한바와 같이 중국 정부로서는 해로운 일이란 하나도 없고 이보다 더 이로울 수가 없는 조치였으니 받아들이지 않을 이유가 없었던 것이다. 중국 정부가 취한 구체적 조치의 내용은 다음과 같다.

1. 한국 측의 요구를 존중하여 한국의 수도에 대한 중국어 번역명칭을 '首尔'로 변경한다. 각 기관에서는 구체적 상황에 따라 과도적 조치를 취할 수도 있다. 예를 들어 일정기간 동안 '首尔(汉城)'과 같이 괄호로 병기하는 방식을 취할 수 있다.

2. 한국의 수도명칭이 언급된 기 출판물에 대해서는 별도의 조치를 취하지 않는다. 도서, 교재, 지도 등 관변 출판물의 신판 및 재판을 낼 경우 한국의 수도에 대한 번역어를 교체해야 한다.

3. 신화사에서는 한국 수도의 번역명칭이 변경된 사실을 뉴스로 통보하며, 각 매체는 이에 대해 논평하거나 논쟁하지 않도록 한다.[167]

다시 한 번 강조하자면, 중국의 어문규정에 맞춰 '서울'을 중국 사람들이 읽는 원음대로 읽고 불러달라고 '首爾'로 지어줬다는데 그것을 우리 한자발음으로 읽는 순간 대한민국 수도 '서울'은 '서울'이 아니라 '수이'가 되고 만다. '수이'가 되는 것을 막기 위해서는 우리 사회에서 사용하고 있는 '首(수)'와 '爾(이)'라는 한자를 우리도 '서우'와 '얼'로 읽어야 한다. 그래야 우리의 서울이 '수이'가 되지 않고 '서우얼'이라도 되기 때문이다. 먼 훗날, 중국이 서울을 '首爾'라고 표기한다는 이유를 들어 그것을 한국이 역수입이라도 한다면, 그것을 다시 한국 한자발음으로 읽어서 정말 '수이'라고 부를 셈인가? 아니면 중국이 서울을 '首爾'라고 쓰고 그것을 '서우얼'이라고 읽고 있다는 점에 바탕을 두고 한자는 곧 중국어이고 중국어는 외국어이므로 한자로 쓸 수 있는 우리의 지명과 인명은 모두 외국어인 중국어 현지발음으로 적어야 한다는 이유를 들어 수원(水原)은 '수이웬'으로 평택(平澤)은 '핑저'로 강원도(江原道)는 '쟝웬다오'로 읽자고 할 셈인가? 김대중은 '진따종'으로 '노무현'은 '루우쉔'으로 반기문은 '판지원'으로 읽자고 주장할 셈인가? 그리고 그렇게 읽기 싫거나 그렇게 읽지 않기 위해서는 한자를 없애자고 주장할 셈인가?

'서울'을 '首爾'라고 이름 지어 중국에 바친 일은 참으로 심각한 일이다. 한국 사회에서 영원히 한자를 추방하자는 속셈에서 자행한 처사이다. 한 나라의 수도 이름을 바꾸는데 국민적 합의도출을 위한 토론도 충분히 거치지 않고 국회의 동의도 거치지 않고 중앙정부와 논의도 없이 당시 서울 시장의 의지를 담아 서울시 단독으로 처리했다는 점 자체가 더 큰 문제다. 그렇게 이름을 지어다 바치니 중국은 내심 얼마나 좋아했을까? 생각이 여기에 이르고 보면 참으로 창피하다. 중국이 그렇게 쾌재를 부르는 줄도 모르고 당시에 이 일을 주도한 사람들이 '중국의 적극적인 협조로 쉽게 정착한 쾌거'로 생각하고 있다면 더더욱 창피한 일이다.

2007년 필자가 잠시 미국에 머물 때의 일이다. 도서관의 중국부에 근무하는 중국인 연구원이 한국부에 소장되어 있는 책 중에서 《황화집(皇華集)》, 《운부군옥(韻府群玉)》, 《전국책(戰國策)》, 《증속회통운부군옥(增續會通韻府群玉)》등 원래 중국에서 출판되었거나 조선시대 한국에서 출판된 책을 중국부로 옮겨가야 한다면서 심지어는 최치원 선생의 저서인 《계원필경(桂苑筆耕)》마저도 최치원이 중국에서 관직을 지낸 사람이니까 그의 저서는 중국부로 옮겨 가야 한다는 주장을 하였다. 그리고 실지로 옮겨갈 절차를 밟으려 하였다. 이 소식을 접한 필자는 너무 어이가 없어서 중국부 연구원을 만났다. 한참 동안 그러한 처사의 부당함을 설명했다. 그러나, 앞서 열거한 책들이 원래 중국에서 출간된 책이기 때문에 중국부로 옮기는 것도 당연한 논리이지만 더욱 큰 이유는 그 책들이 다 '중국어'로 쓴 책들이니까 당연히 중국부로 옮겨가야한다는 것이었다. 그러면서 김부식의 《삼국사기》, 일연이 지은 《삼국유사》, 이규보의 《동국이상국집》 등도 다 '중국어'로 쓴 책이라는 주장을 굽히지 않았다. 나도 지지 않고 《계원필경(桂苑筆耕)》은 물론 《삼국사기》, 《삼국유사》, 《동국이상국집》 등은 다 한국인이 한국 한문으로 쓴 책이지 중국어로 쓴 책이 아니며 한국인에게 있어서 한자는 과거에 2,000년 이상 사용해왔기 때문에 한국의 문자나 마찬가지라는 주장을 하였다. 그러자 그는 필자를 컴퓨터 앞으로 데려가더니 우리나라 학술연구정보 검색 사이트(http://www.riss.kr/index.do)로 들어가 《계원필경》을 먼저 검색하였다. 그러자 아래와 같은 화면이 떴다. 그리고 《삼국사기》를 검색하자 역시 아래와 같은 화면이 떴다.

서명 / 저자사항 桂苑筆耕 / 崔致遠 著

저자 : 최치원

판사항 : 古活字本(後期木活字)

발행사항 : 〔刊寫地未詳〕: 〔刊寫者未詳〕, 1918

형태사항 : 20卷4冊 : 四周單邊 半郭 20.3 x 16.0 cm, 10
　　　　　　　行20字

　　　　　　　註雙行, 內向二葉花紋魚尾; 28.5 x 19.8 cm

일반주기: 序: 中和六年(886)…… 崔致遠 跋 : 崔鉉弼.
崔鉉達. 戊午(1918)…… 崔基鎬

발행국 : 대한민국

언어 : **중국어**

자료유형 : 일반단행본

출판년 : 1918

주제어 : 계원필경

소장기관 : 국립중앙도서관

서명/저자사항 : (보물 제723호) 삼국사기(三國史記). 권제
1~50(卷第一~五十) 〔문화재청 편〕

저자 : 문화재청

발행사항 : 대전 : 문화재청, 2006

형태사항 : 50卷9冊 ; 30cm

총서사항 : 국가지정 중요전적문화재 표점산출물 ; 63-71

KDC : 600.15 4

발행국 : 대전

언어 : **중국어** (기증자료)

자료유형 : 단행본(다권본)

출판년 : 2006

주제어 : 삼국사기, 신라, 고구려, 백제, 역사서

소장기관 : 한국전통문화대학교 학술정보관 원문복사정보

그렇게 화면을 띄워 놓고서 빙그레 웃으며 날더러 잘 살펴보라고 했다. 아! 그랬었다. 우리 스스로가 《계원필경》과 《삼국사기》를 '중국어'로 저술한 책으로 인정하여 서지사항을 표기하는 난에 뚜렷하게 "언어: 중국어"라고 표기해 놓았다. 앞이 캄캄했다. 어이가 없었다. 그러나 정신을 가다듬고 다시 열심히 설명했다. 한국에서 그 서지사항을 정리한 사람이 아마 일시적으로 착각을 했을 것이다. 당신도 잘 알고 있지 않느냐? 동아시아 한자문화권 국가인 한국, 중국, 일본은 2,000년 전부터 한자를 공유하면서 한자를 이용하여 한자문화권 문화를 건설했다는 점을. 그리고 한자는 이미 'Chinese character'를 넘어 'East Asian character'라는 점도 몇 차례씩 강조했다. 이렇게 필자는 진땀을 빼며 그것이 중국어로 쓴 책이 아니라 한국한문으로 쓴 책이라는 점을 설명했다. 결국 그들로 하여금 한국의 책을 중국부로 옮겨가려는 계획을 취소하게 하기는 했지만 참으로 마음은 씁쓸하고 허탈했다.

이제 우리는 한자를 외국 문자인 중국어로 간주하여 중국의 지명이나 인명을 원음으로 표기하자는 주장을 할 게 아니라, 중국으로부터 한자를 수입해서 사용한 것이 사실이나 2,000여 년 동안 사용해 옴으로써 우리의 독자적인 한자음을 형성하게 되었음을 중국은 물론 세계를 향해 알려야 한다. 한자는 단순히 중국만의 문자가 아니라, 우리의 문자이기도 하다는 점을 중국에 대해서도 당당해야 말할 수 있어야 하고 그렇기 때문에 우리는 우리의 한자음으로 중국의 고유명사를 읽고 표기할 이유가 있음을 천명해야 한다. 특히 우리의 옛 땅이었던 고구려와 발해 지역의 지명은 반드시 우리의 한자 발음으로 읽고 표기해야 한다. 그것이 중국의 동북공정에 대해 우리의 역사를 지키는 길이기도 하다. 부연하자면, 라틴문자에서 파생된 영어, 독일어, 불어가 각기 자기 모습을 갖듯이 한자를 받아들여 사용했지만 우리는 이미 우리의 문자로 한자를 정착시켰음을 세상에 알리고 우리 스스로도 한자를 외국 문자로 취급하지 말고 우리 문자의 한 축으로 인정해야 한다. 영어에 바탕을 두고 있지만 미국식으로 바뀐 영어가 미국에 의해 당당하게 세계의 중심에 서듯이 우리는 한글과 함께 한자를 우리 문자의 한 축으로 당당하게 인정하고 주장해야 한다. 한글은 한자와 함께 사용할 때 더욱 빛난다. 뜻글자는 뜻글자대로 장점이 있고 소리글자는 소리글자대로 장점이 있다. 우리는 세계에서 가장 과학적인 한글이라는 소리글자와 가장 발달된 뜻글자인 한자의 장점을 살려 사용할 수 있는 유일한 나라이다. 이것은 엄청난 복(福)이다. 이런 복을 거부하며 한자를 외국 문자로 간주하여 청산해야 할 이유가 없다. 한자를 아직도 일제강점기의 '제국문자'로 치부하는 것은 스스로 어리석음을 자초하는 것임을 알아야 할 것이다. 원음주의 표기에 대한 김민수 교수의 다음과 같은 설명에 귀를 기울여볼 필요가 있다.

요컨대, 현행 외래어 표기법의 원지음주의는 1948년 미 군정청 시기에 최현배 편수국장 주도하에 처음부터 채택된 것이다. 당시 1945년 12월 한자 폐기를 결의하고 1948년 10월 한글전용을 선포한 배경 속에서 분석해 보면 그 원지음주의 채택의 근본적 이유는 한글전용을 쟁취할 묘안이었다고 하겠다. 가령, '북경'이라고 부르면 '北京'으로 쓰게 되나, '베이징'이라고 부르는데 한자로 '北京'으로 쓰지 않는다는 단순 논리에 만족했으니까 뒤따르는 여타의 문제를 널리 고려해 넣지 못했을 것이다.[168]

이처럼 단지 한국인이 한자를 사용하지 못하도록 하기 위해서 외래어표기법을 개악했다면 정말 경악할 노릇이다. 그런데 필자가 앞의 기술을 통해 지금까지 파악한 모든 정황으로 보면 이른바 '원음주의'는 '한글전용'을 관철하기 위해서 채택한 수단임이 분명해 보인다. 이런 수단이 그렇게 쉽게 하나의 법으로 정착되는 우리 사회의 메커니즘이 두렵다. 혹 보이지 않는 어떤 손들이 작용하고 있는 것은 아닐까?

제9장

중국의 지명·인명
「원음주의」 표기, 과연 편리한가?

현행 외래어 표기법 즉 원음주의 표기법에 따라 중국의 지명이나 인명을 적어야 한다면 중국어를 할 줄 아는 일부 사람을 제외하고서는 대부분의 우리 국민들은 사실상 정상적인 어문생활을 할 수 없게 된다. 한자로 쓰여 있는 중국 지명을 중국어 발음 즉 원음으로 읽을 수 없기 때문이다. 읽을 수 없는데 어떻게 쓸 수 있겠는가? 중국의 책이나 지도 혹은 여행 가이드북에서 西安, 廣東, 遼寧, 雲南, 貴州, 河北, 黑龍江, 南京, 蘇州, 杭州 등의 지명을 보고서, 그것을 옮겨 적어야 할 필요가 있을 때 우리 한국 한자 발음으로 적기로 한다면 서안, 광동, 요녕, 운남, 귀주, 하북, 흑룡강, 남경, 소주, 항주라고 쉽게 적을 수 있고 만약 모르는 한자가 있다고 하더라고 자전을 찾아보면 될 텐데 이것을 '시안', '꽝동', '랴오닝', '윈난', '구이저우', '허베이', '헤이룽쟝', '난징', '쑤저우', '항저우' 등 원음으로 적어야 한다면 중국어 발음을 모르는 일반 한국인들에게는 정말 큰 고통으로 다가올 수밖에 없다. 그러다 보면 우리 한국어의 맞춤법을 지키기 위해 전 국민이 중국어를 배워야 하는 상황이 될 수 있다. 실지로 이런 일이 당장 벌어지지야 않겠지만 이론적으로는 그렇게 전 국민이 중국어를 배워야 우리의 한글을 바른 맞춤법으로 쓸 수 있는 상황이 되고 만다. 미국의 지명을 원음으로 적기 위해 영어를 배워야 하고 일본의 지명을 원음으로 적기 위해 일본어를 배워야 하며, 내내 한자로 표기하여 편리하게 해오던 문자생활을 버리고 국민들에게 갑자기 중국의 지명과 인명을 중국어 원음으로 적으라고 함으로써 중국어를 배워야 할 상황에 놓이게 한다면 그것은 정말 국민을 불편하게 하는 어문정책이 아닐 수 없다. 설령 중국어를 안다고 해도 사실상 표기가 제각각일 수 있다. 北京(북경)이나 上海(상해)를 예로 들어 보자. '베이징'이라고 쓰는 이도 있고 '뻬이징'이라고 쓰는 사람도 있을 것이며 '상하이'라고 쓰기도 하고 '쌍하이'라고 쓰기도 할 것이다. 항주(杭州)의 경우에는 '항조우'라고 쓰기도하고 '항저우'라고 쓰기도 할 것이며 '항즈어우'로 쓸 수도 있다. 온주(溫州)의 경우에는 더욱 복잡하다. '온저우', '운저우', '온조우', '원저우', '원조우' 등의 표기가 가능하기 때문이다.[169]
과연 어느 것을 택해야 할까? 전문가들이 나서서 지금도 최선의 방안을 찾고 있는 중이다. 설령, 현재로서는 최선의 방안이 나왔다고 하더라도 얼마 후면 '더욱 근접한' 방안이라며 다른 방안이 또 제시될 테니 최선의 방안은 영원히 없을 수도 있다. 한국어를 적는데 왜 학자들은 그처럼 사실상 불필요한 연구에 시간과 힘을 낭비해야 하며 일반 국민들은 왜 또 중국어 전문가가 되기라도 해야 할 것처럼 심리적 부담을 가져야 하는가?

그렇다면 원음주의 표기가 한국에 온 중국인들에게라도 편리한 표기인가? 그렇지도 않다. 지하철을 타는 중국관광객들은 역명 표시가 한자로 되어 있을 때 가장 편하다고 한다. 그리고 거리에서 한자로 쓴 간판을 보면 매우 반긴다. 굳이 간체자로 쓰지 않고 정체자 즉 우리 한자로 썼더라도 한자로 쓴 간판은 거의 다 읽을 수 있으며 그런 간판을 만나면 편리하고 반갑다고 한다. 해마다 큰 폭으로 늘어나는 중국 관광객들의 편리를 도모하고 그들로 하여금 한국에 대해 보다 더 좋은 느낌을 갖게 하기 위해서 1999년 2월 9일 당시 김대중 정부는 한자 병용 방침을 발표하면서 도로 표지판에도 한자를 병기할 것을 시사했다. 그러나 시행도 해보기 전에 한글전용론자들은 많은 이유를 내세워서 극렬히 반대했다. 그들이 반대하는 이유를 당시 한글학회 회장이었던 허웅의 글을 통해 정리해 보면 다음과 같다.

1. 한자 병기는 반역사적인 처사이다.
2. 도로 표지판은 로마자 병기로 족하다.
3. 예산 낭비다.
4. 한·중·일의 한자 독음이 다르다.
5. 간화자, 약자 등 한·중·일의 한자가 다르다.[170]

반대의 이유치고는 너무 터무니없다. 첫째, 한글전용론자들이 한자 병기를 반역사적인 처사라고 주장하는 까닭은 "이미 한글전용이 굳어지는 단계에 이르렀는데 다시 한자병용을 거론하기 때문에 반역사적"이라고 했을 테니 그들의 입장에서 보면 당연히 그렇게 보일 것이다. 그러나 문제를 70년간 실시해 온 한글전용에 대한 자기네들 주장을 유지하겠다는 생각으로 보지 않고 한글전용의 폐해를 바로잡으려는 시각으로 보면 한자병용은 반역사적인 것이 아니라, 오히려 잘못 가고 있는 민족의 앞길과 역사를 바로잡는 일이 될 것이다. 둘째, 도로 표지판은 로마자 병기로 족하다는 주장은 적극적이지 못한 주장이다. 해마다 우리나라를 찾아오는 관광객의 대다수가 일본과 중국, 대만 및 동남아 지역 사람이다. 이들 한자문화권 지역의 관광객들에게 편리를 제공할 수 있는 일이라면 보다 적극적으로 편리를 제공하여 그들을 유치해야 한다. 셋째, 예산 낭비라는 주장은 보다 더 세심한 검증이 필요하다. 한자 병기가 얼마나 효율적인지 그리고 한자 병기로 인하여 얻게 되는 이익은 얼마나 되는지를 잘 따져서 효율성을 살릴 정도의 예산을 투자할 가치가 있으면 그만큼의 예산을 투자하면 된다. 예산을 빌미로 한자 병기 자체를 호도해서는 안 된다. 넷째, 한·중·일의 독음이 다르다는 이유로 한자 병기를 안 할 이유는 없다. 표지판이나 간판은 외국인이 어떠한 독음(讀音)으로 읽든 아무 상관이 없다. 눈으로 보고 뜻을 알면 그것으로 족하다. 다섯째, 중국은 간화자를 사용하고 일본은 약자를 사용한다는 것을 이유로 들어 한·중·일 세 나라의 한자가 다르기 때문에 표지판에 한자를 병기하는 것이 의미 없는 일이라고 주장하는 것도 단편적이고 근시안적인 주장이다. 일본의 약자는 그 수효도 많지 않을 뿐 아니라, 약화된 형태 속에도 대부분 본자(本

字)의 모습이 남아 있어서 한자를 익숙하게 사용해 온 그들은 상용한자 정도는 약자든 본자든 다 읽을 수 있다. 대만이나 홍콩, 싱가포르를 비롯하여 동남아시아 지역은 다 본자(정체자)를 사용하니까 문제가 없고 간체자를 사용하는 중국이 문제라면 문제일 수 있는데 중국인들도 그들 스스로의 필요에 따라 번체자에 관심을 가짐으로써 전문적인 학술용어라면 몰라도 일상용어는 정체자로 써 놓아도 거의 다 알아본다. 게다가 국민교육의 보급으로 국민들의 교육수준이 높아졌기 때문에 정체자를 직접 쓰는 일은 더러 어렵게 느끼지만 읽는 것은 거의 다할 수 있다. 그러므로 중국이 간체자를 많이 사용하고 일본은 일부 한자를 그들만의 약자로 쓴다는 이유로 표지판을 한자로 병기할 필요가 없다는 주장은 설득력이 없다. 사실, 외국인이 한국에 와서 불국사, 송광사, 법주사 등 'ㅇㅇ사(寺)'라는 표지판을 보았을 때 그것이 무슨 절이고 어떠한 역사적 의미가 있는 절인지는 아직 모른다고 하더라도 우선 그것이 '절(寺)'이라는 사실만 알아도 실로 큰 도움이 될 때가 있다. 그 절의 의미나 역사는 그 절에 찾아갔을 때 자세히 알면 되는 것이고, 우선 그곳이 절이라는 사실을 아는 자체가 관광객들에게는 우선적으로 필요한 일이다. 따라서, '寺'자 한 글자만 알 수 있어도 그들은 매우 반가워한다. 이런 경우도 생각해 보자. 혼자서 길을 가던 관광객이 갑자기 배가 아파 왔다. 약국에 들러 간단한 소화제를 하나 사고 싶은데 아무리 둘러 봐도 약국이 어디에 있는지 알 수 없다. '약국'이라는 간판이 보이질 않는다. 이 얼마나 답답한 노릇이겠는가? 그때, 저 편에 'ㅇㅇ藥局'이라는 간판이 보인다면 참으로 반가울 것이다. 그 저 '藥'자 한 글자만 보아도 그는 안도의 숨을 쉴 수 있을 것이다. 외국 관광객들을 위해서 편리를 제공할 수 있는 쉬운 길이 있는데도 불구하고 공연한 고집을 부려 그 편리를 제공하는 길을 아예 차단해 버린다면 그것은 참으로 어리석은 짓이다. 지명을 한자로 표기한 지도가 있고 표지판에 한자가 병기되어 있으면 한자문화권에서 온 외국인들에게는 큰 도움이 될 것이라는 점은 상식으로도 충분히 유추가 가능한 일이다. 이런 저런 트집을 잡을 이유가 없다. 한자문화권이라는 말은 아직도 유효하고 한자는 한자문화권 국가의 공용문자 역할을 하고 있음을 객관적인 시각을 가지고 인정해야 한다. 이러한 엄연한 현실을 눈앞에서 확인하면서도 한글전용정책을 마치 한글전용론자들이 확보한 기득권으로 여겨 그 정책을 고수하기 위해서 이유 아닌 이유를 들어 명백한 현실을 애써 부정하려고 해서는 안 된다.

얼마 전, 서울 지하철 9호선의 '봉은사역'과 '학당골역'의 이름을 두고서 주민들과 종교단체 사이에 적지 않은 갈등이 있었다. 봉은사역에 대해서는 불교라는 종교적 성격이 너무 뚜렷하게 나타나는 이름이라는 이유로 '코엑스역'으로 하자는 기독교 측의 문제제기가 있었고, 학당골역에 대해서는 어감이 별로 좋지 않다는 이유를 들어 주민들이 삼성동의 한복판에 자리한 역이라는 뜻에서 '삼성중앙역'으로 이름을 바꾸자는 제안이 있었다. 현재 봉은사역은 예전의 이름을 그대로 유지하고 있고 학당골역은 삼성중앙역으로 개명된 상황이다. 그리고 이 두 역의 이름에 대한 영문 표기는 'Bongeunsa'와 'SamseongJungang'으로 되어 있고 중국어 표기는 '奉恩寺'와 '三成中央'으로 되어 있다. 그런데 이러한 역명에 대한 한자 표기를 두고서도 한글전용론자들은 '도로표지에 대한 한자 병기 반대' 입장을 고수하기 위해 또 다시 반대를 주장할 수 있다. 그렇다면 중국인 관광객을 위한 중국어 표기는 어떻게 해야 할까? 한자에 대한 중국어 발음을 영문자로 표기하자는 주장이 나올 수 있다. 우리 '서울'에 대한 중국식 이름이라면서 우리 발음으로 읽으면 '수이'인 것을 중국의 어문규정에 맞춰 '서우얼'이라고 읽도록 미리 잘 챙겨서 중국정부에게 지어 바친 논리에 의한다면 '奉恩寺(驛)', '三成中央(驛)'은 당연히 중국식 발음으로 적어서 '펑언스이'와 '쌴청종양이'가 되어야 한다. 그런데 중국인은 한글을 읽지 못한다. 그러므로 그것을 다시 중국에서 사용하는 '병음자모' 즉 영문자를 이용하여 표기한다면 'Fengensiyi'와 'Sanchengzhongyangyi'가 된다. 이렇게 써놓고서 중국에서 유학 온 학생한테 읽어 보라고 했다. 한참 동안을 어리둥절했고 무슨 의미인지도 전혀 알아차리지 못하였다. 그것이 장차 중국 관광객들의 편의를 위해 중국어 발음으로 표기할 수도 있는 서울 지하철역의 이름이 될 수 있다는 얘기를 했더니 '그걸 어떻게 알아보겠느냐'면서 깜짝 놀랐다. 물론 현재 이런 식으로 표기가 되어 있다는 얘기는 결코 아니다. 앞으로 중국의 지명과 인명에 대한 원음주의 표기 원칙을 우리나라를 찾아온 중국 관광객을 상대로 역(逆)으로 적용한다면 이런 현상이 얼마든지 일어날 수 있다는 가상의 얘기이다. 이러한 혼선을 예방하기 위해 서울시에서는 노력을 기울여 〈서울시 외국어 표기사전〉 홈페이지(http://dictionary.seoul.go.kr/)를 운영하면서 나름대로 확실한 표기의 근거도 마련해 놓았다. 바람직한 일이라고 생각한다. 참고로 서울시가 제시한 〈서울시 외국어 표기기준〉중에서 중국어 표기에 관한 부분을 제시하면 다음과 같다.

* 중국어 표기기준은 보편성과 실용성 및 중국인과의 실질적인 소통·전파 가능성을 충분히 고려하였으며 용례 중심으로 마련하여 방한 중국관광객의 편의를 최대한 제공하고자 함.

【기본원칙】

1. 중국어 표기는 관광입국자수 및 관광객 증가추세를 반영하여 기본적으로 중국어 간체를 사용하며, 기타 홍보물 및 간행물 등 활용목적 및 대상에 따라 간체 또는 번체를 사용한다.

2. 중국인 입장에서 혼란을 가지지 않도록 중국어로 된 안내표기 및 안내방송은 반드시 일치하도록 한다.

3. 고유명사

가. 한자로 되어 있는 고유명사는 한자 그대로 사용한다.

예) 남대문 南大门, 명동 明洞

나. 기관명, 인명 등은 해당기관 또는 당사자가 사용하는 중국어 명칭을 그대로 사용한다.

예) 한국관광공사 韩国旅游发展局, 김란희(金蘭姬) 金兰姬

다. 순우리말의 경우 최대한 의미를 살려 의역하는 것을 원칙으로 한다.

예) 돌곶이 石串, 선바위 立岩

라. 지명의 경우 속성을 나타나는 산, 강, 다리, 고개, 내, 재 등은 의미를 살려 의역한다.

예) 까치고개 喜鹊岭, 모래내 沙川, 굽은다리 曲桥

마. 의미가 모호하거나 유래를 정확히 알 수 없는 경우, 과거에
　　사용했던 한자 명칭이 존재하나 현재 사용하는 명칭과 너무
　　상이하거나 의사소통의 어려움이 있는 경우 등은 실용성을
　　고려해 음역한다.

　　　예) 장승배기 长丞拜基, 고인고개 古仁岭

바. 과거에 사용했던 한자 명칭이 존재하나 현재 사용하는 명칭
　　과 너무 상이해 의사소통의 어려움이 있는 경우 음역한다.

　　　예) 보라매공원 波拉美公园 (과거 한자명칭 : 海东青)
　　　　　까치울 喜鹊屋 (과거 한자명칭 : 鹊洞)

사. 이체자의 경우는 현대 중국 한자로 바꾸어 사용한다.

　　　예) 수유 水逾 ※ 水踰 - '踰'는 한국 한자

아. 1,2,3 등 아라비아 숫자는 그대로 아라비아 숫자로 표기한다.

　　　예) 목동3단지 木洞3区, 종로5가 钟路5街

자. 국어의 '가, 나, 다, 라……'의 경우 '국어의 로마자표기법'
　　에 따라 ga, na, da, ra……로 표기한다.

　　　예) 퇴계로6가길 退溪路 6 ga街, 연세로5나길 延世路5na街,
　　　　　창신5다길 昌信5da街

4. 보통명사

　가. 한자어 명칭이라도 중국에서 가장 보편적으로 사용되고 있
　　고 현대 중국어 사전에 수록되어 있는 용어로 바꾸어 표기
　　한다.

　　　예) 화장실 洗手间, 매표소 售票处, 고속도로 高速公路, 공항
　　　　　机场

나. 순우리말 보통명사의 경우 중국에서 가장 보편적으로 사용
하는 표기로 바꾸어 사용한다.

예) 나가는 곳 出口, 표 파는 곳 售票处.

다. 외래어 보통명사의 경우 중국에서 가장 보편적으로 사용하
는 표기로 바꾸어 사용한다.

예) 올림픽 奧林匹克, 터미널 客运站

【항목별원칙】

1. 지하철 역명

가. 역명 + '입구'의 '입구'는 삭제한다. (영문표기 원칙과 동일)

예) 서울대입구 首尔大学 (영문: Seoul Nat'l Univ.)

한성대입구 汉城大学 (영문: Hansung Univ.)

※ "을지로입구"의 경우만 입구를 그대로 사용: 乙支路入口

나. 역명 + '앞'의 '앞'은 삭제한다. (영문표기 원칙과 동일)

예) 동묘앞 东庙 (영문: Dongmyo)

다. 시청, 구청, 정부과천청사의 역명은 한자 그대로 사용한다.

예) 시청 市厅, 강남구청 江南区厅, 정부과천청사 政府果川
厅舍

라. 역명이 대학명칭인 경우 全名을 사용한다. (중국역명 표기
방식과 동일)

예) 고대 高丽大学, 이대 梨花女子大学, 한양대 汉阳大学

※ 한대앞(안산선): 汉阳大学(安山)으로 표시

마. 고유명사의 부연 설명이 필요한 경우 이를 추가해 사용한다.

예) (서울)대공원 首尔大公园

바. 동일한 지명(역명)이 있어 혼란을 야기할 경우 음역한다.

예) 한티 汉堤 대치동: 大峙洞

범계 凡溪 호계동: 虎溪洞

새절 赛折 신사동: 新沙洞

※ 새절역은 새로운 절(新寺)을 의미하나 3호선 신사(新沙)와 한자
독음이 같아 음역으로 표기함

2. 도로명주소

가. 안전행정부 도로명주소의 도로명 단위 '대로', '로', '길'은
각각 '大路', '路', '街'로 표기한다.

예) 위례대로 慰礼大路, 신림로 新林路,
국사봉길 国师峰街

위의 〈서울시 외국어 표기 기준〉 중의 중국어 표기에 관한 부분은
다행히도 "한자로 되어 있는 고유명사는 한자 그대로 사용한다."는 원
칙을 적용하고 있다. 그런데 문제는 대부분의 지자체들이 한국의 지명
에 대한 한자 표기를 잘 모르고 있다는 점이다. 시·군 단위의 이름이
야 아직은 한자명이 건재하고 있지만 동 단위나 마을 단위 이름은 한
자명을 제대로 파악할 수 없는 경우가 상당수에 이른다. 한글전용 70
년의 역사 속에서 모든 공문서를 한글로만 기록하고 시·군 단위에서
출간하는 시지(市誌)나 군지(郡誌)도 거의 대부분 한글로만 집필하다
보니 공무원들도 주민들도 심지어 전문 연구자마저도 동 이름이나 마

을 이름을 한자로 어떻게 쓰는지를 모르게 된 것이다. 지금이라도 우리의 작은 마을 단위 이름을 한자로 어떻게 쓰는지를 조사해 두어야 하리라고 생각한다. 물론, 원래 순수한 우리말로 불리던 우리의 지명들이 외침을 겪으면서 외국의 영향 아래 한자 이름으로 바뀌게 되었고, 때로는 사대주의에 빠져서 우리 스스로가 중국식 한자이름으로 바꾸기도 했으며 일제에 의해 얼토당토않은 한자명으로 바뀐 점에 대해서는 무척 애석하게 생각한다. 그렇지만 일단은 사라질 위기에 처한 한국지명의 한자 표기를 우선 찾아서 정리해 놓은 다음에 얼토당토않은 이름이 있다면 그 이름의 수용 여부는 그때에 논해도 늦지 않으리라고 생각한다. 설령 일부 한자 지명이 일제에 의해 개칭된 불합리한 이름이라 할지라도 그 이름을 알고 있어야 조선시대의 한자명이든 그 이전의 순우리말 이름이든 본래 이름을 유추하여 찾아낼 수 있기 때문에 지역에 대한 연구 자료의 측면에서도 한자명의 보존은 필요하다. 그런데 실지로 전국 각 시, 군의 동 단위, 마을 단위 이름을 살펴보면 이미 한자로 어떻게 쓰는 지를 확인하기가 쉽지 않은 사례가 적지 않다. 지금은 불합리하고 불편하기 짝이 없는 외국 지명의 원음주의 표기 보급에 정부의 예산과 시간을 낭비할 것이 아니라, 우리 지명의 한자명 보존에 힘써야 할 때이다. 장차 중국과의 교류가 더욱 빈번해지고 관광객이 더 늘어날 것에 대비하여 지하철역이나 버스정류장은 물론 거리의 표지판에 중국어 표기를 해야 할 경우가 생겼을 때 불필요한 혼선을 빚지 않기 위해서 한자명의 보존은 매우 필요하다. 우리 지명의 중국어 표기란 바로 우리가 사용하던 한자명을 써 주는 것에 다름이 아니기 때문이다. 그리고 지하철역과 버스정류장의 중국어 표기가 현실적으로 필요함을 절감하는 현실에 비추어 볼 때 거리표지판의 한자 병기도 당연히 이루어져야 함을 인정하고 하루빨리 추진해야 한다. 거리 표지판의 한자 병기가 곧 가장 확실하고 편리한 중국어 표기이기 때문이다. 중국의 지명과 인명을 원음주의 원칙에 입각하여 표기해야한다는 비합리적인 현행 어문규정을 철폐하고 한자 병기를 실행하는 것이 우리 국민을 위해서도 관광객을 비롯하여 한국에 온 중국인을 위해서도 절실하게 필요하고 또 편리한 방법임을 인정하고 그것을 실행에 옮겨야한다. 처음부터 잘못 선택한 어문정책인 '한글전용'을 고집하여 불필요한 불편을 자초해야할 이유가 없다. 그리고 매우 잘못된 원음주의 표기 원칙을 맹종하느라 서울의 이름을 우리의 한자 독음은 아랑곳하지 않고 중국의 원음주의에 맞춰 '수이'라는 이름을 지어 '서우얼'로 불러 달라면서 가져다 바치는 어리석음을 되풀이 하지 않기 위해서 중국의 지명과 인명에 대한 원음주의 표기 원칙을 하루빨리 철폐하고 지하철역, 버스정류장, 거리표지판에 자연스럽게 한자 병기를 실행해야 한다.

우리 정부가 외국의 지명과 인명에 대한 원음주의 표기 원칙을 정한 이유는 물론 표준어를 염두에 두었기 때문이다. 즉 국민 각자가 취향대로 표기하는 것을 방치하면 맞춤법의 혼선을 초래하여 어문의 사회적 통용기능 즉 소통성에 문제가 생기는 것을 방지한다는 이유로 원음주의 원칙을 정한 것이다. 그런데 표준어를 정할 때 가장 먼저 염두에 두어야할 기준은 '전통성'과 '합리성'이다. 대다수의 국민들이 예로부터 지금까지 어떤 말을 가장 많이 사용해 왔는지를 먼저 고려해야 하고 그렇게 사용해 온 말이 앞으로도 계속 합리성을 가질 수 있느냐는 문제를 살펴서 표준어를 정해야 하는 것이다. 외국의 지명과 인명에 대한 원음주의 표기 원칙은 전통성과 합리성에 다 위배되는 표기법이다. 2,000년간 이어져 내려온 우리말의 한자음 표기라는 전통성에 위배되는 표기이며, 불편한 발음과 불명확한 의미전달을 자초하는 비합리적인 표기법이다. 이처럼 전통성과 합리성을 무시하면서 택한 현지 원음 표기를 우리 국민들이 현지에 갔을 때라도 유용하게 사용할 수 있는가? 그렇지도 않다. 우리가 아무리 원음주의 표기를 한다고 해도 현재 우리가 일상으로 사용하는 한글의 글자만으로는 원음을 그대로 표기할 수 없고 설령 현행 어문규정에 맞춰 조합해 낼 수 있는 전체 한글인 11,172자에 나오는 '볜', '쳴', '흛' 등의 기형문자까지를 사용하여 표기한다고 해도 현지 원음을 그대로 표기할 수 없다. 외국에 나가서 우리식 원음대로 그 나라의 지명과 인명을 불렀다가 소통이 되기는커녕 오히려 웃음거리가 되는 경우가 많은 이유가 바로 여기에 있다. 이런 까닭에, 이명박 정권 출범 당시 대통령직 인수위원장이 발언한 '오렌지(orange)'의 발음 문제 같은 웃지 못할 일이 발생하는 것이다. 더욱이 중국어의 경우에는 우리가 불편함을 무릅쓰고 택한 원음주의 표기가 중국 현지에서 회화할 때는 거의 아무런 소용이 없다. 중국어의 4성(聲) 때문에 4성을 표기할 수 없는 우리의 원음주의 표기상의 발음을 중국인에게 들려줘도 중국인들은 잘 알아듣지 못하기 때문이다. 이처럼 원음주의 표기는 불편하기만 할 뿐 내국인에게도 외국인에게도 그리고 국내에서도 국외에서도 아무런 쓸모가 없는 표기인 것이다.

주지하다시피 우리나라에서 표준어를 정하는 중요한 원칙은 "우리나라에서 교양 있는 사람들이 두루 쓰는 현대 서울말로 정함"이다. 그렇다면 "교양 있는 사람들이 두루 쓰는 현대 서울말"은 어떻게 찾아내야 할까? 그것은 당연히 조사와 토론을 통한 다양한 의견 수렴을 거쳐 찾아내고 규정해야 한다. 일부 편향된 어문관을 가진 몇몇 사람들이 어문에 대한 자신의 소신을 반영하여 표준어를 제정하는 일이 있어서는 안 된다. 그런데 외국의 지명과 인명에 대한 원음주의 표기 원칙은 완전히 한글전용론에 편승한 표기 원칙이다. 아직도 우리나라에는 한글과 한문을 병기하고 혼용해야 할 이유가 충분히 있다. 앞의 제6장 4절에서 논한바와 같이 한글전용이라는 어문정책이 '엉겁결'에 채택된 점이 없지 않다는 점을 확인한 이상, 원점으로 돌아가서 한글전용과 국한문혼용에 대해서 그 장단점을 심각하게 다시 논의해야 할 필요가 있다. 이런 의견이 비등하는 이 시점에서 한글전용이 이미 굳어진 우리의 어문정책의 근간임을 들어 한글전용을 강요하기 위한 수단으로서 부차적인 어문규정을 무리하게 제정해 내는 것은 국가적인 낭비이고 국민을 호도하는 일이다. 표준어를 규정하는 이유는 언어생활의 '통일성'을 기하기 위해서인데 이처럼 편향되고 불편하고 불합리한 표준어 규정을 제정할 바에야 영국, 미국 등 다른 외국처럼 공신력 있는 사전에 '통일'의 역할을 맡겨 둘 뿐, 국가기관이 나서서 표준어를 정하는 일이 없게 하는 편이 나을 것이다. 우리의 어문정책도 차라리 국민의 선택에 맡겨 둔다면 중국의 지명과 인명에 대한 한글 표기는 불편하기 이를 데 없는 원음주의 표기 원칙에서 벗어나 자연스럽게 우리 한자음 표기로 돌아오게 될 것이고 이어서 자연스럽게 한자 병기의 방식도 택하게 되리라고 생각한다.

제10장

결론

    어느 국가, 어느 사회를 막론하고 그 국가 사회에 필요한 슬로건 (slogan:구호)도 있을 수 있고 유행어도 있을 수 있다. 1970년대 우리는 '잘 살아 보세'를 슬로건으로 내걸고 '새마을 운동'을 벌였다. 당시, 새마을 운동은 한국을 대변하는 사회 운동으로 알려져 외국에서도 많은 관심을 가졌다. 많은 나라들이 우리가 내건 잘 살아 보세라는 슬로건과 새마을 운동에 대해 관심을 갖고 일부 나라에서는 자신들의 나라에서도 이와 같은 사회 운동을 벌여볼 생각으로 새마을 운동의 취지와 실천 방법 등을 상세하게 배워 가려고 했다. 그때 그 나라들은 비록 우리의 새마을 운동과 잘 살아 보세라는 슬로건에 대하여 깊은 관심을 가졌지만 새마을 운동과 잘 살아 보세라는 말을 우리 발음 그대로 따다가 그 발음 자체를 자신들의 나라에 보급하려고 애쓰지는 않았다. 새마을 운동과 잘 살아 보세라는 말의 취지를 자국민이 가장 잘 이해할 수 있도록 자신들의 언어로 번역하여 사용하였다. 말과 글의 본래 기능이 '의미의 전달'에 있지 '음성의 전달'에 있지 않기 때문에 당시 대만에서는 새마을 운동을 '新鄕村 運動(신향촌 운동)'이라고 번역하여 표현했고, 영어권에서는 일부가 'Saemaeul Movement'라고 표현하기도 했지만 대부분 'The New Village Movement' 혹은 'The New community Movement'라고 번역하여 사용하였으며, 프랑스어도 'mouvement des nouveaux villages'로 표현하였다.

2006년 중국 정부는 '八榮八恥'라는 슬로건을 내걸고 그것을 실천하기 위하여 대대적인 사회 운동을 벌였다. 우리는 '八榮八恥'라고 쓰여 있는 그들의 슬로건을 당연히 '팔영팔치'라고 읽고 '여덟 가지 영광과 여덟 가지 수치' 정도로 번역하여 그 의미를 파악하면 된다. 그런데 우리의 신문과 방송들은 앞을 다투어 중국어 원음을 살려 '바룽바츠' 혹은 '빠룽빠츠'로 읽고 썼다. 그 소리를 듣고서 그게 무슨 말인지를 알아듣는 사람은 아무도 없는데 우리의 언론들은 한사코 그렇게 읽고 또 써댔다. 그뿐만 아니라, 내내 익숙하게 읽어오던 중국의 지명인 '북경(北京)', '남경(南京)', '상해(上海)', '심양(瀋陽)', '서안(西安)', '장춘(長春)', '연변(延邊)' 등이나 인명 '모택동(毛澤東)', '주은래(周恩來)', '등소평(鄧小平)' 등도 1997년경부터 갑자기 언론이 나서서 「외국의 인명과 지명에 대한 원음주의 표기 원칙」이라는 것을 근거로 '베이징', '난징', '상하이', '선양', '창춘', '옌볜' 등으로 쓰고, 또 '마오저뚱', '저우언라이', '덩샤오핑'으로 쓰기 시작하였다. 정말 '빠롱빠츠'라고 읽어야만 할 필요가 있는가? 그리고 반드시 '베이징', '난징', '상하이', '선양', '창춘',……. '마오저뚱', '저우언라이', '덩샤오핑'…… 등으로 쓰고 읽어야 할 이유가 있는가? 이 책은 이러한 의문과 질문으로부터 연구가 시작되어 저술로 완성을 보게 되었다. 그리고 이 저술을 통하여 얻은 최후의 결론은 절대 그렇게 읽거나 표기해서는 안 된다는 것이다. 지금까지 서술한 내용을 요약하여 제시하면 다음과 같다.

1. 중국의 지명이나 인명을 한국 한자음 발음으로 표기하지 말고 중국어 원음으로 표기하자는 주장은 한국에서 사용하는 한자를 완전히 외국 문자 즉 외국어로 취급하자는 발상으로부터 나온 잘못된 주장이다. 왜냐하면 한자는 과거 2,000년 동안 사용해 오면서 그것을 활용하여 우리의 역사와 문화를 기록한 우리의 문자이기 때문이다. 중국어 원음으로 표기했을 경우, 한자가 포함하고 있는 의미를 전혀 파악할 수 없어서 그것이 지명인지 인명인지 조차 구분할 수 없는 불편함이 따른다.

2. 의미를 제대로 파악할 수 없음에도 한국 한자음으로 표기하는 것을 배제하고 반드시 중국어 원음으로 표기할 것을 주장하는 사람들은 "중국의 인명과 지명을 원지음으로 들었을 때 한자가 무엇인지 전혀 궁금하지 않다."고 말하곤 한다. 이는 미 군정 시절부터 한

글전용을 강력하게 주장했고 또 한글전용법 제정의 핵심 역할을 한 최현배가 "우리는 '밥', '물', '나무'같은 말을 누구나 조금도 의심 없이 쓰고 있지마는 그 말밑을 아는 사람은 아마 한 사람도 없을 것이다. '사랑'의 말밑을 모르고도 얼마든지 '사랑'이란 말을 자유로이 쓴다."는 예시와 함께 제기한 "문자는 현시적이고 평판적으로 사용하면 그만"이라는 매우 무책임하고 위험한 주장에 바탕을 두고 있다.

3. 원음주의 표기의 이론적 근거이자, 모태로 작용한 최현배의 "언어와 문자는 현시적이고 평판적으로만 사용하면 된다"는 주장이 얼마나 위험한 주장인지는 한자를 통해 말의 깊은 뜻을 이해하려하지 않고 그냥 귀에 들리는 대로, 남이 쓰는 대로, 눈앞의 의미만을 좇아 사용한 '독립(獨立)', '해방(解放)', '조선족(朝鮮족)' 등 몇 개의 단어가 야기할 수 있는 문제들을 짚어봄으로써 충분히 확인할 수 있다.

4. 1945년 8월 15일에 벌어진 일은 하나인데 이 일을 표현하는 말은 '독립(獨立)', '해방(解放)', '광복(光復)'등 제각각이다. 1945년 8월 15일을 결코 우리가 독립한 날로 인식해서는 안 된다. 독립이라는 말을 사용하는 순간 우리는 우리가 자랑하는 반만년의 역사가 온통 일본 아니면 다른 누구에겐가 예속되었던 예속의 역사가 되고 만다. 우리는 반만년 내내 남에게 예속된 역사를 가진 민족이 아니라 본래 독립 국가를 이루고 살았기 때문에 일시적으로 일제를 상대로 독립투쟁을 한 적은 있으나 일제를 퇴치한 그날을 굳이 '독립기념일'로 불러야할 이유가 없는 것이다. 한자어인 '독립(獨立)'이라는 말이 갖고 있는 의미를 신중히 헤아려 보지 않고 그저 현시적 평판적으로만 사용

하다보니 결국은 용어를 오용하게 되어 우리 자신을 반만년 동안이나 예속당한 민족으로 전락시켰다. 그렇지 않아도 중국은 진작부터 우리의 역사를 통째로 중국의 역사에 예속시키려는 속셈을 내보이고 있는 판에 이처럼 용어를 현시적 평판적으로만 사용하여 오용함으로써 우리 스스로가 예속의 빌미를 주어야 할 이유가 없다

5. '해방(解放)'이라는 말을 사용해서도 안 된다. '해방'은 '풀어놓아 주다.'라는 뜻을 가진 타동사이다. 즉 "링컨이 노예를 해방하다."처럼 해방을 해주는 주체(subject)가 분명하고 풀어놓아 줌의 은혜를 받는 객체(object) 또한 분명한 타동사인 것이다. 그러므로 우리가 해방이라는 단어를 사용하면, '일본이 조선을 해방하였다.'라는 말이 성립한다. 일본은 결코 우리를 풀어놓아 주는 은혜를 베풀지 않았다. 우리는 일제에 맞서 처절하게 투쟁한 결과로 나라의 광명을 다시 찾은 '광복'을 맞은 것이지 일본으로부터 해방 즉 '풀어놓아 줌'의 은혜를 입은 게 결코 아니다. 그럼에도 우리는 해방이라는 말을 미국이 사용하고 중국이 사용하니까 덩달아 평판적이고 현시적인 의미만 쫓아 감격스럽게 사용하였다. "언어와 문자는 현시적이고 평판적으로만 사용하면 된다"는 최현배의 주장이 얼마나 위험한 주장인지를 확인할 수 있는 대목이다.

6. 1945년 8월 15일은 우리가 '광복(光復)'을 맞은 날이다. '광복'은 본래 '빛을 회복함'이라는 뜻이다. 나중에 뜻이 확대되어 "잃었던 나라의 주권을 되찾음"이라는 뜻으로 쓰이게 되었다. 광복이라는 말은 중국의 역사서인 《진서(晉書)》, 《환온전(桓溫傳)》에 근거를

두고 있다. 우리는 1919년에 상해에 임시정부를 수립하고 '대한민국'이라는 국호를 사용하기 시작했다. 1940년 9월에는 대한민국 정부의 정규군으로서 '광복군'을 조직하였고 1943년에는 일본에 대해 선전포고를 하고 연합군과 함께 제2차 세계대전을 종식시키기 위한 전쟁에 뛰어들어 우리의 광복군을 전선에 투입했다. 이러한 투쟁의 과정을 통하여 우리가 얻은 것이 바로 광복이다. 그러므로 우리는 더 이상 역사 왜곡의 함정에 빠질 염려가 있는 '독립'이나 치욕스런 용어인 '해방'이라는 말을 사용하지 말고 우리의 역사적 사실 그대로를 반영한 '광복'이라는 말을 사용해야 한다.

7. 대한민국 임시정부의 정규군인 '광복군'이 제2차 세계대전을 종식시키기 위한 전쟁에 참여하여 얻은 광복임에도 종전이후 점령군으로 한반도에 진주한 미군이 대한민국 임시정부의 존재를 부정함으로써 우리 스스로에 의한 '광복'의 의미보다는 그들에 의한 '해방'의 의미를 강조하게 되었다. 미국은 물론 중국이나 대만도 1945년 8월의 그날을 전승기념일로 기념하고 있는데 우리는 '전승기념일'이라는 말을 사용하기는커녕 아직도 그 무모한 평판적이고 현시적인 언어관으로 인해 독립, 해방, 광복의 뜻조차 분간하지 못한 채 독립과 해방을 오용하여 '광복'의 의미를 퇴색시키고 있다. 우리 자신은 물론 미국이나 일본을 향해 대한민국 임시정부를 인정하게 함으로써 우리도 그날을 '전승기념일'로 부를 수 있어야 한다.

8. 만주 벌판은 우리 민족의 역사무대이다. 그런데 중국은 만주 지역의 우리 민족들을 중국의 소수민족으로 취급하여 '조선족'이

라고 부르고 있다. 우리도 덩달아 '조선족'이라는 말을 사용하고 있다. 중국이 사용하고 있는 '조선족'이라는 단어에는 엄청난 속셈을 넘어 음모와 계략이 들어 있을 수 있다. 다음과 같은 도식을 보면 중국의 속셈을 짐작할 수 있다.

조선족 = 중국 소수민족
조선족 = 대한민국의 한민족
그러므로 대한민국의 한민족 = 중국 소수민족
그러므로 대한민국 = 중국 변방 국가

이게 현실인데 우리는 지극히 평판적이고 현시적인 언어관의 만연으로 인하여 깊게 생각할 필요 없이 그저 중국이 조선족이라고 부르니까 덩달아 '조선족'이라고 부르고 있다. 한글전용 70년의 이론적 근거 역할을 한 최현배의 "언어와 문자는 현시적이고 평판적으로만 사용하면 된다"는 주장이 가져온 엄청난 폐해다. 조선족이라는 말을 버리고 재중동포라고 칭해야 한다.

9. 한자는 과거 2,000년 동안 우리가 사용하며 우리의 문화와 역사를 기록해온 문자이지 일제강점기에만 사용했던 '제국문자'가 결코 아니다. 일제강점기에 한글을 지키기 위해 갖은 고초를 다 겪고, 옥고도 치른 한글학회 회원들의 한글사랑 정신과 한글수호를 위한 투쟁에 대해 우리 국민 모두는 존경을 표한다. 시대의 선구자였던 그분들의 노력과 공로는 길이 역사에 빛나야 한다. 갖은 시련 끝에 광복을 맞자, 그들은 다시는 한글을 빼앗기지 말자는 다짐도 했고 앞으로는

한글만을 사용하자는 주장과 맹세도 했을 것이다. 얼마든지 있을 수 있는 당연한 분위기였다. 그러나 이때에 진정한 선각자라면 한글과 함께 한자 문제도 심각하게 생각했어야 한다. 일제강점기에 일본의 강요에 의해 사용한 일본말과 글에 한자가 많이 섞여있었다고 해서 한자 자체를 일본 제국문자로 간주하여 그처럼 단호하게 폐기하자는 주장을 하지 않았어야 한다. 설령, 한글을 되찾은 기쁨에 일반 국민들이 그런 주장을 하더라도 오히려 한글학회 회원들과 한글학자들은 국민들 앞에 나서서 '한글을 최대한으로 살려 쓰되, 한자 또한 반만년 우리의 역사와 문화를 기록한 문자일 뿐 아니라, 일제가 아니었더라도 우리는 이미 2,000년 이상 한자를 사용해 왔기 때문에 우리의 언어생활에서 한자를 결코 홀시할 수 없다. 일본어에 들어 있는 한자와 무관하게 우리 문화의 계승과 창달, 그리고 우리의 편리하고 깊이 있는 문자 생활을 위하여 한글과 함께 한자 사용 문제도 시간을 가지고 잘 생각해 보아야 한다.'는 말로 국민들을 계도하고 설득했어야 한다. 그런데 최현배를 비롯한 대부분의 한글 학자들은 그렇게 하지 못했다. 한글전용을 주장하면서 한자를 철저하게 일본 제국주의의 문자로 간주하여 당장 폐기해야 할 대상으로 지목하였다. 그리고 당시 한반도에 들어온 미국 군대의 상황실인 미 군정청에 들어가 미군과 함께 우리의 어문정책을 수립하면서 철저하게 한자를 배제하였다. 미국은 내심 한국에서 한자를 폐기할 생각이었는데 우리 측 학자들이 스스로 나서서 한자를 폐기하는 어문정책을 수립해 주니 감사하고 다행스럽게 생각하며 한자 폐기를 지원했다. 그리하여 마침내 한글전용이라는 어문정책을 확정했다. 한자는 원래 우리 민족이 2,000년 이상 사용해온 우리 문자이지 결코 제국주의 일본의 제국문자가 아니었는데 우리는 광복

의 흥분 속에서 엉겁결에 한자를 제국의 문자로 간주하는 우를 범하고
말았다.

10. 제2차 세계대전 종전 후, 동아시아 지역 국가의 어문정책 수
립에 미국과 소련은 큰 영향력을 행사했다. 패전과 함께 사실
상 미군의 통치 하에 들어간 일본은 일본정신을 함양하는 과목이라는
이유로 수신(修身) 과목이나 서도(書道), 유도(柔道), 검도(劍道), 다도
(茶道)등 '도(道)'가 붙는 교과목은 학교교육에서 엄한 규제를 받았다.
미국교육사절단은 '일본어의 로마자화(化)'를 획책하였는데, 이는 가
나문자나 한자를 폐기하고 순전히 로마자를 사용하여 소리 나는 대로
음만 표기할 것을 강요하는 정책이었다. 이때 한자 폐기와 일본어 표
음화 표기의 가속화를 주도한 국어개혁론자의 대부분은 언어와 문자
가 역사와 전통에 끼치는 심각한 영향을 고려하지 않고 오직 '편리한
사용'을 구실로 무리하게 국어개혁을 진행했다. 이에 대해, 역사와 전
통을 계승하고 언어와 문자의 문화적 기능을 중시하는 전통론자들은
개혁론자들의 독주를 비판함으로써 결국은 명치유신 시절부터 시작되
었던 일본의 국어개혁을 중단시키고 원래의 전통적 일본어 표기 즉 한
자를 사용하여 표의적 성격을 보존하는 표기법을 회복하였다. 제2차
세계대전 종전 후에 일본에 들어온 미군은 기왕에 일본에 자리하고 있
던 국어개혁의 분위기를 이용하여 일본에서 한자를 폐기함으로써 일
본의 전통문화를 약화시키고 그 자리에 미국문화를 주입하려고 하였
다. 명치유신 당시의 선각자를 자처하던 사람들도, 미군이 들어온 이
후에 미군의 권고에 동의하여 국어개혁을 가속화한 사람들도 다 진지
한 연구를 통하여 학문적 '진(眞)'을 찾아 그것을 바탕으로 정책을 입

안하려고 한 것이 아니라, 시대적 조류에 편승하거나 매몰된 나머지 학문적 '진'을 외면하는 실수를 했다. 그러한 실수가 결국은 100년 가까이 진행한 국어개혁, 즉 한자 폐기를 주요 내용으로 하는 어문정책을 돌려놓음으로써 일본에서 현재 한자가 완전히 부활하는 결과를 낳게 된 것이다.

11. 중국의 한자 폐기와 '라틴화신문자'와 '간화자'제정 등을 포함하는 문자개혁도 소련의 강한 영향 아래 이루어졌다. 19세기에 서구 열강의 갑작스런 침입을 받은 중국은 중국이 낙후한 원인을 '어려운 한자 탓'으로 규정하고 서양의 소리글자에 대한 한자의 단점만을 부각하여 한자를 폐기해야할 문자로 지목했다. 이러한 논의는 1949년 공산주의 정부의 수립과 함께 중국사회의 최고 가치로 등장한 공산주의와 사회주의가 표방하는 봉건 자산가와 지식분자를 타파하고 노동자 농민을 위한 사회를 건설하겠다는 이념과 부합하여 더욱 격렬하게 진행되었다. 소련은 공산주의에 경도된 중국의 학자들을 소련으로 영입하여 중국어를 '라틴화신문자'로 표기할 방안을 연구하게 한다. 사실상 소련의 지령을 받은 구추백(瞿秋白)과 오옥장(吳玉章) 등이 중심이 되어 중국내에서 한자를 폐기하고 '라틴화신문자'를 제정하자는 안을 관철시켰다. 지금까지 많은 연구자들은 중국의 문자개혁은 중국 내에서 중국의 학자 스스로가 진행했다는 관점에서 연구하였으나 사실은 철저하게 소련의 지시와 주도적 역할에 따라 이루어졌다. 소련의 문화침략 의도 아래 진행된 중국의 '라틴화신문자'제정은 결국 실패하고 그 대안으로 간체자 제정이 제기되었다. 그러나 이 또한 문제에 부딪쳐 결국은 중단되었다. 중국의 한자개혁은 다분히 정치적 목적

을 띤 가운데 한자의 난해성을 자의적으로 해석하고 판단한 모택동과 공산세력에 의해서 강행된 것일 뿐 결코 한자의 난해성으로부터 벗어나고자 하는 중국 국민의 바람과 합의에 의해 진행된 것이 아니다. 중국의 한자 간화 정책이 결코 학문적 정당성을 가지고 있는 것도 아니다. 따라서 중국의 한자정책을 빌려 "한자가 오죽 어려웠으면 한자의 종주국인 중국마저도 한자를 없애거나 간화하려 했겠느냐"는 논조로 한자의 난해성을 증명함으로써 한국에서 한자를 폐기하고 한글을 전용해야 한다는 주장을 해서는 안 된다. 오히려 중국이 간체자를 폐기하고 정체자를 회복해야할 시점이다. 정체자를 회복해야하는 이유는 다음과 같다.

① 간체자의 보급은 제2차 세계대전 종전 후, 소련의 영향을 받아 시행된 것이므로 이제는 중국 스스로 자신들의 전통문화적 관점에서 한자를 바라보고 원래의 정체자를 회복해야 한다.

② 간체자의 보급으로 인하여 정체자로 쓴 고대의 전적을 읽는데 많은 불편을 초래하고 있는 게 사실이므로 하루빨리 정체자를 회복해야 한다.

③ 컴퓨터 시대의 도래로 한자의 '난사(難寫:쓰기 어려움)' 문제가 더 이상 존재하지 않으므로 쓰기 어려움을 핑계로 제정된 간체자는 폐기되어야 한다.

④ 한자자문화권 문화의 종주국답게 이웃 국가에 존재하는 본래의 한자문화도 인정해야 하며, 컴퓨터 온라인 상에서의 호환성도 고려해야 하므로 동아시아 한자문화권 국가가 공동으로 사용할 수 있는 원래의 한자인 정체자로 돌아가야 한다.

⑤ 한자문화의 세계화는 한자문화권 고유의 예술인 서예의 세계화와

함께 이루어져야 더욱 효과적이므로 정체자를 창작 매체로 삼는
서예문화의 발전을 위해서라도 정체자를 회복해야 한다.

ⓖ 정체자를 회복하는 데에 결코 많은 시간과 노력이 필요하지 않
다. 1~2년이면 족하다

12. 북한의 한자 폐기는 소련의 사주를 받은 김일성의 강력한 현
지지도로 3년 정도의 짧은 시간 안에 전면적으로 이루어졌다.
북한의 한자 폐기는 제2차 세계대전 종전과 함께 한반도에 점령군으로
갑자기 나타난 소련에 의해 순식간에 공산화된 북한 땅에서 공산주의
의 이념에 젖은 세력들이 소련의 사주를 받아 한민족의 문화를 제거하
고 그 자리에 공산주의 문화를 이식하려는 의도에서 진행된 것이라고
할 수 있다. 그러나 그것이 무모한 선택이었음을 자각한 북한은 1950
년대 중반부터 한자교육을 회생시키기 시작했고 1980년대 이후부터는
체계적이고 깊이 있는 한자교육을 실시하고 있다. 제2차 세계대전 종
전 직후, 북한은 우리의 역사와 문화와 언어생활의 실상을 자세히 들
여다 볼 겨를도 없이 소련의 강력한 영향 아래 공산주의 이념을 추종
하는 세력들이 주동하여 과거 2,000여 년 동안 사용해 오던 한자를 폐
기하였지만 그것이 결코 학문적인 '진(眞)'에 입각한 선택이 아니라
무모한 선택이었기 때문에 한 세기도 넘기지 못하고 원점으로 돌아와
한자의 사용과 교육을 부활시킨 것이다.

13. 한국에서 한자를 폐기하고 '한글전용'이라는 어문정책을 선택
하게 된 것도 미군의 영향과 무관하지 않다. 미군은 소련이
북한에서 그랬듯이 한자를 폐기함으로써 한국에서 한민족의 문화를

제거하고 그 자리에 민주주의와 함께 민주주의라는 이름으로 포장된 미국문화를 주입할 의도를 갖고 있었다. 그때, 한국인 스스로가 한자를 폐기하고 한글을 전용할 것을 주장하고 나섬으로써 한글전용법이 속전속결로 제정되었다. 그처럼 속전속결로 처리할 것이 아니라, 국한문 혼용을 주장하는 사람들의 유의미한 의견을 경청하면서 어느 길이 바른 길인지를 진지한 학문적 토론을 통해 도출해 내려는 노력을 했어야 한다. 그렇게 했더라면 한글전용과 국한문혼용과의 지루한 논쟁을 벌이지 않아도 되었을 것이고, 학교교육의 혼선을 겪지 않아도 되었을 것이다.

14. 한자는 결코 외국 문자가 아니다. 한글과 더불어 우리 문자 생활의 한 축을 이루는 우리 문자이자, 한국, 중국, 일본이 함께 사용하는 동아시아 공동의 문자이다. 그러므로 반기문 유엔 사무총장이 《노자》에 나오는 한문 구절 '상선약수(上善若水:가장 높은 경지의 선은 물과 같다)'를 써서 오바마 미국 대통령에게 생일 선물로 주었다고 해서 혹시라도 반기문 총장이 '중국서예'를 했다고 말해서는 안 된다. 만약 한자를 우리 문자로 보지 않고 중국 문자로만 본다면 추사 김정희 선생이 남긴 서예작품도 다 '중국서예'가 될 수 있고 김정희 선생 자신도 중국서예를 한 서예가로 치부될 수 있다. 그뿐만 아니라, 서예 자체를 '중국 것'으로 내 줘야 할 수도 있다. 서예는 21세기에 최첨단 디자인 산업이 될 수 있고, 인성을 치료하는 콘텐츠가 될 수도 있으며 웰빙의 중요한 방법이 될 수도 있는데 서예가 한자를 주요 창작 매체로 삼는다는 점을 들어 우리의 예술이 아니라 중국의 예술이라고 인식해서는 안 된다. 추사 김정희 선생은 중국서예를 극복하고 위대한 추

사체를 창출한 예술가로서 21세기 후반쯤에는 추사의 예술 경지가 피카소의 그것보다 오히려 높은 평가를 받을 수도 있다. 우리 서예의 가치 보존을 위해서도 우리는 한자를 우리의 문자로 인식할 필요가 있는 것이다.

15. 한자를 모르고서는 민족문화를 알 수 없다. 우리 민족의 역사와 전통문화를 기록한 대부분의 책이 한자로 쓰여 있기 때문이다. 전문가가 한글로 번역하면 된다는 주장을 하는 사람도 있는데 그것은 어불성설(語不成說)이다. 한자에 대한 국민적 관심을 유도하지 못하고 몇몇 한문학자들의 번역본에 의지해서 민족문화의 보존과 창달을 꾀하려 한다면 그것은 망상에 불과하다. 이는 마치 월드컵에 대한 국민적 관심은 전혀 유도하지 않은 채 선수 11명과 예비선수 약간 명 그리고 코치 몇 사람과 감독 한 사람만 양성하여 대회에 파견하고서 우승하기를 기대하는 것이나 마찬가지다. 번역본도 한자공부를 한 사람이라야 잘 읽을 수 있다. 시대의 흐름에 따라 한글 음운에 변화가 생기므로 번역본은 30년 정도만 지나도 낯선 어휘들이 많이 생겨 번역을 다시 해야 한다. 현재 《조선왕조실록》의 재번역을 추진하고 있는 것이 그 좋은 예이다.

16. 한글과 한문의 결합으로 새로운 형식의 독창적인 문학 작품을 창작할 수 있다. 그러므로 한자의 사용을 기피할 것이 아니라, 적극적으로 활용할 생각을 해야 한다. 일찍이 시인 김일로가 한글과 한문을 결합한 독특한 형태의 시를 창작하였다. 한글문학과 한문문학의 오묘한 계합 가능성을 보여준 중요한 사례이다. 한문은 사용하기

에 따라서 새로운 민족문화를 창출하는 중요한 매체 역할을 담당할 수 있다.

17. 외국의 지명과 인명에 대한 원음주의 표기 원칙은 도대체 누구를 위한 것인지를 알 수 없는 불필요한 강제 조항이다. 우리는 이 원칙에 따라 중국의 지명과 인명을 중국어 원음으로 읽고 적는데 중국은 한국의 인명과 지명을 절대 한국 한자음 즉 한국의 고유명사 발음대로 읽어주지 않는다. 이것은 국제협약이나 관례에서 원칙으로 통용하는 상호주의를 완전히 무시한 처사이다. 중국이 우리의 지명이나 인명을 그들의 발음으로 읽는 것이 잘못이 아니라, 우리가 그들의 지명을 우리의 한자 발음으로 읽지 않는 바보짓을 하고 있다.

18. 중국의 지명과 인명에 대한 원음주의 표기는 심각한 문제가 있는 사대주의 표기법이다. 지명과 인명은 물론 최근에는 일반 명사인 '관광객'도 중국어를 그대로 차용하여 '요우커(遊客)'라고 부르고 있으며, 중국에서 '1980년대 이후 출생자'를 칭하는 약칭인 '80후(八零後)'의 중국어 발음 '빠링허우'를 그대로 들여다가 사용하고 있다. 사대주의의 극치를 보여주고 있다. 물론, 이처럼 중국어 원음을 사용하는 사람들이 사대주의에 빠져 중국에 대한 사대를 하고 싶어서 그렇게 중국어 원음으로 읽고 표기하는 것은 아닐 것이다. 정부가 법을 정하여 그렇게 하라고 하니 영문도 모르고 그렇게 하고 있는 것이다. 원음주의 표기 원칙, 빨리 폐기해야 할 독소 조항이다.

19. 중국의 지명과 인명에 대한 원음주의 표기는 국가의식과 민족혼을 말살하는 표기법이다. 중국은 우리의 고구려를 중국 위진 남북조시대 진(晉)나라의 변방 국가로 간주하고 광개토태왕도 중국 변방 국가의 왕으로 치부하고 있다. 그래서 광개토태왕비 탁본을 서예학습용 필첩으로 엮은 책의 제목을 서슴없이 《진·호대왕비(晉·好大王碑)》라고 붙이는 마당에 우리는 세계 어떤 나라도 시행하지 않는 원음주의 표기 원칙이라는 것을 만들어 중국의 지명과 인명을 자원해서 중국어 원음으로 적어주고 심지어는 우리 역사 속의 옛 영토였던 지역의 지명까지도 중국어 원음으로 표기하고 있다. 반드시 시정해야 할 부분이다.

20. 원음주의 표기는 언어학의 상식을 벗어난 표기법이다. 언어의 목적은 '의미전달'에 있지 '발음 베끼기'에 있지 않기 때문이다. 중국은 자국민들이 의미전달을 편하게 하기 위해 모든 외래어를 자기네들 편리한 발음으로 표기할 뿐 아니라, 불편하다고 생각될 때는 자기네들이 읽기 쉽고 기억하기 좋은 방법으로 외래어의 형태를 바꿔버리기도 한다. 미국 국방부 건물인 '펜타곤(Pentagon)'을 '五角大樓(오각대루)'로 표기하고 '화이트 하우스(White House)를 '하얀 궁궐'이라는 의미로 번역하여 '白宮(백궁)'이라고 표기하는 것이 단적인 예이다. 그런데 우리나라는 편리한 '의미전달'은 제쳐두고 '발음 베끼기'에 자발적으로 매몰되어 중국의 지명과 인명을 중국어 원음으로 읽고 적는 불필요한 수고를 하고 있다. 게다가 현행 어문규범에 따라 한글의 자음과 모음을 모아 표기할 수 있는 글자 11,172자를 다 활용해도 중국어 발음을 원음 그대로 적을 수 없다. 그리고 까다로운 중국어 발음을 적

다보니 '롄, 볜, 톈, 녜, 돤, 뭐, 쉐, 셴, 옌, 젠, 제, 쥔, 촨' 등과 같은 기형문자들이 발생한다. 이런 기형문자는 글쓰기의 일관성을 해치는 주범이다. 이런 기형문자로 인해 원음주의 표기는 읽기가 어려움은 물론 읽어도 이해가 쉽지 않다. 그럼에도 원음주의를 고집하는 것은 일종의 모서주의(慕西主義)이자 사대주의이며 사'외국'주의(事'外國'主義:무조건 외국을 좋게 보고 부러워하는 주의)이다. 하루빨리 청산해야 할 악법이다.

21. 우리의 수도 서울을 '首爾(수이)'로 표기하게 한 것은 서울시의 엄청난 실수이다. 서울을 '首爾'로 표기하는 순간 서울시는 서울시가 아니라 '수이시'가 되고 만다. 한국 한자음의 독음을 전혀 고려하지 않고 중국 사람의 입장만 고려하다 보니 대한민국 서울이 '수이'가 되어 버렸다. 중국에 대해 "한성(漢城)은 조선시대의 이름입니다. 대한민국을 건국하면서 수도를 '서울'로 명명한 지가 언제인데 당신네 나라 중국은 우리 대한민국의 수도 서울을 아직도 조선시대의 지명인 '한성'으로 부르고 있습니까? 전 세계가 다 서울로 부르는데 당신네 나라만 한성으로 부르고 있으니 그 점을 시정해주기 바랍니다. 앞으로는 '서울'로 불러주기를 요청합니다."라는 요구만 했어야 한다. '서울'에 대한 그들의 표기법을 정하는 것은 그들의 문제이지 우리가 관여할 문제가 아니다. 이는 우리나라에서는 영원히 한자를 쓸 일이 없다거나 혹은 쓰지 않아야 한다는 전제, 아니 우리나라에 한자가 존재한다는 사실 자체를 완전히 도외시한 채 한자를 중국이라는 나라의 외국 문자로만 보고서 행한 어처구니없는 처사이다.

22. 중국의 지명과 인명에 대한 원음주의 표기 원칙은 한국인에게도 중국인에게도 불편하기만 한 원칙이다. 北京(북경)에 대해서는 '베이징'이라고 쓰는 이도 있고 '뻬이징'이라고 쓰는 사람도 있을 것이며 上海(상해)는 '상하이'라고 쓰기도 하고 '쌍하이'라고 쓰기도 할 것이고, 온주(溫州)에 대해서는 '온저우', '운저우', '온조우', '원저우', '원조우' 등의 표기가 가능하다. 불편하기 이를 데 없는 표기이다. 이 발음은 중국 현지에 가서 사용해도 소통이 되지 않고 한국에 온 중국인들에게 읽어 보라고해도 무슨 뜻인지를 빨리 알아보지 못한다. 원음주의 표기 원칙은 한국인에게도 중국인에게도 다 불편하기만 한 불필요한 원칙이다.

21세기 초, 지금 우리나라에 필요한 한문에 관한 정책은 과연 무엇일까? 이대로 한자를 폐기하는 길을 가야할까? 아니면 지금이라도 한자를 적극적으로 다시 사용하는 방향으로 돌아와야 할까? 한글전용론과 국한문혼용론은 언제나 대립과 갈등을 멈추게 될까? 광복 후 우리나라 어문정책의 핵심 골간으로서 한글전용을 택한 원인이, 일제의 우리 말글 탄압으로부터 벗어나 한글을 되찾은 기쁨에 한글전용 운동만이 애국애족의 길이라고 생각하며 강력하게 한글전용을 주장한 당시의 한글전용론자들에게 있고, 또 그런 주장이 공교롭게도 한국을 미국화하려고 한 미군의 속셈과 맞아떨어져 결과론적으로는 미군을 도와 한글전용 정책을 그처럼 속전속결로 수립한 데에 있다는 점을 상기한다면, 당시의 한글전용론자들은 분명히 비판을 받아야 할 부분이 있다. 이렇게 해서 미 군정 시절에 엉겁결에 선택된 한글전용이 1948년 대한민국정부가 재수립된 후에도 지속적으로 우리의 어문정책을 입안하는 골간으로 작용하자, 이후로도 한글전용론과 국한문혼용론은 끊임없는 대립과 갈등을 빚었다. 그러한 대립과 갈등의 이면에는 우리 사회를 서로 다르게 바라보는 다른 눈이 자리하고 있다.

한글전용론과 국한문혼용론 사이의 대립과 갈등의 근본적인 쟁점의 소재는 "언어나 문자는 어원적 이해를 위해 시간과 노력을 낭비할 필요 없이 현시적으로만 사용하면 그만이므로 어려운 한자를 배울 필요 없이 한글만 쓰면 된다"(한글전용론)는 견해와 "언어 문자에 대한 진정한 이해는 어원적 이해로부터 비롯되는 것이므로 우리말 중의 70% 가량을 차지하는 한자어를 제대로 알고 사용하기 위해서는 어렵지도 않은 한자를 굳이 안 써야할 이유가 없다."(국한문혼용론)는 견해의 차이에 있다. 이 견해차를 간단히 요약한다면, 한글전용론자들은 '실용적 편리함'을 표방하고 있으며, 국한문혼용론자들은 '근원적 진지함'을 표방하고 있다고 할 수 있다. 한글전용론자들이 실용적 편리함을 표방한 것도 일리가 있고, 국한문혼용론자들이 근원적 진지함을 견지하는 것도 일리가 있다. 그런데 광복 이후 한글전용법 선포로부터 박정희 정부에 의해 한자 사용이 제한됨으로써 사실상 한글전용정책이 고착화되기까지의 그 기간은 우리 민족에게 근원적 진지함보다는 실용적 편리함이 더 매력 있어 보였고 더 필요한 주의(主義)로 여겨졌던 시기였다. 따라서 그 시기에는 한글전용론자들의 주장이 국민적 지지를 보다 많이 얻을 수도 있었고, 또 실용을 추구하고 재빠른 경제 발전을 지상의 목표로 추구하였던 정부의 정책과도 부합되었으므로 정부 또한 한글전용정책을 선택하고 지원하였던 것으로 보인다. 다시 말해서, 당시에 한글전용정책이 선택된 것은 무엇보다도 실용적 편리함을 우선시 했던 당시의 시대적 상황에 편승한 것이었지 학문적으로

'진(眞)'이었기 때문이 아니라는 것이다.

이렇게 선택한 한글전용정책을 70년간 시행한 지금, 곳곳에서 한글전용의 병폐들이 나타나고 있고 한글전용을 뒷받침했던 이론들이 학문적 '진'이 아니었음이 증명되고 있다. 그리고 시대 또한 변하여 이제는 오히려 실용적 편리함에 지나치게 물들어 있는 우리 자신을 되돌아보고 보다 진지하게 삶을 설계해야 한다는 반성의 목소리가 높아지고 있다. "어떤 물이 됐건 빨리 가져다가 갈증을 풀고 공장을 돌리면 됐지, 그 물이 어디에서 어떤 과정을 거쳐서 오는지는 알 필요가 없고 그것을 알려는 데에 투자할 만한 시간적 여유도 없다"는 게 한글전용정책을 고안하고 확정하여 강력하게 추진해온 2000년대까지의 논리였다면, 지금은 "음수사원(飮水思源)－물 한 모금을 마시더라도 그 근원을 생각하고, 주변의 환경을 생각하고, 그 물을 공급해 준 이웃을 생각하자"는 식의 근본에 충실하고자 하는 논리가 자기반성의 분위기와 함께 사회 전반에 퍼져가고 있다. 이제 고속 성장 위주의 실용 만능에서 벗어나 보다 진지하게 근원을 생각해야 할 때다. 우리의 어문정책도 미래에 대한 큰 안목을 갖지 못한 채 눈앞의 현시적이고 평판적인 실용과 편리만을 우선적으로 추구했던 한글전용으로부터 벗어나 보다 근원적인 차원에서 단 하나의 단어라도 그 단어 안에 내장되어 있는 속뜻을 깊이 이해한 다음에 사용해야 하고, 실용을 취하더라도 보다 더 거시안(巨視眼)적인 안목으로 먼 미래를 내다볼 수 있는 진정한 실용을 취해야 한다. 그렇게 하기 위해서는 하루빨리 국한문혼용으로 돌아와야 한다. 그것이 우리나라와 우리 민족의 장래를 보다 더 풍요롭고 아름답게 하는 길이다.

이제, 우리나라의 어문정책은 바뀌어야 한다. 어떤 형태로든 지금

보다는 한자의 사용과 교육을 강화해야 하고 편리한 점이라고는 하나도 없이 민족의 자존심만 손상시키는 외국의 지명과 인명에 대한 「원음주의」 표기 원칙은 반드시 철회되어야 한다. 국민의 실제 어문생활의 실상은 돌아보지 않은 채 기득권을 유지하려는 차원에서 한글전용을 위한 한글전용을 고집하여 인위적으로 한글전용을 강제할 것이 아니라, 필요에 따라 한글로만 써도 충분한 부분은 적극적으로 우리 한글의 우수성을 살려서 한글로 쓰고, 한자를 병기하거나 혼용해야 할 필요가 있을 때는 그렇게 쓰도록 해야 하고 또 그렇게 쓸 수 있도록 가르쳐야 한다. 문자는 편리하게 사용하기 위한 도구이다. 따라서 어떤 것이 우리의 문자 생활을 진정으로 편리하게 하는지를 진지하게 생각해 보아야 한다. 한글은 한자와 함께 사용해야 더욱 빛난다.

박근혜 정부가 들어서면서 4대 정책 기조로 경제부흥, 국민행복, 문화융성, 평화통일 기반구축을 제시했다. 정책 기조 안에 '문화융성'이 들어있다는 점은 환영할 만한 일이다. 박근혜 대통령은 취임사에서 문화융성과 관련하여 다음과 같이 말했다.

삶이 더 행복해지는 문화융성의 새 시대, 21세기는 문화가 국력인 시대입니다. 국민 개개인의 상상력이 콘텐츠가 되는 시대입니다. 새 정부에서는 우리 정신문화의 가치를 높이고, 사회곳곳에 문화의 가치가 스며들게 해 국민 모두가 문화가 있는 삶을 누릴 수 있도록 하겠습니다. 문화의 가치로 사회적 갈등을 치유하고, 지역과 세대와 계층 간의 문화격차를 해소하고, 생활 속의 문화, 문화가 있는 복지, 문화로 더 행복한 나라를 만들겠습니다.

이와 함께 박근혜 정부는 문화융성을 위한 3대 전략으로서 '문화참여 확대', '문화·예술 진흥', '문화와 산업의 융합'을 내걸고, 이에 따른 10개 과제를 선정하여 문화융성을 실현하기 위한 세부적인 사업들을 제시하고 있다. 즉 "○○○를 하겠다."는 식으로 정부가 하고자 하는 사업을 제시하고 있는 것이다. 그런데 그 안에 어떤 스타일의 문화를 융성하게 하여 국민들로 하여금 어떤 형태의 문화적인 삶을 누리게 하겠다는 것인지에 대한 설명은 없다. 백화점식 사업의 나열과 사업비를 투자하여 그런 사업들을 하겠다는 물리적인 실행 방법만 있을 뿐 근본적인 철학이 결여되어 있는 것이다. 문화는 사업비로 융성해지는 게 아니다. 범국민, 범국가적 문화의 지향점을 제시하고 그 지향점에 대해 국민들이 신명을 느끼는 합의를 도출해야 한다. 획일주의 문화를 이루자는 말이 아니다. 국민들이 자부심을 가지고 스스로 문화를 창출하고자 하는 의지와 열정을 갖도록 신명나는 지향점을 제시해야 한다는 뜻이다. 비유컨대, 학교교육의 발전을 위해 많은 사업비를 투자하여 교사의 봉급을 올려줌으로써 사기를 진작하고 최첨단 각종 기자재를 보급함으로써 현대적 교육 환경을 조성한다고 해도 교사 자신이 가르치고자 하는 열정이 없으면 아무런 소용이 없듯이 아무리 많은 사업비를 투자하여 아무리 좋은 항목의 사업을 추진한다고 하더라도 문화적 지향점에 대해 "그래, 그게 좋겠다!"하는 합의가 없다거나, "얼씨구, 신난다!"고 하는 국민적 신명을 불러일으키지 못하면 문화는 융성할 수 없는 것이다. 세계적으로 문화 시설을 잘 갖춘 나라, 이것저것 세계대회에 나가 우승을 하는 실적을 쌓는 나라는 될 수 있으나 세계를 감동시킬 수 있는 신명나는 '한국의 문화'를 창조할 수는 없다는 것이다. 그런 신명나는 한국의 문화, 세계가 배우기를 원하는 한국의 문화를 건설하지 못하는 한 결코 문화산업시대의 주역이 될 수 없고 문화강국이 될 수 없다. 그런데 박근혜 정부의 '문화융성'에는 그런 국민적 열정과 신명을 불러일으킬 지향점이 없고, 지향점이 없다 보니 지향점을 설명해야 할 필요는 저절로 없어져서 그런 설명으로서의 철학이 있어야 할 자리에 철학이 자리하고 있지 않다.

박정희 정부는 '공업입국(工業立國)'을 내걸고 구체적인 방안과 함께 '잘 살아 보세'라는 평범하지만 절실한 철학과 신념을 제시했다. 그 결과, 범국민적인 열망속에서 공업입국이 진행되었다. 박근혜 정부의 문화융성도 박정희 정부의 공업입국에 상응할 만한 철학과 신념을 갖춘 의지를 가진 문화입국이 되어야 한다. 그리고 문화입국을 위해서 범국가, 범국민적으로 해결해야할 선결과제가 무엇인지를 꿰뚫어 보아야 한다. 문화입국을 위해 범국가, 범국민적으로 해결해야 할 선결과제는 과연 무엇일까? 그것은 바로 문화를 전승하고 창조하고 계승하는 가장 중요한 매체인 말과 글에 대한 정책 즉 어문정책과 어문교육을 바로 세우는 일이다. 우리의 말과 글인 한글과 한문에 대한 인식과 정책을 바로 세울 때에만 한국인의 혼이 깃든 신명나는 문화융성을 이룰 수 있고 그러한 문화 융성을 바탕으로 문화입국을 실천할 수 있다. 그런데 우리는 그동안 서구 특히 미국의 문화에 밀려 우리의 어문정책과 교육을 바로 세우지 못하고 우리의 말과 글의 중요한 한 축인 한자를 사실상 폐기하였다. 우리 역사와 전통문화에 대한 기록의 99%를 점유하고 있는 문자가 한자라고 해도 과언이 아닌데 국민의 대부분이 한자를 모르는 한맹(漢盲) 상태가 되었으니 전통문화를 전승하기가 쉽지 않다. 전통문화의 전승이 없이는 새로운 문화를 창조하기 어렵다. 새로운 문화를 창조할 수 없는데 어떻게 문화융성을 할 수 있겠는가?

백범 김구 선생은 자서전《백범일지》의 말미에 붙인 〈나의 소원〉이라는 글의 끝부분에서 「내가 원하는 우리나라」를 이렇게 묘사하고 있다.

나는 우리나라가 세계에서 가장 아름다운 나라가 되기를 원한다. 가장 부강한 나라가 되기를 원하는 것은 아니다. 내가 남의 침략에 가슴이 아팠으니, 내 나라가 남을 침략하는 것을 원치 아니한다. 우리의 부력(富力)은 우리의 생활을 풍족히 할 만하고, 우리의 강력(強力)은 남의 침략을 막을 만하면 족하다. 오직 한없이 가지고 싶은 것은 높은 문화의 힘이다. 문화의 힘은 우리 자신을 행복하게 하고, 나아가서 남에게 행복을 주기 때문이다. 지금 인류에게 부족한 것은 무력도 아니고, 경제력도 아니다. 자연과학의 힘은 아무리 많아도 좋으나, 인류 전체로 보면 현재의 자연과학만 가지고도 편안히 살아가기에 넉넉하다.

인류가 현재에 불행한 근본 이유는 인의(仁義)가 부족하고, 자비가 부족하고, 사랑이 부족한 때문이다. 이 마음만 발달이 되면 현재의 물질력으로도 20억이 다 편안히 살아갈 수 있을 것이다. 인류의 이 정신을 배양하는 것은 오직 문화이다. 나는 우리나라가 남의 것을 모방하는 나라가 되지 말고, 이러한 높고 새로운 문화의 근원이 되고, 목표가 되고, 모범이 되기를 원한다. 그래서 진정한 세계의 평화가 우리나라에서, 우리나라로 말미암아서 세계에 실현되기를 원한다."[171]

이 시대에 우리가 새겨들어야 할 말이다. 이제 우리는 우리만의 독창적이고 우수한 문화를 창조하여 세계평화를 선도해야 한다. 한글은 우리 민족이 창조한 최고 가치의 문화이다. 이제, 우리는 그런 한글을 이용하여 21세기에 세계를 이끌어갈 새로운 문명을 창출해야 한다.

그런데 잊지 말아야 할 것이 하나 있다. 바로 한글은 한자와 함께 사용할 때 더욱 빛난다는 점이다. 그렇게 '더욱 빛나는 한글'을 활용하여 소리글자의 장점과 뜻글자의 장점을 마음껏 누리는 복된 문자생활을 바탕으로 위대한 한민족의 찬란한 새 역사와 새 문화를 창조하도록 하자!

미주

【제1장】

1) 하종대 특파원, 〈"바룽바츠 모르면 라오투"〉, 동아닷컴(http://news.donga.com), 입력 // 2006-04-14 03:00:00 수정 // 2009-10-08 11:06:10 | 20

2) "조국에 대한 사랑은 영예, 조국에 대한 위해는 수치, 인민을 위한 봉사는 영예, 인민에 대한 배신은 수치, 과학의 숭상은 영예, 우매와 무지는 수치, 근면한 노동은 영예, 편한 것을 좋아하고 일하기 싫어하는 것은 수치, 단결과 상호부조는 영예, 남에게 해를 끼치고 자기만을 위하는 것은 수치, 성실하고 신의를 지키는 것은 영예, 이익을 좇아 의를 잊는 것은 수치, 규율과 법을 지키는 것은 영예, 법을 어기고 규율을 혼란하게 하는 것은 수치, 각고분투하는 것은 영예, 교만과 사치 그리고 음란 방탕한 것은 수치", 이후 "팔영팔치(八榮八恥)"로 개괄하였다. | 21

3) 폴리뷰(http://poliview.co.kr)의 토론방, 〈박근혜 대통령 착각하면 안 돼〉 | 22

4) 일본의 경우, 가나라는 소리글자와 뜻글자인 한자를 함께 사용하고 있지만 가나문자의 완성도가 한글에 미치지 못하여 우리처럼 소리글자와 뜻글자의 장점을 거의 완벽하게 잘 살려 쓸 수 있는 조건을 갖추지는 못했다. | 24

5) 김병기, 《21세기, 한자는 필수다, 아직도 '한글전용'을 고집해야 하는가》, 도서출판 다운샘, 2002, 206쪽. |26

6) 위의 책, 16쪽. |27

7) 위의 책, 211쪽. 이외에도 다양한 설문에 관한 결과가 이 책에 수록되어 있다. 205~211쪽 참고. |27

8) 陳泰夏, 〈初等學校 漢字教育만이 文化危機를 克復하는 捷徑〉, 《한글+漢字문화》, 2007년 11월호, 11쪽. |29

9) 김병기, 앞의 책, 179~192쪽 참고. |29

【제2장】

10) 이 외국의 지명과 인명에 대한 '원음주의 표기 원칙'의 문제점에 대해서는 다음 제8장, 제9장에서 상세하게 논의할 것이다. |34

11) 엄익상, 〈중국어 외래어를 원지음으로 표기해야 할 이유〉, 《중국어문학논집》 제56호, 중국어문학회, 2009, 268쪽. |34

12) 엄익상, 〈외래 인명·지명에 관한 동아시아 언어정책 차이의 원인분석 및 소통제고를 위한 제언〉, 《동아인문학》, 제27집, 동아인문학회, 2014, 238~239쪽. |35

13) 이들 인명을 중국음으로 읽을 때 '뚜푸', '리빠이' '빠이쥐이', '쑤동포'로 읽어야 하는지 '두푸', '리바이' '바이쥐이', '수동포' 등으로 읽어야 하는지 아니면 그 외의 다른 발음으로 읽어야 하는 지에 대해서도 여전히 논란이 있다. 이 문제를 다루는 것은 본고의 논지를 벗어나는 것이라고 판단하여 본고에서는 논하지 않기로 하고 필자가 알고 있는 중국어에 기초하여 필자가 해온 평소의 중국어 발음에 의거하

여 표기한다. 이하, 중국어에 대한 한국어 발음표기는 다 이러한 입장을 반영하여 표기한다. |35

14) 허세욱, 《허세욱의 중국 문학 기행》, 학고재, 2000, 38쪽. |36

15) 위의 책, 130쪽. |36

16) 엄익상, 〈중국어 외래어를 원지음으로 표기해야 할 이유〉, 《중국어문학논집》 제 56호, 중국어문학회, 2009, 269쪽. |38

17) 사실, 최현배가 사용한 이 "현시적", "평판적"이라는 말도 한글로만 써 놓으니까 도대체 무슨 뜻인지 정확히 모르겠다. "顯示"인지, "現示"인지, 아니면 "現時" 인지 알 수가 없다. 해당되는 한자를 다 대입해 보아도 문맥은 이어지기 때문이다. 별 수 없이, "한자를 쓰지 않아도 문맥을 통해 충분히 그 뜻을 파악할 수 있다"는 그의 주장에 따라 비록 충분하지는 못하지만 필자는 "現示"로 이해하기로 하였다. "평판적"이라는 말도 한글로만 써놓으니 '平板'인지 '平版'인지, '評判'인지 구분 할 수가 없다. 세 단어를 다 가져다가 문맥을 연결해 보아도 다 문맥이 통한다. 최 현배 본인이 쓴 글의 상황이 이러한데도 한자를 쓸 필요가 없다고 주장하고 있으니 대단한 아이러니다. 필자는 최현배가 사용한 "평판"의 의미를 "平板"으로 이해하 여 "특별한 꾸밈이나 설명이 필요 없이 있는 그대로"라는 의미로 받아들였다. 김 병기, 앞의 책, 86~87쪽 참고 |39

18) 최현배, 《한글만 쓰기의 주장》, 정음사, 1970, 30~31쪽. |40

19) 名不正, 則言不順; 言不順, 則事不成; 事不成, 則禮樂不興; 禮樂不興, 則 刑罰不中; 刑罰不中, 則民無所措手足. 《論語》 권13 〈子路篇〉 |42

20) 최현배, 앞의 책, 32~33쪽. |44

21) 최현배, 위의 책, 38쪽. |44

22) 최현배, 위의 책, 4쪽. |45

23) 허웅, 〈한자폐기는 되어야 한다〉, 《국어국문학》 한글전용 찬반 특집호, 44,45권,
1969, 한글학회, 97~101쪽. 이 글은 원래 서울대학신문에 게재했던 것을 《국어국
문학》에 전재한 것이다. |46

【제3장】

24) 대만 중화학술원 편, 《中文大辭典》, 제9책, 1982, 1687쪽(총권15977쪽). |53

25) 중국한어대사전 편집부, 《漢語大辭典》, 중국한어대사전 출판사, 1994. |53

26) 우리는 그동안 '광개토태왕'을 '광개토대왕'으로 불러왔다. 최근 배용준이 주연을
맡은 드라마 '태왕사신기'에서 비로소 '태왕'이란 말을 쓰기 시작했다고 해도 과
언이 아니다. 그런데, 실지로 광개토태왕비를 보면 분명히 '太王'이라고 쓰여있지
'大王'이라고 쓰여 있지 않다. 태왕은 대왕보다 훨씬 크고 높은 개념으로서 '황제'
에 준하는 의미이다. 그런데, 일제강점기에 일본제국주의자들이 우리 고구려의 국
가적인 격을 낮추기 위해 태왕이라는 비문의 원 글자를 무시한채 대왕이라고 부르
기 시작하였다. 이 점도 우리 국민 스스로가 지금부터라도 바로잡아 나가야 한다.
'광개토태왕'이지 결코 '광개토대왕'이 아닌 것이다. |57

27) 김병기, 《사라진 비문을 찾아서-글씨체로 밝혀낸 광개토태왕비의 진실》, 학고재,
2005, 151쪽. |59

28) 위의 책, 152쪽. |59

29) 환온(桓溫)은 동진(東晉)시대 명제(明帝)의 사위로서 부마도위와 낭야태수를 지
냈으며 촉(蜀)나라를 정벌하고 성한(成漢)을 멸망시킨 인물이다. 당시 조정의 실
력자였던 은호(殷浩)를 물리치고 정권을 장악했으며 명제에게 상소를 올려 원래

서진(西晉) 시대의 수도였던 낙양(洛陽)을 수복하자는 제안을 하였고 마침내 명제 12년(356)에 낙양을 수복했다. 이후, 여러 차례 낙양으로 환도할 것을 건의했지만 조정이 듣지 않았다. 후에, 간문제(簡文帝)를 황제로 옹립한 다음 대사마로서 정권을 장악했다. 말년에 황위를 찬탈하려는 음모를 꾸미다가 뜻을 이루지 못하고 병들어 죽었다. |71

30) 房玄齡 等 撰,《晉書》권98,〈列傳〉68,「桓溫」傳, 臺灣 鼎文書局, 1980, 2573쪽. |72

31) 위의 책, 2574쪽. |72

32) 국사편찬위원회 편〈한국독립운동사〉〈자료〉1, 임정편, 451쪽. |74

33) 위의 책, 457쪽. |75

【제4장】

34) 김구 선생이 귀국한 후 당시 경성방송국에서 첫 방송을 한 내용은 다음과 같다. "친애하는 동포들이여 27년간 꿈에도 잊지 못하고 있던 조국강산에 발을 들여 놓고 보니 감개무량합니다. 나는 지난 5월 중경을 떠나 상해로 와서 22일까지 머무르다가 23일 상해를 떠나 당일 경성에 도착되었습니다. 나와 나의 각원(閣員) 일동은 한갓 평민의 자격을 가지고 들어 왔습니다. 앞으로는 여러분과 같이 우리의 독립완성을 위하여 진력하겠습니다. 앞으로 전국 동포가 하나로 되어 우리의 국가독립의 시간을 최소한도로 단축시킵시다. 앞으로 여러분과 접촉할 기회도 많을 것이고 말할 기회도 많겠기에 오늘은 다만 나와 나의 동료 일동이 무사히 이곳에 도착되었다는 소식을 전합니다." 여기에 나타난 "한갓 평민의 자격을 가지고 들어왔다."는 말이 바로 개인자격으로 입국한 사실을 증명한다. |78

35) 《국어사전》은 쿠데타를 다음과 같이 풀이하고 있다. "무력으로 정권을 빼앗는 일.

지배 계급 내부의 단순한 권력 이동으로 이루어지며 체제 변혁을 목적으로 하는 혁
명과는 구별된다." |78

36) 손인수, 《미군정과 교육 정책》, 민영사, 1992, 102쪽. |78

37) 이진영, 〈중국 소수민족 정책의 이론적 기초에 대한 연구〉, 《아태연구》 6권 2기,
경희대 국제지역연구원, 1992, 296쪽. |88

38) 邱振中 外 1인, 江西美術出版社, 2013. |91

39) 혹자는 세계문자로 부상하고 있는 것은 중국어를 표기하는 간체자이지 한자가 아
니라는 주장을 하기도 한다. 간체자가 원래의 한자에서 벗어난 글자임은 사실이다.
그러나 표음문자가 아니고 표의문자라는 점에서는 같다. 본고에서 논하고자 하는
한자의 의미는 정체자(한자), 간체자 문제를 떠나 표의문자로서의 한자이다. |94

【제5장】

40) 정재환, 〈해방 후 조선어학회 한글학회 활동〉, 성균관대학교 일반대학원 사학과
박사학위 논문, 2013, 114쪽. |96

41) 정태진, 〈재건 도상의 우리 국어〉, 《국어국문학》, 제11권 2호, 조선어학회, 1946,
25쪽. |96

42) 장지영, 〈다시 삶의 기쁨〉, 《국어국문학》, 제11권 1호, 조선어학회, 1946, 2쪽. |96

43) 자유신문. 1945.10.9. 한글날 기사. |96

44) 정재환, 앞의 책, 114쪽. |96

45) 미군정청 사회과가 1945년 12월 22일부터 1주일 동안 서울 종로의 행인 1,822명에게 조사한 결과 72.5%가 한글전용을 찬성했다고 한다. 동아일보, 1946년 1월 11일 /김민수, 《국어 정책론》, 고려대학교 출판부, 1973, 346쪽에서 재인. |97

46) 정재환, 앞의 책, 2쪽. |97

47) 한글학회, 《한글새소식》, 512기 4월호, 한글학회, 2015, 13쪽. |98

48) 김병기, 앞의 책, 8쪽. |98

49) 1945년 10월 13일자 매일신보의 사설을 보면 당시 통역 정치가 어떠한 문제점을 야기하고 있었는지를 짐작할 수 있다. 사설의 내용은 다음과 같다. "근래 미군 통역생에 대한 항간의 물의가 분분한 것 같다. 조선 사정을 바르게 이야기하지 않고 그릇된 설문으로 한다느니 또는 어느 당파에 이용되어 그 당파에 관한 것은 좋게 이야기하고 다른 당파에 관한 것은 좋지 않게 이야기한다느니 □□□□□한다느니 하고 갖은 아름답지 않은 풍설이 떠돌아다니는 것 같다.……" 대한민국 교육부 편, 《자료 대한민국사(Ⅰ)》, 1968, 251~252쪽. 이외에 송남헌, 《解放三十年史 (1945~1948)》, 까치사, 1985, 96~97쪽. |100

50) 엄익상, 〈중국어 외래어를 원지음으로 표기해야 할 이유〉, 《중국어문논집》, 중국어문학회, 2009, 271쪽. |102

【제6장】

51) 명치시대 국어개혁을 시작하기 전에 쓰였던 본래의 일본어 표기법. 표기한 글자(한자)에 대한 발음이 일치하지 않는 경우가 있다. 즉 문어체 한자의 발음과 구어체 발음이 일치하지 않은 채로 표기하던 방식이다. 이런 이유로 개혁의 대상으로 지목되었다. | 105

52) 이에 대해 전후의 국어심의회는 전통을 주장하며 국어개혁에 반대하는 국어학자들을 공직에서 추방함으로써 심의회의가 개혁론자들의 일방적인 주장만 수용하는 양상을 띠었다고 말하는 학자도 있다. 김미숙, 〈전후 일본의 국어개혁에 관한 연구—국어개혁론자와 국어심의회를 중심으로〉, 고려대학교 석사논문, 2011, 57쪽, 주159에서 재인. |106

53) 유작승(劉作勝), 〈전후 일본 서예계와 전위서(前衛書)에 대한 고찰〉, 《제10회 세계서예전북비엔날레 기념 동아시아 문·사·철·서·정·경 융합국제학술대회 자료집》, 2015, 204쪽. |108

54) 위의 자료집, 같은 곳. |109

55) 国語の改革　国字の問題は教育実施上のあらゆる変革にとって基本的なものである゜国語の形式のいかなる変更も′国民の中から湧き出てこなければならないものであるが′かような変更に対する刺戟の方は′いかなる方面から与えられても差しつかえない゜単に教育計画のためのみならず′将来の日本の青年子弟の発展のためにも′国語改革の重大なる価値を認める人々に対して′激励を与えて差しつかえないのである゜何かある形式のローマ字が一般に使用されるよう勧告される次第である. (http://www.mext.go.jp/b_menu/hakusho/html/hpbz198102/hpbz198102_2_034.html) |111

56) 第一次教育使節団の勧告以後′日本の国語改革はある程度の進歩を見せている゜多くの小・中学校でローマ字が教えられ′当用漢字音訓表が採用された゜これによって漢字は理論的に制限され′かなづかいも改良され′ローマ字の使用は増加し′口語が公文書に使用されるようになった゜国立国語研究所が国語ならびに国語と国民生活間の関係を科学的に研究するために設立された゜しかしこれまでの改革は必ずしも十分とはいえない゜現在のところ改革は′国語そのもののほんとうの簡易化・合理化には触れないで′かなや漢字の単純化に終ろうとしている゜国語改革については次のように勧告をする゜
一　一つのローマ字方式が最もたやすく一般に用いられうる手段を研究すること゜

二　小学校の正規の教育課程の中にローマ字教育を加えること。

三　大学程度において'ローマ字研究を行い'それによって教師がローマ字に関する問題と方法とを教師養成の課程の一部として研究する機会を与えること。

四　国語簡易化の第一歩として'文筆者や学者が当用漢字と現代かなづかいを採択し'使用するよう奨励すること。第二次訪日アメリカ教育使節団報告書(要旨)−昭和二十五年(1950)九月二十二日 .9.22. (http://www.mext.go.jp/b_menu/hakusho/html/hpbz198102/hpbz198102_2_034.html) |112

57) 《群像》1949년 12월호. |113

58) 福田恆存, 〈愚者の楽園〉, 《読売新聞》1961년 2월 26일 |114

59) 福田恆存, 《나의 국어교실(私の國語教室)》, 文春文庫, 2002. |115

60) 제6기 국어심의회 49회 총회 회의록. |118

61) 国語審議会においては，今日まで漢字かなまじり文を前提として審議を行なってきたのであります。文部省においても漢字かなまじり文を対象としてきているので，漢字全廃ということは考えられません。昭和40年 12月 9日 新聞発表. (http://www.bcap.co.jp/ichhan-j/shiryoushuu/shiryou5.kokugoshingikai.html) |118

62) 호적이 〈문학개량추의〉에서 주장한 것은 다음 8개항이다. ① 모름지기 말(글)에는 내용이 있어야 한다.(須言之有物) ② 옛사람을 모방하지 마라.(不摹仿古人) ③ 반드시 문법에 맞아야 한다.(須講求文法) ④ 병 없이 신음하지 마라.(不作無病之呻吟)−불필요한 비탄의 문학을 지양하라. ⑤ 힘써 낡은 글투를 버려야 한다.(務去濫調套語) ⑥ 전고(典故)를 쓰지 마라.(不用典) ⑦ 대구(對句)를 중시하지 마라.(不講對仗) ⑧ 속자나 속어를 피하지 마라.(不避俗字俗語) 이러한 내용을 통해서 볼 때 호적이 주장한바는 당시 중국사회에 만연되어 있던 현실적이지 못한 문학풍조를 개선하자는 것으로 이해할 수 있다. 즉, 당시 중국이 처한 국가적 사회적 어려

움을 극복할 대안을 제시할 수 있는 현실적이고 실용적인 글쓰기를 떠나 봉건적인 식자층들이 여전히 고문을 중심으로 문학을 위한 문학을 유희하고 있는 상황을 개선해야 한다는 의견을 제시한 것이다. 따라서 호적의 이 문학개량추의는 실용적이고 현실적인 백화문을 쓰자는 백화문 운동의 차원에서 쓴 글이지 한자를 폐기하자는 운동의 입장에서 쓴 글이 아니다. |124

63) 이웅호, 〈중국의 글자 개혁사—청조, 중화민국, 중공의 한자 안 쓰기〉,《明大(명지대)논문집》, 1972, 118쪽. |125

64) 위의 책, 같은 곳. |126

65) 魯迅, 〈無聲的中國〉,《魯迅全集》4卷, 人民文學出版社, 1989, 11쪽. |128

66) 魯迅, 〈關於新文字〉,《魯迅全集》6卷, 人民文學出版社, 1989, 160쪽. |128

67) 魯迅, 〈中國語文的新生〉,《魯迅全集》6卷, 人民文學出版社, 1989, 115쪽. |129

68) 원세개(袁世凱)가 사망한 후 북양군벌의 실권자로 행세했던 여원홍(黎元洪)과 단기서(段祺瑞)의 대립을 이용해 두 사람 모두 쫓아낸 다음 청나라 조정을 부활시켜 마지막 황제인 선통황제 부의(傅儀)를 복위시킬 생각으로 일으킨 정변. |129

69) 氷心 외 2인 지음, 김태만 외 3인 옮김,《그림으로 읽는 중국 문학 오천년》, 예담, 2000, 316쪽. |130

70) 위의 책, 317쪽. |131

71) 최현배,《외솔 최현배 박사 고희 기념 논문집》, 정음사, 1968, 135쪽. |132

72) ① 漢字改革的研究.我們應當繼續研究漢字改革的各種方案 , 而以采用拉丁

字母的拼音方案爲硏究的主要目標.漢字的整理和簡化，也應當是我們硏究的
目標之一.② 漢語和漢語統一問題的硏究.我們應當繼續進行漢語的綜合硏究
和分區的調查硏究，並硏究以北方話爲統一漢語的基礎.③ 少數民族的語言文
字的硏究°中國的少數民族有些已有文字而不普及，有些尙無文字，我們應當
有系統地硏究這些民族的語言，並進而硏究它們的文字的改革和創造，幫助
它們的語文敎育的發展.④ 繼續文字改革的宣傳，使多數知識分子和多數人民
認識文字改革的必要，了解我們硏究文字改革的成果.《人民日報》1949年10月
11日 |135

73) 남광우, 〈한국에서의 한자 문제에 관한 연구〉,《연구 보고서》, 국어 연구소,
     1987, 8~9쪽. |137

74) 국제공산당은 어문의 효능을 특별히 중시하여 어문을 통하여 민족 융합과 어문통
     일을 시도하였다. 그렇게 함으로써 민족성을 소멸시키고 공산제국을 건설하여 전
     세계를 적화하려고 하였다. 원문생략. 汪學文,《論中共的文字改革》, 台北:黎明
     文化事業股份有限 , 民國67(1978), 54쪽. |137

75) 원문생략. 汪學文, 위의 책, 56쪽. 원저자의 주는 다음과 같다. 周有光,《漢字
     改革槪論》, 北京, 文字改革出版社, 1979년 10월 제3판, 319~324쪽. |137

76) 汪學文,《中國文字改革與漢字前途》, 國際關係硏究所, 民國59년(1970) 3월
     재판, 37~39쪽. |140

77) 汪學文, 위의 책, 56쪽. |140

78) 〈中國文字倂音化問題〉,《中國語文》, 上海, 中華書局, 1954년 1월 초판, 5쪽.
     |141

79) 汪學文,《中國文字改革之演變與結局》, 台北, 黎明文化事業股份有限公司,
     民國67(1978), 64쪽. |141

80) 물론 아직도 중국 문자 개혁의 최후 목표를 한자 폐기와 병음 문자 채용에 두고 있는 사람도 있다. 그러나, 그러한 주장은 이미 중국 국민들의 지지를 얻지 못하고 있다. 陳煒湛, 〈我對漢字前途問題的一些看法〉, 中國社會科學院言語文字應用研究所 編, 《漢字問題學術討論會論文集》, 1988. 39~49쪽 참조. |141

81) 편집부, 《語言文字規範手冊-제3판》, 中國, 語文出版社, 1997. |141

82) 國務院同意國家語言文字工作委員會《關于廢止〈第二次漢字簡化方案(草案)〉和糾正社會用字混亂現象的請示》, 現轉發給你們, 請貫徹執行. 1977年12月20日發表的《第二次漢字簡化方案(草案)》, 自本通知下達之日起停止使用. 今後, 對漢字的簡化應持勤愼態度, 使漢字的形體在一個時期內保持相對的穩定, 以利于社會應用. 當前社會上濫用繁體字, 亂造簡化字, 隨便寫錯別字, 這種用字混亂現象, 應引起高度重視. 國務院責成國家語言文字工作委員會盡快會同有關部門研究, 制訂各方面用字管理辦法, 逐步消除社會用字混亂的不正常現象. 爲便利人們正確使用簡化字. 請《人民日報》, 《光明日報》以及其他有關報刊重新發表《簡化字總表》 편집부, 《國家語言文字政策法規滙編》, 中國, 語文出版社, 1996. 29쪽. |144

83) 陳煒湛, 〈我對漢字前途問題的一些看法〉, 中國社會科學院言語文字應用研究所 編, 《漢字問題學術討論會論文集》, 1988, 76~77쪽 참조. |145

84) 漢字簡化實際上不只是中國的事. 凡使用漢字的國家和地區都存在這個問題, 只是情況不完全相同罷了. 爲了合理有效的簡化, 規範現行漢字, 必須切實加强國際合作. 위의 책, 79쪽. |146

85) 我們衷心希望在今後的漢字整理工作中, 不要再破壞字形的表意和表音作用, 不要再給漢字增加基本結構單位, 不要在增加一字多音現象, 不要再把意義有可能混淆的字合倂成一個字. 裘錫圭, 〈從純文字學角度看簡化字〉, 《現代漢字規範化問題》, 中國, 語文出版社, 1995, 96~101쪽. |146

86) 이러한 점은 필자가 최근에 만나본 중국의 학자와 서예가, 박물관장 등 문화관계
   업무 종사자들과의 대화를 통하여 확인한 바이다. |147

87) 이상 약 2쪽 분량의 글은 김병기의 다른 저서 《21세기 한자는 필수다. 아직도 한
   글전용을 고집해야 하는가》, 도서출판 다운샘, 2002, 60쪽~62쪽으로부터 부분적
   으로 전재한 것임. |148

88) 이 말의 의미를 이해하기 위해 필자의 설명을 덧붙이기로 한다. 사랑은 마음의 작
   용이기 때문에 '사랑애(愛)'자에는 가운데에 '마음심(心)'자가 자리하고 있는데 간
   체자 사랑애(爱)에는 마음심이 빠져있으니 간체자로 표현되는 사랑은 마음이 없는
   사랑이며, 생산(生産)이라는 단어를 쓰기 위해서는 生자가 들어있는 '産'자를 써
   야 할텐데 간체자로 쓰면 (产) 生자가 없으므로 생산의 의미를 표현할 수 없다. 공
   장을 나타내는 글자는 '廠'인데 간체자로 쓰면 (厂) 이므로 안이 텅텅 비어서 공
   장에는 물건이 없게 된다는 뜻이다. …… 이하도 다 이런 방식으로 이해하면 됨.
   |149

89) 國家語言文字工作委員會政策法規室編, 《國家言語文字政策法規匯編》, 中國語
   文出版社, 1996, 9쪽. |155

90) 전혜정은 북한에서의 문맹퇴치 운동을 4시기로 구분할 수 있다는 의견을 제시한
   바 있다. "제1기는 자발적 운동에서 임시인민위원회 주도의 운동으로 변화되는 해
   방 후부터 1946년 11월까지이고, 2기는 1946년 12월부터 1947년 3월까지의 '동기
   문맹퇴치운동' 기간이며, 3기는 1947년 12월부터 1948년 3월까지 '제1차 겨울철문
   맹퇴치운동' 기간, 4기는 1948년 12월부터 1949년 3월까지의 '제2차 겨울철문맹퇴
   치돌격운동' 기간이다. 전혜정, 《문맹퇴치 경험》, 사회과학출판사, 1987. |158

91) 사회 과학원 언어학 연구소, 〈혁명과 건설의 무기로서의 민족어의 발전에 관한 김
   일성 동지의 사상〉(1970. 4. 15, 평양, 사회 과학 출판사 번각 1970. 11. 25, 동경, 학우
   서방) 57쪽. 《북한의 어학혁명》366쪽. 진재교, 〈北韓의 어문정책과 漢文敎育〉,
   《한문교육연구》14호, 한문교육학회, 2000, 30쪽에서 재인. |159

92) 최용기, 《남북한 국어 정책 변천사 연구》, 단국대학교 대학원 박사학위 논문, 2001, 142쪽. |160

93) 전혜정, 앞의 책, 120~121쪽. |160

94) 말과글 편집위원회, 〈공화국 북반부에서는 어찌하여 한자를 폐기할 수 있었는 가?〉, 말과 글1, 조선민주주의인민공화국 과학원 출판사, 1958.2. 이 자료는 일본 도쿄에 있는 조선대학교 도서관에 소장되어 있다. |161

95) 편집부, 〈로동자신문을 발간할데 대하여〉, 《김일성전집》3, 조선로동당출판사, 1992, 80~81쪽. |161

96) 리광순, 〈우리 나라에서 한자사용의 폐기와 우리 글자에 의한 단일한 서사방식의 확립〉, 《문화어학습》, 2007년 제4호(231호), 과학백과사전출판사, 2007.10, 10~ 11쪽. |161

97) 조선어문연구회, 〈조선어 철자법의 기초 (1)〉, 《조선어 연구》 1~5, 1949. 8, 154 ~155쪽. |162

98) 전병훈, 《태양의 품에 안기여 빛내인 삶》(2)리극로 편, 평양출판사, 1997, 40~41 쪽. |163

99) 이극로의 월북 이유와 과정에 대해서는 이견이 분분하다. 이점에 대해서는 정재환 의 박사 학위 논문 〈해방 후 조선어학회 한글학회의 활동〉, 성균관대학교 대학원, 2012, 52~66쪽을 참고할 수 있다. |163

100) 정재환, 위의 논문, 61~62쪽에서 재인 |165

101) 편집부, 〈종합대학을 창설할 데 대하여(1945.11.3.)〉, 《김일성전집》2, 조선로동 당출판사, 1992, 225쪽. |165

102) 김일성 교시 〈조선어를 발전시키기 위한 몇 가지 문제〉(언어학자들과 하신 담화 1964년 1월 3일) 《김일성 저작선집》 제4권 1~12쪽 참조. 김영찬 편집, 《북한의 교육》, 을유문화사. 1989, 재인 |167

103) 《국한문독본》, 교육도서인쇄공장, 1972년 3월 발간 교과서. 교육도서인쇄공장은 평양시 동대원구역에 있는 인쇄공장이다. 교과서를 비롯한 교육용 참고도서들과 교구를 전문적으로 인쇄하고 있다. 1946년 7월 4일에 '국립인쇄소'로 발족하여 '국립조선인민출판사인쇄소', '국립제1인쇄소'로 이름을 바꾸었다가 1948년 10월 25일 김일성의 현지교시에 따라 '국립제1인쇄소'는 학생교과서를 전문으로 인쇄하는 교육도서인쇄공장으로 이름과 역할을 바꾸게 되었다. 이 공장은 유치원으로부터 대학에 이르기까지의 어린이들과 학생들의 교과서와 참고도서 등 교재들을 공급하고 있다. |168

104) 《한문》 고등중학교 6학년 제15과, 〈옥편보는 법〉부분에 수록된 김일성의 교시. 교육도서출판사, 1988. |169

105) 《한문》 고등중학교 2학년, 제37과 '漢文學習을 꾸준히 하도록 이끄시어', 교육도서출판사, 1995. |169

106) 한자를 이용하여 우리 '말'을 적던 향찰이나 이두를 학계에서는 '차용체(借用體)'라고 부른다. |170

107) 갑오개혁에 실패한 이후로 우리는 사실상 우리의 힘으로 근대화의 길을 가지 못하고 외세에 의해 재단된 근대화의 길을 가게 된다. 이 점이 가장 안타까운 점이며 이처럼 외세에 의해 재단된 근대화를 하다 보니 어문정책 또한 방향을 제대로 잡지 못하고 흔들리게 된다. 아마 갑오개혁에 성공하여 국문활용이 자유스러워졌으면 당시 사회에서 일상적으로 쓰이던 한문과 국문이 자연스럽게 조화를 이뤄 국문과 한문을 혼용하는 형태의 어문생활이 자리를 잡았을 것이다. 이처럼 갑오개혁이 성공하여 우리의 힘으로 국한문혼용이 자연스럽게 자리를 잡았더라면 우리는 세계에서 가장 발달된 뜻글자인 한자와 가장 과학적인 소리글자인 한글을 적절하게 혼

용하여 편리하게 사용하는 가장 이상적인 어문 생활을 누리는 복된 나라가 되었을 것이다. |172

108) 이 시기에 한자로부터 국문으로 표기체계를 전환하는 과정과 그 의의에 대한 연구로는 임형택, 〈근대계몽기 國漢文體의 발전과 한문의 위상〉, 《민족문학사연구》, 제14호 1999. 6. 참조 |173

109) 황현(黃玹)은 《매천야록(梅泉野錄)》에서 여규형을 "개화 이래 외인(外人)을 따라붙어 한 발짝이라도 뒤떨어질까 걱정했으므로, 사람들이 침 뱉고 욕했다."고 기록하고 있다고 한다. 《한국민족문화대백과》, 한국학중앙연구원.(http://terms.naver.com/entry.nhn?docId=581093&cid=46644&categoryId=46644) |174

110) 편집부, 《문교40년사》, 문교40년사편찬위원회, 문교부, 1988, 103쪽. |179

111) 중앙신문, 1945.12.3. 〈한자폐기실행회 발기총회 개최〉(국사편찬위원회 한국사데이터베이스, 자료대한민국사 제1권) ; 동아일보, 1945.12.3. 〈한자철폐하자〉;조선일보,1945.12.3. 〈漢字 폐기발기 총회에서 국문 전용 실행을 가결〉. 김민수에 따르면 이 때 한자폐기실행회에 참여한 1,171명은 대부분 1945년 한글학회에서 개최한 한글강습회 사범부와 고등부 졸업생들이었다고 한다. 김민수, 〈조선어학회의 창립과 그 연혁〉, 《주시경학보》5, 주시경연구소, 1990, 65쪽. |181

112) 편집부, 《문교40년사》, 문교40년사편찬위원회, 문교부, 1988, 56~57쪽. |181

113) 한글학회 50돌 기념사업회, 《한글학회 50년사》, 한글학회엮음, 1971, 419쪽. |182

114) 위의 책, 418쪽. 또, 이응호, 《언어정책의 역사적 연구》, 한글전용국민실천회, 1969, 14~15쪽. |183

115) 조윤제, 《국어교육의 당면 문제》, 문화당, 1947, 101~102쪽. 김민수·하동호·고영근 편저, 《역대한국문법대계》제3부 제14책, 탑출판사, 1983. 당시 상황을

가능한 한 생생하게 전달하기 위해 현행맞춤법과 맞지 않은 표기도 그대로 두었다. 이하 다른 인용문의 경우도 같음. |183

116) 김기림(1908~?)은 함경북도 성진 출생으로 일본대학 문학예술과를 거쳐 동북대학(東北大學) 영문과를 졸업하였다. 귀국하여 경성중학교(鏡城中學校)에서 영어와 수학을 가르쳤으며 조선일보 학예부장을 지내고, 1933년 구인회(九人會)의 회원으로 가입하였다. 1946년 1월 공산화된 북한에서 월남하였는데, 이때 많은 서적과 가재를 탈취당해 곤궁한 나날을 보냈다. 좌익계 조선문학가동맹에 가담하고, 1946년 2월 제1회조선문학자대회 때 '우리 시의 방향'에 대하여 연설하였으나, 정부수립 전후에 전향하였다. 월남 후 중앙대학, 연희대학 등에 강사로 출강하다가 서울대학교 조교수가 되고, 그가 설립한 신문화연구소의 소장이 되었다. 한국전쟁 때 납북되어 북한에서 죽은 것으로 알려져 있으나, 그 시기는 알 수 없다. 부인과 5남매가 서울에 살고 있다(한국학중앙연구원 한국역대인물종합정보시스템 (http://people.aks.ac.kr/index.aks) |184

117) 김기림, 《文章論新講》, 민중서관, 1950, 287~288쪽. |185

118) 이병기, 《가람일기》2, 신구문화사, 1976, 565~566쪽. |185

119) 그런데, 필자가 조사해본바에 의하면 당시의 이 회의에 대한 기록은 없는 것 같다. 회의에 참석한 사람들이 누구인지 회의 과정에서 어떤 얘기들이 오갔는지 알 수가 없다. 단지 신문의 보도를 통해 회의의 결과만을 알 수 있을 뿐이다. 당시의 회의 과정과 내용을 확인하기 위해 국가기록원에 해당 자료가 있는지를 문의했으나 안타깝게도 미 군정시절의 기록은 거의 다 미군이 가져가 버려서 국가기록원에는 남아있지 않다는 답을 들었다. |186

120) 〈교육심의회서 결정된 한자폐기와 한글횡서〉, 《자유신문》, 1946.3.4. |186

121) 김민수, 《국어정책론》, 고려대학교 출판부, 1973, 863쪽. 그러나 당시 문교부가 내놓은 이러한 이유들은 당시의 일시적인 시대 상황에는 부합하는 것일지 몰라도

학문적 측면에서 장기적인 안목으로 보았을 때는 허점이 많은 이유들이다. 이런 이유들이 왜 허점이 많은 지에 대해서는 김병기, 앞의 책, 《아직도 한글전용을 고집해야 하는가》 32~108쪽을 참고할 수 있다. |187

122) 성내운, 《분단시대의 민족교육》, 학민사, 1985, 104~105쪽. |188

123) 조선어학회에서 편찬하고 1945년 군정청 학무국에서 발행한 초등학교용 국어교과서이다. |188

124) USAMGIK, History of bureau of Education, 1946, 41쪽. |188

125) 김인회, 《교육과 민중문화》, 한길사, 1983, 111쪽. |188

126) 손인수, 《미군정과교육정책》, 민영사, 1992, 302쪽. |188

127) 김민수, 《국어정책론》, 고려대학교 출판부, 1973, 346쪽. |191

128) 임홍식, 《중등학교 한자교육 실태연구》, 계명대학교 출판부, 1982, 28쪽. |191

129) 이응호, 《한글만 쓰기 운동》, 한글학회, 1971, 46쪽. |191

130) 이숭녕 〈한자폐기의 법령화에 대하여〉, 《사상계》, 제 103호, 1962년 1월, 255~231쪽. |192

131) 김민수, 앞의 책, 1973, 349~350쪽. |194

132) 1994년 2, 3월 교보문고의 한자 교육관련 서적 판매량이 전년도 같은 기간에 비해 2배가 되었고, 교보문고를 비롯한 각 서점에 한자 서적 코너가 특설되었다. 1994년 3월 19일자 조선일보 기사 참조. |195

【제7장】

133) 참고로 중국의 명·청 시대를 장식한 유명 서예가의 향년을 제시하면 다음과 같다. 심주(沈周：1427-1059)：82세, 문징명(文徵明：1470-1559)：89세, 동기창(董其昌：1555-1636)：81세, 부산(傅山：1607-1684)：77세, 팔대산인(八大山人：1626-1705)：89세, 금농(金農：1687-1763)：76세, 정섭(鄭燮：1693-1765)：72세, 유용(劉墉：1720-1804)：84세, 양동서(梁同書：1723-1815)：92세, 옹방강(翁方綱：1733-1818)：85세, 완원(阮元：1764-1849)：85세, 포세신(包世臣：1775-1855)：80세, 하소기(何紹基：1799-1873)：74세, 양수경(楊守敬1839-1915)：76세. 김병기,《사람과 서예-서예가 웰빙이다》, 미술문화원, 2004, 이화문화출판사, 31쪽. |207

134) 이들 중에 송미령만 만년에 몸져누워서 거동이 불가능했으므로 삶의 질이 좋지 않았다고 할 수 있을 뿐, 나머지 서예가들은 작고하기 3일 전까지도 작품 활동을 한 경우가 있는 등 만년의 삶이 깔끔하여 삶의 질 또한 좋았다. |207

135) 이상 서예와 웰빙과의 관계에 대한 담론은 김병기,《사람과 서예-서예가 웰빙이다》(이화문화출판사, 2004)를 참고할 수 있을 것이다. |208

136) 이 점에 대해서는 김병기의 다음 논문을 참고할 수 있다.〈秋史書藝의 한국성 試探 -추사서론에 나타난 誤讀과 誤譯에 대한 澄淸을 겸하여〉,《대동한문학》, 대동한문학회, 25집, 2006. 12. |209

137)《한국의 미17-추사 김정희》, 중앙일보·계간미술, 1995 8판, 37~38쪽. |211

138) 위위 책, 40쪽. |213

139) 위의 책, 41쪽. |213

140) 위의 책, 63쪽. |214

141) '과(果)'는 추사가 만년에 경기도 과천(果川)에서 기거할 때 지은 자칭이다. '과
천에서 사는 71세의 노인'이라는 뜻과 함께 '71년 삶의 성과(成果)를 얻은 노인'
혹은 '과일로 치자면 71년 동안 익어온 과일'이라는 의미도 취했을 것으로 생각된
다. |214

142) 김일로, 《송산하(頌山河)》, 신일정판사, 1982, 28쪽. |227

143) 본명은 김종기(金鍾起)이며 1911년에 전남 장성에서 출생했다. 1953년에 동시집
《꽃씨》를 출간하였고, 1963년에 전라남도문화상을 수상하였으며, 1980년에 옥성문
화대상(玉聲文化大賞)을 수상하였다. 1981년에 예총 목포지부장을 맡았다. 1982년
에 시집 《송산하(頌山河)》를 출간했으며 1984년에 작고했다. |227

144) 위의 책, 29쪽. |229

145) '俳句'를 우리 한자 발음으로 읽자면 '배구'이지만 俳句는 이미 '하이쿠'라는 이
름으로 세계에 알려져 있으므로 여기서도 '배구'라는 우리 한자 발음으로 읽지 않
고 '하이쿠'라고 읽는다. '왈츠', '소나타' 등과 같은 경우이다. 19쪽. |229

146) 위의 책, 19쪽. |232

147) 허웅, 〈한글과 민족문화〉, 1974. 김문창, 《국어 문자 표기론》, 28쪽에서 재인. |233

【제8장】

148) 엄익상, 앞의 논문, 앞의 책, 272~273쪽. |236

149) 신채호, 《단재 신채호전집》(하), 단재신채호선생기념사업회, 단재신채호전집간
행위원회, 1995, 26쪽. |241

150) '우리화한, 즉 이미 우리 것으로 되어 익숙하고 편리하게 사용할 수 있는'이라는 의미를 유만근은 '귀화형'이라는 말로 표현하였다. |242

151) 유만근, 〈외래어와 언어학 상식이탈 표기법 문제〉, 《한글＋漢字문화》, 전국한자 교육총연합회, 2007년 11월호(통권 100호), 106쪽. |242

152) 위의 책, 104쪽. |243

153) 위의 책, 같은 곳. |245

154) 김창진, 〈잘못된 외래어 표기법을 고쳐야 한다〉, 《한글＋漢字문화》, 전국한자교 육총연합회, 2007년 11월호(통권 100호), 84쪽. |246

155) 연합뉴스 2005년 1월 20일자 상하이 이우탁 기자. |253

156) 송기중, 〈漢字 人名·地名 우리식 漢字音으로 表記해야〉, 《한글＋漢字문화》, 전국한자교육추진총연합회, 2007년 11월호, 96쪽. |255

157) 유만근, 앞의 논문, 앞의 책, 103쪽. |257

158) 뜯, 뾃, 뾇, 뾧 등의 글자도 조합이 가능하며 이러한 글자들까지 활용한다면 지구 상에 존재하는 거의 모든 소리를 다 표현할 수 있는 것이 한글이라고 한다. |259

159) 그런데 컴퓨터도 헷갈리는지 실지 어문 생활에서 사용하지 않는 글자를 타자하 려고 하면 문자판이 갑자기 영문자판으로 바뀌는 등 요란을 피운다. 이 점에 대해 서는 아래에서 또 논하기로 한다. |260

160) 職, 吃, 事, 實…… 등의 글자를 중국이 제정한 중국의 소리글자인 병음자모를 이용하여 표시하면 그렇게 표시한다. |261

161) 自, 次, 四, 日, 福 등의 글자에 이런 〔z〕, 〔c〕, 〔s〕, 〔r〕, 〔f〕 등의 발음이 들어
　　있다. |261

162) 전광진, 〈중국어 자음의 한글 표기법에 대한 음성학적 대비 분석〉, 《中國文學
　　研究》, Vol.19 No.1, 한국중문학회, 1999, 27쪽 |261

163) 송기중, 앞의 논문, 앞의 책, 101쪽. 주3. |266

164) 〈한겨레신문〉 2005. 1. 19 |268

165) 第二条 外国地名的译写应以音译为主，力求准确和规范化，并适当照顾习
　　惯译名。「外国地名汉字译写通则」民发〔2005〕149号 2005年10月13日. 통칙의 내
　　용에 대해서는 http://wenku.baidu.com/view/19e03704cc17552707220825(2015.03.
　　21.) 참조. 이하 같음. |271

166) 鉴于1946年韩国官方已经确定将首都的名字改为seoul这一情况，将其中文
　　译名改为"首尔"，符合外国地名译写的"名从主人"的原则和我国对外国地名以
　　音译为主的规则，也符合世界上的普遍做法。「民政部、外交部关于韩国首都
　　汉城中文译名变更为"首尔"的通报」, 民发 [2005] 149号 2005年10月13日
　　|271

167) 一、尊重韩方的愿望，将韩国首都中文译名变更为 "首尔". 各使用单位具
　　体实行时可视情况采取过渡措施，如在一段时间内采用 "首尔(汉城)"括注
　　标记方式. 二、对已出版的涉及韩国首都名称的出版物，不作处理. 图书、
　　教材、地图等官方出版物今后新版、再版时，就韩国首都中文译名作出修改.
　　三、新华社将就变更韩国首都中文译名事宜发新闻通稿，各媒体不评论，不
　　炒作. 「民政部、外交部关于韩国首都汉城中文译名变更为 "首尔"的通报」,
　　民发〔2005〕149号 2005年10月13日 |272

168) 김민수, 〈한자표기 原地音主義의 문제〉, 《새국어생활》 2004년 여름호, 국립국어원. |277

【제9장】

169) 물론, 중국어를 한국어로 가장 근사하게 표현할 수 있는 표기 방안에 대해서는 그동안 많은 연구가 있었고 나름대로 규칙도 정해져 있다. 그러나, 아직도 '정답(?)'이라고 할 만한 표준 표기는 정립되지 않았다. 이런 상태에서 원음주의 표기를 강제하고 있으니 더욱 난감한 일이다. |280

170) 허웅, 〈정부의 한자 병용 정책을 성토한다.〉, 《한글 새소식》통권 319호 (1999, 3), 한글 학회, 6~7쪽 참조 |281

【제10장】

171) 김구 저, 도진순 주해, 《백범일지》, 돌베개, 2002 개정3쇄, 431쪽. |318

참고문헌

【논문】

· 김민수, 〈조선어학회의 창립과 그 연혁〉, 《주시경학보》5, 주시경연구소, 1990

· 김민수, 〈한자표기 原地音主義의 문제〉, 《새국어생활》, 국립국어원, 2004

· 남광우(1987), 〈한국에서 한자문제에 대한 연구〉, 《연구보고서》, 제1집, 국어연구소

· 리광순, 〈우리 나라에서 한자사용의 폐기와 우리 글자에 의한 단일한 서사방식의 확립〉, 《문화어학습》2007년 제4호, 과학백과사전출판사, 2007

· 말과글 편집위원회, 〈공화국 북반부에서는 어찌하여 한자를 폐기할 수 있었는가?〉, 《말과 글》1, 조선민주주의인민공화국 과학원 출판사, 1958

· 福田恆存, 〈국어가나표기법 개정에 대한 나의 견해(私案)〉, 《나의 국어교실(私の國語教室)》, 文春文庫, 2002

· 福田恆存, 〈愚者の楽園〉, 《読売新聞》 1961. 2. 26.

· 엄익상, 〈중국어 외래어를 원지음으로 표기해야 할 이유〉, 《중국어문학논집》, 중국어문학회, 2009

· 엄익상, 〈외래 인명·지명에 관한 동아시아 언어정책 차이의 원인분석 및 소통제고를 위한 제언〉, 《동아인문학》, 제27집, 동아인문학회, 2014

· 장지영, 〈다시 삶의 기쁨〉, 《국어국문학》, 제11권 1호, 조선어학회, 1946

· 田宮文平, 〈현대 日本書의 전개〉, 《청년작가 한, 중, 일 국제교류전 기념 국제학술 발표대회 논문집》, 1997, 예술의 전당

· 전광진, 〈중국 인명 및 지명의 원음주의 표기에 대한 淺見〉, 《중국인문학회 2008년 춘계학술대회 발표논문집》, 중국인문학회, 2008

· 정태진(1946), 〈재건 도상의 우리 국어〉, 《국어국문학》, 제11권 2호, 조선어학회

· 정재환, 〈해방 후 조선어학회 한글학회 활동〉, 성균관대학교 일반대학원 사학과 박사 학위 논문, 2013

· 조선어문연구회, 〈조선어문연구회의 사업전망〉, 《조선어 연구》 창간호, 1949

· 조선어문연구회, 〈조선어 철자법의 기초 (1)〉, 《조선어 연구》, 1949

· 陳煒湛, 〈我對漢字前途問題的一些看法〉, 《漢字問題學術討論會論文集》, 中國社會科學院言語文字應用研究所, 1988

· 한글학회, 『한글새소식』, 512기 4월호, 한글학회, 2015

· 유만근, 〈외래어와 언어학 상식이탈 표기법 문제〉, 《월간 한글＋한자문화》, 2007전광진, 〈중국어 자음의 한글 표기법에 대한 음성학적 대비 분석〉, 《中國文學研究》, Vol.19 No.1, 한국중문학회, 1999

· 허웅(1969), 〈한자폐기는 되어야 한다〉, 《국어국문학》, 143권, 한글학회

· 허웅, 〈정부의 한자 병용 정책을 성토한다〉, 《한글 새소식》통권 319호, 한글 학회, 1999

【단행본】

· 국사편찬위원회 편, 《한국독립운동사》〈자료〉1. 임정편. 국사편찬위원회, 2006

· 김일성, 《김일성전집》, 조선로동당출판사, 1992

· 김민수·하동호·고영근 편저, 《역대한국문법대계》, 탑출판사, 1983

· 김민수, 《국어정책론》, 고려대학교 출판부, 1973

· 김기림, 《文章論新講》, 민중서관, 1950

· 김병기, 《사람과 서예-서예가 웰빙이다》, 이화문화출판사, 2004

· 김정희, 《완당전집》, 민족문화추진회 편, 솔 출판사, 1988

· 김민수, 《국어 정책론》, 서울: 고려대학교 출판부, 1973

· 김병기, 《21세기 한자는 필수다-아직도 '한글전용'을 고집해야 하는가?》, 도서출판 다운샘, 2002

· 김병기, 《사라진 비문을 찾아서—글씨체로 밝혀낸 광개토태왕비의 진실》, 학고재, 2005

· 김일로, 《頌山河》, 신일정판사, 1982

· 김인회, 《교육과 민중문화》, 서울 한길사, 1983

· 대한민국 교육부 편, 《자료 대한민국사(Ⅰ)》, 1968

· 魯迅, 《魯迅全集》, 人民文學出版社, 1989

· 문교40년사편찬위원회, 《문교40년사》, 문교40년사편찬위원회, 1988

· 房玄齡 等 撰, 《晉書》, 臺灣, 鼎文書局, 1980

· 氷心 외 2인 지음, 김태만 외 3인 옮김, 《그림으로 읽는 중국 문학 오천년》, 예담, 2000

· 송남헌, 《解放三十年史(1945~1948)》, 까치사, 1985

· 손인수, 《미군정과 교육 정책》, 민영사, 1992

· 성내운, 《분단시대의 민족교육》, 서울 학민사, 1985

· 손인수, 《미군정과교육정책》, 민영사, 1992

· 신채호, 《단재 신채호전집》, 단재신채호선생기념사업회, 단재신채호전집간행위원회, 1995

· 周有光, 《한자개혁개론》, 북경 문자개혁출판사, 1979

· 전혜정, 《문맹퇴치 경험》, 사회과학출판사, 1987

· 전병훈, 《태양의 품에 안기여 빛내인 삶》(2)—리극로 편, 평양출판사, 1997

· 중앙일보·계간미술 編, 《한국의 미17—추사 김정희》, 중앙일보·계간미술, 1995

· 조윤제, 《국어교육의 당면 문제》, 문화당, 1947

· 汪學文, 《論中共的文字改革》, 台北, 黎明文化事業股份有限公司, 民國67(1978)

· 汪學文, 《中國文字改革與漢字前途》, 臺灣, 國際關係研究所, 民國59(1970)

· 이상섭, 《문학비평용어사전》, 민음사, 1992

· 이응호, 《언어정책의 역사적 연구》, 한글전용국민실천회, 1969

· 이병기, 《가람일기》, 신구문화사, 1976

· 임홍식, 《중등학교 한자교육 실태연구》, 계명대학교 출판부, 1982

· 최현배, 《한글만 쓰기의 주장》, 정음사, 1970

· 허세욱, 《(허세욱의) 중국 문학 기행》, 학고재, 2000

· 한글학회엮음, 《한글학회 50년사》, 한글학회50돌기념사업회, 1971

· B.Cumings 저, 김자동 옮김, 《한국전쟁의 기원》, 서울일월서각, 1986

【사전류】

· 중화학술원 편, 《中文大辭典》, 대만 중화학술원, 1984
· 편집부, 《漢語大辭典》, 중국 한어대사전출판사, 1995

【기간물】

· 전국한자교육추진회총연합회, 《한글＋漢字문화》 11, 12월호, 2007
· 한글학회, 《한글새소식》, 512기 4월호, 한글학회, 2015

【언론기사】

· 《人民日報》 1949. 10. 11.
· 자유신문 1945.10.9. 한글날 기사
· 《자유신문》, 1946. 3. 4.
· 폴리뷰 (http://poliview.co.kr)의 토론방, 〈박근혜 대통령 착각하면 안 돼〉, 2013. 7. 17
· 하종대 특파원, 〈바룽바츠 모르면 라오투〉, 동아닷컴, 2006. 4. 14

가	나	다	라	마	바	사	아	자	차	카	타	파	하
각	낙	닥	락	막	박	삭	악	작	착	칵	탁	팍	학
갂	낚	닦	띾	맊	밖	삮	앆	잒	찪	칶	탂	팎	핚
갃	낛	닧	띿	맋	밗	삯	앇	잓	찫	칷	탃	팏	핛
간	난	단	란	만	반	산	안	잔	찬	칸	탄	판	한
갅	낝	닩	랁	맍	밙	삱	앉	잕	찭	칹	탅	팑	핝
갆	낞	닪	랂	많	밚	삲	않	잖	찮	칺	탆	팒	핞
갇	낟	닫	랃	맏	받	삳	앋	잗	찯	칻	탇	팓	핟
갈	날	달	랄	말	발	살	알	잘	찰	칼	탈	팔	할
갉	낡	닭	랅	맑	밝	삵	앍	잙	찱	칽	탉	팕	핡
갊	낢	닮	랆	맒	밞	삶	앎	잚	찲	칾	탊	팖	핢
갋	낣	닯	랇	맓	밟	삷	앏	잛	찳	칿	탋	팗	핣
값	낤	닰	랈	맔	밠	삸	앐	잜	찴	캀	탌	팘	핤
갌	낥	닱	랉	맕	밡	삹	앑	잝	찵	캁	탍	팙	핥
갍	낦	닲	랊	맖	밢	삺	앒	잞	찶	캂	탎	팚	핦
갎	낧	닳	랋	맗	밣	삻	앓	잟	찷	캃	탏	팛	핧
감	남	담	람	맘	밤	삼	암	잠	참	캄	탐	팜	함
갑	납	답	랍	맙	밥	삽	압	잡	찹	캅	탑	팝	합
값	낪	닶	랎	맚	밦	삾	앖	잢	찺	캆	탒	팞	핪
갓	낫	닷	랏	맛	밧	삿	앗	잣	찻	캇	탓	팟	핫
갔	났	닸	랐	맜	밨	샀	았	잤	찼	캈	탔	팠	핬
강	낭	당	랑	망	방	상	앙	장	창	캉	탕	팡	항
갖	낮	닺	랒	맞	밪	샂	앚	잦	찾	캊	탖	팢	핮
갗	낯	닻	랓	맟	밫	샃	앛	잧	찿	캋	탗	팣	핯
갘	낰	닼	랔	맠	밬	샄	앜	잨	챀	캌	탘	팤	핰
같	낱	닽	랕	맡	밭	샅	앝	잩	챁	캍	탙	팥	핱
갚	낲	닾	랖	맢	밮	샆	앞	잪	챂	캎	탚	팦	핲
갛	낳	닿	랗	맣	밯	샇	앟	잫	챃	캏	탛	팧	핳
개	내	대	래	매	배	새	애	재	채	캐	태	패	해

객	낵	댁	랙	맥	백	색	액	잭	책	캑	택	팩	핵
갞	낶	댂	랚	맦	밲	샊	앢	잮	챆	캒	탞	팪	햶
갟	낷	댃	랛	맧	밳	샋	앣	잯	챇	캓	탟	팫	햷
갠	낸	댄	랜	맨	밴	샌	앤	잰	챈	캔	탠	팬	핸
갡	낹	댅	랝	맩	밵	샍	앥	잱	챉	캕	탡	팭	핹
갢	낺	댆	랞	맪	밶	샎	앦	잲	챊	캖	탢	팮	핺
갣	낻	댇	랟	맫	밷	샏	앧	잳	챋	캗	탣	팯	핻
갤	낼	댈	랠	맬	밸	샐	앨	잴	챌	캘	탤	팰	핼
갥	낽	댉	랡	맭	밹	샑	앩	잵	챍	캙	탥	팱	핽
갦	낾	댊	랢	맮	밺	샒	앪	잶	챎	캚	탦	팲	핾
갧	낿	댋	랣	맯	밻	샓	앫	잷	챏	캛	탧	팳	핿
갨	냀	댌	랤	맰	밼	샔	앬	잸	챐	캜	탨	팴	햀
갩	냁	댍	랥	맱	밽	샕	앭	잹	챑	캝	탩	팵	햁
갪	냂	댎	랦	맲	밾	샖	앮	잺	챒	캞	탪	팶	햂
갫	냃	댏	랧	맳	밿	샗	앯	잻	챓	캟	탫	팷	햃
갬	냄	댐	램	맴	뱀	샘	앰	잼	챔	캠	탬	팸	햄
갭	냅	댑	랩	맵	뱁	샙	앱	잽	챕	캡	탭	팹	햅
갮	냆	댒	랪	맶	뱂	샚	앲	잾	챖	캢	탮	팺	햆
갯	냇	댓	랫	맷	뱃	샛	앳	잿	챗	캣	탯	팻	햇
갰	냈	댔	랬	맸	뱄	샜	앴	쟀	챘	캤	탰	팼	했
갱	냉	댕	랭	맹	뱅	생	앵	쟁	챙	캥	탱	팽	행
갲	냊	댖	랮	맺	뱆	샞	앶	쟂	챚	캦	탲	팾	햊
갳	냋	댗	랯	맻	뱇	샟	앷	쟃	챛	캧	탳	팿	햋
갴	냌	댘	랰	맼	뱈	샠	앸	쟄	챜	캨	탴	퍀	햌
갵	냍	댙	랱	맽	뱉	샡	앹	쟅	챝	캩	탵	퍁	햍
갶	냎	댚	랲	맾	뱊	샢	앺	쟆	챞	캪	탶	퍂	햎
갷	냏	댛	랳	맿	뱋	샣	앻	쟇	챟	캫	탷	퍃	햏
갸	냐	댜	랴	먀	뱌	샤	야	쟈	챠	캬	탸	퍄	햐
갹	냑	댝	략	먁	뱍	샥	약	쟉	챡	캭	탹	퍅	햑
갺	냒	댞	랶	먂	뱎	샦	얖	쟊	챢	캮	탺	퍆	햒

ㄱ	ㄴ	ㄷ	ㄹ	ㅁ	ㅂ	ㅅ	ㅇ	ㅈ	ㅊ	ㅋ	ㅌ	ㅍ	ㅎ
걍	냥	댱	량	먕	뱡	샹	양	쟝	챵	컁	턍	퍙	향
간	난	단	란	만	반	산	안	잔	찬	칸	탄	판	한
걍	냥	댱	량	먕	뱡	샹	양	쟝	챵	컁	턍	퍙	향
걍	냥	댱	량	먕	뱡	샹	양	쟝	챵	컁	턍	퍙	향
갼	냔	댠	랸	먄	뱐	샨	얀	쟌	챤	컌	턘	퍈	햔
갈	날	달	랄	말	발	살	알	잘	찰	칼	탈	팔	할
걁	냙	댥	럙	먥	뱙	샭	얅	쟭	챭	컭	턁	퍅	햙
걂	냚	댦	럚	먦	뱚	샮	얆	쟮	챮	컮	턂	퍆	햚
걃	냛	댧	럛	먧	뱛	샷	얇	쟯	챯	컯	턃	퍇	햛
걄	냝	댨	럜	먨	뱜	샸	얈	쟰	챰	컰	턄	퍈	햜
걍	냥	댱	량	먕	뱡	샹	양	쟝	챵	컁	턍	퍙	향
감	남	담	람	맘	밤	삼	암	잠	참	캄	탐	팜	함
갑	납	답	랍	맙	밥	삽	압	잡	찹	캅	탑	팝	합
값	낪	닶	랎	맒	밦	삾	앖	잢	찺	캆	탒	팺	핪
갓	낫	닷	랏	맛	밧	삿	앗	잣	찻	캇	탓	팟	핫
갔	났	닸	랐	맜	밨	샀	았	잤	챘	캤	탔	팠	핬
강	낭	당	랑	망	방	상	양	장	창	캉	탕	팡	항
갖	낮	닺	랒	맞	밪	샂	앚	잦	찾	캊	탖	팢	핮
갗	낯	닻	랓	맟	밫	샃	앛	잧	챛	캋	탗	팣	핯
각	낙	닥	락	막	박	삭	악	작	착	칵	탁	팍	학
갇	낟	닫	랃	맏	받	삳	앋	잗	찯	캍	탇	팓	핟
걍	냥	댱	량	먕	뱡	샹	양	쟝	챵	컁	턍	퍙	향
강	낭	당	랑	망	방	상	양	장	창	캉	탕	팡	항
개	내	대	래	매	배	새	애	재	채	캐	태	패	해
객	낵	댁	랙	맥	백	색	액	잭	책	캑	택	팩	핵
갱	냉	댕	랭	맹	뱅	생	앵	쟁	챙	캥	탱	팽	행
갯	냇	댓	랫	맷	뱃	샛	앳	잿	챗	캣	탯	팻	햇
갠	낸	댄	랜	맨	밴	샌	앤	잰	챈	캔	탠	팬	핸

객	낵	댁	랙	맥	백	색	액	잭	책	캑	택	팩	핵
갞	낶	댂	랚	맦	밲	샊	앢	잮	챆	캒	탞	팪	핶
갟	낷	댃	랛	맧	밳	샋	앣	잯	챇	캓	탟	팫	핷
갠	낸	댄	랜	맨	밴	샌	앤	잰	챈	캔	탠	팬	핸
갡	낹	댅	랝	맩	밵	샍	앥	잱	챉	캕	탡	팭	핹
갢	낺	댆	랞	맪	밶	샎	앦	잲	챊	캖	탢	팮	핺
갣	낻	댇	랟	맫	밷	샏	앧	잳	챋	캗	탣	팯	핻
갤	낼	댈	랠	맬	밸	샐	앨	잴	챌	캘	탤	팰	핼
갥	낽	댉	랡	맭	밹	샑	앩	잵	챍	캙	탥	팱	핽
갦	낾	댊	랢	맮	밺	샒	앪	잶	챎	캚	탦	팲	핾
갧	낿	댋	랣	맯	밻	샓	앫	잷	챏	캛	탧	팳	핿
갨	냀	댌	랤	맰	밼	샔	앬	잸	챐	캜	탨	팴	햀
갩	냁	댍	랥	맱	밽	샕	앭	잹	챑	캝	탩	팵	햁
갪	냂	댎	랦	맲	밾	샖	앮	잺	챒	캞	탪	팶	햂
갫	냃	댏	랧	맳	밿	샗	앯	잻	챓	캟	탫	팷	햃
갬	냄	댐	램	맴	뱀	샘	앰	잼	챔	캠	탬	팸	햄
갭	냅	댑	랩	맵	뱁	샙	앱	잽	챕	캡	탭	팹	햅
갮	냆	댒	랪	맶	뱂	샚	앲	잾	챖	캢	탮	팺	햆
갯	냇	댓	랫	맷	뱃	샛	앳	잿	챗	캣	탯	팻	햇
갰	냈	댔	랬	맸	뱄	샜	앴	쟀	챘	캤	탰	팼	했
갱	냉	댕	랭	맹	뱅	생	앵	쟁	챙	캥	탱	팽	행
거	너	더	러	머	버	서	어	저	처	커	터	퍼	허
걱	넉	덕	럭	먹	벅	석	억	적	척	컥	턱	퍽	헉
걲	넊	덖	럮	먺	벆	섞	엌	젂	첚	컦	턖	퍾	헊
것	넛	덧	럿	멋	벗	섯	엇	젓	첫	컷	텃	펏	헛
건	넌	던	런	먼	번	선	언	전	천	컨	턴	펀	헌
걷	넏	덛	럳	먿	벋	섣	얻	젇	첟	컫	턷	펃	헏
걸	널	덜	럴	멀	벌	설	얼	절	철	컬	털	펄	헐

걸	널	덜	럴	멀	벌	설	얼	절	철	컬	털	펄	헐
걸	널	덜	럴	멀	벌	설	얼	절	철	컬	털	펄	헐
걺	넒	덞	럶	멂	벎	섦	얾	젊	첤	컲	텖	펊	헒
걻	넓	덟	럷	멃	벏	섧	얿	젋	첥	컳	텗	펋	헓
걼	넔	덠	럸	멄	벐	섨	엀	젌	첦	컴	텘	펌	헔
걽	넕	덡	럹	멅	벑	섩	엁	젍	첧	컵	텙	펍	헕
걾	넖	덢	럺	멆	벒	섪	엂	젎	첨	컶	텚	펎	헖
걿	넗	덣	럻	멇	벓	섫	엃	젏	첩	컷	텛	펏	헗
검	넘	덤	럼	멈	범	섬	엄	점	첨	컴	텀	펌	험
겁	넙	덥	럽	멉	법	섭	업	접	첩	컵	텁	펍	헙
겂	넚	덦	럾	멊	벖	섰	없	젔	첪	컸	텄	펐	헚
것	넛	덧	럿	멋	벗	섯	엇	젓	첫	컷	텃	펏	헛
겄	넜	덨	렀	멌	벘	섰	었	젔	첬	컸	텄	펐	헜
겅	넝	덩	렁	멍	벙	성	엉	정	청	컹	텅	펑	헝
겆	넞	덫	렂	멎	벚	섲	엊	젖	첮	컺	텆	펒	헞
겇	넟	덫	렃	멏	벛	섳	엋	젗	첯	컻	텇	펓	헟
걱	넉	덕	럭	먹	벅	석	억	적	척	컥	턱	퍽	헉
걸	널	덜	럴	멀	벌	설	얼	절	철	컬	털	펄	헐
걺	넒	덞	럶	멂	벎	섦	얾	젊	첤	컲	텖	펊	헒
겅	넝	덩	렁	멍	벙	성	엉	정	청	컹	텅	펑	헝
게	네	데	레	메	베	세	에	제	체	케	테	페	헤
겍	넥	덱	렉	멕	벡	섹	엑	젝	첵	켁	텍	펙	헥
겎	넦	덲	렊	멲	벢	섺	엒	젞	첶	켂	텎	펚	헦
겏	넧	덳	렋	멳	벣	섻	엓	젟	첷	켃	텏	펛	헧
겐	넨	덴	렌	멘	벤	센	엔	젠	첸	켄	텐	펜	헨
겑	넩	덵	렍	멵	벭	섽	엕	젡	첹	켅	텑	펝	헩
겒	넪	덶	렎	멶	벮	섾	엖	젢	첺	켆	텒	펞	헪
겔	넬	델	렐	멜	벨	셀	엘	젤	첼	켈	텔	펠	헬
겔	넬	델	렐	멜	벨	셀	엘	젤	첼	켈	텔	펠	헬

곍	녥	뎱	롁	묁	볡	셹	옑	졝	쳵	콁	톍	폙	혥
곎	녦	뎲	롂	묂	볢	셺	옒	졞	쳶	콂	톎	폚	혦
곏	녧	뎳	롃	묃	볣	셻	옓	졟	쳷	콃	톏	폛	혧
곐	녨	뎴	롄	묄	볤	셼	옔	졠	쳸	콄	톐	폜	혨
곑	녩	뎵	롅	묅	볥	셽	옕	졡	쳹	콅	톑	폝	혩
곒	녪	뎶	롆	묆	볦	셾	옖	졢	쳺	콆	톒	폞	혪
곓	녫	뎷	롇	묇	볧	셿	옗	졣	쳻	콇	톓	폟	혫
곔	녬	뎸	롈	묈	볨	솀	옘	졤	쳼	콈	톔	폠	혬
곕	녭	뎹	롉	묉	볩	솁	옙	졥	쳽	콉	톕	폡	혭
곖	녮	뎺	롊	묊	볪	솂	옚	졦	쳾	콊	톖	폢	혮
곗	녯	뎻	롋	묋	볫	솃	옛	졧	쳿	콋	톗	폣	혯
곘	녰	뎼	롌	묌	볬	솄	옜	졨	촀	콌	톘	폤	혰
곙	녱	뎽	롍	묍	볭	솅	옝	졩	촁	콍	톙	폥	혱
곚	녲	뎾	롎	묎	볮	솆	옞	졪	촂	콎	톚	폦	혲
곛	녳	뎿	롏	묏	볯	솇	옟	졫	촃	콏	톛	폧	혳
곜	녴	돀	롐	묐	볰	솈	옠	졬	촄	콐	톜	폨	혴
곝	녵	돁	롑	묑	볱	솉	옡	졭	촅	콑	톝	폩	혵
곞	녶	돂	롒	묒	볲	솊	옢	졮	촆	콒	톞	폪	혶
겨	녀	더	려	며	벼	셔	여	져	쳐	켜	텨	펴	혀
격	녁	덕	력	먁	벽	셕	역	젹	쳑	켝	텩	펵	혁
겪	녂	덖	렦	먂	벾	셖	엮	젂	쳒	켞	텪	펶	혂
겼	녔	덨	렸	몂	볐	셨	였	졌	쳤	켰	텼	폀	혔
견	년	던	련	면	변	션	연	전	천	켠	텬	편	현
겭	녅	덵	렍	먅	볁	셵	엱	젥	쳕	켡	텭	폁	혅
겵	녍	덽	렕	멵	볉	셽	엹	젭	쳝	켩	텵	평	혍
결	녈	덜	렬	멸	별	셜	열	절	철	켤	텰	펼	혈
겷	녏	덣	렳	멷	볗	셣	엻	젫	쳧	켫	텷	폏	혏
겲	녊	덞	렲	몆	볒	셦	엲	젦	쳞	켢	텮	폆	혎

겴	녌	뎘	렰	멼	볈	셠	엸	졄	쳜	켨	텴	폀	혌
겵	녍	뎙	렱	멽	볉	셡	엹	졅	쳝	켩	텵	폁	혍
겶	녎	뎚	렲	멾	볊	셢	엺	졆	쳞	켪	텶	폂	혎
겷	녏	뎛	렳	멿	볋	셣	엻	졇	쳟	켫	텷	폃	혏
겸	념	뎜	렴	몀	볌	셤	염	졈	쳠	켬	텸	폄	혐
겹	녑	뎝	렵	몁	볍	셥	엽	졉	쳡	켭	텹	폅	협
겺	녒	뎞	렶	몂	볎	셦	엾	졊	쳢	켮	텺	폆	혒
겻	녓	뎟	렷	몃	볏	셧	엿	졋	쳣	켯	텻	폇	혓
겼	녔	뎠	렸	몄	볐	셨	였	졌	쳤	켰	텼	폈	혔
경	녕	뎡	령	명	병	셩	영	정	청	켱	텽	평	형
겾	녖	뎢	렺	몆	볒	셪	옂	졎	쳦	켲	텾	폊	혖
겿	녗	뎣	렻	몇	볓	셫	옃	졏	쳧	켳	텿	폋	혗
곀	녘	뎤	렼	몈	볔	셬	옄	졐	쳨	켴	퇀	폌	혘
곁	녙	뎥	렽	몉	볕	셭	옅	졑	쳩	켵	퇁	폍	혙
곂	녚	뎦	렾	몊	볖	셮	옆	졒	쳪	켶	퇂	폎	혚
곃	녛	뎧	렿	몋	볗	셯	옇	졓	쳫	켷	퇃	폏	혛
계	녜	뎨	례	몌	볘	셰	예	졔	쳬	켸	톄	폐	혜
곅	녝	뎩	롁	몍	볙	셱	옉	졕	쳭	켹	톅	폑	혝
곆	녞	뎪	롂	몎	볚	셲	옊	졖	쳮	켺	톆	폒	혞
곇	녟	뎫	롃	몏	볛	셳	옋	졗	쳯	켻	톇	폓	혟
곈	녠	뎬	롄	몐	볜	셴	옌	졘	쳰	켼	톈	폔	혠
곉	녡	뎭	롅	몑	볝	셵	옍	졙	쳱	켽	톉	폕	혡
곊	녢	뎮	롆	몒	볞	셶	옎	졚	쳲	켾	톊	폖	혢
곋	녣	뎯	롇	몓	볟	셷	옏	졛	쳳	켿	톋	폗	혣
곌	녤	뎰	롈	몔	볠	셸	옐	졜	쳴	콀	톌	폘	혤
곍	녥	뎱	롉	몕	볡	셹	옑	졝	쳵	콁	톍	폙	혥
곎	녦	뎲	롊	몖	볢	셺	옒	졞	쳶	콂	톎	폚	혦
곏	녧	뎳	롋	몗	볣	셻	옓	졟	쳷	콃	톏	폛	혧

곌	녈	뎔	렬	몔	볠	셸	옐	졜	쳴	켤	톌	폘	혤
곍	녉	뎕	렭	몕	볁	셹	옑	졝	쳵	켥	톍	폙	혥
곎	녊	뎖	렮	몖	볂	셺	옒	졞	쳶	켦	톎	폚	혦
겸	념	뎜	렴	몀	볌	셤	염	졈	쳠	켬	톔	폄	혐
겹	녑	뎝	렵	몁	볍	셥	엽	졉	쳡	켭	톕	폅	협
겺	녒	뎞	렶	몂	볎	셦	엾	졊	쳢	켮	톖	폆	혒
겻	녓	뎟	렷	몃	볏	셧	엿	졋	쳣	켯	톗	폇	혓
겼	녔	뎠	렸	몄	볐	셨	였	졌	쳤	켰	톘	폈	혔
경	녕	뎡	령	명	병	셩	영	졍	청	켱	톙	평	형
겾	녖	뎢	렺	몆	볒	셪	옂	졎	쳦	켲	톚	폊	혖
겿	녗	뎣	렻	몇	볓	셫	옃	졏	쳧	켳	톛	폋	혗
격	녁	뎍	력	멱	벽	셕	역	젹	쳑	켝	톅	펵	혁
곁	녇	뎉	렽	몉	볕	셭	옅	졑	쳩	켵	톝	폍	혙
곂	녂	뎊	렾	몊	볖	셮	옆	졒	쳪	켶	톞	폎	혚
겅	녕	뎅	렁	명	벙	성	엉	정	청	컹	텅	펑	헝
고	노	도	로	모	보	소	오	조	초	코	토	포	호
곡	녹	독	록	목	복	속	옥	족	촉	콕	톡	폭	혹
곢	녺	돆	롞	몪	볶	솎	옦	족	촊	콖	톢	폮	혺
곣	녻	돇	롟	몫	볷	솏	옧	졳	촋	콗	톣	폯	혻
곤	논	돈	론	몬	본	손	온	존	촌	콘	톤	폰	혼
곥	녻	돉	롢	몭	볹	솑	옩	졵	촍	콙	톥	폱	혽
곦	녾	돊	롣	몮	볺	솒	옪	졶	촎	콚	톦	폲	혾
곧	녿	돋	롣	몯	볻	솓	옫	졷	촏	콛	톧	폳	혿
골	놀	돌	롤	몰	볼	솔	올	졸	촐	콜	톨	폴	홀
곩	놁	돍	롥	몱	볽	솕	옭	졹	촑	콝	톩	폵	홁
곪	놂	돎	롦	몲	볾	솖	옮	졺	촒	콞	톪	폶	홂
곫	놃	돏	롧	몳	볿	솗	옯	졻	촓	콟	톫	폷	홃
곬	놄	돐	롨	몴	뵀	솘	옰	졼	촔	콠	톬	폸	홄
곭	놅	돑	롩	몵	뵁	솙	옱	졽	촕	콡	톭	폹	홅
곯	놇	돓	롫	몷	뵃	솛	옳	졿	촗	콣	톯	폻	홇

굥	뇽	동	룡	묭	뵹	숑	옹	죵	춍	쿙	퉁	푱	횽
곰	놈	돔	롬	몸	봄	솜	옴	좀	촘	콤	톰	폼	홈
곱	놉	돕	롭	몹	봅	솝	옵	좁	촙	콥	톱	폽	홉
곳	놋	돗	롯	못	봇	솟	옷	좃	촛	콧	톳	폿	홋
곴	놌	돘	롰	못	봈	솠	옸	좄	촜	콨	톴	폸	홌
공	농	동	롱	몽	봉	송	옹	종	총	콩	통	퐁	홍
곶	놎	돚	롲	몾	봊	솢	옺	좆	촞	콪	톶	퐂	홎
곷	놏	돛	롳	몿	봋	솣	옻	좇	촟	콫	톷	퐃	홏
곡	녹	독	록	목	복	속	옥	족	촉	콕	톡	폭	혹
곧	녿	돋	롣	몯	볻	솓	옫	졷	촏	콛	톧	폳	혿
곻	놓	돟	롷	뫃	봏	솧	옿	좋	촣	콯	톻	퐇	홓
과	놔	돠	롸	뫄	봐	솨	와	좌	촤	콰	톼	퐈	화
곽	놕	돡	롹	뫅	봑	솩	왁	좍	촥	콱	톽	퐉	확
곾	놖	돢	롺	뫆	봒	솪	왂	좎	촦	콲	톾	퐊	홲
관	놘	돤	롼	뫈	봔	솬	완	좐	촨	콴	퇀	퐌	환
괁	놙	돥	롽	뫉	봕	솭	왅	좑	촩	콵	퇁	퐍	홵
괂	놚	돦	롾	뫊	봖	솮	왆	좒	촪	콶	퇂	퐎	홶
괃	놛	돧	롿	뫋	봗	솯	왇	좓	촫	콷	퇃	퐏	홷
괄	놜	돨	뢀	뫌	봘	솰	왈	좔	촬	콸	퇄	퐐	활
괅	놝	돩	뢁	뫍	봙	솱	왉	좕	촭	콹	퇅	퐑	홹
괆	놞	돪	뢂	뫎	봚	솲	왊	좖	촮	콺	퇆	퐒	홺
괇	놟	돫	뢃	뫏	봛	솳	왋	좗	촯	콻	퇇	퐓	홻
괈	놠	돬	뢄	뫐	봜	솴	왌	좘	촰	콼	퇈	퐔	홼
괉	놡	돭	뢅	뫑	봝	솵	왍	좙	촱	콽	퇉	퐕	홽
괊	놢	돮	뢆	뫒	봞	솶	왎	좚	촲	콾	퇊	퐖	홾
괋	놣	돯	뢇	뫓	봟	솷	왏	좛	촳	콿	퇋	퐗	홿
괌	놤	돰	뢈	뫔	봠	솸	왐	좜	촴	쾀	퇌	퐘	횀

괍	놥	돱	뢉	뫕	봡	솹	왑	좝	촵	콱	톭	퐙	홥
괎	놦	돲	뢊	뫖	봢	솺	왒	좞	촶	콲	톮	퐚	홦
괏	놧	돳	뢋	뫗	봣	솻	왓	좟	촷	콳	톯	퐛	홧
괐	놨	돴	뢌	뫘	봤	솼	왔	좠	촸	콴	톴	퐜	홨
광	놩	돵	뢍	뫙	봥	솽	왕	좡	촹	쾅	톽	퐝	황
괒	놪	돶	뢎	뫚	봦	솾	왖	좢	촺	쾆	톾	퐞	홪
괓	놫	돷	뢏	뫛	봧	솿	왗	좣	촻	쾇	톿	퐟	홫
괔	놬	돸	뢐	뫜	봨	쇀	왘	좤	촼	쾈	퇀	퐠	홬
괕	놭	돹	뢑	뫝	봩	쇁	왙	좥	촽	쾉	퇁	퐡	홭
괖	놮	돺	뢒	뫞	봪	쇂	왚	좦	촾	쾊	퇂	퐢	홮
괗	놯	돻	뢓	뫟	봫	쇃	왛	좧	촿	쾋	퇃	퐣	홯
괘	놰	돼	뢔	뫠	봬	쇄	왜	좨	쵀	쾌	퇘	퐤	홰
괙	놱	돽	뢕	뫡	봭	쇅	왝	좩	쵁	쾍	퇙	퐥	홱
괚	놲	돾	뢖	뫢	봮	쇆	왞	좪	쵂	쾎	퇚	퐦	홲
괛	놳	돿	뢗	뫣	봯	쇇	왟	좫	쵃	쾏	퇛	퐧	홳
괜	놴	됀	뢘	뫤	봰	쇈	왠	좬	쵄	쾐	퇜	퐨	홴
괝	놵	됁	뢙	뫥	봱	쇉	왡	좭	쵅	쾑	퇝	퐩	홵
괞	놶	됂	뢚	뫦	봲	쇊	왢	좮	쵆	쾒	퇞	퐪	홶
괟	놷	됃	뢛	뫧	봳	쇋	왣	좯	쵇	쾓	퇟	퐫	홷
괠	놸	됄	뢜	뫨	봴	쇌	왤	좰	쵈	쾔	퇠	퐬	홸
괡	놹	됅	뢝	뫩	봵	쇍	왥	좱	쵉	쾕	퇡	퐭	홹
괢	놺	됆	뢞	뫪	봶	쇎	왦	좲	쵊	쾖	퇢	퐮	홺
괣	놻	됇	뢟	뫫	봷	쇏	왧	좳	쵋	쾗	퇣	퐯	홻
괤	놼	됈	뢠	뫬	봸	쇐	왨	좴	쵌	쾘	퇤	퐰	홼
괥	놽	됉	뢡	뫭	봹	쇑	왩	좵	쵍	쾙	퇥	퐱	홽
괦	놾	됊	뢢	뫮	봺	쇒	왪	좶	쵎	쾚	퇦	퐲	홾
괧	놿	됋	뢣	뫯	봻	쇓	왫	좷	쵏	쾛	퇧	퐳	홿
괨	뇀	됌	뢤	뫰	봼	쇔	왬	좸	쵐	쾜	퇨	퐴	횀
괩	뇁	됍	뢥	뫱	봽	쇕	왭	좹	쵑	쾝	퇩	퐵	횁
괪	뇂	됎	뢦	뫲	봾	쇖	왮	좺	쵒	쾞	퇪	퐶	횂

ㄱ	ㄴ	ㄷ	ㄹ	ㅁ	ㅂ	ㅅ	ㅇ	ㅈ	ㅊ	ㅋ	ㅌ	ㅍ	ㅎ
괫	놋	됏	뢧	묏	봿	쇗	왯	좻	쵓	쾟	퇫	퐷	홧
괬	놌	됐	뢨	묐	봸	쇘	왰	좼	쵔	쾠	퇬	퐸	홨
괭	놩	됑	뢩	묑	봽	쇙	왱	좽	쵕	쾡	퇭	퐹	횅
괫	놋	됏	뢧	묏	봿	쇗	왯	좻	쵓	쾟	퇫	퐷	홧
괯	놌	됐	뢨	묐	봸	쇘	왰	좼	쵔	쾠	퇬	퐸	홨
괙	놁	됙	뢱	묙	봑	쇡	왹	좩	쵝	쾩	퇵	퐉	횈
괟	놅	됟	뢭	묝	봩	쇧	왥	좥	쵙	쾥	퇯	퐍	횉
괢	놆	됢	뢲	묚	봒	쇢	왺	좪	쵞	쾪	퇶	퐊	횊
괭	놩	됑	뢩	묑	봽	쇙	왱	좽	쵕	쾡	퇭	퐹	횅
괴	뇌	되	뢰	뫼	뵈	쇠	외	죄	최	괴	퇴	푀	회
괵	뇍	됙	뢱	묔	뵉	쇡	왹	죅	쵝	쾩	퇵	푁	획
괶	뇎	됚	뢲	묕	뵊	쇢	왺	죆	쵞	쾪	퇶	푂	훾
괷	뇏	됛	뢳	묖	뵋	쇣	왻	죇	쵟	쾫	퇷	푃	횇
괸	뇐	된	뢴	묀	뵌	쇤	왼	죈	쵠	쾬	퇸	푄	횑
괹	뇑	됝	뢵	묁	뵍	쇥	왽	죉	쵡	쾭	퇹	푅	횒
괺	뇒	됞	뢶	묂	뵎	쇦	왾	죊	쵢	쾮	퇺	푆	횓
괼	뇔	될	뢸	묄	뵐	쇨	욀	죌	쵤	쾰	퇼	푈	횔
괼	뇔	될	뢸	묄	뵐	쇨	욀	죌	쵤	쾰	퇼	푈	횔
괽	뇕	됡	뢹	묅	뵑	쇩	욁	죍	쵥	쾱	퇽	푉	횕
괾	뇖	됢	뢺	묆	뵒	쇪	욂	죎	쵦	쾲	퇾	푊	횖
괿	뇗	됣	뢻	묇	뵓	쇫	욃	죏	쵧	쾳	퇿	푋	횗
굀	뇘	됤	뢼	묈	뵔	쇬	욄	죐	쵨	쾴	툀	푌	횘
굁	뇙	됥	뢽	묉	뵕	쇭	욅	죑	쵩	쾵	툁	푍	횙
굂	뇚	됦	뢾	묊	뵖	쇮	욆	죒	쵪	쾶	툂	푎	횚
굄	뇜	됨	룀	묌	뵘	쇰	욈	죔	쵬	쾸	툄	푐	횜
굅	뇝	됩	룁	묍	뵙	쇱	욉	죕	쵭	쾹	툅	푑	횝
굈	뇠	됬	룄	묐	뵜	쇴	욌	죘	쵰	쾼	툈	푔	횠
굇	뇟	됫	룃	묏	뵛	쇳	욋	죗	쵯	쾻	툇	푓	횟
굈	뇠	됬	룄	묐	뵜	쇴	욌	죘	쵰	쾼	툈	푔	횠

굊	뇢	됮	룆	묒	뵞	쇶	욎	죚	쵲	쾾	툊	푖	횢
굋	뇣	됯	룇	묓	뵟	쇷	욏	죛	쵳	쾿	툋	푗	횣
굌	뇤	됰	룈	묔	뵠	쇸	욐	죜	쵴	쿀	툌	푘	횤
굍	뇥	됱	룉	묕	뵡	쇹	욑	죝	쵵	쿁	툍	푙	횥
굎	뇦	됲	룊	묖	뵢	쇺	욒	죞	쵶	쿂	툎	푚	횦
굏	뇧	됳	룋	묗	뵣	쇻	욓	죟	쵷	쿃	툏	푛	횧
교	뇨	됴	료	묘	뵤	쇼	요	죠	쵸	쿄	툐	표	효
굑	뇩	됵	룍	묙	뵥	쇽	욕	죡	쵹	쿅	툑	푝	횩
굒	뇪	됶	룎	묚	뵦	쇾	욖	죢	쵺	쿆	툒	푞	횪
굓	뇫	됷	룏	묛	뵧	쇿	욗	죣	쵻	쿇	툓	푟	횫
굔	뇬	됸	룐	묜	뵨	숀	욘	죤	쵼	쿈	툔	푠	횬
굕	뇭	됹	룑	묝	뵩	숁	욙	죥	쵽	쿉	툕	푡	횭
굖	뇮	됺	룒	묞	뵪	숂	욚	죦	쵾	쿊	툖	푢	횮
굗	뇯	됻	룓	묟	뵫	숃	욛	죧	쵿	쿋	툗	푣	횯
굘	뇰	됼	룔	묠	뵬	숄	욜	죨	춀	쿌	툘	푤	횰
굙	뇱	됽	룕	묡	뵭	숅	욝	죩	춁	쿍	툙	푥	횱
굚	뇲	됾	룖	묢	뵮	숆	욞	죪	춂	쿎	툚	푦	횲
굛	뇳	됿	룗	묣	뵯	숇	욟	죫	춃	쿏	툛	푧	횳
굜	뇴	둀	룘	묤	뵰	숈	욠	죬	춄	쿐	툜	푨	횴
굝	뇵	둁	룙	묥	뵱	숉	욡	죭	춅	쿑	툝	푩	횵
굞	뇶	둂	룚	묦	뵲	숊	욢	죮	춆	쿒	툞	푪	횶
굟	뇷	둃	룛	묧	뵳	숋	욣	죯	춇	쿓	툟	푫	횷
굠	뇸	둄	룜	묨	뵴	숌	욤	죰	춈	쿔	툠	푬	횸
굡	뇹	둅	룝	묩	뵵	숍	욥	죱	춉	쿕	툡	푭	횹
굢	뇺	둆	룞	묪	뵶	숎	욦	죲	춊	쿖	툢	푮	횺
굣	뇻	둇	룟	묫	뵷	숏	욧	죳	춋	쿗	툣	푯	횻
굤	뇼	둈	룠	묬	뵸	숐	욨	죴	춌	쿘	툤	푰	횼
굥	뇽	둉	룡	묭	뵹	숑	용	죵	춍	쿙	툥	푱	횽
굦	뇾	둊	룢	묮	뵺	숒	욪	죶	춎	쿚	툦	푲	횾

구	누	두	루	무	부	수	우	주	추	쿠	투	푸	후
국	눅	둑	룩	묵	북	숙	욱	죽	축	쿡	툭	푹	훅
군	눈	둔	룬	문	분	순	운	준	춘	쿤	툰	푼	훈
굿	눗	둣	룻	뭇	붓	숫	웃	줏	춧	쿳	툿	풋	훗
궁	눙	둥	룽	뭉	붕	숭	웅	중	충	쿵	퉁	풍	훙

ㄱ	ㄴ	ㄷ	ㄹ	ㅁ	ㅂ	ㅅ	ㅇ	ㅈ	ㅊ	ㅋ	ㅌ	ㅍ	ㅎ
귿	눋	둗	룯	뭍	붙	숱	욷	줃	춛	퀻	퉅	풑	훝
궁	눙	둥	룽	뭉	붕	숭	웅	중	충	쿵	퉁	풍	훙
궁	눙	둥	룽	뭉	붕	숭	웅	중	충	쿵	퉁	풍	훙
궈	뉘	뒤	뤄	뭐	뷔	쉬	위	줘	춰	퀴	퉈	풔	휘
궉	뉙	뒥	뤽	뭑	뷕	쉭	윅	줙	춱	퀵	퉉	풕	휙
권	뉜	뒨	뤈	뭔	뷘	쉰	윈	줜	춴	퀸	퉌	풘	휀
궛	뉛	뒛	뤘	뭣	뷧	쉿	윗	줏	춧	퀏	퉀	풋	휫
권	뉜	뒨	뤈	뭔	뷘	쉰	원	줜	춴	퀀	퉌	풘	훤
궛	뉛	뒛	뤙	뭣	뷧	쉿	윗	줏	춧	퀏	퉀	풩	훳
궝	눵	둼	뤵	뭥	뷩	쉥	윙	줭	춵	쿵	퉁	풩	훵
궏	뉜	뒨	뤈	뭔	뷘	쉰	원	줜	춴	퀀	퉌	풘	훤
궐	뉠	뒬	뤌	뭘	뷜	쉴	월	줠	철	퀄	퉐	풀	훨
궜	뉘	뒤	뤄	뭐	뷔	쉬	워	줘	춰	퀴	퉈	풔	휘
궘	뉨	뒴	뤔	뭠	뷤	쉠	웜	줨	춰	퀨	퉘	풤	훰
궚	뉝	뒻	뤴	뭡	뷥	쉴	웑	줳	춻	퀷	퉙	풣	훻
궜	뉛	뒀	뤘	뭣	뷨	쉤	윘	줬	췄	퀐	퉜	풨	훴
궟	뉠	뒬	뤌	뭘	뷜	쉴	웑	줠	철	퀄	퉐	풝	훨
궣	뉟	뒳	뤻	뭧	뷫	쉴	웛	줯	춯	퀋	퉏	풟	훷
궝	뉭	둼	뤵	뭥	뷩	쉥	웡	줭	춵	쿵	퉁	풩	훵
궘	뉨	뒴	뤔	뭠	뷤	쉠	웜	춤	춰	퀨	퉘	풤	훰
궙	뉩	뒵	뤕	뭡	뷥	쉡	웝	줩	춥	퀩	퉙	풥	훱
궔	뉜	뒀	뤘	뭣	뷨	쉤	웠	줬	췄	퀐	퉜	풨	훴
궛	뉛	뒷	뤘	뭣	뷧	쉿	웃	줏	춧	퀏	퉀	풋	훳
궜	뉜	뒀	뤘	뭤	뷨	쉤	웠	줬	췄	퀐	퉜	풨	훴
궝	뉭	둼	뤵	뭥	뷩	쉥	웡	줭	춵	쿵	퉁	풩	훵
궛	뉛	뒷	뤘	뭣	뷧	쉿	웟	줏	춧	퀏	퉀	풩	훳
궟	뉟	뒳	뤻	뭧	뷫	쉴	웗	줯	춯	퀋	퉏	풟	훷
궉	뉙	뒥	뤽	뭑	뷕	쉭	웍	줙	춱	퀵	퉉	풕	휙
궐	뉠	뒬	뤌	뭘	뷜	쉴	월	줠	철	퀄	퉐	풜	훨
궒	뉢	뒲	뤒	뭢	뷦	쉶	웒	줦	춶	퀒	퉒	풦	훲

궹	넹	뒝	뤵	묑	뷍	솅	욍	죙	춍	퀭	퉹	풩	횡
계	눼	뒈	뤠	뭬	붸	쉐	웨	줴	췌	퀘	퉤	풰	훼
궥	눽	뒥	뤡	뫡	뷕	쉑	웩	줵	춹	퀙	퉥	풱	훽
궦	눾	뒦	뤢	뫢	뷖	쉒	웪	줶	춺	퀚	퉦	풲	훾
궧	눿	뒧	뤣	뫣	뷗	쉓	웫	줷	춻	퀛	퉧	풳	훿
권	눤	뒨	뤤	뭔	붼	쉔	원	줜	춴	퀜	퉨	풘	훤
궩	눵	뒩	뤥	뫥	뷙	쉕	웭	줹	춽	퀝	퉩	풵	흁
궝	눶	뒪	뤦	뫦	뷚	쉖	웡	줺	춿	퀞	퉪	풶	흂
궫	눷	뒫	뤧	뫧	뷛	쉗	웬	줻	췀	퀟	퉫	풷	훤
궬	눸	뒬	뤨	뭘	뷜	쉘	월	줼	췰	퀠	퉬	풸	휠
궭	눹	뒭	뤩	뭙	뷝	쉙	웱	줽	췱	퀡	퉭	풹	흅
궮	눺	뒮	뤪	뭚	뷞	쉚	웲	줾	췲	퀢	퉮	풺	흆
궯	눻	뒯	뤫	뭛	뷟	쉛	웳	줿	췳	퀣	퉯	풻	흇
궰	눼	뒰	뤬	뭜	뷠	쉜	웴	쥀	췴	퀤	퉰	풼	흈
궱	눽	뒱	뤭	뭝	뷡	쉝	웵	쥁	췵	퀥	퉱	풽	흉
궲	눾	뒲	뤮	뭞	뷢	쉞	웶	쥂	췶	퀦	퉲	풾	흊
궳	눿	뒳	뤯	뭟	뷣	쉟	웷	쥃	췷	퀧	퉳	풿	흋
궴	념	뒴	뤰	뭠	뷤	쉠	웸	쥄	췸	퀨	퉴	퓀	흄
궵	넵	뒵	뤱	뭡	뷥	쉡	웹	쥅	췹	퀩	퉵	퓁	흅
궶	넶	뒶	뤲	뭢	뷦	쉢	웺	쥆	췺	퀪	퉶	퓂	흆
궷	넷	뒷	뤳	뭣	뷧	쉣	웻	쥇	췻	퀫	퉷	퓃	흇
궸	넸	뒸	뤴	뭤	뷨	쉤	웼	쥈	췼	퀬	퉸	퓄	흈
궹	넹	뒹	뤵	뭥	뷩	쉥	웽	쥉	췽	퀭	퉹	퓅	흉
궺	넺	뒺	뤶	뭦	뷪	쉦	웾	쥊	췾	퀮	퉺	퓆	흊
궻	넻	뒻	뤷	뭧	뷫	쉧	웿	쥋	췿	퀯	퉻	퓇	흋
궼	넼	뒼	뤸	뭨	뷬	쉨	욀	쥌	츀	퀰	퉼	퓈	흌
궽	넽	뒽	뤹	뭩	뷭	쉩	욁	쥍	츁	퀱	퉽	퓉	흍
궾	넾	뒾	뤺	뭪	뷮	쉪	욂	쥎	츂	퀲	퉾	퓊	흎
궿	넿	뒿	뤻	뭫	뷯	쉫	욍	쥏	츃	퀳	퉿	퓋	흏
귀	뉘	뒤	뤼	뮈	뷔	쉬	위	쥐	취	퀴	튀	퓌	휘

괵	뇍	됵	뢱	묅	뵉	쇡	욐	죅	쵞	쾩	퇵	퓍	획
귀	뉘	뒤	뤼	뮈	뷔	쉬	위	쥐	취	퀴	튀	퓌	휘
귓	뉫	뒷	뤗	뮛	뷧	쉿	윗	쥣	췻	퀫	튓	퓟	휫
권	뉜	된	뤈	뭔	뷘	쉰	윈	쥔	췬	퀸	튄	퓐	훤
궛	뉫	됫	뤗	뭣	뷧	쉿	윗	쥣	췻	퀫	튓	퓟	훳
궣	뉧	됭	뤙	뭥	뷩	쉥	윙	쥥	췽	퀭	튍	퓡	횡
권	뉜	된	뤈	뭔	뷘	쉰	윈	쥔	췬	퀸	튄	퓐	훤
궐	뉠	될	뤌	뭘	뷜	쉴	월	쥘	췰	퀼	튈	퓔	휠
귀	뉘	뒤	뤼	뮈	뷔	쉬	위	쥐	취	퀴	튀	퓌	휘
궘	뉨	됨	뤔	뭠	뷤	쉼	윔	쥠	췸	퀸	튐	퓜	훰
궙	뉩	됩	뤕	뭡	뷥	쉽	윕	쥡	췹	퀹	튑	퓝	훱
궜	뉬	됬	뤘	뭤	뷨	쉈	윘	쥤	췄	퀬	튔	퓠	훴
궛	뉬	됫	뤗	뭣	뷧	쉿	윗	쥣	췻	퀫	튓	퓟	훳
궝	뉭	됭	뤙	뭥	뷩	쉥	윙	쥥	췽	퀭	튕	퓡	훵
궣	뉳	됳	뤟	뭫	뷯	쉫	윟	쥫	췿	퀳	튛	퓧	훻
궘	뉨	됨	뤔	뭠	뷤	쉼	윔	쥠	췸	퀸	튐	퓜	훰
궙	뉩	됩	뤕	뭡	뷥	쉽	윕	쥡	췹	퀹	튑	퓝	훱
궜	뉬	됬	뤘	뭤	뷨	쉈	윘	쥤	췄	퀬	튔	퓠	훴
귓	뉫	뒷	뤗	뮛	뷧	쉿	윗	쥣	췻	퀫	튓	퓟	휫
궜	뉬	됬	뤘	뭤	뷨	쉈	윘	쥤	췄	퀬	튔	퓠	훴
귕	뉭	됭	뤙	뭥	뷩	쉥	윙	쥥	췽	퀭	튕	퓡	훵
궞	뉮	됮	뤚	뭦	뷪	쉦	윚	쥦	췾	퀮	튖	퓢	훶
궠	뉰	됰	뤜	뭨	뷬	쉨	윜	쥨	쵀	퀰	튘	퓤	훸
괵	뇍	됵	뤽	뭑	뷕	쇡	왹	죅	쵞	쾩	퇵	퓍	획
궐	뉠	될	뤌	뭘	뷜	쉴	월	쥘	췰	퀼	튈	퓔	휠
궚	뉪	됪	뤖	뭢	뷦	쉢	윖	쥢	췺	퀪	튒	퓞	훲
궝	뉭	됭	뤙	뭥	뷩	쉥	윙	쥥	췽	퀭	튕	퓡	훵
규	뉴	듀	류	뮤	뷰	슈	유	쥬	츄	큐	튜	퓨	휴
귝	뉵	듁	륙	뮦	뷱	슉	육	쥭	츅	큙	튝	퓩	휵
귝	뉵	듂	륙	뮦	뷹	슉	육	쥭	츅	큙	튝	퓩	휵

ㄱ ㄴ ㄷ ㄹ ㅁ ㅂ ㅅ ㅇ ㅈ ㅊ ㅋ ㅌ ㅍ ㅎ

ㄱ	ㄴ	ㄷ	ㄹ	ㅁ	ㅂ	ㅅ	ㅇ	ㅈ	ㅊ	ㅋ	ㅌ	ㅍ	ㅎ
긓	늫	듷	릏	믛	븧	슿	읗	즇	츻	큫	틓	픻	흫
긯	닇	딓	릏	믷	븣	슿	읳	즟	츯	킇	팋	픷	힗
귿	늗	듵	릁	믇	븓	슫	읃	즏	츧	큳	튿	픝	흗
글	늘	들	를	믈	블	슬	을	즐	츨	클	틀	플	흘
긂	늚	듦	릶	믊	븖	슲	읈	즖	츪	큶	틂	픖	흚
긻	늞	듧	릻	믊	븗	슲	읊	즗	츬	큷	틇	픟	흞
긊	늤	듨	릀	믔	븠	슸	읐	즀	츴	큸	틌	픠	흜
긅	늝	듥	릁	믅	븕	슱	읅	즕	츩	큵	틄	픑	흙
긇	늟	듩	릃	믉	븗	슳	읇	즗	츯	큷	틇	픓	흟
긓	늫	듷	릏	믛	븧	슿	읗	즇	츻	큫	틓	픻	흫
금	늠	듬	름	믐	븜	슴	음	즘	츰	큼	틈	픔	흠
급	늡	듭	릅	믑	븝	습	읍	즙	츱	큽	틉	픕	흡
긌	늦	듟	릀	믓	븟	슷	읒	즛	츷	킀	틌	픗	흣
긌	늣	듯	릇	믓	븟	슷	읏	즛	츳	킀	틋	픗	흣
긌	늦	듰	릀	믔	븠	슸	읐	즜	츴	킀	틌	픘	흤
긍	능	등	릉	믕	븡	승	응	증	층	킁	틍	픙	흥
긏	늧	듲	릋	믗	븣	슻	읓	즛	츷	큿	틏	픛	흧
긏	늧	듲	릂	믗	븣	슻	읓	즟	츷	큿	틏	픛	흧
긐	늨	듴	릌	믘	븤	슼	읔	즠	츸	큨	틐	픜	흨
글	늘	들	를	믈	블	슬	을	즐	츨	클	틀	플	흘
긒	늪	듶	릎	믚	븦	슾	읖	즢	츺	큪	틒	픞	흪
긍	능	등	릉	믕	븡	승	응	증	층	킁	틍	픙	흥
기	니	디	리	미	비	시	의	지	치	키	티	피	히
긱	닉	딕	릭	믹	빅	식	익	직	칙	킥	틱	픽	힉
긲	닊	딖	릮	믺	빆	싂	읶	짂	칶	킦	틲	픾	힊
긳	닋	딗	릯	믻	빇	싃	읷	짃	칷	킧	틳	픿	힋
긴	닌	딘	린	민	빈	신	인	진	친	킨	틴	핀	힌
긵	닍	딙	릱	믽	빉	싅	읹	짅	칹	킩	틵	핁	힍
긶	닎	딚	릲	믾	빊	싆	읺	짆	칺	킪	틶	핂	힎

긹	닑	딝	릵	밁	빍	싥	읽	짉	칡	킭	틹	핅	힑
긺	닒	딞	릶	밂	빎	싦	읾	짊	칢	킮	틺	핆	힒
긻	닓	딟	릷	밃	빏	싧	읿	짋	칣	킯	틻	핇	힓
긼	닔	딠	릸	밄	빐	싨	잀	짌	칤	킰	틼	핈	힔
긽	닕	딡	릹	밅	빑	싩	잁	짍	칥	킱	틽	핉	힕
긾	닖	딢	릺	밆	빒	싪	잂	짎	칦	킲	틾	핊	힖
긿	닗	딣	릻	밇	빓	싫	잃	짏	칧	킳	틿	핋	힗
김	님	딤	림	밈	빔	심	임	짐	침	킴	팀	핌	힘
깁	닙	딥	립	밉	빕	십	입	집	칩	킵	팁	핍	힙
깂	닚	딦	릾	밊	빖	싮	잆	짒	칪	킶	팂	핎	힚
깃	닛	딧	릿	밋	빗	싯	잇	짓	칫	킷	팃	핏	힛
깄	닜	딨	맀	밌	빘	싰	있	짔	칬	킸	팄	핐	힜
깅	닝	딩	링	밍	빙	싱	잉	징	칭	킹	팅	핑	힝
깆	닞	딪	맂	밎	빚	싲	잊	짖	칮	킺	팆	핒	힞
깇	닟	딫	맃	및	빛	싳	잋	짗	칯	킻	팇	핓	힟
깈	닠	딬	맄	밐	빜	싴	잌	짘	칰	킼	팈	핔	힠
깉	닡	딭	맅	밑	빝	싵	잍	짙	칱	킽	팉	핕	힡
깊	닢	딮	맆	밒	빞	싶	잎	짚	칲	킾	팊	핖	힢
깋	닣	딯	맇	밓	빟	싷	잏	짛	칳	킿	팋	핗	힣
기	**니**	**디**	**리**	**미**	**비**	**시**	**이**	**지**	**치**	**키**	**티**	**피**	**히**
긱	닉	딕	릭	믹	빅	식	익	직	칙	킥	틱	픽	힉
긲	닊	딖	릮	믺	빆	싞	읶	짂	칚	킦	틲	픾	힊
긳	닋	딗	릯	믻	빇	싟	읷	짃	칛	킧	틳	픿	힋
긴	닌	딘	린	민	빈	신	인	진	친	킨	틴	핀	힌
긵	닍	딙	릱	믽	빉	싡	읹	짅	칝	킩	틵	핁	힍
긶	닎	딚	릲	믾	빊	싢	읺	짆	칞	킪	틶	핂	힎
긷	닏	딛	릳	믿	빋	싣	읻	짇	칟	킫	틷	핃	힏
길	닐	딜	릴	밀	빌	실	일	질	칠	킬	틸	필	힐

긹	닑	딝	릵	밁	빍	싥	읽	짉	칡	킭	틹	핅	힑
긺	닒	딞	릶	밂	빎	싦	읾	짊	칢	킮	틺	핆	힒
긻	닓	딟	릷	밃	빏	싧	읿	짋	칣	킯	틻	핇	힓
긼	닔	딠	릸	밄	빐	싨	잀	짌	칤	킰	틼	핈	힔
긽	닕	딡	릹	밅	빑	싩	잁	짍	칥	킱	틽	핉	힕
긾	닖	딢	릺	밆	빒	싪	잂	짎	칦	킲	틾	핊	힖
긿	닗	딣	릻	밇	빓	싫	잃	짏	칧	킳	틿	핋	힗
김	님	딤	림	밈	빔	심	임	짐	침	킴	팀	핌	힘
깁	닙	딥	립	밉	빕	십	입	집	칩	킵	팁	핍	힙
깂	닚	딦	릾	밊	빖	싮	잆	짒	칪	킶	팂	핎	힚
깃	닛	딧	릿	밋	빗	싯	잇	짓	칫	킷	팃	핏	힛
깄	닜	딨	맀	밌	빘	싰	있	짔	칬	킸	팄	핐	힜
깅	닝	딩	링	밍	빙	싱	잉	징	칭	킹	팅	핑	힝
깆	닞	딪	맂	밎	빚	싲	잊	짖	칮	킺	팆	핒	힞
깇	닟	딫	맃	및	빛	싳	잋	짗	칯	킻	팇	핓	힟
긱	닉	딕	릭	믹	빅	식	익	직	칙	킥	틱	픽	힉
깉	닡	딭	맅	밑	빝	싵	잍	짙	칱	킽	팉	핕	힡
깊	닢	딮	맆	밒	빞	싶	잎	짚	칲	킾	팊	핖	힢
깋	닣	딯	맇	밓	빟	싷	잏	짛	칳	킿	팋	핗	힣

김병기 金炳基 Kim Byeong-Gi

- 중국문화대학 박사-논문 《황정견의 詩와 書法에 대한 연구》
- 중국 시학·미학·서예학 논문 60여 편, 서예평론문 180여 편 집필
- 제1회 원곡 서예학술상 수상
- 한국서예학회 회장 역임
- 한국 중국문화학회 회장(현)
- 국제서예가협회 부회장(현)
- 대한민국 서예대전 초대작가(현)
- 세계서예전북Biennale 총감독(현)
- 대한민국 문화재청 문화재 전문위원(현)
- 국립 전북대학교 중어중문과 교수(현)

【저서】
《서예란 어떠한 예술인가?》/《아직도 '한글전용'을 고집해야 하는가?》/《사라진 비문을 찾아서-고구려광개토대왕비의 진실》/《한문 속 지혜 찾기 -① 배고프면 먹고 졸리면 자고》외 3종/《황정견의 삶과 서예》 (2013, 미술문화원) 등 19종

북경인가, 베이징인가?

초판 1쇄 발행일 2016년 03월 07일

지은이 김병기
펴낸이 박영희
책임편집 김영림
디자인 박희경
마케팅 임자연
인쇄·제본 태광 인쇄
펴낸곳 도서출판 어문학사
　　　　서울특별시 도봉구 쌍문동 523-21 나너울 카운티 1층
　　　　대표전화: 02-998-0094/편집부1: 02-998-2267, 편집부2: 02-998-2269
　　　　홈페이지: www.amhbook.com
　　　　트위터: @with_amhbook
　　　　페이스북: https://www.facebook.com/amhbook
　　　　블로그: 네이버 http://blog.naver.com/amhbook
　　　　다음 http://blog.daum.net/amhbook
　　　　e-mail: am@amhbook.com
　　　　등록: 2004년 4월 6일 제7-276호

ISBN 978-89-6184-399-7 93330
정가 16,000원

이 도서의 국립중앙도서관 출판예정도서목록(CIP)은 e-CIP홈페이지(http://www.nl.go.kr/ecip)와
국가자료공동목록시스템(http://www.nl.go.kr/kolisnet)에서 이용하실 수 있습니다.
(CIP제어번호: CIP2016004825)